Umut Dolu Bir Kalp

Çeviri:

Didem UĞUR

Sonsuz Kitap: 60

1. Baskı: Ocak 2012

ISBN:978-605-384-464-8

Yayıncı Sertifika No: 16238

Umut Dolu Bir Kalp

Yazar: Kim Vogel Sawyer

Çeviri: Didem Uğur

Yayın Yönetmeni: Ender Haluk Derince

Görsel Yönetmen: Faruk Derince

Yayın Koordinatörü: Ceylan Şenol

İç Tasarım: Tuğçe Gülen

Baskı: Melisa Matbaacılık

Matbaa Sertifika No: 12088

Çifte Havuzlar Yolu
Acar Sitesi No: 4
Davutpaşa/İSTANBUL

YAKAMOZ KİTAP / SONSUZ KİTAP
Gürsel Mah. Alaybey Sk. No: 7/1 Kağıthane/İSTANBUL
Tel: 0212 222 72 25 Faks: 0212 222 72 35
www.yakamoz.com.tr / info@yakamoz.com.tr
www.facebook.com/yakamozkitap
www.twitter.com/yakamozkitap

Umut Dolu Bir Kalp

YAZAR HAKKINDA

Kim Vogel Sawyer, birçoğu çok satanlar listesine girmiş on beş romanın yazarıdır. Kitapları Yılın ACFW Kitabı Ödülünü, Gayle Wilson Üstün Başarı Ödülünü, İlham Veren Okuyucu Seçimi Ödülünü almıştır. Kim ayrıca kilisede aktif rol üstlenmekte; kadın derneğine önderlik etmekte ve kilise korosunda şarkı söyleyip çan çalmaktadır. Boş zamanlarında drama, kapitone ve hat sanatıyla uğraşmaktadır. Kim ve kocası Don yaşamlarını Kansas'ta sürdürmekte olup üç çocukları ve altı torunları vardır. Kim, kendisi hakkında daha fazla bilgiye sahip olmanız için sizi www.kimvogelsawyer.com internet sayfasını ziyaret etmeye davet ediyor.

Beni özel biri olduğuma daima inandıran Lois Teyzeye kocaman bir kucaklama ile...

Teşekkürler

2008 yılı ağustos ayında annem, babam, kocam ve ben bizimkilerin ellinci evlilik yıldönümünü kutlamak için Alaska'da gemi gezisine çıktık. Gemide tanışıp Kansaslı olduğunu öğrendiğimiz bir kadın, Kansas'ta kovboy okuluna gittiğinden bahsetti. Bir çiftlik sahibiyle evlendiğini, ancak eşinin ona çiftlikte kendisine yardım etmesi için gereken becerileri öğretmeye vakti olmadığı için onu kovboy okuluna gönderdiğini anlattı. Bu bana bir şeyler çağrıştırdı.

Gemi gezisinden döndükten birkaç hafta sonra *Tracie Peterson* dâhil, birkaç yazar arkadaşımla buluşma fırsatı buldum. Bu kadının anlattıklarını onlarla paylaştım ve bunu bir hikâyeye dönüştürmeyi çok istediğimi söyledim. Tracie, "Ne eğlenceli olurdu biliyor musun? Batılı erkeklere iyi bir eş olabilmek için gereken beceriyi öğrenmeye kovboy okuluna gelen beceriksiz, doğulu kadınların ısmarlama gelin olduğu bir hikaye yaz" dedi.

Kafamdaki çağrışımlar daha da güçlendi ve Wyatt Kovboy Okulu işte böyle doğdu.

Gemideki kadının adını hatırlamıyorum ama bu hikâyenin tohumunu kafama ektiği için ona ve bu tohumun filizlenmesi için ona bolca su serpen Tracie'ye minnettarım.

Çok teşekkür ederim!

Her zamanki gibi aileme de teşekkür etmem gerekiyor. Bir yazarla birlikte yaşamak kolay değildir ama onlar bunu gayet iyi başarıyor. *Anneciğim ve babacığım, Don, Kristian, Kaitlyn* ve *Kamryn*... Bana ve karakterlerime katlandığınız için teşekkürler.

Hazır karakterlerden bahsetmişken torunlarım *Connor, Ethan, Rylin, Jacob* ve *Cole*... Anneanneciğinizin bu hikâyede isimlerinizi kullanmasına izin verdiğiniz için teşekkürler. (Adrianna, sabırlı ol minik prenses, senin de sıran geliyor.)

Yalnızca bir e-posta uzaklığındaki eleştirmen grup üyelerim olmasa ofiste tek başıma bu kadar fazla zaman geçirmek dayanılmaz olurdu. *Eileen, Connie, Margie, Ramona, Judy, Donna*... Beni makul kıldınız, eksik olmayın.

Kendini bir başkası için dua etmeye adayan insanlara cennette fazladan bir taht daha verilmeli. *Miralee, Cynthia, Kathy, Rose, Ernie ve First Southern'deki diğerleri*... Benim için ifade ettiklerinizi kelimelere sığdıramıyorum.

Kitap yazmak tek kişilik bir iş değildir, editörüm *Charlene*'ye ve *Berthany House*'de benimle çalışan herkese son derece minnettarım. Berthany House ailesinin bir üyesi olmak ne kadar inanılmaz bir ayrıcalık!

Son olarak ve en önemlisi, bu yolu bana açan, beni hayallerimin ötesindeki istikametlere yönlendiren ve bana kalbimin tasavvur edebileceğinden daha fazla armağanlar sunan *Tanrı*'ya sonsuz minnet ve hayranlık duyuyorum. Tüm övgüler ve nurlar, ona doğrudan geri yansısın.

"Sana dair düşüncelerim, dedi Tanrı;

'Seni beklenen sona eriştirmek için

huzurdan ibarettir, kötülükten değil.'"

Jeremiah 29:11

1

Barnett, Kansas
Mayıs 1888

Özenle seçtiği eşyalarını koyduğu yıpranmış heybenin deri sapına parmaklarını dolayan Tressa Neill, trenden kıkırdayarak inen genç kadınlardan oluşan kuyruğun arkasında sıraya geçti. Sona kalmayı umursamadı. Gretchen Teyzenin bulduğu gösterişsiz elbisenin içinde ve modası geçmiş şapkasıyla, kendini kılıksız ve dikkat çekici hissediyordu. Kıyafeti -Eveyln hariç- seyahat arkadaşlarınınkine yakından uyum sağlıyordu. Yine de içinde derin bir saklanma arzusu vardı.

Tren vagonunun tozlu camlarından birinden dışarıya baktı. Basmadan bağcıklı bir şapka ile uçuk mavi elbisesinin üzerine ona uygun bir önlük takmış kalın belli yalnız bir kadın, beyaz boyalı garın ahşap kaldırımının köşesinde ayakta duruyordu. Kadın şapkasının kenarına elini siper ederek trene baktı, birini aradığı aşikârdı. Tressa'nın seyahat güzergâhını açıklayan telgrafta hayırsever kişi, öğrencileriyle tren istasyonunda buluşacaklarını belirtmişti; bu yüzden Tressa bu kadının okulun kurucusu Bayan Hattie Wyatt olduğunu tahmin etti. Kadının yuvarlak yüzündeki sıcacık gülümseme, Tressa'ya küçükken en sevdiği dadısını hatırlattı. Birdenbire kendini ona yakın hissetti.

Tressa'nın bakışları daha sonra garın sarkık sundurma damının gölgesinde toplanmış küçük kalabalığa kaydı. Grubun tamamı erkekti. Bön bön bakarken hepsinin amacı belliydi. Sırtından aşağı bir damla ter aktı. Tressa'nın Wyatt Kovboy Okulu'ndan aldığı kabul mektubunda, Bayan Wyatt, Barnett'li erkeklerin eş istediğine yemin etmişti, ancak Tressa müstakbel taliplerden oluşan bu karşılama grubunu beklemiyordu. Güneşten yanmış, kovboy şapkalı bu adamların bakışları Tressa'nın midesine gerginlik krampları soktu.

Aniden bir kıkırdama havayı deldi. Günlerdir diğer kızlarla seyahat eden Tressa, bu sesin kaynağını biliyordu: Luella. Kız durmadan konuşuyordu ve konuşmalarının arasında tiz sesiyle ciyaklayarak gülüyordu. Sıranın en başında duran Luella dönüp sıradaki diğer kızlara sırıttı. "Dışarı baksanıza. Görüyor musunuz? Adamlar bizimle buluşmak için sıraya girmişler!" Gamzeli yanağına şöyle bir dokundu, dudaklarını büzerek gülümsedi. "Ah, yoksa geldiğimize sevinmeyecekler mi?" Başka bir kıkırdama daha duyuldu.

"O zaman onlara bizi trenden inerken görme zevkini verelim." Evelyn'in alaycı buyruğuyla Luella'nın sinir bozucu kahkahası aniden kesildi, fakat Evelyn hâlâ koridorun ortasındaki yerinde çakılmış duruyordu.

"Kondüktörü beklememeli miyiz?" Yolculuk boyunca Luella sürekli kirpiklerini kırpıştırarak iri yarı kondüktörden saçma sapan şeyler istemişti.

"Ne için?" Evelyn saten güneş şemsiyesinin ucuyla vagonun sonundan girişi işaret etti. "Tren durdu. Geleceğimiz yere vardık. Kondüktörün onayı olmadan vagonu terk edebiliriz. Haydi artık!"

Luella öne atıldı, diğerleri de onu takip ettiler. Tressa'nın kuruyan dili damağına yapıştı ve gözlerini, Evelyn'in şapkasının kenarından dökülen, doğuştan lüle lüle saçlarına dikti. Evelyn'in modaya uygun tarçın renkli elbisesi, ışıldayan altın lülelerine kusursuz bir zemin oluşturuyordu. Elbisenin belirgin kalitesi ve havalı kesimi Tressa'ya geride bıraktığı dünyayı hatırlattı. Artık istenmediği bir dünya.

"*Tressa, görgü sahibi hiçbir adam çeyizsiz bir kadınla evlenmez. Tremaine Woodward ile olan talihsiz durumun bu görüşümü kesinlikle kanıtlıyor.*" Gretchen Teyzenin duygusuz sesi Tressa'nın anılarında yankılandı. "*Kansas'taki bu kovboy okulu bir koca bulman ve aylaklık değil de aile hayatı sürmen için sana bir fırsat sunacak.*" Teyzesi, Tressa'nın kaderini mühürleyen reklam broşürüyle kendine yelpaze yaparak omuzlarını silkti. "*En iyi ikinci, belki de ikinci en iyi şans başka hiç şansının olmamasından daha iyidir.*"

Tressa içindeki sıla özleminin arttığını hissetti fakat bu özlem Gretchen Teyzenin ve Leo Dayının büyük konaklarına duyulan bir özlem değildi. Tressa çocukluğundaki yuvasına, Evan's Glen'e, dönmek istedi. Annesiyle, babasıyla ve...

Silkelenerek içindeki arzuyu defetti. Kimse geçmişte yaşayamazdı. Ne kadar iç karartıcı görünse de geleceğe doğru yürümeliydi. Omuzlarını dikleştirdi ve yolcu vagonunun ufak demir basamağında Eveyln'i takip etti. Sert bir esinti nefesini kesti ve başındaki hasır şapkayı kaldırdı. Çantasını düşürerek şapkasına davrandı fakat tüy gibi hafif şapka, platformda duran kızların kafalarının üzerinden uçuverdi. Sade topuzundan kalın bir tutam saç çözülerek gözlerini kapattı. Şiddetli bir şekilde başı döndü. Elini tırabzana attı ancak boşluğu yakaladı. İleri atılarak Evelyn'in sırtına sertçe abandı. Evelyn gruba doğru yuvarlanıp diğer kızlar da tıpkı domino taşları gibi, en üstte Tressa, öbek hâlinde tozlu yere düşerken haykırışlar yükseldi. Sundurmadaki adamlar zevk içinde kalçalarını işaret edip tokatlayarak kahkahalar attılar.

"Tressa!" Evelyn'in buyurgan sesi diğer kızların yakınmalarını bastırdı. Dirseğiyle Tressa'yı dürttü. "Kalk üstümden, seni beceriksiz şapşal!"

Tressa doğrulmaya çalıştı, ancak rüzgâr eteğini bacaklarına dolaştırarak onu yerinde çakılı bıraktı. Belini ansızın sıkıca kavrayan parmaklar onu kaldırdı. Tressa'nın az önce Bayan Wyatt olduğunu düşündüğü kadın Tressa'yı kenara çekip karışıklığa ulaştı. Evelyn'i kolunun üst kısmından tutup yığının içinden çekerken "Şu bağrışmayı kesin!"diye fırça attı. Tressa kadının kuvvetine hayret etti.

"Oh, Hattie Teyze, bize vaat ettiğin yiğit çiftlik kadınları bunlar mı yoksa? Daha ziyade solgun papatyalar gibi geldi bana." diye seslendi bir adam. Diğerleri ise hafifçe onun sırtına vurdular, kahkahaları gürültülüydü. Tressa diğer bacağını kurtarmak isterken sendeledi, erkekler hakaretlerini savurmaya devam ederken yüzü utançtan kıpkırmızı yanıyordu.

Bayan Wyatt ayağa kalkması için Luella'ya yardım etti ve kaba adamlarla yüzleşmek için döndü. "Ölüm perisi gibi davranan sizlerin yüzünden bu kızlar kasabamız hakkında ne düşünmeliler?" Yumruklarını kalçalarına vurarak küçük kalabalığa dik dik baktı. "Gage Hammond? Bu zavallı çetenin başı sen misin?"

Ukala tavırla pis pis sırıtan bir genç adam öne çıktı. Siyah kıvırcık saçlarını açıkta bırakarak aniden şapkasını başından çekti. "Evet benim, Hattie Teyze. Sizi garda beklerken görünce kızlarınızın geleceğini anladım ve adamları toplayıp getirdim."

"Pekâlâ, eğlenceniz sona erdi. Madem onları sen getirdin, tekrar al götür o hâlde." Bayan Wyatt kalabalığa el salladı ve sonra kızlara cesaret verici bir gülümsemeyle baktı. "Şu edepsiz herifleri boşverin. Bu küçük kasabada pek heyecan yoktur, bu yüzden boy gösteriyorlar işte. Üzerinizdeki tozu silkeleyin ve başınızı dik tutun, tıpkı hanımefendiler gibi."

Erkekler birer birer uzaklaştılar, kahkahaları devam ediyordu. Fakat uzun boylu, zayıf, yüzü güneşten bayağı yanmış ve gözlerini neredeyse kapatan bir kovboy şapkası takan bir adam Tressa'ya doğru ilerledi. Adam elinde Tressa'nın hasır şapkasını tutuyordu. Uçuk pembe kurdeleleri eklemlerini gizliyordu, her nedense rahatsız edici bir görüntüydü.

"Sanırım bu size ait, bayan."

Tressa şapkasını adamın çelimsiz elinden kaptı ve göğsüne bastırdı. Göz göze gelmekten aşırı utandığından bakışlarını adamın gömleğinin açık yakasından görünen güneşten yanmış tenine odakladı ve mırıldandı: "Teşekkür ederim, bayım."

Adam kısa bir an için eliyle şapkasının kenarına dokundu, sonra döndü ve uzun adımlarla botlarını toprağa her vuruşunda toz kaldırarak uzaklaştı. Tressa gruba dönmeden önce şapkasını dağılan saçlarının üzerinden, kulağını kapatacak kadar indirerek taktı. Seyahat arkadaşlarının delici bakışları midesini sıkıştırmıştı. Bayan Wyatt'a bakmaya cüret edemedi bile. Bu sakarlık gösterisinden dolayı kadın onu gerisin geriye New York'a yollardı kesin. Ama o zaman ne yapardı ki?

• • •

Abel Samms, at arabasının beklediği Yem ve Tohum'a doğru yol aldı. Dönüp omzunun üzerinden bakmaktan sakınabilmek için büyük irade göstermişti. Hattie Teyzenin sesi rüzgârla taşınıyordu. "Bayanlar, şimdi buraya toplanın ve valizlerinizi at arabasına yükleyin. Hiç kimse bunu sizin yerinize yapmayacak. Kendi başınızın çaresine bakmayı öğrenmek için buradasınız ve ilk dersimiz budur: Kendi çantanızı taşımak." Abel kahkahasını güçlükle bastırarak inledi, bunu Hattie Teyzenin sert konuşması izledi: "Kimse sızlanmasın. Çek kızım, kaldır şunu!"

Görünüşe bakılırsa, erkekler iyi bir gösteriyi kaçırmıştı. Gage Hammond ahşap iskeleye gelip de Hattie Teyzenin istasyonda muhtemelen öğrencilerini beklediğini duyurduğunda Abel Samms meraklanmıştı. Bu yüzden topukları üzerinde dönüp, Hank'in Yem ve Tohum'una girmek yerine, yeni inşa edilen gara doğru giden erkek grubunun peşine düşmüştü. Normal şartlarda Gage Hammond umurunda bile olmazdı. Barnett'in en varlıklı çiftlik sahibinin şımarık oğlu genellikle haylazlık peşinde olurdu. O çocuğun anlattıklarına ancak bir aptal inanırdı. Fakat Hattie Teyze pazar ayininde gelip de çiftlik sahiplarine hangi özelliklere sahip bir eş istediklerini sorduğundan beri, son dört aydır, kovboy okulu kasabanın dilindeydi.

O gün Abel ağzını açmamıştı -bir eş sahibi olmak ilgisini çekmiyordu- fakat diğerleri tercihlerini yüksek sesle dile getirirken onları dinlemişti. Hattie Teyze yüzünde ciddi bir ifadeyle kendisine söylenen her şeyi bir deftere not etmişti. Sonra da kendi çiftliğinde bir okul açma niyetinde olduğunu söylemişti. Batıda erkek sayısının çok, kadın sayısınınsa az olduğunu herkes biliyordu. Hattie Teyzenin planı, doğudan getireceği kadınlara çiftlik işleri ile ilgili gereken her şeyi öğretmek ve daha sonra bu kadınları kasabalarındaki bekâr erkeklerle evlendirmekti. Bu plan, orada bulunan bütün bekâr erkeklerin sevinç çığlıklarıyla onay almıştı. Abel hariç.

İşte bu yüzden, potansiyel bir eş üzerine hak iddia etmeye gara gitmemiş; yalnızca Hattie Teyzenin planının nasıl işlediğini görmek istemişti. Kasabadaki pek çok kişi gibi o da yaşlı dula sevgi duyardı.

Hattie Teyzenin söz verdiği üzere trenle bir grup genç bayan gelmişti. İlk bakışta erkeklerin bazı taleplerini karşılıyor gibi gözüküyorlardı. Görünüşe göre bayanların hepsi yirmili yaşların başındaydı. Belirli bir olgunluğa sahip olmak için yeterince büyük; çocuk doğurmak için yeterince genç. Hiçbiri sağlıksız veya huysuz görünmüyordu. Sonuncusu platforma inene kadar arkadaşları sırıtarak ve fısıltıyla onaylayarak birbirlerini dirsekleriyle dürttüler. Sonra bu takdir fısıltıları alaya dönüştü.

Bir kadından ziyade kayıp, kimsesiz bir çocuğa benzeyen bu sonuncusu, Hattie Teyzenin "yiğit çiftlik kadını" tabirine uymuyordu. Çıtı pıtı ve cılızdı, aksi bir buzağıyı toprağa yatırmak şöyle dursun, Abel onun kendi valizini bile kaldırdığını düşünemiyordu. Gel gör ki şapkası uçup gittiğinde... Ve ardından kendisi de uçtuğunda içinde ona karşı bir merhamet hissi uyandı.

Adamların insafsız yorumlarla seslenmelerini anımsadığında çene kasları gerildi. Abel'in ailesinde altın kurala sadık kalırlardı. Anneciği kaç kere "Oğlum, başkalarına onların sana nasıl davranmalarını istiyorsan o şekilde davran, böylece her zaman adil olursun" diye öğütlemişti. Kasaba ahalisinin iki yıl önceki talihsizliğiyle alay etmesi elbette hoşuna gitmemişti. İşte bundan dolayı hiç kimse onun hakaretler savurduğunu göremezdi, maçta bile.

Abel, at arabasının tekerleğinin göbeğine basarak kendini yukarı, yaylı koltuğa kaldırdı. Trenden inen doğulu kadınların görüntüsü, gömülü kalmasını yeğlediği anılarını canlandırdı. Dizginleri kaparak deri kamçıyı şaklattı. "Kalk, Ed."

İğdiş edilmiş mercan kırı at, şekerlemesinden uyandırıldığına rahatsız olmuş gibi başını salladı ama uysalca dizginleri gererek at arabasını sokağa çekti. Abel başını çevirerek kasabaya yeni gelenlerin valiz yığınının üzerine oturduğu Hattie Teyzenin yüksek kenarlı at arabasına baktı. Fakat yüzünü tam karşıya çevirerek Hattie Teyzenin ona dostça el salladığını görmemiş gibi yaptı.

Suçluluk duygusu vicdanını rahatsız etti. Annesi ona, bir dostun selamını görmezden gelmekten daha iyi davranışlar öğretmiş, ayrıca dürüst olmasını tembihlemişti. Ancak Abel bu genç bayanların hiçbirine evlenmeye niyetlenebileceğine dair fazla ipucu vermek istemiyordu.

2

"Çüş!" Abel dizginleri çekerek atı durdurdu. At arabasının koltuğundan atladı ve Ed'i yükünden kurtarmak için etrafında dolandı. Yanmış deri ve yanık metal kokusu rüzgâra karıştı. Damgalama çalışmaları devam ediyor olmalıydı. Abel eskiden bütün buzağıları bir çırpıda damgalamayıp buzağılama mevsiminin sonuna kadar beklerdi. Fakat bu sene bekleyemeyecekti.

"Hey patron! Seni izliyordum." Cole Jacobs, Abel'in küçük çiftliğindeki işçilerden en genci, bayırdan hızlı adımlarla yürüyordu. At arabasının arka kapağını yakaladı, boş kasaya dikkatle baktı ve ardından Abel'e şaşkın bir bakış fırlattı. "Hank'in yeni çıkan dikenli telleri hani?"

Abel sıçradı. Trenin -ve Hattie Teyzenin kızlarının- gelmesiyle birlikte, Yem ve Tohum'un sahibinden bir rulo dikenli tel almak aklından tamamen çıkmıştı. Ed'in dizginlerini ağıla doğru kuvvetlice çekti. "Bir dahaki gidişimde bakmam gerekecek."

Cole tozlu pantolonuna ellerini vurarak yavaş yavaş Abel'in yanından yürüdü. "İyi olmalı. Bay Hammond'un çitin tellerini şimdiden üç kez değiştirdiğini duydum. Birileri sürekli kesiyormuş. Devamlı koyup değiştirmek masraflı olacak."

Abel iri mercan kırı atı ağıla soktu ve kaşağıya uzandı. Dikenli tel çitine yönelik olumlu ve olumsuz düşünceler arasında gidip geldi. Yerli çiftlik sahipleri kendi sığırlarını ağıllarına tıkma fikrini sevmişlerdi; ancak sığırlarını pazara yollamak için sürülerini yeni demiryoluna sürenler çitleri rahatsız edici bulmuştu. Demiryolu yükleme ağıllarına giden yolu kısaltmak isteyen kovboylar çitleri kesince birkaç kez kavga çıkmıştı.

"Evet, sanıyorum ki şiddetleniyor." Abel, Cole'ye başını salladı. "Ama son birkaç yıldır başıboş gezindikleri için kaç büyükbaş kaybettik?" Bunu ispat edemese bile, hiçbir şey Abel'i bu sığırların kendi toprağından birinin yardımı olmadan ayrıldığına ikna edemezdi. Ayıracak nakit parası yoktu fakat dikenli telden bir çitin daha fazla "gezinmeyi" caydırabileceğini umuyordu.

"Galiba haklısın. Çit kayıpları azaltacaktır. Pekâlâ..." Cole ağılın kapısına yaslandı. "Diğerlerine döndüğünü ve tel çiti yarın çekmeyeceğimizi söyleyeceğim. Aşağı yukarı tüm buzağıları damgaladık. Bitirdiğimiz zaman onları yeniden annelerinin yanına mı koymamızı istersin, yoksa bu gecelik ağılda mı tutalım?"

"Orada tutun."

Cole yüzünü buruşturdu. "Emin misin? Şiddetle haykırıp duruyorlar. Bizi tüm gece ayakta tutabilirler."

Abel deri dizginleri Ed'in başının üzerinden çekti. "O hâlde anneleri onların yanına götürün, içeride olmalarını istiyorum."

"Peki efendim." Cole kapıdan fırladı. Gürültülü adımlarının sesi hızla azalıyordu. Abel fırçayı Ed'in boynundan aşağı vurdu, hafifçe kişneyen at burnunu Abel'in omzuna sürttü. Abel atın bu maskaralığına gülerdi normalde, fakat Cole'nin çitlerin kesilmesi hakkındaki yorumu onda yeni bir endişe yaratmıştı. Sanki yeni bir endişeye ihtiyacı varmış gibi. Dakota, Montana, Wyoming ve Colorado'da artan çiftçiliğin kişi başına düşen ücreti azaltması ve son üç yıl boyunca sürüsünün önemli bir kısmını kaybetmenin getirdiği hüsran arasında kendini zar zor ayakta tutuyordu.

Bunu düşünmekten nefret etse de ırgatlarından birine yol vermek zorunda kalabilirdi. Çalışanının az olması demek büyükbaşların gözetiminin de daha az olması demekti, bu da daha büyük kayıplara yol açabilirdi. Ayrıca kimi gönderecekti ki? En yeni elemanını, yani Cole'yi bırakmak en adil olanı gibi görünüyordu fakat adam işi biliyordu ve Abel işini bilen, hevesli bir işçiyi göndermek istemiyordu. Vince'nin gitmesi daha mantıklı gibi geldi. Emektar kovboyun ellinci yaş gününe az bir zaman kalmıştı ve artık gözle görünür biçimde yavaşlıyordu.

Düşünceler kafasını allak bullak ederken Abel'in elleri durmuştu. Eğer Vince'yi gönderirse, oğlu Ethan da giderdi ve böylece çiftliği idare etmek için yalnızca Abel ve Cole kalırdı. İki erkek yapılması gereken her işe muhtemelen yetişemezlerdi. Bunun yanı sıra eğer Vince'yi çiftlikten gönderirse babasının mezarında kemikleri sızlardı. İki adam neredeyse yirmi yıl omuz omuza çalışmışlardı. Babası Vince'yi kardeşi kadar yakın görürdü ve Ethan da Abel ile birlikte büyümüştü. Bu adamlar artık onun ailesi gibi olmuştu.

"Keşke burada olup bana tavsiyede bulunabilseydin, baba." Görünüşe göre, yaşı ilerledikçe babasını daha çok özlüyordu. Başını istem dışı kuzeybatıya, arazilerinin bir ucundaki köşede annesinin, babasının ve yeni doğmuş ikiz erkek kardeşlerinin yattığı mezarlığa çevirdi. Abel'in isteğine göre, bu dünyadan ayrılma zamanı geldiğinde o da onların hemen yanına gömülecekti. Babasının ona yaptığı gibi, o da bu çiftliği oğluna bırakırsa elbette daha iyi olurdu ancak evlenmeyi pek düşünmediği için bu biraz uzak görünüyordu.

Aniden anılarında bir yüz canlandı. Narin elmacık kemikleri, dolgun dudaklar, uzun kirpiklerin altından ışıldayan gözler... Görüntüyü dağıtmak için kafasını hızlıca iki yana salladı. Bugün ihtiyacı olan en son şey Amanda'ya ait düşüncelerdi!

Kaşağı fırçasını rafa pat diye bıraktı, endişeden boğazı kurumuş şekilde yüzü duvara dönük durdu. Babasının ölümünden bu yana, çiftlikteki kayıplar kazanımlardan daha fazla olmuştu. Öncelikle şu çetin kış, ardından da sürüsünün hatırı sayılır kısmının gizemli bir biçimde kaybolup gitmesi. Abel bunları nasıl toparlayacağından emin değildi. Eğer bu yıl sığırlarından iyi gelir sağlayamazsa, çiftliği Bay Hammond'a satmaya mecbur kalabilirdi. Adam da buna meyilliydi, Abel'e iyi bir fiyat verirdi.

Abel düşüncelerini kafasından kovmak için elini havada şaklattı. Satmak bir seçenek değildi. Bu toprağa anne ve babasının teri damlamıştı. Babası, ölüm döşeğindeyken bu toprağa sıkı sıkıya tutunacağına dair Abel'den söz almıştı ve Abel bu sözü tutacaktı. Artık bu endişeden kurtulması gerekiyordu. Annesi daima, endişenin insan yaşamına kesinlikle bir saat bile eklemediğini söylerdi.

Ayaklarını hareket ettirerek hafifçe sallandı. "İşe koyul Abel. Burada durup kuruntu etmenin bir şeye faydası yok." Ed'in boynuna hafif bir şaplak attı ve damgalama ağılına doğru yola koyuldu.

• • •

"Pekâlâ, hanımlar, buyurun."

Tressa, Bayan Wyatt'ın çağrısıyla kendine geldi. İnişli yokuşlu çayırlardan yavaş yavaş sekerek ilerleyen at arabası onu uyutmuştu, oturuşunu dikleştirdi ve eliyle ağzını kapatarak esnedi. Güneşten dolayı kıstığı gözlerini at arabasının ahşap kısmına çevirerek dikkatle baktı. Çimenlerle kaplı düzlükte büyük, dörtgen bir ev vardı. Beyaz badanalı tahta kaplamalarıyla sade, tertemizdi. Çift pencereleri üzerlerine vuran güneş ışığıyla parıldıyor ve âdeta hoş geldiniz diye göz kırpıyordu. Daha iyi görebilmek için Tressa dizlerinin üzerinde durdu.

"Hemen, şimdi, aval aval bakmaya sonra devam edersiniz." Bayan Wyatt hızlı hareketlerle at arabasının arkasına geçip arka kapağı indirdi. "Eşyalarınızı dışarı alın ve peşimden gelin. Akşam yemeği vakti neredeyse gelip çattı ve erkeklerim birazdan gelip karınlarını doyurmak isteyecekler."

"Erkekler mi?" Valizini at arabasının sonuna doğru sürükleyen Luella'nın kaşları havaya kalktı.

"Evet küçük hanım, ırgatlarım." Yaşlı kadın konuşmasını sürdürdü. "Ancak yolunuz onlarınkiyle epey bir zaman çakışmayacak, yemek vaktinde bile. Yemek odasında aynı anda sadece sekiz kişi olabiliyor, bu yüzden yemeğinizi dönüşümlü yiyeceksiniz. Ayrıca erkekler çalışmak, siz ise öğrenmek için buradasınız ki bu sizi bayağı meşgul edecek."

Bir an için Luella'nın cesareti kırılır gibi oldu ancak derhâl çenesini kaldırdı ve gruba doğru arsızca sırıttı. "Ama madem aynı yerde yaşıyoruz, o hâlde mutlaka zamanı gelecektir ve..."

"Öğrenmeye ve çalışmaya zaman olacak." Bayan Wyatt kafasını kaldırıp Luella'ya şaşkın şaşkın baktı. "Flörtle ilgili şeylere ta en başından başlayacağımızı mı sanıyorsun?"

Luella, ellerini iki yana açarak "Eh, bunun için burada değil miyiz?" dedi.

"Ee, elbette. Er veya geç." Bir elini kalçasının üzerine koyan Bayan Wyatt kızları tek tek süzdü. Fakat buradaki adamlara iyi birer can yoldaşı olabilmek için ihtiyaç duyduğunuz her şeyi öğrenene dek erkeklerle vakit geçirmenize izin vermeyi düşünmüyorum."

"Ama neden *o zamana* kadar beklemek zorundayız ki?" Luella'nın sesi asabileşmişti. Aynı fikri paylaşan birkaç tanesi daha mızmızlandılar.

Yaşlı kadın kaşlarını belli belirsiz çattı ancak yine de sabırla yanıtladı. "Çünkü siz sığırtmaç olmayı -çiftliği hem içeride hem dışarıda yönetebilmeyi- öğrenmek için buraya geldiniz. Bir topluluğa yemek yapmaktan tutun da hareket eden bir buzağının kıçını damgalamaya ve yolu olmayan çayırlarda at arabası kullanmaya kadar öğrenecek pek çok şeyiniz var. Bir gence umut verip sonra da çiftlik hayatının size göre olmadığını anlayarak New York'a apar topar dönmenin ve onu burada kalbi kırık ve eli boş bırakmanın anlamı yok."

Kendi söylediklerine hak vererek başıyla onayladı. "Evet, önce becerileri kapın, *sonra* delikanlılarla tanışırsınız, kızlar." Bayan Wyatt'ın tombul yanaklarına muzip bir gülümseme yayıldı. Nikah masasına oturmaya aceleniz varsa o zaman New York'a gidip huzuru orada arayabilirsiniz veya daha iyisi kafanızı kullanıp öğrenirsiniz."

Luella dolgun dudaklarını büktü, kızın başka söz etmeden at arabasından aşağı inmesiyle Tressa rahat bir nefes aldı. Tressa, kızların durmadan çene çalmasını ve fingirdek hareketlerde bulunmasını rahatsız edici buluyordu. Acaba kimse Luella'ya nezaketten bahsetmiş miydi?

Bayan Wyatt kenara çekildi, ellerini göğsünde birleştirdi ve kızların tüm eşyalarını yük arabasından indirmelerine izin verdi. Valiz ve çantalar yere dağınık hâlde yığıldığında elini salladı. "Odalarınızı belirledikten sonra eşyaları içeri alacağız. Benimle gelin."

Yassı taşlarla kaplı geçitten yürürken Tressa, Bayan Wyatt'ı izleyen altı kızın yine gerisinde kalmıştı. Kızgın güneşi engelleyen çatının altındaki verandanın tırabzanlarına doğru adımını atarken rahatlayarak nefesini bıraktı. Teyzesinin New York'taki evinde uzun ağaçlar ve üzeri çiçekli çitler, ferah gölgelikler oluştururdu, ancak bu kır, ağaçlardan ve bakımlı bahçelerden fena hâlde yoksundu. İçine bir başka sıla özlemi sızısı daha düştü, fakat Tressa kararlılıkla bu hissi defetti. Bundan böyle New York'un onun için bir değeri yoktu.

İçeride, Bayan Wyatt doğruca dik merdivenlere doğru seğirtti. Kızlar da gürültüyle onu takip ettiler. Duvar kâğıdıyla kaplanmış uzun bir sahanlık üst katı tam ortadan ikiye bölüyordu. Ahşap döşemeli az genişlikteki katta iki çift kapı birbirine bakıyordu.

Bayan Wyatt sağdaki ilk kapıyı işaret etti. "Benim odam bu. Diğerleriyse dolmayı bekliyor. Kızlar, ikili gruplara ayrılın ve bir oda seçin."

"*Paylaşmak* zorunda mıyız?" Evelyn dehşetle Bayan Wyatt'a baktı.

Bayan Wyatt sabır çekiyormuşçasına derin bir nefes aldı. "Evet, paylaşmak zorundasınız. Öğrenmenin bir parçası da bu." Etrafındaki kızlara sert bir bakış attı. "Ve lütfen yerleştikten sonra oda değiştirmeye kalkmayın, çok fazla ıvır zıvır çıkıyor. Bu yüzden seçiminizi dikkatle yapın."

Luella hemen kolunu Evely'inkine attı. Bu eşleşme konusunda Evelyn kararsız görünse de Luella'nın tuttuğunu bırakmaya niyeti yoktu. Evelyn iç çekerek razı oldu. Mabelle ve Paralee de birbirlerine bakıp başlarını sallayarak anlaştılar. Geriye Tressa ve Sallie kalmıştı.

Sallie Tressa'dan tarafa umutla bakarak "Tressa, odayı benimle paylaşmanın sakıncası var mı?" diye sordu. Kıvrak İrlanda aksanında çekingen bir ton vardı.

Her ne kadar gönülsüzce barındırılmış olsa da, teyzesinin ve dayısının evinde bile Tressa'nın kendine ait bir odası vardı. Trenle yaptığı uzun yolculukta dayısının veda armağanı olan özel kuşette seyahat etmişti. Hiç mahremiyetinin olmaması pek cazip değildi ama Tressa şikâyet etmeyecekti. Görünen o ki Bayan Wyatt, Tressa'nın gardaki sakarlığından etkilenmemişti; kadına şimdi onu geri çevirmesi için bir sebep vermeye yüzü yoktu.

Tressa başını salladı. "Elbette paylaşabiliriz."

Sallie'nin çilli yüzünde bir gülümseme belirdi.

"Pekâlâ, işte bu kadar." Bayan Wyatt tombul ellerini çırptı. "Odalar öyle pek şık sayılmaz ama zaten içlerinde çok zaman geçirmeyeceksiniz." Döndü ve konuşmasına devam ederek merdivenlerden inmeye başladı. "Ben ırgatlarımın akşam yemeğini hazırlayadururken siz de bir oda seçin ve eşyalarınızı yerleştirmeye bakın. Onlar gittiğinde ve ben sizi doyurmak için hazır olduğumda sesleneceğim." Merdivenlerin sonundaki kıvrımda gözden kayboldu.

Kızlar eşyalarını almak için mırıldanarak yavaşça merdivene ve daha sonra da dışarı yöneldiler. Tressa ellerini gözlerine siper ederek avlu boyunca yürüdü ve eğilip heybesini aldı. Teyzesinin diretmesi üzerine, sadece ufak bir çanta getirmişti; onu merdivenlerden yukarı taşırken zorlanacağını sanmıyordu. Oysa Evelyn ağır valizini seyrek otların üzerinden verandaya doğru taşımaya çabalarken ıkınıyordu.

Sallie sırt çantasını bırakıp hemen Eveyln'in yanına koştu. "Azıcık yardım ister misin?"

Evelyn kibirle kaşlarını kaldırdı fakat başıyla onayladı. Bir ucundan Sallie, diğerinden Evelyn tutarak ağır valizi önce verandaya, sonra da eve taşıdılar. İçeri adım atar atmaz dik merdiven karşılarına çıktı.

Sallie omzunun üzerinden Tressa'ya pis pis sırıttı. "Düşünüyorum da biz bunu tamamen yukarı çıkarana dek geride dursan iyi edersin. Eğer düşerse seni ezer geçer!"

Sallie ve Evelyn valizi yukarı taşırken Tressa merdivenin kenarında durdu. Hemen arkasında duran Luella gözlerini kocaman açmış ve dudaklarını sıkmış hâlde nefesini tutuyordu. Mabelle ve Paralee birbirlerine bir şeyler fısıldayarak oymalı sütunların arasından bakıyorlardı. Eveyln tuttuğu tarafı elinden kaçırıp da valiz büyük bir gümbürtüyle aşağı düştüğünde Tressa, Luella'nın ıslık gibi çıkarttığı nefesini hemen kulağının arkasında hissetti.

Sallie parlak bir gülümsemeyle tırabzanlardan eğildi. "Asayiş berkemal, kızlar! Eşyalarınızı getirin." Kendi çantasını almak için hızla merdivenlerden aşağı inip dışarı koştu.

Kızlar konuşarak ve itişerek Tressa'nın yanından geçip merdivenleri tırmandılar. Paldır küldür ayak sesleri Tressa'nın başına aniden ağrı girmesine neden oldu. Kendi adımlarını yavaşlattı. Sallie, Tressa ile aynı hızda hareket ediyordu. Sıska dirseğiyle hafifçe Tressa'yı dürttü.

"Evelyn ve ben bütün bu merdivenleri şu ağır kutuyu taşıyarak çıktık. O nazik elbiselerinin arasına külçe altın koymuş olmalı, belki de kendine bir koca satın almayı düşünüyordur." Kıs kıs güldü ve kafasındaki entrikayı fısıldamak için sesini alçalttı. "Hâli vakti yerinde bir kız neden bu okula gelir ki? Babası kesinlikle bir koca bulabilirdi ona. Sence de öyle değil mi?"

Tressa yanıt vermemeyi yeğledi. Annesi dedikodudan hiç hoşlanmazdı. Dahası Sallie'nin "hâli vakti yerinde" derkenki küçümseyici ses tonu Gretchen Teyzenin uyarısını doğruluyor gibiydi. Kilisenin bağış kutularından topladıkları kıyafetlerle Tressa'nın çantasını hazırlarken Gretchen Teyze sıkı sıkı tembihlemişti. "*Bu vahşi batı kasabasında kabul görmek istiyorsan, onlardan biri olmalısın. Tressa, sınıflar birbirine karışmaz. Eğer edepli olduğundan şüphe duyarlarsa seni uygun bir arkadaş olarak görmezler. Bu yüzden refah geçmişini göm ve hiç olmamış gibi davran.*"

Dilinin ucuna gelen fakat soramadığı soru şimdi Tressa'nın aklına gelmişti: Birinin kendi geçmişini unutması mümkün müydü? Geçmişi onun tüm varlığına işlenmemiş miydi? Madem geçmişi artık yoktu, *kendi* de yoktu o zaman.

Gıcırdayan yatağın yorganla kaplı şiltesinin üzerine çantasını atıp sade, uyumsuz mobilyalara ve çiçek desenli solmuş duvar kâğıdına baktı. Daha önce hiç böylesine kederli, yorgun görünümlü bir yerde yaşamış mıydı? Keder onu mağlup etti, çantasının yanına çöktü. Kansaslı bir çiftlik sahibinin eşi olma macerasına atıldığından beri ilk kez gözlerinde elem gözyaşlarının birikmesine izin verdi.

Tek umudu, Bayan Wyatt'ı hünerli bir işçi ve henüz tanımadığı bir adam için makbul bir eş olduğuna ikna etmekti. Lüks içindeki geçmişini düşündüğünde, içi umutla doldu.

3

"Amin." Hattie Wyatt yemek için şükür duasını bitirdi, gözlerini açtı ve buharı tüten şalgam çanağını eline aldı. Büyükçe bir porsiyon alarak tahta kaşıktaki tereyağlı püreyi sonuna kadar boşaltabilmek için kaşığı ince tabağa vurdu ve kâseyi sağındaki uzun boylu kıza verdi.

"Biraz al ve yanındakine geçir." Ahşap masanın ortasında duran servis tabaklarını başıyla işaret etti. "Yakınınızdaki şeyleri elden ele geçirmeye başlayın." Kıkırdayarak güldü. "Yemekler kendi kendine bu kâselerden çıkıp tabağınıza atlamayacaktır."

Masada bir gülüşme oldu, Hattie sırıttı. Bu kızlarda biraz da olsa hayat vardı belki. Onları yemeğe çağırdığı zaman sanki tüm gün trende oturarak yolculuk yapmamışlar da aylak aylak dolaşmışlar gibi yemek odasına girmişlerdi. Fakat belki de yolculuk bedenlerini yormuştu. Hattie bunu bilemezdi. Jed ile birlikte bu toprağa yerleştiklerinden beri, çiftliğinden en fazla 25 kilometre uzağa gitmişti.

"Pekâlâ, çantalarınızı boşaltıp odalarınıza tamamen yerleştiniz mi?" Hattie bir lokma yeşil fasulye aldı. Soğan ve domuz pastırmasıyla güzelce çeşnilenen fasulyeler ağzında hoş bir tat bıraktı; bir lokma daha almak için iştahla çatalını batırdı.

Sağında oturan sarı dalgalı saçlı ve prenses edasındaki kız onu yanıtlamadan evvel masaya eğildi. "Ben bir gardırop rica ediyorum. Eşyalarımın pek çoğunu valizde bırakmak zorunda kaldım. Çekmece kıyafetlerimin hepsini almıyor."

"Hımm..." Hattie kızın adını hatırlamak için beynini zorladı. "Evelyn?"

Kız evet anlamında başını salladı.

Hattie gözlerini kızın belden yukarısı dantelden işli parlak kızıl-kahve elbisesinde gezdirerek, "Pekâlâ Evelyn, eğer valizindekiler şu an üzerindeki elbise gibi gösterişli şeylerse..." dedi, "Hepsini valizde bıraksan daha iyi olur. Burada bununki gibi süslü elbiselere pek ihtiyacın olmayacak. İş kıyafeti getirdin, değil mi? Daha sade bir şey, basmadan veya tülbentten?"

Kız kaşlarını kaldırdı. "Hayır getirmedim."

Hattie iç çekti. "Bu, Barnett'ın mağazasına gidip sana katalogdan bir iş elbisesi sipariş etmemiz gerektiği anlamına geliyor. Size bir şeyler öğretirken bir de hepinize birer elbise dikecek vaktim yok. Ama bir şeye ihtiyacınız var. Bu süslü elbiseyi kaşla göz arasında mahvedersin." Parmaklarıyla kavradığı parlak elbiseyi, Evelyn derin bir nefes alıp omuzlarını geriye çektiğinde bıraktı.

Hattie düşünceli bir ifadeyle "Bu esnada" dedi, "Kızlardan biri sana idareten bir elbise ödünç verebilir." Fakat eğer yanlış hatırlamıyorsa, tüm kızlar sıra hâlinde dururken Evelyn onlardan beş-altı santim daha uzundu. Kısık sesle güldü. "Ya da benden bir tane giyebilirsin. Tepeden tırnağa aynıyız ama yanlardan bol gelir." Göbeğine pat diye vurdu. "Belim seninkinden birazcık daha kalın."

Evelyn'in yanında oturan kız -Luella- gürültülü bir kahkaha patlattı. Evelyn'in Luella'ya ters ters bakmasıyla kahkaha anında kesildi. Yüzü kızaran Luella tabağının üzerine eğildi ve sığır yahnisinden bir kaşık aldı.

Hattie başını iki yana salladı. Evelyn'in biraz alttan alması gerekiyordu yoksa kimseye faydası dokunmazdı. "Peki ya diğerleriniz? Hepiniz yerleştiniz mi?"

Koro hâlinde evet dediler, Hattie gülümsedi. "İyi. Zira yarın sabah erkenden derslere başlıyoruz."

Dersler. Hattie sözcüğün tadını çıkardı. Gençken öğretmen olmak isterdi. Fakat Jed kalbini çalmış, o da Jed ile evlenmek için öğretmen olma fikrinden vazgeçmişti. Buna asla pişman olmamıştı. Jed gibi dindar bir adamla geçirdiği neredeyse kırk yılın bir dakikasına bile nasıl hayıflanırdı ki? Bu genç hanımlara ders verme şansını yakalayarak çok eski bir hayalini âdeta gerçekleştirmiş oluyordu. Geç de olsa Tanrı ona armağanını sunuyordu.

"Ya... Yarın tam olarak ne yapacağız?" Bu ürkek soru Mabelle adlı kızdan gelmişti. İri göğüslerine ve biçimli kollarına rağmen kambur omuzları ve öne eğik başı onu çekingen gösteriyordu.

"Pekâlâ..." Hattie arkasına yaslandı ve çatalıyla tabağının köşesine vurdu. "Yarın sabah güneş doğarken ilk kez inek sağacaksınız. İçinizde hiç daha önce inek sağan oldu mu?

Yabancı aksanla konuşan kızıl saçlı kız: "Ah, Bayan Wyatt, ben inek sağmaktan nasibimi aldım."

"Bana Hattie Teyze deyin, herkes böyle der." Hattie başını sallayarak kızı onayladı. "Biraz deneyimli olmana sevindim. Çiftlikte mi yaşıyordun?"

"Sözleşmeli olarak üç sene mandıracılık yaptım." Bir an için gözünde korkuya benzer bir ifade oluştu fakat hemen sonra parlak bir gülümseme korkuyu savuşturdu. "Yalnızca süt sağabiliyorum işte ve tereyağı yapabiliyorum, bir de peynir yapabiliyorum, eğer makbule geçerse."

"Peynir mi?" Hattie masaya hafifçe vurdu. "Bunu hepimiz öğrensek iyi ederiz. Bize öğretmene izin veririz..." Kızın adını hatırlamaya çabaladı. "Sallie."

Sallie'nin gözleri sanki ona mücevherlerle süslü bir taç verilmişçesine ışıldadı. "Evet, benim!"

"Görüyorsunuz..." Hattie parmağıyla tek tek kızları işaret etti. "Burada hayatımızı hayvancılıktan sağlarız. Herkesin en az bir veya iki tane süt ineği var. Herkesin büyükbaş sürüsü var; ister büyük bir sürü olsun, ister yalnızca bir düzine hayvan. Yataktan kaçta kalkarsanız kalkın, büyükbaşlarla meşgul olacaksınız. Bu aksi yaratıklarla başa çıkmayı öğrenmeniz çok önemli."

Wyatt Kovboy Okulu'nu açmasıyla ilgili geçen konuşmayı hatırladığında dudakları seğirdi. Bob Clemence sokakta Hattie'nin ayağının hemen yanına daha sönmemiş izmaritini fırlatmıştı. Hattie, eğer bir karısı olursa bu tarz kaba hareketlerine son vereceğini söyleyerek ona çıkışmıştı. Bob alay ederek yanıt vermişti. "*Hattie Teyze, eğer bana süt sağmayı, fasulyeden daha başka yemekler pişirmeyi ve sabanı atın neresinden sürmesi gerektiğini bilen bir kadın gösterirsen, işte onu havada kaparım.*"

Gözlerini masadaki yüzlerde gezdiren Hattie, şen şakrak Sallie'nin Bob'a uyabileceğini düşündü; ona biraz küstah biri lazımdı. Bunun için dua edecekti. Fakat karşılaştırma daha sonra olacaktı.

Dirseklerini masaya koydu. "Dışarıda, ahırımda yaklaşık yarım düzine süt ineğim var. Bu, her biriniz bir tane seçip her gün onu sağacak ve onun bakımıyla meşgul olacak anlamına geliyor."

Öğrencilerine dikkatle baktı. İçlerinde düşüp bayılan yoktu, yalnızca Evelyn sanki acı bir şey yutmuş gibi duruyor, kahverengi saçlarını alelade topuz yapmış olan kız ise -adı neydi ki?- titreyen eliyle boğazını tutuyordu.

Hattie kendinden emin, canlı bir ses tonuyla devam etti. "Her birinize yolladığım mektuplarda da bahsettiğim gibi öğrenecek pek çok şey var: Süt sağma, bahçe işleri, konservecilik, yemek pişirme, kement atma, binicilik... Ve hatta saban sürme, fidan dikme gibi. Ama hepsini tek tek öğreneceğiz. İnsan yürümeden önce emekler ve koşmadan önce de yürür. Bu yüzden hiç endişeniz olmasın." Kahverengi saçlı kıza güven vererek gülümsedi. "Sizinle işim bittiğinde hepiniz sıkı birer kâhya olacaksınız."

Avuçlarını masaya bastırarak ayağa kalktı. "Fakat şimdi, yemek bitti; güneş karanlığa yenilmekte ve bulaşıkların yıkanması lazım. Herkes kendi tabağını alsın ve bu taraftan mutfağa götürsün." Kızları yemek odasının kapısından mutfağa doğru yönlendirdi. "Lavabonun oraya bırakın. Temizlik işini sırayla halledeceğiz fakat bu ilk akşamınız olduğu için bu seferlik ben hallederim. Siz yataklarınıza girin ve iyi bir uyku çekin. Sabah enerjiye ihtiyacınız olacak."

Kızlara merdivenleri işaret etti ve onların yukarı çıkmalarını seyretti. Sallie adlı kızıl saçlı kız en tepeye çıktığında dönüp el salladı. "İyi geceler, Hattie Teyze." Sallie'nin ardından diğerleri de teker teker iyi geceler dilediler.

Hattie'nin göğsüne hararet bastı. Önlüğünün eteğiyle kendini yelpazeledi. "İyi geceler, Sallie. İyi geceler, Evelyn ve Luella. İyi uykular Mabelle, Paralee ve... ve..." Hattie sondaki kızın adını hâlâ çıkaramıyordu.

"Tressa" dedi kız hemen yanından fısıldayarak.

Hattie kızın ciddi bakışlarıyla karşılaştı. "İyi uykular ve tatlı rüyalar Tressa."

"Teşekkürler Bayan Wyatt, size de iyi geceler."

Hattie mutfağın yolunu tutarken kızların her birinin iyi geceler dileğine yanıt verdiği için kendi kendine yavaşça güldü. Yumuşak bir miyav sesi onu selamladı. Eğildi ve günün neredeyse tamamını ocağın yanında uyuklayarak geçiren uzun tüylü Isabella'yı kucağına aldı. "Evdeki yabancılardan mı saklanıyordun? Alışsan iyi edersin, en azından iyi birer çiftlik sahibi eşi olmayı öğrenene kadar burada kalacaklar ve bu bazısı için uzun zaman alabilir."

Kedinin sıcacık tüylerine burnunu sürdü ve endişeyle "Onları duydun mu Izzy-B? Bu evin merdivenlerinde ilk defa sıraya girip bana iyi geceler diye seslenen gençler vardı." Jed ile birlikte geniş bir aileye sahip olabilecekleri bu büyük evi inşa etmelerine rağmen Tanrı onlara çocuk vermemişti. Hattie iç çekti. "Bana iyi geceler dileyen bu koroyu duymak iyi geldi."

Isabella onu mırlayarak yanıtladı, bir yandan patilerini Hattie'nin omzuna sürtüyordu. Hattie parmaklarıyla kedinin çenesini ovuşturdu, mırıldama arttıkça kıkırdadı. Birkaç dakika sonra öfleyerek kediyi bıraktı. "Pekâlâ, bütün gece seni okşamamı bekleyemezsin herhâlde. Yapmam gereken işlerim var."

Mutfağın köşesindeki ufak çalışma masasından bir iskemle çekti ve kediyi oturttu. "Ayağımın altından çekil ve burada otur, ben şu bulaşıkları yıkarken bana arkadaşlık et." Patilerini bembeyaz göğsünün altında kavuşturup yuvarlak sarı gözleriyle sahibine bakan kedi krallara yakışır bir duruş sergiledi.

Hattie ocağın haznesinden sıcak su alıp leğene döktü ve köpürtmek için sabunla karıştırdı. "Evet Isabella, sanırım bu okul fikri işe yarayacak. Kasabadaki erkekler kesinlikle ilgi gösterdi! Ve daha şimdiden kendimi bu kızlara bağlı hissediyorum, sanki biraz benim kızlarım gibiler." Kaşını çattı. "Fakat tuhaf bir şey var..." Zihninin gerisinde bir düşünce, su yüzüne çıkmaktansa gölgede kaldı. Hattie kafasını iki yana salladı ve işe koyuldu. Son tabağı da yıkayana kadar bu hayali düşünceyi yakalayamadı. Kediye döndü ve "İşte buldum!" dedi.

Isabella iskemleden sıçrayarak ocağın altına fırladı, tüyleri diken dikendi. Hattie çömeldi ve şaşkın hayvanı oradan çıkmaya razı etmek için yumuşak sesle mırıldanmaya başladı. Kediyi dizinin üzerinde sallarken, "Tressa adındaki kızın işçi sınıfından biri gibi giyinmesine karşın konuşmasının tıpkı eğitimli bir hanımefendi gibi çok nazik olması, tuhaf değil mi?" diye fısıldadı.

Hattie, kızların rahat ve sıcacık yataklarında olduklarını gözünün önüne getirerek tavana baktı. Tressa'nın hayali hemen gitmedi. Kediyi bırakmadan evvel kulaklarının arkasını son bir kez kaşıdı. "Evet Izzy-B, sanırım yukarı katta uyuyan bir bilmecemiz var."

• • •

Tressa ay ışığının aydınlattığı çiftlik zeminini seyre dalmış, pencerede duruyordu. Bayan Wyatt'ın çiftliğine vardıklarında kızların etrafı dolaşmalarına izin verilmemişti. Çevreyi saran alışılmadık sessizlikle beraber merak, uyumayı zorlaştırıyordu. Sallie kuş tüyü yatağında yavaşça horluyordu, dağınık kızıl saçları beyaz yastığın üzerine yayılmıştı. Tressa onun endişelerden uzak, hemen uykuya dalmasına imrendi.

Sallie çarşafların arasında girmeden önce kollarını başının üzerinde gererek neşeli bir gülücük atmıştı. "Burada olmak harika, kocaman bir yer ve tek emir veren Hattie Teyze. O, biraz huysuz ama ben aslında onun yufka yürekli olduğuna bahse girerim. Şeyden... Çok farklı." Bir anlığına gülüşü gölgelendi ama sonra kendi etrafında küçük bir daire çizdi ve yüzünde kocaman bir gülümsemeyle ellerini çırptı. "Yalnızca burada olmaktan memnunum ve yeni bir hayata başlamaya hevesliyim. Peki ya sen, Tressa?"

Tressa zorla gülümsedi ve mutlu olduğuna dair bir şeyler geveledi. Fakat gri müştemilatın bulunduğu manzaranın mor gölgelerine dikkatle bakarken vicdanı sızladı. Burada olmaktan memnun değildi. Hem de hiç.

Dizlerinin üzerinde durarak kolunu pencerenin kenarına koydu, çenesini bileğinin arkasına dayadı. Başının üzerinde kadifemsi siyah gökyüzünde yıldızlar parlıyordu, ne kadar güzeldi. Küçük bir kızken kim bilir kaç kez evde oturup yıldızları seyretmiş ve dileklerde bulunmuştu.

Tressa tıpkı altı yaşındayken yaptığı gibi gözlerini sımsıkı yumdu. Küçükken en çok dilediği şeyi kalbinde yeniden tekrarladı. *Keşke babam gibi bir adamla evlensem.* Gecenin yumuşak karanlığında gözlerini kırpıştırarak açtı. Şimdi yirmi iki yaşında yetişkin bir kız olmasına rağmen isteği hâlâ geçerliydi.

Babası gibi uzun boylu ve güçlü, daima gülümseyen ve nazik birini bulsa kuşkusuz çok mutlu olurdu. Sevgi dolu, şen kahkahalar atan birisi. Babası annesini nasıl delice sevdiyse, kendisini de öyle sevecek birisi. Babası, annesini o kadar çok sevmişti ki annesi Tressa'nın erkek kardeşini dünyaya getirirken öldüğünde tüm yaşam isteğini onunla birlikte kaybetmişti.

Pamuk fabrikası yanıp kül olduğunda ve bu yüzden ekmek kapısı kapandığında bile bunu pek umursamamıştı. Tressa'nın doğduğu ev olan Evan's Glen'i satmaya mecbur kaldığı zamanki kayıtsızlığı Tressa'yı acıya boğmuştu; henüz on bir yaşında bir kız olmasına rağmen babasının ilgisizliğinin nedenini biliyordu. Sevgili karısının artık yaşamadığı bir evde oturmaya neden çaba göstersindi ki? Tressa, babası tuttuğu yastan dolayı bu kadar kederli olmasaydı, onun zatürreeye yakalanmayacağına emindi.

Tressa'nın gözleri yaşlarla doldu. Annesi ve babası yıllar önce ölmüş olmalarına rağmen sanki onları daha dün kaybetmiş gibi özlemişti. Tasasız, neşeli, sevgi ve gülücüklerle çevrelendiği küçüklük anıları, çocukluktan yetişkinliğe taşıdığı tek mutlu varlıklarıydılar. Gretchen Teyze ve Leo Dayı ile geçirdiği uzun ve kasvetli yıllar neyse ki bu değerli anıları silmeyi başaramamıştı.

Yıldızlar gözyaşlarıyla titredi ama o titreşen ışıklara gözlerini dikti. Annesi ve babası bu yıldızların arkasında bir yerdeydiler. Babası, Tanrı'nın yurdunda pek çok köşk olduğunu söyleyen İncil'e inanırdı. Annesinin ölümünün ardından babası, Tressa'yı dizine oturtmuş ve ona Tanrı'nın yurdunun cennet olduğunu ve annesinin şimdi orada Tanrı'nın inşa ettiği bir köşkte yaşadığını anlatmıştı. Tressa hemencecik zihninde Evan's Glen'in bir kopyası olan bronz taşlardan yapılmış, ufak kuleleri ve güzelce boyanmış pencereleri olan bir köşk canlandırdı. Ve annesiyle babasının yanlarında yalnızca birkaç saat hayatta kalabilmiş minik erkek bebekle orada olduklarını biliyordu. Hepsi mutlu mesut yaşıyorlardı.

O yapayalnızken.

Sallie daha yüksek sesle horlamaya başlamıştı. Ufak, tüylü bir hayvanın yerden fırlayıp başını pencereden çeviren Tressa'nın bacağına atlamasıyla kızın nefesi kesildi. Hayvan -uzun, siyah ve beyaz tüylü bir kedi- ön patilerini Tressa'nın dizine koydu ve Sallie'nin horultusunu tamamlayan yüksek bir mırıltı çıkardı.

Tepki veremeyecek kadar şaşıran Tressa ellerini ahşap zemine koydu ve gözlerini kediye dikti. Holden gelen gıcırtı sesiyle dikkati kediden kapıya kaydı. Bayan Wyatt kafasını kapıdan içeri uzatmıştı.

"Ah, Tressa, çok özür dilerim canım. Bu ihtiyar keratayı kilere koymaya çalışıyordum, geceleri orada kalır ama elimden kaçıverdi işte." Kadın, Sallie'nin her şeyden habersiz uyuduğu yatağa kaçamak bir bakış atarak parmak uçlarında odaya girdi. "Bu odanın kapı mandalının her zaman tutmadığını size söylemeyi unuttum. Izzy-B bu kapıyı bir vuruşla hemen açabiliyor. Yarın adamlarımdan birine burayı tamir etmesini söyleyeceğim, böylece kedicik içeri sızıp sizi rahatsız etmez."

Kedi, dönüp Tressa'nın bacağına sarılmadan önce yuvarlak ve meraklı gözleriyle ona baktı. Başlangıç olarak yaşattığı şeye rağmen Tressa'da kahkaha atma isteği uyandırdı. "Yo, hayır rahatsız etmiyor bayan. O aslında epey... Şirin."

Bayan Wyatt içtenlikle gülümsedi. "Çok naziksin. O benim için çok özeldir. Nur içinde yatsın, kocam onu bana daha sıska bir yavruyken hediye etmişti. Yıllarca ahırdaki fareleri kovaladı ve son yıllarında da sobanın altındaki yeri hak etti."

Tressa elini hayvanın sırtında gezdirdi. Kedi de dönüp başını Tressa'nın avucuna getirerek yanıt verdi. Tressa'nın dudaklarında bir gülümseme belirdi.

"Şimdi onu alacağım ve götürüp yatağına bırakacağım."

Biraz hayal kırıklığına uğrayan Tressa kediyi kaldırdı ve sahibine teslim etti. Bayan Wyatt kediyi çenesinin altına yerleştirdi. Aniden somurttu. "Bu saatte yatağında olman gerekirken burada ne yapıyorsun sen?"

Tressa, çıplak uzuvlarını cömertçe saran beyaz pamuk geceliğini dikkatle örterek ayağa kalkmaya çalıştı. Bakışlarını başka yöne çevirerek yanıtladı. "Kırı seyrediyordum. Çok büyük... Ve geniş. Şey gibi değil..." *Ev* gibi diyecek oldu ama teyzesinin ve dayısının üç katlı konağı ne zaman gerçekten *ev* olmuştu ki?

"Jed ve ben buraya ilk yerleştiğimizde burası bana da muazzam büyük görünmüştü. Ve bir şehirle mukayese edildiğinde sakindir." Bayan Wyatt durdu ve ardından kısık sesle devam etti. "Şehri mi özledin?"

Esasında Tressa şehri değil, önceki yaşamını özlüyordu. Annesi ve babasıyla olan yaşamını. Fakat bu yaşamını on iki yaşından beri özlüyordu. Üzerindeki pamuk geceliğini eliyle hâlâ tutarken başını olumsuzca salladı.

"Tressa, burası farklı bir yer, biliyorum. Ama kök salınacak bir yer. Erkeklerin bugünkü bayağılıklarına bakma, buranın ahalisi iyi ve dürüsttür. Kıyıda köşede kimisi kaba saba olsa da, bütün olarak çalışkan ve dindardırlar." Bayan Wyatt hafifçe güldü. "Bir erkeği yumuşatmak için bir kadının şefkati gibisi yoktur."

Tressa başını kaldırdı. Kadının yüzü, pencereden giren azıcık ay ışığıyla gölgelenmesine rağmen nazik görünüyordu. Bir an için düşüncelerini paylaşmayı düşündü. Bayan Wyatt kocasını kaybetmişti, uzun zaman önce annesiyle babasına veda eden Tressa'nın hâlen duyduğu derin acıyı anlardı. Ancak teyzesinin geçmişi sır olarak saklamak konusundaki uyarısı onu susturdu. "Ben... Artık yatmalıyım" deyiverdi.

Hızla yatağa yöneldi ve şilteyi sarsıp Sallie'yi rahatsız etmemeye özen göstererek yatağa girdi. Bayan Wyatt sessizce kapıyı çekti ve hole çıktı. Kediye şarkı mırıldanan fısıltılı sesi merdivenlerden indikçe azaldı. Tressa gözleri açık, camdan dışarı bakarak uzandı. Uyumak istese de bir soru onu uyanık tuttu: Çocukluk dileği gerçek olup da babası gibi biriyle evlense, bu yalnızlık acısı sonsuza dek kaybolacak mıydı?

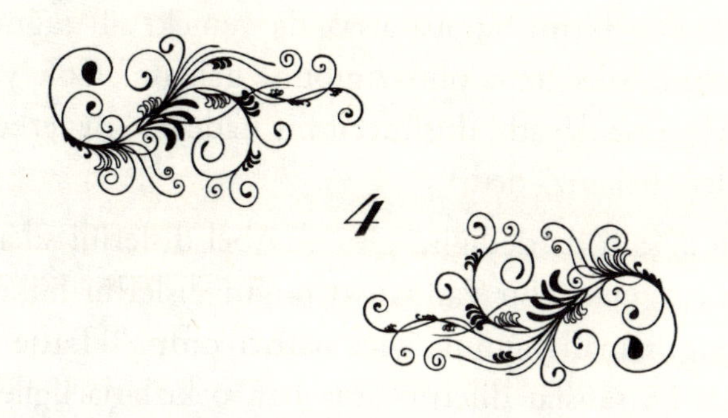

4

"Hey, patron?"

Saban tırmığını havaya kaldıran Abel, Cole'ye bakmak için durdu. Irgat, süt ineğinin yanındaki ufak iskemleye bacaklarını ayırarak oturmuş, fışkırarak akan sütü dizlerinin arasındaki teneke kovaya dolduruyordu. Yüzünde çarpık bir gülümseme vardı.

"Hattie Teyze horozun ötmesiyle beraber kızları yataklarından kaldırabilmiş midir sence?"

Abel samanla dolu tırmığı atın bölmesine doğru silkeledi. Cole iyi bir işçiydi ve Abel'in çiftliğinde bir çalışandan öteydi fakat bir fikre takılıp kaldığı zaman ağzında yumurtayla dolaşan tilkiden farksız oluyordu, tüm dünya birleşse yine de onu o yumurtayı düşürmekten alıkoyamazdı. Bir önceki akşam yemekteyken Abel bu kovboy okulundan veya öğrencilerinden bahsetmek istemediğini söylemişti. Abel asabileşince Cole yorumlarını kendine saklamıştı ama işte şimdi sabah sabah yeniden başlıyordu.

Derin bir nefesle ciğerlerini dolduran Abel ona açık bir dille Hattie Teyzenin çiftliğindeki kızları aklından çıkarmasını söyleyecekti ki daha ağzını açamadan Cole devam etti.

"İçlerinden birini buraya alsak da yemek, süt sağma falan filan işlerine baksa fena olmaz gibime geliyor." Cole yanağını ineğin böğrüne dayadı, düşünceli bir ifadeyle "Biz erkekler de başka işlere bakarız" dedi.

"Dün akşam da dediğim gibi..." Abel dişlerini sıkarak kelimeleri vurguladı, bir yandan tırmığın dişlerini bükebilmek için tırmığı saman yığınına iyice bastırıyordu. "Hattie Teyzeye okulunda iyi şanslar dilerim ama ben o kızlarla ilgilenmiyorum." Bir gözünü kısarak Cole'ye baktı. "Ve işlerime burnunu sokmadığın için teşekkürler."

"Pekâlâ..." Cole ineğin boşta kalan memesinin altındaki kovayı çekip dizine koydu. Adamın seyrek favorili yanakları kızardı. "Seni bu kadar çok düşündüğümden değil illa ki..."

Abel bekledi, bedeni gergindi.

"Ben... Belki de gidip şöyle bir bakmak... Ve eğer ... İşte..."

Abel'in çenesi gevşedi. "O kızlardan biriyle evlenmeyi mi düşünüyorsun?"

Cole bir eliyle kovaya hâkim olurken diğeriyle tek omzuna vurdu. "Bilmem ki neden olmasın! Bir noktada bütün erkekler evlenmek ister. Ben o noktaya geliyorum işte, biliyorsun. Yirmi iki yaşıma gireceğim..."

Abel bir kahkaha patlattı.

"Sen bile bir erkeğin evlenmesinin iyi bir fikir olduğunu düşünmelisin. İki sene öncesini hatırlasana, hani ..."

Abel tırmığı kaptığı gibi saman yığınına sapladı. "İki sene önce şu anki mantığıma sahip değildim." Yükünü bölmenin kapısının üzerinden attı ve sıradaki bölmeye yöneldi. "Ayrıca benden değil, senden bahsediyorduk." Abel, tırmık tutmacının yassı ucuna dirseğini dayayıp Cole'ye baktı. "Flört etmeye başlamadan önce karınla nerede yaşayacağını düşünmelisin bence. İki erkekle beraber bir müştemilatta yaşadığını unutuyorsun. Tanıdığım hiçbir kadın böyle bir yerden hoşlanmaz."

"Sanmam." Cole kovayı ipinden yakalayıp elinde asılı tutup sallandırarak ayağa kalktı. Omuzları çöktü, çenesi düştü. "Sadece... Kızları düşünüyordum, güzel olmalılar."

Abel tırmığın tutmacını iki eliyle kavradı. "Doğulu kadınlar." Sesindeki hoşnutsuzluğu saklamaya çalışmadı. "Dıştan güzeldirler ama içlerinde bir şey yoktur."

Cole ahırın geniş kapısına doğru salına salına yürürken derin bir iç çekti. "Evet... Sanırım haklısın." Çıktı, Abel yalnız kalmıştı.

"*Sanırım haklısın.*" Kelimeler inatçı bir sineğin vızıldaması gibiydi. Abel bir tırmık saman daha aldı ama sonra elleri durdu, eski bir sızı göğsünü sıkıştırdı. Amanda'nın onu reddedişinin utancı ne zaman hafifleyecekti?

Kalbini mektuplara döküp onu batıya getirmenin bedelini ödemesinden bu yana iki yıldan fazla olmuştu. Fakat şimdi bile, gözlerini kapatsa onun üzerinde Kansas'ın gökyüzü rengindeki elbisesi ve yeni açmış yonca yeşili iri gözleriyle at arabasından inişini gözlerinin önüne getirebilirdi. Onun ne kadar güzel bir gelin adayı olduğunu düşündüğünde kalbi deli gibi atmıştı. Kasabadaki her erkek onu kıskanmaz mıydı? Fakat Barnett'in gıpta ettiği kişi olmak yerine -doğulu asil kadının Kansas ovalarında bir hayat kuracağına inanma ahmaklığını göstererek- kasabanın maskarası olmuştu.

Tırmığı ahır kapısının üzerine vurup samanların düşmesi için salladı. Kötü anıları savuşturmak da keşke böyle kolay olsaydı. Her ne kadar bunu kabul etmekten nefret etse de Cole haklıydı, bir erkek doğal olarak evlenmek isterdi. Fakat Abel'in evliliğe dair düşünceleri ona direkt Amanda'yı düşündürüyordu. Bir acıyı neden bu şekilde dindirmek isterdi ki?

Tırmığı ahşap bir çiviye astı ve eve doğru yola koyuldu. Cole şimdiye kadar kahvaltıyı hazırlamış olmalıydı, dolayısıyla adamlar yiyebilir ve güne başlayabilirlerdi. Abel, Cole'nin yemek yapma konusundaki zavallı bahanesini düşünerek yüzünü buruşturdu. Fakat çaresi yoktu, her biri sırasını savacaktı ve bu hafta sıra Cole'deydi.

"*İçlerinden birini buraya alsak da yemek işlerine baksa fena olmaz mıydı?*"

Cole'nin söyledikleri yeniden Abel'in aklına geldi. Düşünceyi kafasından atmak için avlunun ortasında aniden durdu, elinin tersiyle alnına sert bir tokat vurdu. İhtiyacı olan son şey, onu yüzüstü bırakıp gidecek bir başka doğulu kadındı.

Yeniden yürümeye başladı, ancak topuklarını sürüyordu, düşünceleri onun göndermek istediği yeri reddediyorlardı. Amanda servet kadınıydı. Yüksek sosyete hayatını dayanılmaz şekilde durgun ve kolay bulduğundan bahsetmişti. Bu yüzden çiftliğinde onunla yaşamaya karar vermişti. Birkaç hafta sonra lüks hayatının onu Kansas ovalarının engebelerine hazırlamadığını kabul ederek Abel ile anlaşmasını bozmuş ve yeniden doğuya dönmüştü.

Peki ya Hattie Teyzenin getirdiği bu kadınları Amanda ile mukayese etmek adil miydi? Onlar Amanda gibi zengin ve şımarık değillerdi. Hattie Teyze çalışan, çalışmaya alışık kızları çağırmıştı. Ve Hattie Teyzenin eğitiminde geçirecekleri zaman onlara bir çiftlik hanımı olabilmeleri için gereken tüm beceriyi kazandıracaktı.

Ethan Rylin, evin açık kapısından "Abel!" diye seslenince Abel hayallerinden sıyrıldı. "Cole kahvaltıyı hazırladı." Abel verandada hızla ilerlerken Ethan yüzünü ekşitti. "Yanık gözleme ve çiğ pastırma. Ama sanırım bu hafta daha kötülerini de yedik."

Abel, evin içine sinen keskin yanık kokusuna burun kıvırarak Ethan'ı takip etti. Masanın başındaki yerine oturdu ve tabağına kahvaltı niyetine koyulan içler acısı karışıma baktı. "Vince, dua eder misin?"

Abel'in kafası düşüncelerle karmakarışıkken Vince yemek için şükranlarını dile getirdi. Cole haklıydı, yemek ve temizlik işlerine bakacak bir kadının burada olması faydalı olurdu. Bir temizlikçi mi tutmalıydı? Ama bunun parasını nasıl karşılayacaktı? Hizmetçinin ücretini ödemeye gücü yetmezdi fakat bir adam karısına para ödemezdi...

Tabağındaki gözlemeye çatalını batırdı. *Kadın yok.* Ona yok. Kalbine gem vurmak herhangi bir erkek için kolaydı.

• • •

"Sallie, bir inekle ne yapacağını biliyorsun."

Tressa omzunun üzerinden baktı. Sallie elinde dolu bir kova ve yüzünde zafer edasıyla sırıtarak Bayan Wyatt'ın yanında duruyordu. Tressa kızgınlıkla of çekerek dikkatini kendi seçtiği ineğe verdi. İri gözleri ve inanılmaz uzun kirpikleri olan bu kahverengi ve beyaz yaratık iş birliğine yatkın gibi görünmüştü. Mabelle'nin seçtiği ineğin aksine Tressa'nın ineği ayaklarını kımıldatmadan sakince duruyordu. Fakat bu kibar hayvancağız Tressa'nın kovasına birkaç damlanın haricinde süt vermeyi reddediyordu.

Elde ettiği bu az miktara rağmen Bayan Wyatt'ın gösterdiği şekilde ineğin memesini sıkıp çekmeye görev duygusuyla devam etti. Şikâyet etmemek için dudaklarını sıkıca kenetledi. Evelyn açıkça ve yüksek sesle bu kadar erken saatte kalkmak, bir hanımefendiye yakışmayan tarzda oturmak ve ağıldaki kokuya zar zor dayanmak konusundaki fikrini beyan etmişti. Yorumları, teneke kovaya damlayan sütün sesini bastıramıyordu. Diğerleri ise ineğin dolu memesini kovalarına boşaltmada kesinlikle başarılı olmuşlardı. Tressa yeteneksiz olsa bile azimle devam ediyordu. Neyse ki okuldaki konumunu sürdürmeye yeterdi bu.

Öne eğilmekten omuzları sıkışmıştı. Uzun süre bacaklarını iki yana ayırarak oturmaktan kalçası ağrımıştı. Kasılan ve tutulan parmakları sadece bir kez daha sıkmaya dayanabildi. Alt dudağını ısırdı ve kendini devam etmeye telkin etti. Tressa'nın omzuna bir el dokundu. Döndüğünde Sallie'nin çilli yüzüyle karşılaştı.

"Diğer kızların hepsi sütlerini yayıkta çalkalamaya eve götürdüler. Hattie Teyze seninle kalmamı istedi."

Tressa taburesinin üzerinde dönüp ağıla baktı. Sallie'nin, hâllerinden memnun şekilde saman kutularından otlanan bir dizi ineğin ve çatı kirişinin üzerindeki yuvasına tüneyen bir kuşun dışında ağılda kimsecikler kalmamıştı.

Sallie çömelip Tressa'nın kovasına baktı. Şaşırarak geri çekildi. "Nasıl olur? Daha yarısı bile dolmamış! Çok mu kımıldıyor?"

Tressa burun kıvırdı. "Oldukça sabırlı bir hayvandı ve gayet iyi durdu ama..." Yorgun parmaklarını rahat bırakarak içini çekti. "Sütünü almaya ikna edemiyorum."

"Yana çekil. Bırak bir de ben deneyeyim."

Sallie'nin daha ilk çekişinde sütün kovaya akmaya başlamasıyla Tressa'nın içini yetersizlik duygusu kapladı. "Ah, Sallie..." Tressa çenesini ellerine dayayıp yumuşak samanın üzerine çöktü. "Süt sağma konusunda neme lazım kıtım."

Sallie bön bön baktı. "*Meme* kıtı mı?" Kız, ineğin bu vardiya değişimine şaşmasına güldü. Yüzünde kocaman bir gülümsemeyle Tressa'nın omzuna hafifçe vurdu. "Hiçte bile Tressa, sadece biraz zaman ve sabır gerekiyor ve ayrıca ufacık bir hile. Parmağını meme başının altına doğru dolamalısın, işte böyle bak..." Sallie bir parmağıyla sıkarak ve serçe parmağıyla da nazikçe çekerek gösterdi. "Gördün mü?"

"Gördüm ama..." Tressa son kelimelerini yuttu. Şikâyet etmemeye karar vermemiş miydi? "Yeniden deneyeceğim." Sallie tabureden kalktı ve Tressa yeniden oturdu, parmaklarını tıpkı Sallie'nin gösterdiği gibi hareket ettirdi. Dakikalar öncesindeki damlacıklara nispeten süt epey akmaya başladı. Yüreklenen Tressa yeniden sıktı ve azıcık bir akıntıyla ödüllendirildi.

"İşte böyle, işi kapıyorsun!" Sallie, Tressa'nın omzuna vurarak gülümsedi. "Ama neden senin için bitirmeme izin vermiyorsun?"

"Ah, hayır ben..."

"Ellerin ağrımıyor mu?"

Tressa taburesinde geriye doğru çekildi. Dürüst olması gerekirse parmakları öyle sızlıyordu ki günün geri kalanında onları kullanamayabilirdi.

Sallie ellerini gösterdi. Avuç içleri ve parmak boğumları nasırlaşmıştı. "Benim ellerim süt sağmaya alışkın." Tressa'yı kolundan tuttu ve tabureden kaldırdı. Tressa sızlayan parmaklarını ovuşturarak yana geçerken Sallie çabucak oturdu ve ineğin memelerini boşalttı. Bitirdiğinde kovayı çekti ve sırıttı.

"Haydi, şimdi bu kızcağızı bir bölmeye koyalım da kahvaltısını etsin, biz de eve gidip sırada ne varmış görelim."

Tressa kovayı iki eliyle tuttu. Ağırlığı bacaklarını zorladığından Sallie yemliğe saman yığarken onu bölmelerin arasında takip eden Tressa sallana sallana yürüdü. Kızın kendinden emin tavırları Tressa'nın aklına bir soru getirdi. "Sallie, o kadar çok meziyetin var ki... Şehirde de iş bulabilirdin sen kesin. Neden Bayan Wyatt'ın okuluna gelmeyi tercih ettin ki?"

İneği yemliğe salan Sallie, yüzünü kederle buruşturdu. "Haklısın, çok meziyetim var. Küçüklüğümden beri çalışıyorum ve beceremeyeceğim pek bir şey yok. Hayır, beni Kansas'a getiren şey yeni bir meziyet kazanma vaadi değil." İnek otlarken onun alnını okşadı. "Nazik bir adam ve kendi ailemi kurma şansı istiyorum. Bir ailenin parçası olmayalı uzun yıllar oldu, Tressa." Tressa'ya düşünceli bir bakış atarak başını salladı. "Peki ya sen? Buraya neden geldin?"

Tressa'nın yüzünü ateş bastı. Buraya gelme fikrinin kendine ait olmadığını nasıl anlatabilirdi ki? Sallie, Tressa'nın teyzesinin yeğenine bir çeyiz hazırlama zorunluluğundan kaçmak için onu buraya yolladığını öğrense şoka girip tüyerdi kesin. Tressa geçmişlerindeki büyük farklılıklarına rağmen Sallie'ye yakınlık duyduğunu hissetti. Fakat eğer bu farklılıklardan bahsedecek olursa Sallie arkadaşlık teklifinden vazgeçebilirdi.

Sallie'yi hayal kırıklığına uğratmayı istemediği ve gerçeği tamamen saklayamayacağı için kelimeleri özenle seçti. "Ben de senin gibi bir kocam... Ve bir ailem olsun diye buradayım."

Sallie inekten uzaklaşıp kovaya uzanırken sırıttı. "Hoş, bu güzel yüzünle ve tatlı konuşmalarınla buradaki erkeklerin seni ellerinden kaçırmaları için aptal olmaları gerekir. Düşünüyorum da yemek yapmayı, temizlik işini ve hayvanlara yardımcı olmayı öğrenir öğrenmez bir adamı kapmak için hiçbir engelin kalmaz."

Tressa, kızcağızın bu konuşmalarının cesaretlendirici mi yoksa korkutucu mu olduğuna karar veremedi.

"Ve ayrıca eğer buradaki erkeklerin hiçbiri hoşuna gitmezse bence iyi bir öğretmen olabilirsin. Konuşma tarzına bakarak buradakilerin pek çoğundan daha eğitimli olduğunu söyleyebilirim. İyi bir aileyle bir süre beraber yaşamış ve onların alışkanlıklarını kapmış olmalısın..."

Tressa'nın nabzı hızlandı. Gretchen Teyzesi konuşmasını değiştirmesi konusunda onu neden uyarmamıştı? İş kıyafetleri yeterli değildi, Tressa tamamen alt tabakadan bir kızmış gibi davranmalıydı. Sırrı ortaya çıkıp da bu çorak yerde yeni bir hayat kurma fırsatı elinden gitmesin diye sözcüklerini dikkatle seçmeye ant içti.

Serin, loş ağıldan gün ışığına çıkarken Sallie'yi izledi. Aydınlık Tressa'yı şaşırttı. Onlar birer inek seçip de sağmaya başladıklarında güneş ufuk çizgisinde uzanan altın bir umut gibiydi. Şimdi ise gri gökyüzü nar bülbülünün mavisine dönmüş, güneş de kocaman sarı bir top gibi gök kubbeye tırmanıyordu. Bu ineği sağmaya ne kadar zaman harcamıştı ki?

Sallie gözlerini kısarak güneşe bakıp konuştu: "Hattie Teyze kesin kahvaltıyı hazır etmiş bekliyordur. Acele etsek iyi olur Tressa."

Doğrudan mutfağa girilen arka kapıya doğru yöneldiler. Sallie, Tressa'nın süt kovasını henüz yıkanıp ters çevrilmiş bir dizi kovanın bulunduğu kuru tezgâhın üzerinde bıraktı. Odada, kahvaltının hazır olduğunu belli eden hoş bir koku vardı. Fakat ortalıkta kimsecikler yoktu. Hemen sonra yemek odasından sesler geldi. Sallie, Tressa'yı elinden tutup o yöne doğru çekti.

Kızlar odaya girdiğinde Bayan Wyatt başıyla iki boş iskemleyi işaret etti. "Oturun. Yiyin. Yumurtalar şimdiye kadar muhtemelen soğumuştur ama bu sona kalanın ödeyeceği bedeldir işte." Azarlaması, gülümsemesiyle birlikte yumuşadı. Yeniden konuşmaya başlamadan evvel, Tressa ve Sallie oturana kadar bekledi. "Yemek yapma çizelgesini tartışıyorduk. Her biriniz sırayla yemek yapacaksınız. İlk önce sadece bizim için, sonra da bütün elemanlarım için."

"Eh yani, yemek yapmayı öğrendikten sonra mı erkeklerle görüşeceğiz?" Luella omuzlarını eğip Evelyn'e doğru göz kırparken kıkırdadı. "Ah, o zaman ben ilk olayım."

Bayan Wyatt sanki Luella konuşmamış gibi devam etti. "Bu civardaki çiftliklerin çoğunda o arazide yaşayan ve tam zamanlı çalışan elemanlar var ve burada eşler, yalnızca kendi ailelerini değil, aynı zamanda orada çalışanları da doyurmakla sorumludur. Bu yüzden ihtiyacınız olan şey kalabalığa yemek yapmayı öğrenmek."

Elindeki belli belirsiz titremeyi fark eden Tressa, tabağına bir yumurta aldı. Daha önce hiç yemek yapmamıştı. Evan's Glen'de iken neşeli aşçının ikramlarını almak için mutfağı sık sık ziyaret ederdi. Çalışanlarla arkadaşlık etmek kesinlikle yasaktı. Ama sonra teyzesi ve dayısı, aldırış etmeden onu hazırlıksız olduğu bir duruma itmişlerdi. Haksızlık karşısında içi öfkeyle doluyordu. Annesi ve babası hayatta olsaydı, yaşamı ne kadar farklı olurdu...

"Tressa, iyi misin sen?" Sallie'nin şefkatli sesi Tressa'yı içindeki düşüncelerden sıyırdı.

Tressa bakışlarını Sallie'ye çevirdi ve kızın görüntüsünün bulanıklaştığını fark ederek şaşırdı. Elleriyle gözyaşlarını sildi ve Sallie'ye fısıltıyla yanıt verdi. "Evet, evet. Elbette oldukça..." Ardından Sallie'nin konuşması hakkındaki yorumunu hatırlayarak daha basit bir şekilde yanıtladı. "İyiyim. Sadece ... Yorgunum işte." Sesi yapmacık ve tuhaftı. Ancak Sallie gülümsedi ve iskemlesinde rahatladı, görüşüne bakılırsa endişesini gidermişti.

Masanın başında oturan Bayan Wyatt, Luella'ya döndü. "Pekâlâ, küçük hanım. Madem yemek yapma angaryasına başlamak için yanıp tutuşuyorsun, o hâlde bu hafta mutfak işi sana ait." Kalktı, masadakilere bakarak sırıttı. "Haydi kızlar, Luella'yı bırakalım da bulaşıkları halletsin, biz de gidip sütten tereyağı yapalım biraz."

Tutulmuş kalçasını ve ağrıyan omuzlarını yok sayan Tressa, kalkıp Bayan Wyatt'ı takip etti. Sütten tereyağı yapmanın, süt sağmaktan daha kolay olduğunu umuyordu.

5

Abel, kapanış ilahisi için cemaatle birlikte ayağa kalktı. Yanında bulunan Cole, aval aval arkaya bakmak için döndü. Tekrar... İşçisiyle bir olup omzunun üzerinden arkaya bakmamaya kararlı olan Abel, dikkatini ilahinin sözlerine verdi. Cole, Ethan ve hatta yol yordam bilecek kadar yaşlı Vince bile uzun vaaz esnasında kilisenin arka sırasına bakıp durmuşlardı. Abel'in arkasındaki sıraların sürekli yer değiştirmesi, pek çok kişinin Rahip Connor'un vaazına odaklanmaktan ziyade yeni gelenlere bakmakla ilgilendiğini gösteriyordu.

Abel bakmamak için kendini tutuyordu fakat arkasında bir yerlerde oturan kadınların varlığının şiddetle farkındaydı. Tiz sesler, "*Tanrı'nın yükünü hafifletin*" ilahisine tamamen yeni bir kalite kazandırmıştı. Ayin artık bittiğine göre dönüp kiliseden çıkması gerekiyordu. Barnett Halk Kilisesi'ne geldiği onca yıldır diğer her bir üyeyle el sıkışıp selamlaşmadan ayinden ayrılmamıştı hiç. Ama bugün Hattie Teyzeye kasabaya getirdiği yanındaki kızları es geçip nasıl selam verebilirdi ki?

Midesi bulandı, bunun kahvaltıda yediği topaklanmış yulaf unuyla herhangi bir ilgisi yoktu. Hattie Teyze iyi niyetliydi. Bu kovboy okuluyla kasabanın erkeklerine gerçekten iyilik yaptığını düşünüyordu. Abel, bu dul kadının kilisede oturan şu doğulu kızların kendisini ne kadar etkilediği hakkında en ufak bir fikri olsaydı, bu sabah buraya gelmek yerine Pierceville'ye gidip oradaki ayine katılırdı, diye aklından geçirdi.

Bunu kadıncağıza söylemek işlerini kolaylaştırabilirdi ama asla bilmesine izin vermezdi. Ford Bölgesinde ondan daha safı yoktu. Babasının hasta olduğunu söyledikten sonra ilk gelen o olmuştu. Abel'i sayısız defa pazar akşamları yemeğe çağırmıştı. Ancak eğer bugün davet etse Abel ilk kez hayır derdi.

İlahi, kirişlerden gelen ahenkle yankılanarak uzun bir notayla sona erdi. Rahip Connor el hareketiyle söylenen ilahiyi noktaladı. Abel derin bir nefes aldı ve iki sıranın arasındaki koridora adımını attı. Sıradan bir mayıs ayı pazar gününde, kadınlar son dedikoduları paylaşmak için toplanır, erkekler de -evli veya bekâr fark etmez- birbirlerinin sırtlarına vurarak havadan sudan konuşur, yeni doğan sığırlarının sayısıyla böbürlenirlerdi.

Fakat bugün, kadınlar kocalarının tek söz etmelerine fırsat vermeden onların kollarına girip kilise binasının dışına kadar yanlarında yürüdüler. Bekâr erkekler ise uzun süre ayakta dikildiler, gözlerini Hattie Teyzenin kızlarında teker teker gezdirdiler. Ardından, sanki bir uyarı ateşi atılmış gibi, hepsi birden harekete geçip koridora doluştular ve Hattie Teyzenin tıpkı yavrularına siper olan anne ayı gibi ayakta durduğu arkadaki sıranın çevresinde toplandılar. Ethan ve Cole diğerlerine karışmak için Abel'den önce kalabalığa girdiler.

Erkekler, yaşlı dul Parker'in eteğinin altına saklanarak kiliseye giren yavru tazılar gibi büyük bir yaygara kopararak bir ağızdan konuşmaya başladılar. Söylentiye göre uzun bacaklı tazının iç etekliğine dolanmanın şoku -ve ardından onun grubundakilerin attığı yüksek kahkahalar- onu doğrudan, kahvehanesini kapatıp Junction şehrine yerleşerek en büyük kızıyla yaşamaya itmişti. Abel bundan daha iyi bir hadise düşünemezdi fakat kilisenin arkadaki yarısının heyecan dolu gevezelikleri bu fikrini çürüttü.

Vince, Abel'in yanında durdu ve başını olumsuzca salladı. "Aptal adamlar. Sanki daha önce hiç kadın görmemiş gibi davranıyorlar." Kıkırdadı. "Elbette, kadınlar burada bulunmaz Hint kumaşı gibi, sanırım biraz horozlandılar diye bu herifleri kınayamayız." Abel'i dirseğiyle dürttü ve ekledi "Eğer ben de genç olsaydım, mesela yirmi altı veya haydi yirmi yedi diyelim, oraya gider ve kızların benim de boşta olduğumu bilmelerini sağlardım."

Abel homurdandı; Vince, Abel'in yaşını biliyordu. Annesinin ölümünden beri Hattie Teyze ona doğum günü pastası yaptığı için yaşlı adam onun bu sene yine pasta yapacağını varsayıyordu. Özellikle sıradaki doğum günü pastasının üzerinde yer alacak mumların sayısını söylemesinin tesadüf olmadığını düşündü Abel. Fakat Vince'nin aynı zamanda, neden acele edip varlığını bu kızlara belli etmediğini anlayacak kadar zeki olduğunu biliyordu.

Şapkasını kalçasına doğru tutarak kilisenin güneşli avlusuna açılan çift kanatlı kapıya doğru yürüdü. Vince onu izledi. Grubun yanından tam geçmişlerdi ki kalabalığın arasından Hattie Teyzenin sesi duyuldu.

"Bay Samms! Bir dakika bekleyin."

Abel iniltisini bastırarak durdu.

Hattie Teyzenin kaşlarını sertçe çatmasıyla adamlar yol verdi. Sıranın sonuna adımını atarak erkekler ve kızlar arasında aşılması zor bir engel oluşturdu. "Cole ve Ethan önümüzdeki birkaç gün içinde doğacak birkaç buzağın olduğunu söylüyorlar."

Abel, gözlerini yalnızca bir-iki metre yakınındaki geniş kapıdan ayırmadan başını evet anlamında sertçe salladı. "Doğrudur."

"Merak ediyordum da..." Kadın onu gömleğinin kolundan tutup çekiştirerek kendisine bakması için zorladı. "Talebelerimin doğumu izlemesi, hatta belki bir veya iki eniği biberonla beslemesi gerekiyor. Düşündüm de belki de senin çiftliğine gelir orada beraber bir şeyler yaparız ve..."

"Brewster Hammond'da muhtemelen benimkinden daha fazla doğum yapacak inek vardır." Abel, kadının hafifçe tuttuğu gömleğini çekerek biraz ilerledi. "Onun çiftliğinde şansınız daha çok olabilir."

"Bu doğru, Hattie Teyze." Hammond'un oğlu Gage, yılışıkça sırıtarak sohbete burnunu soktu. "Kimsede babamdaki kadar fazla inek yok. Buzağılama sezonunda haftanın hangi günü olursa olsun kesinlikle günde bir veya iki doğum görürsünüz." Kız grubuna doğru göz kırptı ancak Abel içlerinden yalnızca bir tanesinin o pişkin gülüşe karşılık verdiğini fark etti.

"Brewster Hammond'da belli bir günde daha fazla doğum olabilir." Gage'yi kızların görüş açısından çıkarmak için yerini değiştiren Hattie sakin bir ses tonuyla karşılık verdi. "Fakat onun arazisi daha uzakta. Talebelerimi oraya götürüp getirmek günümün çoğunu alır."

Abel alt dudağını yaladı, kafasında fikirler dörtnala koşuyordu. "Sende hiç doğum yapacak inek yok mu?"

"Elbette ki var. Fakat ben onları sizin yaptığınız gibi yakına getirmiyorum. Çayırda doğum yapıyorlar ve ırgatlarım onlarla orada ilgileniyor."

Aniden Abel'in aklına bir fikir geldi. *Benim çiftliğimin çevresindeki çiftçiler neden benimki gibi hayvanlarının bir kısmını kaybetmediler? Sığır hırsızı neden beni hedef alıyor?* İkna edici bir sesle konuşmasını sürdüren Hattie Teyzeye odaklanmak için bu sessiz soruyu bir kenara bıraktı.

"Kızlar burada yeni oldukları için doğumu ilk olarak dışarıda, açık havada görmelerinden ziyade ağılda görmeleri daha kolay olacaktır."

Abel'e göre ha açık havada, ha ağılda gerçekleşsin; doğum doğumdu işte fakat kadınla bunu tartışmayacaktı. Geçmişte onun için pek çok şey yapmış birine bunu yapmazdı. "Sanırım onları getirmen sorun olmaz."

Hattie'nin yüzü gülümsemeyle aydınlandı. "Teşekkür ederim. İneğin doğumunun yaklaştığını anladığın zaman çalışanlarından birini göndermen yeter" dedi. Cole ve Ethan akılları başlarında değilmiş gibi sırıtarak dirsekleriyle birbirlerini dürttüler. "Öğrencilerimi hemencecik getiririm" diye ekledi Hattie.

Abel, doğumu yaptırması ve Hattie Teyzenin öğrencilerine göz kulak olması için Vince'yi görevlendirmeyi kafasına yazdı. "Tamamdır, Hattie Teyze. Şimdilik iyi günler" dedikten sonra şapkasını kafasına geçirdi ve kapıdan çıktı.

• • •

Tressa saçından bir tutamı kulağının arkasına atarken uzun boylu kovboyun kiliseden çıkışını gözleriyle takip ediyordu. Adamın, Barnett'e vardıkları gün şapkasını getiren kişi olduğunu hatırladı. Sakarlığından dolayı çok utandığı için o gün kafasını kaldırıp yüzüne bakamamıştı. Fakat bugün Bayan Wyatt onu sohbete tutunca adama fark ettirmeden onu inceleme fırsatı bulmuştu. Ve gördüğü hoşuna gitmişti.

Adamın geriye taranmış, briyantinle parlayan koyu renk dalgalı saçları Tressa'ya babasının saçlarını hatırlattı. Babasının siyah saçlarının arasında gri gölgeler vardı, Abel'in saçları ise -büyük ihtimalle güneşin altında geçirdiği zamandan dolayı-koyu kahverengiydi ve aralarda açık renk gölgeler vardı. Gözleri de tıpkı babasınınkiler gibi samimi ve kahverengiydiler; çekingen konuşmaları ise annesinin ölümünün ardından babasının suskun hâllerini hatırlatmıştı. Gözlerinin içine bakmak, içinde merhamete benzer bir his uyandırmıştı.

Kiliseden çıkarken Bayan Wyatt'ı ve diğer kızları izledi. Kendini daha ufak gösterme çabasıyla kollarını iki yanında dimdik tutuyordu. Etraflarında kalabalık eden erkekler onu rahatsız etti. Açıklayamadığı nedenlerden dolayı, özellikle de Bayan Wyatt'ın adının Gage olduğunu söylediği kişi yüzünden sanki derisinin altında böcekler yürüyormuş gibi hissediyordu. Adam yolunu kesince yana kaydı ve Bayan Wyatt'ın at arabasına doğru telaşla koşturdu. Adamın onun ardından kahkaha atmasına sinir oldu. Bu adama dikkat edecekti. Ona güvenmiyordu.

Bununla birlikte Luella at arabasına doğru süzülürken aceleci davranmadı. Kirpiklerini kırpıştırarak omzunun üzerinden gamzeli bir gülüş attı. At arabasına ulaştığında yüzünü erkeklere dönüp parmak uçlarını sallayarak onlara veda etti.

Bayan Wyatt *cık cık* yaparak başını olumsuzca salladı. "Luella, kullanman gerektiği zaman gelinceye kadar cilvelerini kendine sakla."

Luella dudak bükerek arkaya tırmandı ve Evelyn'in yanına çöktü. Mabelle ve Paralee de bindiler, onları Sallie izledi. Tressa tutmacı kavrayıp kendini yukarı çekmeye başlarken bir el onu dirseğinden kavradı. Çarpıcı gözlere sahip, koyu renk saçlı, uzun boylu, teni güneşten yanmış bu adamın yüzüne bakınca şaşırarak gülümsedi.

"Size yardım etmeme izin verin küçük hanım."

Adamın kısık, kibar sesi, Tressa'nın hızla atan nabzını yavaşlatmaya yetmedi. Adam arabanın arkasına çıkması için onu kaldırırken gerildi. Yerine oturdu ve eteğiyle ayak bileklerini örttü. "Teş-teşekkür ederim, bayım."

Adam kapağı kapattı ve şapkasının kenarına dokundu; bu, ona şapkasını getiren kişiyi hatırlattı. Gerginliği biraz olsun hafifledi. Adam, onun olduğu tarafa bakmadan yan tarafa geçip dirseğini at arabasının kenarına dayadı.

"Harriet."

Bayan Wyatt dizginleri eline aldı. "Nasılsın Brewster?"

Tressa, Bayan Wyatt'ın ses tonundan bu uzun boylu, nazik adamın onu geciktirmesinden dolayı memnun mu yoksa tedirgin mi olduğunu çıkaramadı.

"Oğlum öğrencilerinin bir-iki buzağının doğumuna tanık olmalarını istediğini söyledi."

"Gage doğru söylemiş." Bayan Wyatt sabırsızlandığını belli ederek dizginleri şıklattı. "Ama sorunu hallettim. Abel Samms zamanı geldiğinde kızları çağıracağını söyledi."

Abel... Babasının ismi Athol'e yakın bir isimdi. Tressa'nın kalbi heyecanla azıcık titredi ve ismi korumak için dosyalayıp kaldırdı.

Yaşlı adam kaşlarını çattı, alnındaki sert deri kırıştı. "Biliyorsun ki Harriet, büyüklük olarak benim sürüm Samms'inkine beş basar. Eğer haftanın herhangi bir günü gelirsen, doğumu izlemek için daha fazla şansın..."

"Bize yardım etmek istediğin için teşekkürler, Brewster." Bayan Wyatt çenesini adama doğru kaldırdı. "Fakat ayarlama yapıldı ve o şekilde olmasından memnunum. İyi pazarlar dilerim. Şimdilik hoşça kal." Islık çalarak dizginleri şaklattı. Atlar, gri saçlı çiftlik sahibi kilisenin avlusunda arkalarından bakakalırken hızla ilerlediler.

"Gerçekten yakışıklı bir adam *O*." Luella'nın kısık sesle yaptığı yorum, aklı çiftlik sahibinde kalan Tressa'nın dikkatini çekti. Luella at arabasının arka kısmındaki kızlara tip tip baktı. "Tıpkı oğlu gibi." Heyecanla iç çekti. "Ah, kasabadaki erkeklerin arasından favorim Gage'dir."

"Gage mi?" Başının üzerinde güneş şemsiyesini açan Evelyn burun kıvırdı. "Niye ki, o daha çocuk. Muhtemelen o tıraş olmaya başlayalı daha bir yıl olmamıştır."

Luella kararlı sesiyle "Öyle bile olsa" diye devam etti "Kasabadaki en uygun adam o. En başarılı çiftlik sahibinin oğlu. Hepinizin onunla evlenmeye can atmamasına inanamıyorum."

Evelyn gözlerini devirdi ve şemsiyesinin bambu sapını iki eliyle tutarak dudakları sımsıkı kapalı, karşıdaki manzarayı seyretmeye başladı.

Sallie'nin gözleri parladı. "Bence en uygun olan kişi baba; çünkü en büyük çiftliğe sahip olan o. Ve belki de Tressa'mızdan hoşlanmıştır."

Luella kıs kıs güldü, Tressa ise dehşetle Sallie'ye baktı. "Benden mi?"

"Neden olmasın? *Herhangi birimizin* arabaya binmesine yardım etmek için koşup gelmedi, değil mi?" Sallie sırıttı. "Onun tarafından seçilmek hoş bir şey olmaz mıydı, Tressa?

"Ah, Tressa için oldukça yaşlı birisi." Paralee lafa karıştı.

Mabelle omuzlarını düşürerek öne uzandı. Yanaklarında,

güneşten yanmış burnuyla uyum sağlayan kırmızı noktalar vardı. "Beadle'nin ucuz romanlarının çoğunda, kadının sevgilisinin yaşı onunkinin iki katı. Bunu hiç kafaya takmıyor gibi."

"Mabelle!" diye cıyakladı Paralee.

Luella eliyle Paralee'nin ağzını kapadı. Başıyla Bayan Wyatt'ı işaret etti. Yaşlı kadın dönüp omzunun üzerinden dahi bakmayınca Luella elini çekti ve tıslayarak "Şşt! Hattie Teyzenin bize erkekleri düşünmeyi kesin demesini istemeyiz." Kıkırdadı. "Sanki yapabilirmişim gibi!"

Tressa kendini gruptan uzaklaştırarak arkasına yaslandı. Konuşmalar sanki nefesini boğazına düğümlüyordu. Kansas'a geliş nedeni bir koca bulmaktı, bunu biliyordu fakat evliliğin saygın bir konu olması gerekmiyor muydu? Her nedense, Luella'nın yılışıkça sırıtmaları ve diğerlerinin muzip yorumları, anne ve babasının paylaştığı bu güzel birliği alay konusu hâline getirmişti. Sallie, Luella, Paralee ve Mabelle kafa kafaya verip oturarak fısıldaşıp gülüştüler. Tressa at arabasının neredeyse en ucuna kadar kaydı.

Evelyn yanaşıp Tressa'nın omzuna vurdu. "Onları görmezden gel. Fabrika işçilerinden ve hizmetçilerden ne bekliyorsun ki? Yapmacık nezaketten dahi yoksunlar."

Evelyn'in kibirli ses tonu da en az diğerlerinin arsızlığıyla uğraşmak kadar zordu, Tressa başını sallamakla yetindi.

"Kesinlikle açık sözlü olmak gerekirse Tressa, eğer bu okulu bitirip buradan biriyle evleneceksen, en iyi seçim yaşlı çiftlik sahibi olur." Diğerlerine bakan Evelyn gözlerini bariz bir hoşnutsuzlukla devirdi ve yeniden Tressa'ya döndü. "Ne dediğimi *anlıyor* musun?"

Tressa dudaklarını yaladı. Bayan Wyatt'ın çiftliğinde günlerdir omuz omuza çalışmalarına karşın, o ve Evelyn rastgele ettikleri birkaç sözün dışına çıkmamışlardı. Kızın tavsiyesiyle kafası karıştı. "Hayır. İtiraf etmeliyim ki, anlamıyorum."

Evelyn sabırla içini çekti. Bir düşün Tressa. Yaşının iki katı bir adamla evleniyorsun. Sen hâlâ gençken o ölüyor ve bütün parasını sana bırakıyor. Ve işte sonra o parayı alıp bu kahrolası yerden ayrılıp başka bir yerde adam akıllı yaşamakta özgürsün."

Tressa geriye çekildi. Evelyn nasıl bu kadar katı yürekli olabilirdi? Sanki Tressa biriyle sadece onun parasına sahip olmak için evlenecekti! Sonra aklına başka bir şey geldi. "Madem kasabadaki en uygun kişi o, öyleyse neden sen kendin peşine düşmüyorsun?"

Evelyn'in bir kez daha kıra baktı. "Ne kadar sağlam olursa olsun, benim bu sersemlerden biriyle evlenmeye niyetim yok." Dudaklarını büzdü. "Buraya gelmemin tek nedeni, babamın bana ders vermek istemesi. Benim için seçtiği adamla evlenmeyi reddettim. Başkaldırımdan pişmanlık duymam ve bana bir fırsat vermek için beni buraya yolladı. Dudaklarında buruk bir gülümseme belirdi. "Planı başarılı oldu. Artık babamın seçimini kabul etmenin alternatiflerini görüyorum, yenilgiyi kabul etmeye hazırım. Bunun yanı sıra..." Gülümsemesi kurnazlaştı. "Babamın seçtiği yaşlı bunak birkaç yıldan fazla yaşamaz. O öldüğü zaman varisi ben olacağım. Babam tamamen haklıydı."

Tressa, Eveyln'in kendini beğenmiş suratından başını çevirdi. Neyse ki Bayan Wyatt'ın uzakta beliren evi onu rahatlattı. At arabasının tıkırdayan zeminine avuçlarını bastırarak kenardan atladı ve kendini onlardan ayırarak geri kalan kısmı koşarak gitti. Luella'nın işveli tavırları, Evelyn'in merhametsiz iş birlikçiliği, diğerlerinin ciddiyetsiz davranışlarından dolayı orası hariç herhangi bir yerde olmayı diledi.

Fakat nereye gidecekti ki? Bu düşünce onu birdenbire durdurdu. Bayan Wyatt'ın çiftliğinden sadece çevredeki başka bir çiftliğe gitmek için ayrılabilirdi. Bir çiftlik sahibinin eşi olmak için. Kilisedeki adamların yüzleri bir bir aklına geldikçe yanaklarını ateş bastı. Genç Gage'nin yan yan göz kırpmasını hatırlayınca tüyleri diken diken oldu, yaşlı Hammond'un kolunu tutan eli aklına geldiğinde ise ürperdi. Fakat Abel isimli çiftlik sahibinin görüntüsü gözünün önüne gelince rahatladı.

Abel... Gözleri babasınınkilere benzeyen adam. Ciddi ifadesiyle Tressa kadar neşeye ihtiyaç duyduğunu gösteren adam. Şapkasını kurtaran adam.

Gözlerini mavi gökyüzüne kaldıran Tressa, babası hayatta olsaydı acaba kendisi için kimi eş olarak seçerdi diye merak etti.

6

“Orayı görüyor musun Isabella?” Tressa kovaya yavaşça tıkırdattı, böylece kedi kenardan gözetleyebilirdi. “Dolu bir kova. Ve bak.” Parmaklarını gevşeterek ellerini dışarı çıkardı. Tırnakları kırılmış ve avuçları nasırlaşmıştı -görünümü, sadece bir buçuk hafta içinde çalışmaktan böylesine değişmişti- fakat hareket zahmet vermiyordu. “Pek acımıyor. Bu da demek oluyor ki süt sağmada iyiye gidiyorum, sence de öyle değil mi?”

Kedi beyaz kuyruğunun ucunu aniden çekti ve sarı gözlerini kırpmadan Tressa’ya baktı.

Tressa yüzünü buruşturdu. “Haklısın. Ağılda kalan *son* kişiyim... Yine. Fakat kimsenin yardımına ihtiyaç duymadım ve kova *dolu*. Bu yüzden gelişme gösterdiğimi iddia ediyorum hâlâ.”

Isabella esnedi ve sert pembe diliyle temizlemek için bir patisini kaldırdı.

Tressa güldü. "Pek cesaret verdiğin söylenemez pisicik fakat yine de burada olmandan memnunum." Kedinin çenesini kaşımasıyla hayvanın yüksek sesle mırlaması bir oldu. Tressa ve Isabella son günlerde yakın dost olmuşlardı. Kedinin kendisine olan yakınlığı kafasını karıştırsa da Isabella'nın çiftlikteki diğer kızların arasından arkadaş olarak onu seçmesi gururunu okşamıştı.

Evelyn'in iki gün önce New York'a gitmesiyle Luella'nın ilgisi Sallie'ye kaymıştı. Paralee ve Mabelle hâlâ birbirlerine yakındılar, bu da Tressa'yı arkadaşsız bırakmıştı. Dayısının evinde yaşadığı yıllarda kendinden yaşça küçük olan dört kuzeni onu asla aralarına almadıkları için genellikle kendini yalnız hissederdi. Dışlanan kişi olmaya alışmış olmalıydı fakat yine de yalnızlık göğsünde boş bir sızıya yol açıyordu.

"Benden hoşlandığın için mutluyum, Isabella. Diğerleri belli ki hoşlanmıyorlar." Isabella bir patisini Tressa'nın dizine koydu ve diğer patisiyle çenesine vurmaya başladı. Tressa hayvanı alıp bir bacağının üstüne koydu. "Dürüst olmak gerekirse onları suçlayamam. Gereken bütün işlerde tamamen beceriksizim, neredeyse dokunduğum her şeyi berbat ediyorum."

Isabella'nın takdirle mırlamasının keyfini çıkararak ellerini onun yumuşak tüylerinde gezdirdi. En azından bir şeyi doğru yapabiliyordu. "Benim hakkımda fısıldadıklarını duyuyorum." Diğerlerinin kibirli bakışlarla onu kınadığı anları hatırladığında boğazı düğümlendi. "Elimden geleni yapıyorum fakat..."

Eve götürülmeyi bekleyen süt kovasına baktı. Çoktan onların gerisinde kalmıştı. Burada oturup kediyi okşamakla tereyağı kendi kendine çırpılmayacaktı. "İçeri gitmeliyim kedicik."

Tressa içini çekerek kediyi yere bıraktı ve tabureden kalktı. "Yaşlı Rosie'yi bölmesine koymama yardım etmek ister misin?" Tressa ineğin ihtiyaçlarını görürken Isabella ayaklarının arasında dolaştı. Ardından Tressa elinde kovayla eve doğru yola koyulurken kedi de kuyruğunu dimdik tutarak önden koşturdu. Tressa'nın hâlâ onu takip ettiğinden emin olmak ister gibi dönüp kıza baktı. Ağıldaki anlık melankolisine rağmen Tressa kedinin maskaralığını görünce kahkahayı bastı.

Arka kapıya vardığında atların ayak sesi dikkatini çekti. Isabella'nın kuyruğu normal büyüklüğünün iki katı kabardı ve kedicik mutfak penceresinin altındaki küçük bankın altına kaçıverdi. Tressa döndü ve bir kovboyun evin hemen yanında dizginlerini çekip durduğunu gördü. Adam onu gördüğünde yüzüne büyük bir gülümseme yayıldı ve şapkasını çıkararak saman sarısı dağınık saçlarını açıkta bıraktı.

"Nasılsınız küçük hanım, benim adım Ethan Rylin, Abel Samms için çalışıyorum. Hattie Teyze evde mi acaba?

Tressa başını salladı.

"Beni Abel'in yolladığını ve bir buzağının yolda olduğunu söyleyin."

Tressa kaşını çattı. "Buzağı mı?"

"Evet, eğer doğumu görmek istiyorsanız, Lazy S.'ye gelin."

"Ah!" Tressa, Bayan Wyatt'ın kızların bir doğuma şahit olmalarını arzu ettiğini hatırladı. Gün içine sıkıştırdıkları onca faaliyetten dolayı, kilisede geçen bu konuşma aklından çıkmıştı. "Ona söylerim. Teşekkürler."

Ethan başka bir şey demeden şapkasını taktı, dizginleri çekti ve dörtnala uzaklaştı. Tressa ayaklarının dibinde gezinen Isabella'nın üzerine basmamaya dikkat ederek aceleyle eve girdi. "Bayan Wyatt! Bayan Wyatt!"

Yaşlı kadın ellerini önlüğüne silerek telaşla kilerden çıktı. Sol yanağına un bulaşmıştı. "Sütün hazır mı? Ve Tanrı aşkına bana Hattie Teyze de kızım, Bayan Wyatt deyince nasıl cevap vereceğimi şaşırıyorum."

"Ben... Üzgünüm." Tressa kovayı kapının yanındaki kuru tezgâhın üzerine bıraktı.

"Özrün kabul edildi. Şimdi, sütü ayırıp kaymağını tereyağı için çırpar çırpmaz, öğle yemeği için biraz kurabiye yoğur. Şimdiye kadar bunu yaparken beni defalarca izlediğin için sanırım tek başına halledebilirsin." Parmağıyla kileri gösterdi. "Buğday bitlerini ayıklamak için un eliyordum, o böceklerin görüntüsünün midene iyi gelmeyeceğini biliyorum." Başını iki yana salladı. "Fakat Tressa canım, bu nanemolla mideni bir kenara bırakmak zorundasın, yoksa burada yapamazsın. Kilerde saklanan buğday bitlerinden daha beteriyle karşılaşabilir insan."

Un kilerinde daha başka nelerin gezinebileceğini düşünen Tressa'nın midesi kalktı. "Evet efendim. Elimden geleni yapacağım." Fakat Bayan Wyatt'a kovboydan bahsetmeliydi. "Efendim, atlı bir adam geldi. Hemen Lazy S.'ye gidersek bugün bir doğum görme imkânımız olurmuş, bunu size iletmemi istedi."

Bayan Wyatt ellerini çırptı. "Ah, bu iyi bir haber." Gülümsedi. "Gerçi süt kovasının dışarıda kalmasından nefret ediyorum. Ne zaman döneriz Tanrı bilir." Bir parmağıyla çenesine vurdu. "Bak ne diyeceğim sana, o kovanın üzerine nemli bir tülbent ört ve hemen bodruma indir. Orada sanki kayanın altındaymış gibi soğuk kalır. Ben diğerlerini toplayacağım. Bizimle ağılda buluş, oradan Abel'in çiftliğine gideceğiz." Kapıya doğru yöneldi fakat sonra geri döndü. Yüzünde bir gülümseme belirdi. "Bugün gerçekten şanslıyız. Hiçbir şey doğum kadar özel olamaz."

Tressa kovayı dışarı taşıyıp bodruma götürürken Bayan Wyatt'ın sözlerini kafasında ölçüp tarttı. Doğumla ilgili tek deneyimi, minik erkek kardeşinin doğduğu geceydi. Yaşlı aşçıyla birlikte mutfağa gönderilmesi ve annesinin yatak odasından gelen delici çığlıkları duymasın diye aşçının onunla birlikte şarkı söylemesi dışında pek bir şey hatırlamıyordu. Uyuyakalmıştı ve ertesi sabah babası ona, anneciğinin ve bebeğin, İsa ile birlikte cennette olduğunu kederle anlatmıştı.

O bodrumdan döndüğünde diğerleri at arabasında onu bekliyorlardı. Arabaya atladı ve o daha yerine oturmadan Bayan Wyatt dizginleri atın sırtına vurdu. "Yeh!" Arabanın sarsılmasıyla Tressa kendini ayakları havada, poposu yerde buldu. Luella dirseğiyle Paralee'yi dürttü ve ikisi gülüştüler. Tressa ağzını sıkıca kapatıp çenesindeki titremeyi saklamak için başını çevirdi.

Lazy S.'ye giden yol onları kasabanın tam zıt yönüne götürmüştü fakat manzara hemen hemen aynıydı. Rüzgârda hafifçe sallanan diz boyu yeşilliklerle, bütün yönlerde çayır alabildiğine uzanıyordu. Tepelerindeki parlak güneş, yeşilliklerin yaprakları üzerinde ışıldıyor ve Tressa'nın şapkasız başını ısıtıyordu. Evden çıkmadan önce şapkasını alacak vakti olmamıştı ve rüzgâr bir parça kurdeleyle alelade topladığı saçını dağıtıyordu. Bir eliyle arabanın kenarını, diğeriyle de rüzgârda uçuşmasın diye saçlarını tutuyordu.

At arabası, tek katlı, sade bir çiftlik evinin kirli avlusuna girdi. Tressa badanasız, nahoş binaya bakıp yüzünü buruşturdu. Bayan Wyatt'ın mütevazı evi bunun yanında malikâne gibi kalıyordu. Bayan Wyatt at arabasını durdurdu ve geriye dönüp gülümsedi. "Ahır tam karşıda. Eğer Abel Samms'i tanıyorsam, orayı temizlemiş ve bize hazır hâle getirmiştir. Öyleyse, haydi bakalım."

Kızlar arabanın arkasından henüz inmeden teni güneşten yanmış bir kovboy ahırdan çıkıp onlara doğru koştu. Elini salladı.

"Orada bekleyin Hattie ve aşağı inmenize yardım etmeme izin verin." Bayan Wyatt'a elini uzattı, kadın onun yardımcı olmasına izin verdi.

"Teşekkür ederim Vince. Sanırım geçen pazar günü kilisede öğrencilerimle tanışmadın." Adamı at arabasının arkasına yöneltti ve kapağı açtı. "Bu Bayan Mabelle, bu Bayan Paralee, bu Bayan Sallie, Bayan Luella ve Bayan Tressa." Her bir kızı sırayla gösterdi.

Vince, yüzünde kocaman bir gülümsemeyle başını salladı. "Lazy S.'ye hoş geldiniz bayanlar. Burası yaklaşık yirmi yıldır benim yuvam ve bu yeri çok seviyorum." Elini Tressa'ya uzattı. "Haydi siz kızları ahıra götüreyim. Uzun bir bekleyiş olacağını sanmıyorum, anne doğurmaya hazır."

Tressa'yı belinden kavradı ve at arabasının arkasından kaldırdı. Adam diğerlerine yardım ederken o da Bayan Wyatt'ın yanına geçti. Sıra Luella'ya geldiğinde kız kirpiklerini kırpıştırarak kıkırdadı. Bu çok bilindik ses Tressa'nın tüylerini diken diken etti. Vince, Luella'yı yere bıraktığında kız elini onun omzundan hemen çekmedi. Vince sırıtarak Luella'ya dirseğini uzattı. Bir başka tiz kıkırdamayla kız elini adamın kolunun kıvrımına kaydırdı ve ahıra doğru ilerlerken onun yanında zarifçe yürüdü.

Ahıra doğru giderken Tressa bir Luella'ya, bir sıska adama baktı. Burasının aşırı büyük olması onu çok şaşırtmıştı. Gelişi güzel kesilmiş taba rengi taşlar ve iki kat yüksekliği ile burası Bayan Wyatt'ın çiftliğindeki ahırı cüce gibi bırakıyordu. Ön tarafta bulunan kemerli girişteki geniş kapılar, âdeta içeri girmeye davet ediyordu. Güneşten sonra bu büyük serin, gölgelikli binaya giren Tressa hafifçe titredi. Bu ahır, Bayan Wyatt'ın ahırının üç katı büyüklüğünde olmasına rağmen, kokuları -küflenmiş saman, misk kokan hayvanlar ve rutubetli toprak- aynıydı. Tressa, kokuyu biraz kessin diye parmağını burnuna tuttu.

Bayan Wyatt'a yakın durarak doğuya doğru yolu neredeyse yarılayan diğerlerini takip etti. Vince çevik bir hareketle başını eğerek kolunu Luella'nın elinde çekti. Bayan Wyatt elini Tressa'nın sırtına koyarak onu ahırın kenarına doğru itti. Tressa ellerini en üstteki tırabzana dayayıp parmak uçlarında iyice yükselerek alacalı kahverengi ineğe tepeden dikkatle baktı. Hayvancağız, boynunu bükmüş yan yatıyordu, bacakları dümdüz uzanmıştı. Başına ve burnuna saman yapışmıştı. Tressa tırabzanlardan tırmanıp o kırıntıları temizlemek istedi.

Vince hayvanın yanına çömeldi ve elini onun şiş karnına koydu. Kızlara sırıttı. "Karnı ne kadar büyük görüyor musunuz? Sadece yavrudan dolayı değil. Nefesini tutuyor. Bu, doğum sancısının ortasında demektir."

İneğin bu sıkıntısı karşısında ona merhamet eden Tressa'nın karın kasları gerildi.

Vince devam etti. "Siz varmadan hemen önce suyu geldi. Uzun sürmez, az sonra oradan çıkan minik ayakları görürüz."

Mabelle şaşkınlıkla "Ayaklar mı?" dedi ve hemen ardından eliyle ağzını kapadı.

Vince kendi kendine güldü. "Evet, ayaklar. Ayak ve sonra da burun görmek isteriz. Bazen buzağılar buttan gelir fakat bu anne için korkunç derecede zordur. Bu yüzden, bunun yerine burun görmeyi umuyoruz."

İnek, başını hafifçe kaldırarak nefes aldı. Kısık sesle mööledi ve ön ayaklarıyla havaya pençe attı. Diğerleri öne ilerlerken Tressa isteksizce geri adım attı.

Vince bir elini yere dayadı ve başını ineğin arka tarafına doğru yatırdı. "Ah, ah işte geliyor!"

İki minik toynak göründü. Luella en aşağıdaki tırabzana tutunarak bölmeye doğru eğildi. Şaşkınlıktan gözleri ve ağzı kocaman açılmıştı. Sallie omzunun üzerinden bakıp sırıttı. "Mandıracılık işinde çalışırken epey doğum seyrettim, inanılmaz bir şey. Yaklaşmak ister misin, Tressa?"

Tressa sertçe başını iki yana sallayınca Sallie kıkırdadı. "Nasıl istersen!" Luella'nın yanına tırmandı. Paralee, Mabelle'nin eline uzanırken gülümsüyordu. Mabelle de onu tuttu, ikisi birbirine sarıldılar. Tressa yutkundu. O da birinin elini tutabilmeyi istedi. Yanında Bayan Wyatt duruyordu. İş üzerindeki inekten gözünü ayırmadan rastgele uzandı. Parmakları bir elle buluştu ve o eli tuttu.

Tuttuğu elin parmakları ilk başta gevşek kaldı fakat inek yeniden -bu sefer daha yüksek sesle ve panikle- möölediğinde Tressa elini iyice parmaklara doladı ve bu sefer parmaklar elini sıkıca kavradı. Dokunuş, rahatlık onu telkin etmişti; doğumu seyrederken sıkı sıkı tuttu. Toynakları beyaz bir burun izledi. İnek yeniden inledi ve buzağının başı göründü.

İnek feryat figan haykırırken Tressa, Bayan Wyatt'ın elini sımsıkı kavramış, nefesini tutuyordu. Aniden buzağının ıslak, kaygan vücudu hızla çıkarak samanların üzerine yığıldı. Burnunu zemine sürerek cılız bacaklarıyla debelendi. Anne kalkıp sendeleyerek yavrunun etrafında döndü. Onu yalamaya başladı, buzağı da bacaklarını vücudunun altına büktü. Dört sıska bacağının üzerinde durabilmek için önce butlarını havaya dikti ve sonra sallanan kafasını kaldırdı.

Vince yüksek sesle güldü. "Minik bir boğamız oldu." İneği pışpışladı. "İyi iş çıkardın anne."

Anne ve yavrusunun iyi olmasının verdiği rahatlıkla, Tressa'nın nefesi ciğerlerinden ıslık çalar gibi boşaldı, bacakları titriyordu. Elini tutarak verdiği rahatlatıcı destekten dolayı Bayan Wyatt'a teşekkür etmek için döndü fakat Bayan Wyatt'ın yerine Abel Samms adlı kahverengi gözlü çiftlik sahibinin yanında durduğunu görünce şaşkına döndü. Elini sımsıkı tuttuğu kişi oydu.

7

Abel genç kadının kızaran yüzüne uzun uzun baktı. Kız, elini Abel'in elinden öyle ani çekmişti ki neredeyse adamın dengesi bozulmuştu. Kız, Hattie Teyzeye doğru koşturdu, sonra da geriye iki adım atarak ahır bölmesinin tırabzanlarına zıpladı. Sırtını dönmeden önce orada durup açık mavi iri gözleriyle sessizce adama baktı.

Abel zevkten kahkaha atmamak için kendini tuttu. Elini tutanın *o* olduğu hesaba katılırsa, böyle davranmasına gerek yoktu. Hattie Teyzenin omzuna vurup onu dışarıda konuşmaya çağırmak için ahıra girmişti. Tam bunu yapacağı sırada kız elini tutmuş ve bırakmamıştı. Böyle olunca o da kalmıştı.

Avucunu pantolonunun bacak kısmına sürterek ellerinin birleşmesiyle ortaya çıkan nemi sildi. Durumu bilerek sırıtan Hattie Teyzeye baktı. Acaba el tutuşmalarının *onun* fikri olduğunu mu sanıyordu? Boğazını temizledi.

"Hattie Teyze, benimle bir dakikalığına dışarı çıkar mısın?" Vereceği yanıtı beklemeden arkasını döndü ve kadının onu takip edeceğinden emin, dışarı çıktı. Kızların heyecanlı gevezelikleri ve Vince'nin onların sorularını ağır ağır cevaplaması, ahırın açık kapısından duyuluyordu, bu yüzden kadın avluya doğru ilerledi.

Gözlerini kısarak Hattie Teyzenin gülümseyen yüzüne baktı. "Neye gülüyorsun?"

"Sana."

"Neden?"

Kadın onun koluna dokundu. "Nazik bir hareketti bu yaptığın Abel, Bayan Tressa'nın elini tutmak."

Aslında onun elini tutmak istemediğini anlatmaya başladı fakat kızın isminin kafasında yankılanmasıyla âdeta dili tutuldu. Tressa, alışılmadık bir isimdi, tıpkı gözleri gibi. Hiç bu kadar açık renk gözler görmemişti; annesinin en sevdiği çiçek olan, yabani hüsnüyusuf rengindeydi. Küçükken düzinelerce demet yabani hüsnüyusuf toplardı. Ancak bu çiçeklerden annesinin mezarına götürmek için toplamayalı epey zaman olmuştu. Erken ilkbahar kır çiçekleri solup gitmeden bunu yapması gerekiyordu.

Hattie Teyze devam etti. "Yeni deneyimler korkutucu olabilir, işte bu yüzden elini tutarak ona gerçek bir hediye vermiş oldun."

Kız onun elini tutmuştu -o değil- ve kendine pay çıkarmamalıydı. Fakat konuşulması gereken daha mühim bir şey vardı. "Hattie Teyze, sana bir şey sormam gerekiyor ve bunu kimseye söylemeyeceğine inanıyorum."

Abel ahıra doğru baktı. Gelen seslerden öğrencilerin ve Vince'nin hâlâ meşgul oldukları anlaşılıyordu. Kollarını göğsünün üzerinde çapraz birleştirdi. "Son yıllarda sürüsünün büyük kısmını kaybeden çiftlik sahibi duydun mu hiç?"

Hattie şapkasının bağcıklarını eliyle düzeltti. "Pekâlâ Abel, her çiftlik sahibi her kış birkaç büyükbaş kaybeder, sanırım ben de bir-iki buzağıyı kır kurtlarına kaptırdım."

"Hayır, böyle bir kayıptan bahsetmiyorum."

"Nedir o zaman?"

"Sığır hırsızları."

Hattie Teyzenin ağzı açık kaldı. "Sığır hırsızları mı? Barnett'te mi?"

"Şşt!" Abel onu dirseğinden tuttu ve at arabasına doğru çekti. Kolunu kenara dayadı ve yüzünü kadının yüzüne yaklaştırdı. "Babamın ölümünden sonra başladı. Geçen yıl sürümün neredeyse yüzde onunu kaybettim, ondan önceki yıl daha da fazlasını. Biliyorum, '85 kışı oldukça sertti ve pek çok çiftlik sahibine zarar verdi fakat son iki yıldır bu kadar azalmayı izah edecek leşleri dahi bulamadım. Bir şey vardı. Bir kır kurdu sürüsü bile bir dananın bütün kemiklerini silip süpüremez."

"Aman Tanrım..." Hattie Teyzenin sesi kederini yansıtıyordu. Başını salladı. "Teksas haricinde böyle bir şeyi hiç duymadım. Düşüncesi bile hoşuma gitmiyor." Suratı daha da asıldı. "Şerifle konuştun mu?"

Abel küçümseyerek püfledi. "Hayır, tembel yaşlı keltoş. Atına atlayıp da gelip bir bakmadan önce kanıt isteyecektir. Ve kanıtım yok. Elimdeki tek şey, içgüdülerim."

"İçgüdüler bazen yanlıştır, Abel."

Sesi umut vericiydi ve Abel onu suçlayamazdı. Birinin kasten onun hayvanlarını çaldığını düşünmek hoşuna gitmiyordu. Özellikle de musallat olunan tek çiftliğin kendisininki olduğunu düşündüğünde. Birisi neden onun çiftliğini hedef alırdı ki? Ona kin duyan herhangi birini tanımıyordu.

İçini çekti. "Hattie Teyze, yanıldığımı sanmıyorum."

"Peki o hâlde ne yapacaksın?"

"Dikenli telle çevireceğim. Sürümü daha yakında tutacağım. Hırsızın işini zorlaştıracağım." Keyifsizce güldü. "Bu elbette ırgatlarımın da işini zorlaştıracak, ineklerin otlamasından ziyade samanı çekerek taşıyacağız. Başka ne yapabilirim ki?"

Hattie Teyze onun bileğini sıkıca tuttu. "Hırsızın vicdana gelip tövbe etmesi ve bu fena işleri bırakması için dua edebilirsin."

Abel itiraz edeceği kelimeleri sarf etmemek için dilini ısırdı. Ah, tıpkı annesinin ona öğrettiği gibi, kiliseye düzenli olarak gidiyor ve her yemekte duasını ediyordu, özellikle de yemeği Cole yaptığı zamanlar. Fakat son kez dua ettiğinde *-gerçekten* dua ettiğinde- Tanrı onu görmezden gelmişti. Yine de babası o enfeksiyondan hayatını kaybetmişti. Yine de Amanda doğuya geri dönmüştü. Abel, Tanrı'ya onu yine hayal kırıklığına uğratması için başka bir fırsat daha vermek istemiyordu.

Hattie Teyze hafifçe alt dudağını ısırdı. "Göz kulak olması için fazladan bir kişi olsa? Talebelerim çiftliğimdeki günlük işlerin çoğunu yaptıkları için adamlarımdan birini ayırabilirim ben."

Abel onun teklifini düşündü fakat sonunda başını olumsuzca salladı. "Hayır, teklifin için müteşekkirim ama bunu ne kadar az kişi bilirse o kadar iyi olur. Hırsızın, onun peşinde olduğumu sezmesini istemiyorum. Dikkatsizleşeceğini umuyorum... Böylece onu yakalamam kolaylaşır."

"Umarım haklı çıkarsın."

Ahırın girişindeki telaşlı hareket dikkatini çekti. Kızlar, ortalarında Vince ile, avluya döküldüler. At arabasına doğru yola koyuldular, bir yandan gevezelik edip gülüyorlardı. Tressa adlı kız hariç. Arkalarından gidiyordu, gülümsemeyen dudakları sımsıkı kapalıydı.

Abel, Hattie Teyzeyi kolundan tuttu. "Unutma, bu bizim sırrımız."

"Elbette ki öyle. Bizim ve Tanrı'nın."

Abel yavaşça yürürken mırıldandı. "Bırak, sadece ikimizin arasında kalsın."

• • •

Yüzünü yatak odasının bir köşesine dönen Tressa geceliğini başından geçirdi, düğmelerini ilikleyip döndü. Sallie, üzerinde kombinezonuyla konsolun önünde duruyor ve en alt çekmeceyi karıştırıyordu. Tressa başını yeniden köşeye doğru çevirdi, yanakları al aldı. Çekmece kapandı ve Tressa, Sallie'ye geceliğini giymesi için yeterli zamanı vererek bekledi. Sonunda omzunun üzerinden tedbirli bir bakış attı ve oda arkadaşını üzerinde sade geceliğiyle ona gülümserken buldu.

"Tuhaf birisin sen, Tressa. Daha önce hiç bu kadar utangaç birini tanımadım." Sallie başını sallayarak sessizce güldü. Kızıl bukleleri omuzlarına dökülüyordu. "Luella artık yalnız kaldığı için odasına taşınmamı istedi fakat ona hayır dedim. Ama şimdi düşünüyorum da, belki de odanda birisi olmasa daha mutlu olursun?"

Tressa'nın kalbi hop etti. Sallie eğer Luella'nın yanına taşınmayı reddettiyse belki de Tressa ile yeni filizlenmeye başlayan dostluklarını devam ettirmek istiyordu. Boynunda biten geceliğini tutarak yavaşça yatağın köşesine oturdu. "Luella'ya hayır mı dedin?"

Sallie yayları gıcırdatarak yatağa atladı. "Taşındığımız gün Hattie Teyzenin söylediklerini duydun. Oda değiştirmek yok." Düşünceli bir bakış attı. "Ama eğer ayak altında olmamam seni daha mutlu ederse değişiklik yapmak için izin isterim."

Tressa başını öne eğdi. "Yo, yo, böyle iyi Sallie." Yutkundu. "Tabi eğer... Luella ile mi kalmayı tercih edersin?"

Sallie omzunu silkti ve örtüyü çenesine kadar çekti. "Ah şöyle ki, Luella eğlenceli bir tip. Minik bir kaçık gibi ve bazen bu bile beni güldürüyor. Fakat..." Esneyerek döşeğin içine kıvrıldı. "Burada kalmayı yeğlerim. Taşınma işi çok alengirli."

Tressa yatağın yanındaki minik masanın üzerinde duran lambayı söndürdü ve karanlığa daldı, sonra da çarşafların arasına kıvrıldı. Tamamen hareketsiz yatarak Sallie'nin hafif horultuya dönüşen düzenli nefes alıp verişini dinledi. Kendi de uykuya böyle dalıp gitmek istiyordu. Fakat aklı direniyordu. Örtüleri iterek kalkıp pencereye gitti. Belki de biraz yıldızları seyretmek onu neşelendirir ve uyumasına yardımcı olurdu.

Ancak gökyüzündeki puslu bir şerit, yıldızları saklıyordu. Tressa suratını asarak perdeyi bıraktı. Bulutlar gökyüzünü tamamen mi kaplamıştı, yoksa yalnızca buradaki manzarayı mı kapatmışlardı? Moralini yükselten titrek ışıkları görmeye kararlı şekilde yatağın köşesindeki eski püskü sabahlığı üzerine geçirdi ve parmak uçlarında kapıya yöneldi.

Merdivenlerden inerken ayağının gıcırdayan dördüncü basamağa basmasıyla irkildi. Durup dikkatle dinledi. Birisi rahatsız olmuş muydu acaba? Diğer odalardan hiç ses gelmemesi, onu herkesin uyuduğuna ikna etti. Kalan basamakları aceleyle indi ve ön kapıya yöneldi. Havanın içeri girmesine izin veren kapının açık olması onu şaşırttı. Yoksa Bayan Wyatt gece boyu evi tamamen açık mı bırakıyordu? Bu düşünce kalbinin küt küt atmasına neden oldu. Sonra da artık şehirde olmadığını ve bu kırsal arazide kilitli kapılara gerek duyulmadığını düşündü.

Verandaya çıkarken buram buram kokan gece esintisi geceliğinin eteklerini uçuruyordu. Çıplak ayakla parmak uçlarında tırabzanlara, huzur verici ve serin çam kerestelerine doğru yöneldi. Sağlam tırabzanlara kalçasını dayayarak bakışlarını gökyüzüne çevirdi, gözleri ışıldayan yıldızları seyretmenin tadını çıkarma hevesindeydi. Ancak hayal kırıklığıyla omuzları düştü. Bulutlar bu manzarayı da kapatmıştı.

İçini çekerek eve girmek üzere döndü fakat verandanın ta ucundan gelen titrek ışık dikkatini çekti. Titreyen ışık, güzel kokulu ince bir duman şeridiyle gelen dalgalı bir parıltıya dönüştü. Ürpererek dondu kaldı. Sonra bir kıkırdama duyuldu.

"Şey, Tressa orada öyle ağzın açık durma. Madem ayaktasın, gel ve Izzy ile bana katıl."

Bayan Wyatt'ın tanıdık sesini duyduğunda rahatlayarak kendini bıraktı. Gözleri karanlığa, verandanın sonuna, birine Bayan Wyatt'ın oturduğu iki köhne iskemlenin bulunduğu yere doğru gidecek kadar alışmıştı. Tressa, bir patisini uzatıp miyavlayarak onu selamlayan Isabella'ya gülümseyerek ikinci sandalyeye oturdu.

Bayan Wyatt'ın elinde tuttuğu nesneye bakıp burun kıvırdı. İçinden havayı aromalandıran ince bir dumanın yükseldiği bir pipoydu bu.

Bayan Wyatt yine kısık sesle güldü. "O iri gözlerinle pek bir şey saklayamıyorsun kızım." Pipoyu Tressa'ya doğru salladı. "Bu şeyi sakıncalı mu buluyorsun?"

Dürüst olmak gerekirse, kiraz kokulu duman fena değildi. Tressa başını salladı. "Hayır efendim, ben yalnızca..." Tressa bir kadının pipo içebileceğini daha önce hiç düşünmemişti. Bu durumu yakışıksız buldu. Ev sahibesini kırmaktan korkarak sessiz kaldı.

Ancak Bayan Wyatt düşüncelerini tamamladı. "Bir bayanın sigara içmesi seni şaşırttı mı?" Yüzünü ateş bastı ama Tressa çabucak başını salladı.

"Kötü bir alışkanlık, eminim." Bayan Wyatt piposundan, haznesinde hafif bir parıltı ortaya çıkaran bir nefes çekti ve dumanı tavana doğru üfledi. "Kocam Jed akşamları pipo içerdi. Bazen, onu aşırı özlediğim zamanlar, buraya çıkıp piposunu yakıyorum. Onun en sevdiği tütünün kokusu yalnızlığımı biraz olsun alıyor."

Tressa'nın içi şefkatle doldu. "Anlıyorum."

"Peki ya sen, Tressa? Yalnızlığına merhem olsun diye mi buraya çıktın?"

Kadının zekâsı Tressa'yı şaşırttı. "Ben... Ben..."

Bir kıkırdama daha duyuldu. "Ah, Tressa, tatlım, burada bu çiftlikte pek rahat olmadığını söyleyebilirim. Ah, elinden geleni yapıyorsun. Kabullenmekten ziyade biraz daha direniyorsun, bahse girerim. Ama biliyorum ki kendi isteğinle burada değilsin." Kısa mola, Tressa'ya kalkıp odasına gitme fırsatı verdi fakat o iskemlesine çakılı kaldı. Bayan Wyatt yumuşakça devam etti. "Sen de babasının ders vermek üzere buraya yolladığı Evelyn gibi misin?"

Tressa ellerini iskemlenin kollarına doladı ve yüzünü yaşlı kadına çevirdi. "Hayır! Babam beni asla uzağa göndermezdi! Beni severdi o!"

"Ah." Bayan Wyatt ince çubuğu ağzının kenarına götürürken bilgiç bir ifadeyle başını salladı. "*Severdi. Sever* değil. Bu, o öldü anlamına mı geliyor?" Piposundan dumanlar yavaş yavaş çıkıyordu.

Tressa, gözyaşı selini engellemek için gözlerini hızlı hızlı kırparak bakışlarını karanlık manzaraya çevirdi. "Evet efendim."

"Ve başka kimsen yok mu?"

Tressa bu soruya verecek dürüst bir yanıt bulamadı. Evet, kimi kimsesi vardı fakat onu istemiyorlardı. Sessizce oturdu.

"Pekâlâ Tressa, seni zor duruma sokan da işte bu, değil mi? Özellikle burada da tam olarak istenmediğini hissettiğinden beri."

Başını hafifçe çeviren Tressa, Bayan Wyatt'ın anlayışlı bakışlarıyla karşılaştı. "Diğerlerinin canını sıkmalarına aldırma, Tressa. Görüyorsun ya, insanlar bazen tavuk sürüsü gibi davranıyorlar, en zayıf olarak gördüklerinin tepesine çıkıyorlar işte."

Tressa başını salladı. Kümesteki sefil bir tavuğa diğer tavukların nasıl kötü davrandıklarına tanık olmuştu. O üzeri çamurlu, cılız tavuk kümesin bir köşesinde tek başına dururken diğerlerinin çamurun içinde hep beraber eşelendiklerini her gördüğünde içinde acıma duygusu uyanmıştı.

"Seni kötü hissettirmelerine izin verme. Diğerleriyle aynı yollardan geçmediğin belli ve bu senin için bir dezavantaj. Şimdiki gibi sıkı şekilde çabalamaya devam edersen, eninde sonunda öğreneceksin. Fakat Tressa, biraz girişken olman lazım canım. Kendini savun!"

Bayan Wyatt yumruğuyla havayı sıktı. Bu protesto karşısında miyavlayan Isabella kadının bacağından Tressa'nınkine atladı. Tressa, kedinin ılık bedeninde rahatlık bularak parmaklarını hayvanın yumuşak tüylerinde gezdirdi.

"Şunu öğrenmen şart kızım, insanlar onlara izin verdiğin ölçüde üzerine gelirler. Tüylerini kabartıp onlar gagalasın diye ellerinin altında durmadığını göstermezsen eğer, gagalanan tavuk olmaya devam edersin." Pipoyu dudaklarından çekti ve sözlerini bitirmek için havaya doğru üfledi. "Başını önüne eğmek yerine gözlerinin içlerine bak. Sessiz kalmak yerine sesini yükselt. Kendini geriye çekmek yerine tam ortaya atlayıver. Bu kızların; senin olacağına inandığım, çalışkan, becerikli kişiyi *görmelerini* sağla. Kendini çok daha iyi hissedeceksin!"

Tressa dudaklarını yaladı. "Siz... Bilinmesi gereken her şeyi öğrenebileceğimi mi düşünüyorsunuz?"

Bayan Wyatt ciddi bir ifadeyle Tressa'ya doğru eğildi. "Yapabileceğini *biliyorum* ama bunu esas *senin* bilmen daha önemli, Tressa."

Tressa yutkunarak başını evet anlamında bir kez yavaşça salladı. Bayan Wyatt göz önüne alması gereken pek çok şey söylemişti. Kalkıp yatağına gitmek için Isabella'yı dizinden yere indirdi fakat Bayan Wyatt'ın onu bileğinden tutmasıyla yerinde kaldı.

"Tressa, sana bir şey sorabilir miyim?"

"Evet, sorabilirsiniz."

"Daha önce yaşadığın yerde, hiç kimse Tanrı'ya inanmayı öğretti mi sana?"

Tressa'nın kafasında fikirler gidip geldi. Annesi ve babası hayattayken ailece taştan yapılma güzel bir şapele giderlerdi. Müşfik Tanrı'ya dair minberden verilen mesajlar, küçük Tressa'ya huzur ve güven telkin ederdi. Fakat teyzesi ve dayısı onu yanlarına aldıktan sonra kilise ziyaretleri özel tatillerden ibaret olmuş ve Tressa çocukluğundaki dersleri hemen hemen unutmuştu.

Gretchen Teyze ve Leo Dayı ile yaşadığı yıllar, anne ve babasıyla geçirdiği yıllara gölge düşürmüştü. Tressa yanıt verdi. "Hayır efendim."

Bayan Wyatt derince iç çekti. "Pekâlâ, tatlım o zaman işte birinci ders." Gökyüzünü işaret etti. "Cennette sana değer veren bir Tanrı var. Seni seviyor. Seni çok seviyor. Ve kulları onunla konuştuğunda kulaklarıyla onları dinlemeye can atar ve sana ihtiyacın olan yardımı yapar."

Uzun zaman önceye dair anılar, babasının onu dizine oturtup ona kara kaplı büyük kitabı okuması, aklına geldi. Fakat gerçeklik, bu minik anıları kovaladı. Babası şimdi cenneteydi ve artık ona yardım etmek için çok ama çok uzaktaydı.

"Evet küçük hanım, Tanrı'ya daima güvenebilirsin."

Tressa başını yana yatırdı. Bayan Wyatt, Tanrı'nın onun babası olduğunu mu ima etmişti?

Bayan Wyatt kalçalarına vurarak kalktı. "Daha çok şey söyleyebilirim fakat geç oldu ve her ikimizin de dinlenmeye ihtiyacı var." Verandanın kenarına yürüdü ve pipoyu baş aşağı çevirdi, tırabzanlara tık tık vurdu. Korlar yere döküldü. Kısa bir süre yanıp sönmeleri Tressa'ya, güneşin çıkmasıyla yıldızların görünmez oluşlarını hatırlattı.

Bayan Wyatt pipoyu önlüğünün cebine koydu ve Isabella'yı Tressa'nın dizinden aldı. "Yatma saati." Gülümsedi ve ılık avuç içiyle Tressa'nın yanağına kısa bir an için dokundu. "Gün doğmadan neler doğar. Bekle ve gör."

8

"Patron! Patron!"

Abel sıçradı. Fırından aldığı mısır ekmeği dolu tavayı elinden düşürdü. Tava fırının açık olan kapağından fırlayıp geniş döşemeli zemine düştü; sarı ekmek parçaları her yere saçıldı. Küfür etmemek için dudaklarını sımsıkı kenetledi ve mutfak kapısına, gözlerini fal taşı gibi açan ve nefes nefese kalmış Cole'nin durduğu tarafa baktı.

"Ne var?" Eğilip yerdeki pisliği temizlerken kızgınlığını saklama zahmetine girmedi. Sıcak mısır ekmeği parmaklarını yakıyordu, parçaları tavaya yeniden hızlı hızlı attı.

"Nasıl oldu bilmiyorum ama buzağılarımızdan dördü..." Cole başını iki yana sallayarak derin bir nefes aldı. "Gitmişler. Gece ağıldan kayıplara karışmışlar."

Abel ayağa fırladı. "Gitmişler mi? Ağıldan mı?" Abel'in damgalama yaraları tamamen iyileşene kadar yavruları kapatmaya karar verdiği geniş bekleme ağılı, ahırla müştemilatın arasındaydı. Hırsızın birkaç buzağıyı alıp götürebilmesi için müştemilata ve aynı zamanda eve oldukça yaklaşması, araziye epey girmesi gerekirdi. "Gece hiçbir şey duymadın mı?"

"Hiçbir şey." dedi Cole. "Kır kurtları mı sence?"

"Kurt sürüsü bir buzağıyı devirebilir ve diğerlerini de ürkütebilir fakat öyle olsa çok gürültü çıkarır ve geride dağınıklık bırakırdı. Orada kan veya çalılık gördün mü?"

"Hayır efendim. Sadece kapının dışına doğru giden ayak izleri."

"O zaman insanlardır." Abel, ayakkabısının ucuyla bir parça mısır ekmeğine tekme savurdu. Ekmek parçası kırıntı hâline geldi. Parçalanan mısır ekmeği, çiftliğinin kötü bir fotoğrafıydı âdeta; her şey dökülüyordu ve o çaresizdi.

Cole şapkasını elleriyle sıktı. "Şerife gitmemi ister misin? Durumu rapor ettireyim mi?"

Abel tereddüt etti. Şerifi bilgilendirirse olayın tüm Barnett'te ve çevredeki çiftliklerde duyulması uzun sürmezdi. Böylece herkes tetikte ve yabancılara karşı uyanık olurdu. Bu iyi bir şey olabilirdi fakat Abel bunun aynı zamanda kargaşaya yol açabileceğini de biliyordu. Küçük bir çocukken babası ona, kızgın ve kuşku dolu bir grup çiftlik sahibinin, at hırsızı olduklarından şüphelendikleri iki adamı linç ettiklerini ve bunun hemen sonrasında esas at hırsızlarının aslında Dodge şehri hapishanesinde olduklarını öğrendiklerini anlatmıştı. Abel bu düşüncesizce hareket etmeme dersine kulak vermişti.

"Henüz değil."

Abel arka kapının hemen yanındaki askıdan şapkasını aldı. "Vince ve Ethan'a söyle, yesinler." Berbat durumdaki mısır ekmeğine suratını ekşiterek baktı. En azından tavadaki sıcak ve gevrek domuz pastırması yenebilir hâldeydi. "Ama sırayla yiyin. Ağılda her an birinin beklemesini istiyorum."

"Gündüz gözüyle birinin gelip hızsızlık yapmaya çalışacağını mı düşünüyorsun?"

Abel, Cole'nin bu şaşkın hâline gülebilmeyi isterdi. Ancak ne yazık ki burunlarının dibinden buzağılarının çalınmasının ardından her şeye inanabilirdi. "Üzüleceğimize ihtiyatlı olalım. Ben kasabaya gidiyorum." Banka hesabında kalan son kuruşu dahi vermesi gerekse yine de gidip yeteri kadar dikenli tel alacak ve başkalarını -gece veya gündüz- arazisine ayak basmaktan vazgeçirecekti.

• • •

Gece boyunca yıldızların görünmesini engelleyen bulutlar, sabah Tressa kümese giderken hâlâ incecik bir örtü gibi asılı duruyordu. Kolunda bir sepetle, bir ufuktan diğer ufka gözlerini çevirip mavilik aradı. Ancak nereye baksa bir tutam grilikle karşılaştı. Melankoli onu ele geçirmeye çalışıyordu -güneş daima günü neşeli hâle getirirdi- fakat o bu duyguya direndi. Bugün onun özgürlüğüne kavuştuğu gündü! Bulutların ruhuna ve azmine gölge düşürmesine izin vermeyecekti.

Dün gece yatağına döndükten sonra Bayan Wyatt'ın tavsiyelerini düşünerek uyumadan bir süre uzanmıştı. Diğerlerinin, izin verdiği için onu topa tutmaları mümkün müydü? Kendine güvenini daha fazla gösterirse onların bu hareketlerine son verebilir miydi? Bunu öğrenmek istedi ve bir karar verdi. Sessiz kalıp daha fazla acı çekmeyecekti. Eğer birisi onun yüzüne karşı veya onun hakkında kötü konuşursa, sakin fakat kati şekilde kendini savunacaktı. Diğerlerinin onu didiklemelerini savuşturmanın düşüncesiyle özgürlük hissini keşfederek boşverdi.

Kümese girdi ve folluğa yöneldi, yumurtaları toplamak için uyuyan her tavuğun altındaki fola uzandı. Tavuklar bu izinsiz müdahaleden dolayı kıpırdandı, bir-iki tanesi rahatsız olup yavaşça gıdakladı. Bir tanesi de elini gagalamaya yeltendi, fakat

Tressa çabuk olmayı öğrenmişti. Tüyleri eksik, tüysüz yerlerinde küçük yara kabukları görünen, hırpalanmış zavallı tavuk son folda oturuyordu. Folunda yalnızca ot vardı, yumurta yoktu.

Tressa bir an için elini tavuğun sırtına götürdü, sert tüylerini düzeltti. En yakın foldaki şişman tavuk aniden uzanıp Tressa'nın elini kıl payı ıskalayarak yaralı tavuğun boynunu fena hâlde gagaladı.

"Kes şunu!" Tressa serseri tavuğa vurdu ve tavuk yana devrildi. Kanatlarını sertçe çırparak kendini düzeltti ve ciyaklamaya başladı. Saniyeler içinde diğer bütün tavuklar bu ciyaklamaya katıldı. Bu curcunayı hiçe sayan Tressa parmağını tavukların yüzüne doğru salladı. "Kendinize gelin, yoksa sonucuna katlanırsınız!"

Uçuşan tüylerin arasından sıvışan Tressa, mutfağa gitmek üzere kümesten çıktı. Kulağında çınlayan ciyaklamalar devam ediyordu. Avlunun yarısına gelmişti ki mutfağın kapısı hızla açıldı. Mabelle ellerini kalçalarına dayamış, girişte duruyordu.

"Şu tavuklara ne yaptın Tanrı aşkına? Kapı kapalıyken bile seslerini ta buradan duyabiliyorum."

Tressa omzunun üzerinden baktı. Gürültülü gıdaklamalar devam ediyor, suntalı pencerelerin boşluklarından birkaç tüy uçuşuyordu. Omuzlarını silkerek Mabelle'nin yüzüne direkt baktı. "Tavuklardan biri beni gagalamaya kalktı, ben de onu benzettim. Az sonra sakinleşir." Mabelle'nin yanından geçti, sepeti tezgâhın üzerine bıraktı. Kendinden memnun bir ifadeyle gülümseyerek ekledi "Tavuğa verdiğim ders, size de ders olsun. Artık gagalamak falan yok!"

• • •

"Buyur bakalım, Abel" Hank Townsend dikenli tellerin son balyasını da Abel'in at arabasına koydu ve sonra tombul ellerini birbirine sürttü. Göbeği attığı kahkahayla sallandı. "Tüm bölgeyi çitle çevirmeye yetecek kadar tel aldın."

"Fena fikir sayılmaz" diye mırıldandı Abel. "Ayak takımını dışarıda bırakır." Kapıyı çarparak kapattı ve kilit pimini yerine taktı. "Teşekkürler Hank, sana borcum nedir?" Hank fiyatı söylediğinde biraz ezilen Abel banka hesabından çektiği parayı saydı ve faturayla birlikte Hank'in avucuna koydu.

Adam sırıttı. "Bu teli geçirirken epey kalın eldivenler tak, yoksa bir kadının iğnedenliği gibi delik deşik olursun."

"Takarım."

Abel kendini yüksekteki koltuğa çekmek için döner dönmez, Hank kendi alnına vurdu ve "Ah! Abel, dur bir dakika" diyerek Abel'in yanına seğirtti. "Eve giderken Hattie Wyatt'ın çiftliğinin oradan sürmen gerekiyor, değil mi?

Abel başını salladı.

"Öğrencileri için bir düzine bahçe eldiveni sipariş etmişti. Elimde mevcut olanlar onların eline çok büyük geldi. Sipariş elime dün ulaştı fakat ona bildiremedim. Eline geçmesi hoşuna gider sanırım. Hepsi ödendi. Acaba bunları ona bırakıp onu buraya gelme zahmetinden kurtarır mısın?"

Abel bir an evvel eve gidip yeni telleri çevirmeyi tercih etmesine rağmen Hattie Teyzeye iyilik yapmayı reddedemezdi. "Elbette, Hank. Arkaya koy, ben bırakırım."

Birkaç dakika sonra Abel at arabasıyla eve doğru yola koyuldu. Yol boyunca atların daha hızlanmaları için içinde güçlü bir istek duydu. Fakat atlar kanat takıp onu çiftliğe uçursalar dahi kayıp buzağıları geri getirmeyecekti bu.

Kilise binasını ve Rahip Connor'un karısı ve iki delikanlı oğluyla yaşadığı küçük evi geçti. Onu neredeyse alt eden, dua ederek biraz zaman geçirme arzusuyla dizginleri tutan parmakları gerildi. Annesi ona, Tanrı'nın çözemeyeceği kadar büyük sorun olmadığını öğretmişti. Ne zaman üzerinde bir yük hissetse, annesi "Yüce Tanrı'ya ver oğlum. O, bu yükü senin için taşıyacak kadar uludur" derdi. Kilisede söyledikleri yeni ilahilerden biri -İsa ile dostluk etmeye dair olanı- bile, söyleyenlere sorunlarını dua yoluyla Tanrı'ya anlatmalarını öğütlüyordu.

Çocukken, sorunlarını Tanrı'ya sunmak ona hoş bir rahatlık verirdi. Fakat yetişkinken yüzleştiği sorunlarla mukayese edildiğinde çocukluğundaki sorunlar önemsiz kalıyordu. Babası çiftliği ona emanet etmişti. Onu bir şekilde ayakta tutmak zorundaydı. Irgatların maaşlarını ve vergileri ödemek ve malzeme almak için büyükbaşları -pek çoğunu- satması gerekiyordu. Bu son hırsızlık olayı ise işleri arapsaçına çevirmişti. İki yakasını bir araya getirebilmek için satacağı yeteri kadar buzağısı olacak mıydı?

Bu hayvanları her kim çalıyorsa çiftliğine kolayca girebilen birisiydi. Komşularının yüzlerini gözünün önüne getirdi; batıda Hattie Teyze, kuzeyde Brewster Hammond, doğuda Jerome Garner ve güneyde ise Glendon Shultz. Ancak hiçbirinin ondan çaldığını hayal edemiyordu. İçine kapanık ve pazar günleri kiliseye çoğunlukla gelmeyen birkaç Barnettli'den biri olan Jerome'nin bile.

Birden aklına geldi. Brewster'in oğlu Gage şakalara ve haylazlığa meyilli, aşağılık bir tipti. Bütün kasaba Gage'nin disiplinsiz hâllerini ayıplıyordu. Bacak kadar çocukken annesini kaybetmesinden bu yana Brewster, Gage'yi baya şımartmıştı. Gage şaka olsun diye Abel'in çiftliğine sızıyor olabilir miydi? Bir düzine civarında büyükbaş hayvanı yüzlercesinin arasında saklamak kolaydı.

Abel, eldivenleri Hattie Teyzeye bıraktıktan sonra Brewster'in çiftliğine gidip birkaç soru sormaya karar verdi.

Atlarını Hattie'nin çiftliğine giden patikaya sürdü. Evin yan tarafındaki bahçede bir kadın toprağı çapalıyordu. Başındaki şapkası yüzünün görünmesini engelliyordu fakat Abel ince siluetinden, onun Hattie Teyze değil de öğrencilerinden biri olduğunu anladı. Atları durdurdu ve seslendi "Hey sen oradaki! Günaydın!"

Kadın doğruldu ve dönerek ona yüzünü gösterdi. Buzağının doğumu esnasında ahırda elini tutan kızı tanıyan Abel, ensesinde bir sıcaklık hissetti. Kutuyu öylesine verandaya atıp gitmediğine içten içe pişman oldu.

"Gü-günaydın Bay Samms." Avlunun karşısındaki kızın tereddütlü sesi, Abel'in ensesindeki sıcaklığı arttırdı. El tutuşmalarını o da hatırlıyor olmalıydı, zira çapayı sanki silah tutuyormuş gibi iki eliyle kavramıştı. "Bir şeye mi ihtiyacınız vardı?"

Eldivenlerin içinde durduğu ufak sandığı işaret etti. "Yem ve Tohum'daki Hank bunu Hattie Teyzeye teslim etmemi istedi."

Kız çapayı kenara bıraktı ve eteğini bağcıklı ayakkabılarının tam üzerine gelecek şekilde tutarak bahçenin dışına yürüdü. Abel kız bahçeden çıkıp eteğini yeniden bırakana kadar bakışlarını kaçırdı. Tressa at arabasına doğru seğirtti ve kenarından baktı. Kızın boyu pek uzun olmadığından at arabasının uzun kenarları oraya ulaşmasını zorlaştırıyordu. Abel atlayıp ona yardım etmeyi düşündü. Fakat kazara eline dokunabileceği düşüncesi onu yerinde çakılı bıraktı. Kız parmak uçlarında yükseldi, dirseklerini yükseğe dayayıp sandığa uzandı. Fakat onu kaldırmaya başladığı an, bir çığlık duyuldu. Ciyaklayarak kutuyu düşürdü.

Abel yerinden fırlayıp kendini kızın yanına attı. "İyi misiniz?"

"Bir şey battı." Dirseğine baktı, mavi basma kumaştaki delikten kanayan yara görünüyordu.

Abel ikinci kez pişmanlık duydu. Ona yardım etmeliydi. Bütün o dikenli tel elbette koluna gelirdi. Bir eliyle arkadan kutuyu çekerken diğeriyle de kızın yaralı kolunu tutuyordu. Onu evin arkasına doğru sürükledi. "Hattie Teyze nerede?"

"Diğerlerinden birkaçını kuzeydoğudaki çayıra götürdü. Saban sürme alıştırması yapıyorlar."

"Ve sizi bıraktılar?"

Arka kapıya vardılar, Abel kapıyı açtı. Eve girerken kız yanıt verdi. "Ev işi sırası bu hafta bende. Bu yüzden yemek, temizlik ve bahçe işleriyle uğraşıyorum. Saban sürmeyi büyük ihtimalle önümüzdeki hafta öğreneceğim."

Abel, Hattie Teyzenin orada olmasını dilerdi. Böylece kızın yarasına o bakardı, kendi de eve giderdi. Sonra bu kadar bencilce düşündüğü için kendine kızdı. Kızın yaralanmasına yol açan şey, onun düşüncesizce davranmasıydı zaten, en azından temizleyip sarabilirdi.

"Hattie Teyze ecza malzemelerini nerede saklıyor?" Aklı başında her çiftlik sahibi, ecza kutusunu el altında bulundururdu. Ne zaman acil bir durumun çıkacağı bilinmezdi.

Kız işaret etti. "Kilerde."

Abel kapıya doğru yöneldi.

"Ama ben halledebilirim. Yalnızca küçük bir sıyrık."

Abel alt dudağını ısırarak durdu. Bayan Tressa'nın sıyrığı, yılan sokması veya kırık kemik kadar ciddi değildi; ancak Abel sıyrıkların iltihap kapabileceğini biliyordu. Babasının uzun ölüm sürecine dair anıları hatırladı ve alnı boncuk boncuk terledi. Kız henüz buralarda yeni olduğu için bu sıyrığın sarılmadan önce iyice bir temizlenmesinin önemini elbette anlamıyordu. Abel bu işi olması gerektiği gibi halledecekti.

"Siz şu masada oturun yeter, ben gidip gerekenleri alırım."

Kilere girdi ve düzenle yerleştirilmiş raflara baktı. "Eminim ki Hattie Teyzede tentürdiyottan yılan yağına kadar her şey mevcuttur." Üst raflardan birinde duran menteşeli, küçük bir kutuyu alıp indirdi. İçine şöyle bir göz atması ecza kutusu olduğunu anlamasına yetti.

Mutfağa geri döndüğünde Tressa'yı kolunu yukarı kaldırmış şekilde iskemlede otururken buldu. Sırtından sarkan şapkasını bağcıklar tutuyordu. Kahverengi dağınık saçları kirli yüzünün her tarafındaydı ve Hattie Teyzenin kedisi kucağında oturuyordu. Bu genç kadın, onun şimdiye dek gördüğü en pejmürde şeydi. Gülmesini gizleyemedi. Kedi şaşırdı ve atlayıp ocağın altına sıvıştı.

"Üzgünüm. Arkadaşınızı ürkütmek istememiştim."

Tressa hayvanın arkasından baktı ve iç çekti. "Önemli değil. Ne de olsa gitmesi gerekecekti." Kutuya baktı. "Lütfen kutuyu masaya bırakın, sıyrıkla ben ilgilenirim."

"Hayır, ben halledeceğim." Kutuyu masaya koydu ve içinde elini gezdirdi, kahverengi bir tentürdiyot şişesi, biraz pamuk ve sargı bezi çıkardı.

"Sahiden, kendim halledebilirim Bay Samms." Kirli yanakları pembeleşmişti. "Siz zahmet etmeyin."

Abel ellerini kalçalarına koydu. "Şimdi, bakın Bayan Tressa, biz buralarda yaralanmaları hafife almayız. Böyle bir sıyrık önemsiz gibi görünür fakat bir iltihap kapmaya görsün, o zaman hemen hasta eder." Babasını düşününce sesi daha da sertleşti. "Daha fazla itiraz etmeden dirseğinizi uzatın ve temizlememe izin verin."

Tressa iç çekti. "Elbisemin kolunu sonuna kadar kıvırayım mı?"

Eğer kız onun çalışanlarından biri olsaydı, Abel o elbisenin kolunu söker atardı fakat şu anda kıvırmanın daha iyi bir çözüm olduğunu düşündü. Başını salladı ve kızın kolunu yukarı kadar kıvırmasını bekledi. Kız elbisenin kolunu yaraya kadar sıyırırken yüzünü ekşitti fakat dirseğinin hemen üzerine kadar çekmeyi başardı. Kolu ince ve beyaz, bilekleri narindi. Abel yutkundu ve tentürdiyot şişesini açmaya odaklandı.

Kızın eşsiz renkteki iri gözleri, onun acı sıvıyı pamuğa yeterli miktarda döken ellerini seyretti. Abel kızın yanına bir dizinin üzerine çökerek oturdu ve sempatik bir gülümsemeyle "Bu biraz yakabilir" dedi.

Tentürdiyodu yaraya bastığında kız dişlerinin arasından tısladı fakat onu itmeye çalışmadı. Abel bu işlem esnasında kızın kolunun büyük kısmını lekeleyerek tüm bölgeyi temizledi. Yaranın yeteri kadar temizlendiğine kanaat getirince sargı bezine uzandı. "Pekâlâ, kolunuzu uzatın."

Kız hiç tereddüt etmeden kolunu uzattı. Adam, çok sıkı olmamasına özen göstererek kızın dirseğini dikkatle sardı. Kumaşı ısırarak topundan gevşekçe kesti, sonra da bölünmüş kısmı sargının altına sıkıştırdı. Dizine vurarak kalktı. "Pekâlâ, işte bu kadar."

"Teşekkür ederim Bay Samms, çok kibarsınız."

Kızın bu çekingen, kadirşinas gülümseyişi; Abel'in karnında bir sıcaklık hissi uyandırdı, alışkın olmadığı bir his. Boğazını temizledi. "Rica ederim, Bayan Tressa."

Kız elbisesinin kolunu geri indirmeye başladı fakat kumaş sıkışmıştı ve hareket etmiyordu.

"Yardım etmeme izin verin." Abel kabarık sargının üzerinden geçmesini kolaylaştırarak sıkışan kumaşı nazikçe kızın bileğine kadar açtı. Manşetteki küçük düğmeyi iliklemek ustalık gerektiriyordu, bu yüzden iliği daha iyi görebilmek için kızın elini kaldırdı. Üçüncü kişinin sesi duyulduğunda her ikisi de düğmeye odaklanmış hâlde ve neredeyse burun burunaydılar.

"Vay vay vay, bakın burada ne varmış."

9

Tressa nefesini tuttu. Bay Samms kapıya doğru döndü. Luella yüzünde bilmiş bir gülümsemeyle girişte duruyordu. Arkasında ise Sallie vardı, onun da ağzı şaşkınlıktan kocaman açılmıştı. Tressa telaşla bileğindeki düğmeyi iliklemeye çabaladı ancak beceriksiz parmakları görevi tamamlamayı reddediyordu.

"Hım..." Luella omzunun üzerinden Sallie'ye kendinden emin bir bakış atarak dolgun dudaklarına parmaklarıyla pat pat vurdu. "Hattie Teyze gerekli her şeyi öğrendikten sonra flört etmeye başlayacağımızı tekrarlayıp duruyor bana. Fakat görünüşe göre Tressa'ya da aynılarını söylemesi gerek."

Sallie parmağını Tressa'ya ve Bay Samms'e doğru sallayarak öne atıldı. "Kendinizden utanmalısınız. Evde yalnız başınıza cilveleşiyorsunuz." Dilini dişlerinin arasından şıklattı.

Bay Samms ellerini yumruk yaptı. "Bak orada durun işte! Biz..."

"Hiç inkâr etmeyin." Luella'nın hararetli sesi yukarı kaldırdığı kaşlarıyla uyumluydu. Kollarını kaldırıp mutfağı gösterdi. "Etrafta kimse yok... Tressa'nın düğmesi açık..." Başını Sallie'ye doğru salladı. "Aptal değiliz. Ne yaptığınızı biliyoruz."

Bay Samms parmağını Luella'ya doğrulttu. "Beni dinlesen iyi edersin bayan. Ben..."

"*Tressa, biraz girişken olman lazım canım. Kendini savun!*" Bayan Wyatt'ın tembihi Tressa'nın aklına geldi. Kalbi küt küt atarak adamın önüne geçti. "Bay Samms ve ben utanılacak bir şey yapmadık. Onun at arabasının arkasından bir kutu alırken kolumu tel kesti." Dirseğini uzatarak yırtık kumaştan görünen beyaz sargıyı gösterdi. Yaramla ilgilenme nezaketini gösterdi ve *tüm* olan biten bu. Ahlak dışı ve yanlış ithamlarınızla kişiliğimize iftira etmenize izin vermeyeceğim."

Hem Luella hem de Sallie ağızları açık hâlde Tressa'ya bakakaldılar. Tressa daha önce hiçbirinin tepkisinden bu kadar hoşnut olduğunu hatırlamıyordu. Bay Samms'e zafer edasıyla bir gülümseme çaktı. Buna karşılık adamın çenesi gevşek hâlde duruşu onu şaşırttı. Bakışları karşılaştığında adam ağzını kapadı ve ondan bir adım uzaklaştı.

"İyi olduğunuza göre Bayan Tressa, ben gideyim. Bu sıyrığı temiz tutun, duydunuz mu?" Yanıt beklemeden iki kızın yanından geçti gitti. Kapı arkasından çarparak kapandı.

Tressa'nın coşkusu alevlendi ve söndü. Diğerlerinin paylamalarına karşı kendini savunmak harika hissettirmişti, sürekli boşboğazlık eden Luella'yı susturmak ona müthiş bir keyif vermişti. Fakat görünüşe göre Bay Samms onun bu cesur tutumunu onaylamamıştı. Kafası karıştı ve utandı, gözyaşlarının biriktiğini hissetti.

Aniden Luella hayata dönerek dudaklarıyla korkunç bir şekilde somurttu. Tressa'ya doğru ilerlerken gözlerinden kötülük fışkırıyordu. "Seni bücür! Ne cüret benimle böyle konuşursun? Nasıl böyle kendini beğenmiş ve küstahça davranırsın? Hattie Teyzeye evde bir adamla yalnız olduğunu söylediğimde de kendini böyle bir şey sanacak mısın bakalım?"

"Ama size söyledim, yanlış bir şey yapmadık!"

"Ne dersen de. Biz ne gördüğümüzü biliyoruz, değil mi Sallie? Hattie Teyze seni buradan derhâl gönderirse hiç şaşırmam!"

Tressa çaresizce Sallie'ye baktı. "Sen bana inanıyorsun, değil mi Sallie? Benim ve Bay Samms'in uygunsuz bir şey yapmadığımızı biliyorsun."

Sallie'nin yüzü öylesine kızardı ki çilleri görünmez oldu. "Ben bunun dışında kalmak istiyorum. Sorun yaratan bir tip değilim."

Luella öfkeyle başını kaldırdı. "Pekâlâ, o hâlde ben de Hattie Teyzeyle yalnız konuşurum. İstediğimde çok ikna edici olabilirim. Onu senle Bay Samms'i oynaşırken bastığımıza inandırmak için Sallie'nin yardımına ihtiyacım yok."

Tressa ayağını yere vurdu. "Biz oynaşmıyorduk!"

Luella çenesini yukarı kaldırdı. "Ben konuştuktan sonra bunu Hattie Teyzeye anlatmaya çalışırsın." Hışımla arka kapıdan çıktı.

"Sallie." Tressa öne atıldı ve kızın ellerini sıkıca tuttu. "Bayan Wyatt'a gerçeği anlatmalısın. Bay Samms ve ben sadece..."

Sallie kapıya doğru geriledi. "Üzgünüm Tressa fakat istediğin şeyi söyleyemem. Elini tuttuğunu gördüm ve... Tüm bildiğim bu." Gözleri korkuyla parladı. "Yardım etmek isterdim fakat başkalarının işlerine karışmanın vaktimi boşa harcadığını uzun zaman önce öğrendim." Kapıdan hızla çıktı.

Tressa sandalyeye çöktü. Isabella ocağın altından çıkıp Tressa'nın bacağına sürtündü. Tressa kollarını kediye dolayarak yüzünü onun boynundaki tüylere gömdü. "Ah Izzy-B, Bayan Wyatt bana ne tembihlediyse onu yaptım. Onların paylamalarını kabul etmedim. Eğer Luella'ya inanırsa ne yapacağım? Gidecek yerim yok..."

• • •

"Haydi yürü, Ed." Abel dizginleri sertçe vurdu. İri mercan kırı, itaatkâr bir şekilde at arabasını Hattie'nin patikasından yola çıkardı. Abel Flying W.'yi geride bırakmıştı, kalbi hâlâ kafa karışıklığıyla atmaya devam ediyordu.

Yarasına bakmak için Bayan Tressa'nın önüne diz çöktüğünde tuhaf bir yakınlık hissi içini kaplamıştı. Onun hizmetinden rahatsızlık duymuş olsa da kızın kendisine duyduğu sonsuz güven, Abel'in kıza karşı -açıklayamadığı fakat var olduğunu bildiği- bir sorumluluk duymasına neden olmuştu. Ve bu olaydan zevk alması onu şaşırttı.

Sonra diğerleri gelmiş ve ithamlarda bulunmuşlar, Bayan Tressa ise sıradan bir kızın bilemeyeceği sözlerle itiraz etmişti. Konuşmaları, Amanda'nın yüksek sınıf konuşmalarına benziyordu ve bütün o sıcak anlar, tıpkı mısır ekmeğinin yere döküldüğünde etrafa saçılması gibi parçalanıp gitmişti. Boynundaki gerginliği rahatlatmak için başını döndürürken yüksek sesle inledi. Kendine bu kızla yakınlaşması için izin vermeyecekti. İleride daha iyi karar verirdi.

Kendi çiftliğine yaklaştığında at arabasını içeri çekip dikenli teli indirmeyi düşündü. Kendi ve adamları direkleri ne kadar erken dikip telleri çekerlerse sürüsü de o kadar çabuk koruma altında olacaktı. Fakat sonunda bundan vazgeçti. Eğer çiftliğe sızanın Gage Hammond olduğu ortaya çıkarsa, Brewster buna bir son verirdi. Eğer Brewster buna son verirse de dikenli telleri iade eder ve parasını geri alırdı. Çiftliğinin ilerisindeki çamurlu pis yoldan kuzeye döndü ve Double H.'ye doğru yola koyuldu.

Hammond'un çiftliğine giden patika, önünde uzanıyordu. Brewster Hammond, üzerinde çiftliğin adı yazan demir harfler bulunan bir tabela asmıştı. Tabela, patikanın geniş kapısının üzerinde kemer şeklinde uzanıyordu. Abel at arabasını o tabelanın altından sürerken baktı ve boynundaki düğümlenmiş kaslara yeniden kramp girdi. Böyle büyük bir tabelanın parasını karşılayabilen bir adamın komşusunun hayvanlarını çalmak için hiçbir sebebi olamazdı. Fakat bu, oğlunun sırf eğlence olsun diye böyle bir şey yapmayacağı anlamına gelmezdi. Abel, onun daha önce kimsenin eğlenceli bulmadığı işler çevirdiğine tanık olmuştu. Brewster'in neden yıllar önce oğluna ders vermediğini merak etti.

Rabıtasız taş evin aşırı süslü ve uzun verandası boyunca uzanan bağlama kazığının önünde at arabasını durdurdu. Daha yere ayağını basmadan ön kapı açıldı ve Brewster verandaya çıktı. Açık yakasında asılı duran peçeteyi gevşeten adam ağzını sildi.

"Abel." Brewster başıyla selam verdi. "Arabanın kapıdan döndüğünü gördüm. İçeri gelip bir şeyler atıştırmak ister misin? Bolca ızgara bifteğimiz ve patatesimiz var. Cookie eti nasıl pişireceğini kuşkusuz çok iyi bilir."

Abel, Brewster Hammond haricinde kimsenin çiftliğinde aşçı olmadığını biliyordu. Kahvaltıyı atladığı için bu teklif ona çok cazip geldi. Fakat zaten bütün sabahı çiftlikten uzakta geçirmişti, boşa harcayacak zamanı yoktu.

"Teşekkürler, Brewster ama gelmesem daha iyi. Ben..." Ansızın, kayıp buzağıların konusunu nasıl açacağını bilemedi.

Brewster verandanın kenarına ilerledi. Kolunun en yakınındaki kolona dayadı, peçetesini hâlâ elinde sıkıyordu. "Aklında ne var?"

Verandanın merdivenlerinin en altında duran Abel ağırlığını bir ayağından diğerine verdi, kafasındaki düşünceleri saldırıdan ziyade sorgulama olarak şekillendirdi. Ford Bölgesindeki en güçlü çiftlik sahibinin kendisine düşman kesilmesi pek yararına olmazdı. "Merak ediyordum da... Adamlarının dikkatini arazinde gezinen fazladan buzağı çekti mi acaba hiç?"

Brewster bir anlığına dudaklarını büzdü. "Kaybın mı var?"

"Korkarım öyle. Dün gece dört tanesi ağıldan kaçmayı başarmış."

Bütün olarak dörtten fazla buzağı kaybetmesine karşın en güncel kaybına odaklanmak daha iyi bir fikir gibi gelmişti. "Daha yeni sütten kesildikleri için annelerine haykırıyor olabilirler. Bu, onları ayırmanı kolaylaştırır, adamlarına bir bakmalarını söylersen."

"Bunu yapabilirim Abel." Brewster, Abel'i geriye bir adım atmaya zorlayarak verandadan indi. Peçetesini pantolonunun bacak kısmında şaklattı. "Ama biliyorsun ki benim arazim tamamen çitle çevrili olduğundan buzağıların yanlışlıkla benim arazimde gezinmeleri epey zor olur. Birinin çitleri kesip onları içeri alması veya kapıdan sokması gerekir."

Abel kuruyan dudaklarını ıslattı. "Sanırım doğru..."

"Diğer komşularına da kayıp buzağılarından bahsettin mi?"

Brewster'in yüzündeki dostça ifadeye rağmen ses tonu değişmişti. "Hayır, efendim."

"Sadece bana, ha?" Yaşlı adam bir an için dudaklarını birbirine sürttü, koyu kahverengi gözlerini Abel'inkilere dikmişti. "Seninkini çevreleyen dört çiftlik var. Pekâlâ onlardan birine gidebilirdin ama ilk buraya geldin. Bunun bir nedeni olmalı." Peçeteyi daha hızlı şaklattı. "Açık konuş evlat."

Abel derin bir nefes alarak göğsünü genişletti ve omuzlarını dikleştirdi. Şapkasını kafasından çıkardı. "Pekâlâ, dürüst olmak gerekirse Brewster, merak ettim acaba Gage..."

"Çalıyor mudur, diye mi?" Brewster'in sesindeki savunucu ifade inkâr edilemezdi. Oğlum haşarıdır, bunu kabul ediyorum ancak ben ona doğruyu ve yanlışı öğrettim. Ve harçlığının neredeyse her istediğini almasına yettiğini düşünürsek çalması için bir neden yok. İma ettiğin şeyi hoş karşıladığımı söyleyemem."

"Gage'nin *hırsız* olduğunu ima etmedim Brewster, ben yalnızca..."

"Ne yaptığını biliyorum. Buzağılarını kimin çalmış olabileceğini düşünüyorsun. Sonra buraya geliyorsun. Ama onları burada bulamayacaksın Samms, araştırmanı başka yerde sürdürebilirsin."

Abel, Brewster'in Gage'yi savunacağını bilmeliydi. Her zaman böyle olmuştu. Yanağını kaşıdı ve iç çekti. "Pekâlâ, eğer değişen bir şey olursa, ben..."

"Bak sana ne diyeceğim." Brewster elini Abel'in omzuna koyup onu at arabasına doğru döndürdü. "Adamlarıma buzağılarından birkaçının kaybolduğunu ve Lazy S. damgasına dikkat etmelerini söyleyeceğim. Eğer bu hayvanları bulursak senin toprağına geri kışkışlarız." Abel at arabasının koltuğuna çıkarken onu nazikçe destekledi. Arkadaki dikenli tel balyaları sallandı. "Tel çekmeye mi karar verdin?"

Abel başını salladı.

"İyi fikir." Arkadakilere dikkatle baktı, balyaları sayarken dudakları sessizce kıpırdıyordu. "Görünen o ki, bayağı almışsın." Gözleri Abel'inkilerle buluştu, "Kolon başına üç yerine dört tel geçmeni öneririm. Birinin kesmesi ve hayvanların tellerin arasından geçmesi olasılığını azaltıyor."

"Makul bir tavsiye Brewster, teşekkür ederim."

Brewster'in sesi sertleşti. "Ve bir tavsiye daha: Yolun aşağına git ve şu kayıp buzağıların hakkında diğer komşularını da uyar, böylece onlar da dikkatli olurlar. Bence en iyisi bu."

Ancak bir geri zekâlı buradaki imalı uyarıyı anlamazdı. Abel koltuğunda kaydı ve dizginleri kaldırdı. "Öyle yapacağım Brewster. Vakit ayırdığın için teşekkürler." Dizginleri Ed'in sırtına vurdu.

Atını eve doğru sürerken öğleden sonra yapacağı işleri kafasında tasarladı: Vince'yi yalnızca yavrulamayla ilgilenme görevine vermek, Ethan ve Cole'ye çit direği için ırmak kenarındaki fidanları kestirmek ve kendine gelince etrafı kolaçan edip dün geceki hırsıza dair ipucu aramak. Ayrıca adamlara öğle yemeği hazırlasa iyi olurdu, bu hafta yemek yapma sırası ondaydı.

Evine döndüğünde kapısının önünde bir at arabasının durduğunu fark etti. Hattie Teyzenin kısrağı patikada başı önde duruyor, belli ki uyukluyordu. Abel at arabasını onunkinin yanından sürdü, Ed ziyaretçi kısrağa burnunu sürdü. O da yanıt olarak kıpırdanıp kişnedi. Atları tanışmaları için bırakan Abel, atlayıp hızla verandaya doğru ilerledi.

Eve girer girmez burnuna muhteşem kokular geldi. Ağzı sulanarak aceleyle mutfağa koştu. Hattie Teyze mutfakta onun adamlarına üzerinde buharı tüten yahni kâseleri veriyordu. Masanın ortasında bir tabak yassı kurabiye duruyordu. Abel'in karnı bu baştan çıkarıcı yemeğin beklentisiyle altüst olurken kafası karıştı.

"Buraya bak Abel." Ethan, Hattie Teyzenin büyük bir porsiyon yahniyi kâsesine koyabilmesi için sandalyesini yarım metre kadar geri çekti. "Hattie Teyze bize öğle yemeği getirmiş." Dudaklarını yaladı. "Nefis görünüyor, değil mi?"

Hattie Teyze masadaki boş sandalyeyi işaret etti. "Yahni soğumadan ve kurabiyeler kurumadan otur Abel. Soğuk yahniden ve kuru kurabiyeden fena pek az şey vardır."

Abel gergin bacaklarla masaya gitti ve yerine oturdu. Kadın

onun kâsesine bir kepçe yahni koydu, yahninin buharı yükseliyor ve burun deliklerine doluyordu. Karnı istekle buruldu. "Hattie Teyze, bize yemek getirdiğin için sana minnettarım, fakat... Sorun nedir?"

Kadın tek kaşını kaldırarak ona baktı. "Pekâlâ Abel, Jed ile evliyken geçirdiğim yıllarda bir-iki şey öğrendim diyelim ve bunlardan en önemlisi, erkeklerin kötü haberi tok karınla daha kolay almasıdır."

10

Abel'in huzursuz bir ifade takınmasına Hattie Teyzenin içi cız etti fakat onu yanıltamazdı. Öylesine bir ziyaret için gelmemişti ve en iyisi Abel'in gerçeği derhâl öğrenmesiydi.

Abel geriye yaslandı. "Belki de dışarı çıkıp konuşmalıyız."

"Önce yemeğini yemek istemez misin?" İstemesini umuyordu. O söyleyeceklerini söyledikten sonra adam acıkmayabilirdi.

Fakat Abel olumsuzca başını salladı. "Hayır. Ne istediğini duymayı yeğlerim." Botlarının yıpranmış topukları üzerinde dönüp evin önüne çıktı.

Hattie masada oturan üç ırgata gülümsedi. "Şimdilik endişelenmeyin, sadece yahninin ve kurabiyelerin tadını çıkarın. Bu kurabiyelerin içinde bolca yeni yapılmış tereyağı var, dolayısıyla tatlandırmak için reçel koymanıza bile gerek yok." Abel'in arkasından gitmeden önce üç adamın kurabiyelere uzandığını görene kadar bekledi.

Abel elleri ceplerinde, ön verandada bekliyordu. Kadın kapıyı arkasından kapattığında hızla ona döndü. "Pekâlâ, Hattie Teyze sorun nedir?"

Hattie kollarını göğsünde birleşti ve çenesini kaldırdı. "Sorun şu, evimde iki üzgün talebem var, biri bir şey söylüyor, diğeri ise onun tam tersini. Bir de seninle ilgili olan kısmı dinlemeye geldim, böylece olayları yerli yerine oturtabilirim diye."

Abel inleyerek dar verandanın sonundaki kabaca yontulmuş bankın üzerine çöktü. "Göründüğü gibi değil, Hattie Teyze. Bayan Tressa ve ben uygunsuz bir şey yapmıyorduk."

Hattie, Abel'in yanına oturdu ve buruşuk önlüğünü dizlerine kadar çekti. "Neler olup bittiğini neden anlatmıyorsun bana?" Sırf bir şeyler ortaya çıksın diye soruyordu. Hem Luella'nın hem de Tressa'nın iddiaları kafasını doldurmuştu. Eğer Abel'in konuşmasına izin verirse hikâyelerden birinin doğruluğunu tasdik edecekti.

"Bayan Tressa, Yem ve Tohum'dan Hank'in gönderdiği bir kutu eldiveni at arabamın arkasından almaya çalışırken dikenli tel kolunu kesti." Yüzünü ekşitti. "Kutuyu benim indirmem gerekirdi ancak çok acelem vardı, bu yüzden ona aldırdım. Ve kolu kesildi. Kendimi gerçekten çok kötü hissettim ve bu yüzden de yarasıyla ilgilendim." Abel oturduğu yerde dönüp Hattie'nin yüzüne baktı. "Elbisesinin kolu sargının üzerine sıkıştı, ben de açıp indirmesine yardım ettim. Diğer kızlar gelip bizi gördüklerinde ben yalnızca manşetteki o küçük düğmeyi iliklemeye çalışıyordum. Tüm olan biten bu."

Hattie rahatlayarak başını salladı. Abel'in hikâyesi Tressa'nınkine uyuyordu, beklediği de buydu zaten. Yine de bir de Abel'den duymak istemişti. "Sana inanıyorum Abel. Dürüst bir adam olarak yetiştirildiğini biliyorum. Bazı şeyleri açığa kavuşturmam için senden duymaya ihtiyacım vardı."

"Pekâlâ o hâlde, hallolduğuna sevindim." Kalkmaya yeltendi.

Hattie onu kolundan tuttu. "Bekle, Abel. Söylemem gereken bir şey daha var."

Abel poposunun üzerine dan diye oturdu, gözlerini kocaman açmıştı. "Nedir?"

"Bayan Luella... İradeli bir kız. Ve Bayan Tressa'dan hoşlanmıyor. Bunun için elle tutulur bir neden göremiyorum, bazı insanlar birini sindirmeye gerek duyar, yoksa mutlu olamaz ve işte Luella da Tressa'ya zulmetmeyi seçti.

"Buna nasıl yardımcı olabilirim anlamadım..."

Hattie elini salladı. "Yardımını istemiyorum, Abel yalnızca bir şeyi anlamanı istiyorum. Çiftliğe döndüğümde senin onun hikâyesinin yerine Tressa'nınkini onayladığını söylediğimde mutlu olmayacak. Konuşmayı seven bir tip... Geldiğinden beri o, bu, şu ve başka şeyler hakkında kafa şişiriyor. Ve bunun hakkında da konuşursa ve bu, kasabadaki diğer insanların kulağına çalınırsa sorun olabilir. Tressa'nın, benim ve senin... Hepimizin açısından.

"Benim mi?" Abel başparmağıyla göğsüne vurdu. "Ben bu işe nasıl karıştım ki?"

"Luella'dan başkasına ilgi gösteren bir erkek olarak karıştın." Hattie bilgiç bir ifade takındı. "Bu kızın burada tek bir amacı var: Bir erkeğe yamanmak. Daha önce bir kadının bu kadar erkek meraklısı olduğunu hiç görmedim. Kemendi dört yerine iki ayaklı bir yaratığa atar korkusuyla ona kement atmayı öğretmeyi erteliyorum." Başını sallayarak yüksek sesle düşündü. "Onu nasıl yetiştirmişler merak ediyorum."

Hattie verdiği ilanda yalnızca iyi ahlaklı bayanların kovboy okuluna başvurabileceğini açıkça belirtmişti. Luella'nın önceki patronundan gelen tavsiye mektubuna göre kız bu istenenlere uyuyordu fakat Hattie kızın davranışlarını rahatsız edici buluyordu. Luella'nın kendini çok değersiz gördüğünden, önemli ve istenen kişi gibi hissetmek için ilgiye ihtiyaç duyduğundan kuşkulandı. Hattie onun için dua etmeye yemin etti.

Abel konuştu. "Yine de bunun bana nasıl bir sorun yaratacağını anlamıyorum. *Ben* yanlış bir şey yapmadım ki."

Hattie onun dizine vurarak kendi kendine güldü. "Bak Abel, içinde hiç gerçek payı olmasa bile, bir dedikodunun nasıl sorun çıkaracağını bilecek kadar mesafe kat etmedin hayatta." Endişeye karşı koyarak kaşlarını çattı. Okulunun başarılı olmasını, kalıcı bir şey yapmayı istiyordu. Doğudan getirdiği kadınların batılı erkeklere eş olmasının topluma faydalı olacağından ve ona da ihtiyacı olan dostluğu sağlayacağından çok emindi. Ancak uydurma bir hikâye bütün bunları karalayabilir ve işleri daha başlamadan bitirebilirdi.

Abel gözleri kıstı. "Bu kızın, ben ve Bayan Tressa hakkında dedikodu mu yayacağını söylüyorsun?"

"Yayabilir, diyorum. Ve eğer yaparsa bunu düzeltmek zaman alacaktır. Barnett iyi insanların olduğu bir yer ama dedikodu söz konusu olunca iyi insanlar da bir şekilde mantıklarını kaybedebiliyor."

Abel banktan kalktı ve verandanın kenarına yürüdü. Dudaklarından kızgın bir pöf sesi çıktı. "Sanki Bayan Tressa gibi birine ilgi duyarmışım gibi!"

Onun bu aşağılayıcı ses tonu, Hattie'nin tüylerini diken diken etti. Diğer kızların Tressa'ya kendini kötü hissettirmesi yetmiyor muydu zaten? Abel'in bu kıza karşı nesi vardı? Kalkıp Abel'in yanına gitti ve gömleğinin kolunu çekerek "Bu da ne demek oluyor şimdi?" diye sordu.

"Ah, haydi ama Hattie Teyze, kızın göründüğü gibi olmadığını bilmen lazım."

Ellerini kalçasında sıkan Hattie Teyze, Abel'e ters ters baktı. "Evlat, tehlikeli sularda geziyorsun şu an. Derhâl meramını anlatsan iyi olur. Bayan Tressa hakkında neden kötü konuşuyorsun?"

Abel kollarını göğsünde birleştirdi. "Burada, üzerinde basit kıyafetlerle sanki kendini geliştirme çabasında olan bir işçi kızmış gibi senin okuluna devam ediyor. Fakat o kız bir işçi değil. Yüksek tabakadan bir kız, cebimdeki son dolarıma bahse girerim."

"Ve kaybedersin. Çünkü sen üst tabaka dediğin zaman, bunun ne anlama geldiğini ve bunu övgü niyetine söylemediğini biliyorum."

"Evet, bunu tartışmayacağım."

"Fakat Bayan Tressa hakkında yanılıyorsun."

Abel şüpheci bir bakışla kaşlarını kaldırdı.

Hattie parmağıyla Abel'in burnuna dokundu. "Biraz maneviyat aramalısın Abel Samms. Amanda ile aranda geçenlerin seni sert ve başkalarına karşı güvensiz kılmasına izin veriyorsun."

Abel'in güneşten yanmış boynu kızardı. "Bunun Amanda ile bir ilgisi yok. Bana sorun çıkaranlar senin çiftliğindeki kızlar."

Kadın, agresif sesini yumuşattı. "Abel, hoşuna gitse de gitmese de üzerinde hâlâ Amanda'nın etkisi var. Ve tıpkı Luella'nın kendi sorunlarından dolayı Tressa'yı şamar oğlanına çevirdiği gibi sen de Amanda'nın seçiminden dolayı Bayan Tressa'yı sorumlu tutuyorsun." Elini Abel'in kolunun üzerine koydu. Avucunun altındaki kasları düğüm düğüm olmuş bir ip gibiydi. Yavaşça onun kolunu okşadı. "Belki de hiçbir şey çıkmaz, Luella'nın boş vermesi için dua ediyorum. Fakat neyle karşı karşıya olduğumu bilmek isterim, böylece hazır olabilirim. Senin de böyle olmasını yeğleyeceğini düşündüm."

Başparmaklarını pantolonunun ön ceplerine geçiren Abel rahatladı. "Teşekkür ederim, Hattie Teyze. Uyarın makbule geçti ve..." Başını eğdi, derin bir nefes alıp verdi. "Sana karşı fevri davrandığım için üzgünüm. Kafam çok dolu sadece."

Kadın, Abel'in at arabasının arkasındaki dikenli tel balyalarına baktı. "Ve bekleyen çok işin var. Biraz çit çekeceğini söylediğini biliyorum ama... Bunun hepsini mi çekmeyi planlıyorsun?"

"Başka seçeneğim yok gibi." Abel'in sesi sertleşti. "Dün gece dört buzağımı kaybettim. Birisi onları ahırın hemen yanındaki bekleme ağılından çaldı.

Hattie'nin neredeyse dizlerinin bağı çözüldü. "Ah, Abel..."

"Bu yüzden, dedikodulardan daha büyük dertlerim var."

Kadın başını iki yana salladı. "Pekâlâ, bu hırsızlığın bitmesi için dua etmeye devam edeceğim. Doğru değil..."

Ön kapı açıldı ve Abel'in ırgatları verandaya çıktılar. Cole başındaki şapkaya dokundu ve Hattie'ye kocaman gülümsedi. "Bize öğlen yemeği getirdiğin için teşekkürler, Hattie Teyze."

"Her zamanki gibi harikaydı, Hattie." Vince grileşen kafasını kibarca salladı.

"Evet bayan, teşekkürler." Babasının onu dirseğiyle dürtüklemesiyle Ethan da teşekkür etti.

Hattie adamlara el çırptı. "Ah, hayır. Beni övmeyin." Abel'e hızlı bir bakış çaktı. "Bu hafta yemek yapma sırası Bayan Tressa'da. Yahniyle tereyağlı kurabiyeleri o yaptı ve teşekkür etmek için buraya getirmemi istedi." Abel'e anlamlı bir bakış attı. Abel'in kızaran yanakları anladığını belli ediyordu.

• • •

Tressa son tabağı da dolaba yerleştirip kapıyı kapattı. Dolaptan tarafa dönerek kuru tezgâhtan yıkama leğenini kaldırdı.

Arka kapıdan sızan akşam rüzgârı yüzünü okşadı, hevesle kapıya doğru yöneldi ve yıkama leğeninin içindekileri yere dökmeden önce havayı içine çekmek için derin bir nefes aldı. Alacalı tavada kalan sabun köpüklerini ve su damlalarını havluyla sildi. İşini bitirince tavayı ters çevirip tezgâhın üzerine bıraktı ve bir çift teneke kova almak üzere kilere gitti.

Tozlu pembe gökyüzünün altındaki engebeli zeminden geçerken boş kovalar elinde sallanıyordu. Kuyunun kaya duvarının yanındaki yere kovaları koyduktan sonra kolu biraz çevirip kuyunun derinlerinden gelen kovayı çekerken birazcık inledi. Borular ve pirinç musluk sayesinde New York'ta su eve doğrudan geliyordu. Eğer Bayan Wyatt'ın iç tesisatı olsaydı, işleri daha kolay olurdu fakat yakınmamayı tercih etti.

Tahta kovanın kenarları suda kalmaktan dolayı kaygan ve serindi. Kovayı elleriyle sıkıca kavradı, kendi kovalarının ikisini de doldurdu ve sonra tahta kovayı yeniden kuyuya attı. Islak ellerini önlüğüne kuruladıktan sonra dolu kovaları kaldırıp eve yöneldi.

Her iki kovayı birden taşıdığından içini bir gurur hissi kapladı. Üç hafta önce ilk mutfak görevi nöbetini aldığında, tek seferde yalnızca kovalardan birini taşıyabiliyordu. Ancak şimdi ikisini birden taşıyabiliyordu. Gücü gün geçtikçe artıyordu ve bu da ona, Luella'nın aşağılayıcı sözlerini dikkate almazsa, sığırtmaç olup bu ovalarda başarıyla yaşayabileceği güvenini veriyordu.

Güneşin batıyordu, hafif esintiye rağmen dudağının üstü boncuk boncuk terledi. Mutfağa girdiğinde kovaları ocağın haznesine boşaltmadan önce bir kepçe dolusu soğuk su alıp içti. Sonra da boş kovaları götürüp kilerin rafındaki yerlerine bıraktı. Kilerden çıktığında, Isabella tipik hareketiyle, kuyruğu havada koşturdu.

Tressa kediyi kollarına aldı ve boynunu kaşıdı. "İşte buradasın! Bu gece bulaşıkları yıkarken yanıma gelmedin. Sen olmayınca yalnız kaldım." Isabella'yı çalışma masasına taşıdı ve oturdu, mutfağın tüm noktalarına dikkatle bakarken kedi kucağında duruyordu.

Ne yerlerde en ufak bir kırıntı ne de tezgâhta bir damla su lekesi vardı; sadece bulaşıkları kurulamak için kullandığı havlu buruşuk hâlde kuru tezgâhın üzerinde duruyordu. "Ay! Özür dilerim kedicik." Isabella'yı sandalyeye koydu ve ahşap zeminin diğer tarafına fırladı, havluyu alıp pencerenin yanındaki duvara ilişik çubuğa düzgünce astı. Mutfağın görüntüsünden memnun, önlüğünü çıkarıp arka kapının yanındaki kirli sepetine attı. Isabella koştu ve önlüğün sepetin kenarından sarkan bağcığına patisiyle vurdu.

Tressa kıkırdayarak diz çöktü ve Isabella çiçekli kumaşın bağcığına saldırmaya devam ederken kediyi okşadı. "Izzy, benim işlerim bitti, dolayısıyla yatma vaktim geldi." Başını kaldırıp tavana baktı. Zemindeki kirişlerin ötesinden ayak patırtılarını ve yumuşak mırıltıları duyabiliyordu. Bayan Wyatt baş ağrısından şikâyet ederek erkenden girip yatmıştı, bu yüzden Tressa yukarıda hareket edenlerin diğer kızlar olduğunu tahmin etti. Boğazı düğümlendi. Diğerlerinin yatmadan evvel birkaç dakika sohbet edip rahatlamak üzere Luella'nın odasında toplandıklarına şüphesi yoktu. Sayısız nedenle toplanıyorlardı ama Tressa hiç davet edilmemişti.

Ev ve bahçede gereken görevleri yerine getirebildiğini kanıtlamasına rağmen diğerleri, Luella'nın yönlendirmesiyle, onu hor görmeye devam ediyorlardı. Ve bilhassa Bayan Wyatt'ın Luella yerine Tressa'ya inanmasından bu yana diğer kız özellikle kindar olmuştu. Luella kesinlikle öğretmenlerinin yanındayken kötü davranışlarda bulunmuyordu ama sinsiydi. Bir gece

Tressa yatağa girdiğinde yastığının sırça otuyla doldurulduğunu fark etmişti. Sonuç olarak saçından birkaç tutam yolup çıkarmak zorunda kalmıştı. Başka bir sefer ise iç çamaşırlarının durduğu çekmeceyi açtığında bir sürü ölü çekirge bulmuştu. Bu yaramazlıkların hiçbirisi zararlı değildi -çamaşırlar yıkanırdı ve saç yeniden uzardı- fakat bunlar, Luella'nın kızgın olduğuna ve öcünü alacağına dair mesajlardı.

Tressa biliyordu, Luella'nın sinsiliğine karşın Bayan Wyatt onun zalimliğinden şüpheleniyordu. Peş peşe üç hafta Tressa'yı mutfak görevine vermiş; Luella'yı da saban sürmeye ve kışın hayvanlara yem olsun diye yonca ekmeye yollamıştı. Kızların yolu sadece yemek saatlerinde ve yatma vaktinde kesişmiş, bu da Luella'ya sözlü saldırılar için az miktarda fırsat vermişti. Fakat bu saldırıların sayısı az olmalarına rağmen, tıpkı kümesteki zavallı minik tavuk gibi, Tressa'nın da hırpalanmış ve sinik hissetmesine neden olmuştu. Vakit bulur bulmaz mağdur tavuk için ayrı bir bölme yapmaya niyetlendi. Keşke kendini de bir bölmeyle Luella'nın eziyetinden kurtarabilseydi...

Tressa ah çekerek kediyi kilere götürüp oraya bıraktı. Isabella'yı son defa okşadı ve kilerin kapısını kapattı. Yüzü kapı ve söve arasından çıkan çatırtıya dönük fısıldadı. "İyi geceler kedicik, iyi uykular."

Günü bitirmeye hazır, yorgun hâlde merdivenlere doğru ağır ağır yürüdü. Merdivenin en alt basamağına adımını atar atmaz bir hareket hissetti. Yoksa Isabella kilerden mi kaçmıştı? Yana eğildiğinde uzun bir eteğin gölgenin içinden mutfağa doğru geçişi gözüne ilişti. Birkaç saniye sonra ise evin arka kapısı açıldı ve çıt diye kapandı.

Tressa kaşlarını çattı. Bütün yatak odaları yukarıdaydı, öyleyse birisi Tressa'nın mutfaktan çıkmasını beklerken yemek odasında gizlenmiş olmalıydı; aksi hâlde merdivenlerde karşılaşırlardı. Birinin köşede durup işle ilgili mırıldanmalarını dinlediğini, kediyle oynayışını seyrettiğini düşününce ürperdi. Kendine sarıldı ve Bayan Wyatt'a kızlardan birinin dışarı çıktığını söyleyip söylememeyi düşündü. Fakat sonra başını salladı. Belki de kızlardan birinin müştemilata gitmesi gerekmişti. Eğer öyleyse kısa sürede dönerdi. Tressa alt basamakta oturdu, eli çenesinde beklemeye başladı.

Nadir kullanılan oturma odasının duvarında asılı duran sarkaçlı saatin dakikaları ilerliyordu. Tressa esnedi ve duvara yaslandı. Göz kapakları ağırlaşmıştı ama hâlâ bekliyordu. Aniden sıçradı. Başı duvara yaslanmıştı ve uyuyakaldığını fark etti. Sendeleyerek kalktı, adaleleri tutulmuştu, saate baktı. On bir çeyrek! Bir saatten fazla uyumuştu! Peki, dışarı çıkan kişi eve döndüğünde neden uyanmamıştı?

Tırabzanları tutarak yukarı çıktı ve kendi odasına geçti, Sallie'nin horlaması derin uykuda olduğunu belli ediyordu. Diğer odalardan hiç ses gelmiyordu. Kendini hırsız gibi hissederek Paralee ve Mabelle'nin odalarının kapı tokmağını çevirdi. Yataklarındaki şişkinlikler, onların varlıklarını onaylıyordu.

Tressa kapıyı yavaşça kapadı ve parmaklarının ucunda holün karşısına geçti, kalbi küt küt atıyordu. Eğer Luella onu odasına girerken yakalarsa feryadının sonu gelmezdi. Nefesini tutarak kapıyı yavaşça açtı. Tressa söveye çöktü. Pencereden sızan ay ışığı boş yatağın üzerinden süzülüyordu. Luella gitmişti.

11

Tressa masanın ortasına üzerinde buharı tüten bir tabak dolusu börek koydu ve ardından Sallie'nin yanındaki yerine oturdu. Bayan Wyatt her zamanki yemek duasını etti ve kızlar börek, gevrek domuz pastırması ve sahanda yumurta tabaklarını elden ele birbirlerine geçirdiler. Gizlice Luella'yı seyreden Tressa, gece az uyuyan kızın gözünün altındaki mor halkaları fark etti fakat kız yine de başını dik tutuyor ve sanki sıradan bir sabahmış gibi sohbete katılıyordu.

Tressa'nın kafasında sorular üşüştü. Luella dün gece nereye gitmişti? Biriyle mi buluşmuştu? Daha önce de böyle kaçmış mıydı? Ve -en zorlusu- Tressa, Bayan Wyatt'a Luella'nın bu gece gezmesinden bahsetmeli miydi? Ağzını açması, elbette ki kindar kızdan gelecek başka bir misilleme demekti fakat bilgiyi kendine saklaması da sorumsuz ve sahtekârca olacaktı. Bayan Wyatt daha önce kızlara açık arazilerdeki tehlikeleri anlatmıştı. Kızları çiftlik evinden bir yere yolladığında hep ikili gruplar hâlinde çalıştırırdı. Luella tek başına karanlıkta dolaşırken her türlü tehlikeyle karşılaşabilirdi.

Bayan Wyatt, Tressa'nın düşüncelerini bölerek "Bugün kiliseden sonra" dedi, "Hepimiz öğle yemeği için Double H. Çiftliğine davetliyiz."

"Double H. Çiftliğine mi? Hammondların çiftliği mi yani?" Luella gözlerini kocaman açmış Bayan Wyatt'a bakıyordu. Luella'nın sesinde panik vurgusu mu vardı, yoksa yalnızca heyecanlı mıydı?

"Bu doğru. Bay Hammond her yaz bir parti düzenler ve kilisedeki herkesi sığır tandırı yemeye davet eder.

"Oooo!" Sallie ışıl ışıl gözlerle ellerini çırptı.

"Evet, dostların ve komşuların bir araya gelerek ahbaplık edip güzel yemek yemeleri için verilen bir ziyafettir." Bayan Wyatt dua ediyormuş gibi dirseklerini masaya dayadı ve ellerini birleştirdi. "Bay Hammond'un planlanan ziyafeti bu sene biraz erken oldu. Arkadaşlık etme olayını bu yaz sonuna kadar ertelemeyi umuyordum. O zamana kadar neredeyse bu okuldan ayrılmaya ve kasabadaki erkeklerle evlenmeye hazır olacaksınız."

Tressa'nın kalbi küt küt atmaya başladı. Çatalını bıraktı ve ellerini dizlerinin üzerine koydu. Teyzesinin sözlerini hatırladı. "*İkinci bir şans, hiç şansının olmamasından iyidir.*" Bayan Wyatt kızlara hiç kasabadaki erkeklerle nasıl eşleşeceklerini söylememişti. Açık arttırmadaki atlar gibi sıraya dizilip, kuyruk sallayıp sağlıklı dişlerinden veya kas yapılarından dolayı mı seçileceklerdi?

"Fakat eşleşme için henüz hazır değiliz. Kızlar, partide davranışlarınıza dikkat etmenizi istiyorum. Kasaba ahalisini tanımanızı istiyorum; şayet okul bittikten sonra burada kalıp biriyle evlenecek olursanız, bu insanlar sizin dostlarınız ve komşularınız olacak. Ancak şimdilik bekâr delikanlılarla haşır neşir olmanın vakti değil." Bayan Wyatt bakışlarını esneyerek domuz pastırmasını küçük parçalara bölen Luella'ya sabitledi.

Paralee öne eğildi. "Hattie Teyze, ne zaman eşleşeceğiz peki?" Mabelle ile hızlı ve telaşlı bir şekilde birbirlerine baktılar.

"Yaz sonunda burada, çiftlikte kendi partimizi yapacağız. Bütün kasaba gelecek ve ilgili erkekler de benim gözetimim altında her birinizi tanıyıp flört etmeye başlama fırsatı bulacaklar."

Sallie pöfleyerek "O zaman bizi kurtların eline bırakmayacaksınız? İzleyecek misiniz yani?" dedi.

Bayan Wyatt kaşlarını kaldırdı. "Elbette izleyeceğim! Ebeveynleriniz burada olup size göz kulak olamayacağı için flört olayına nezaret edeceğime söz veriyorum. Coşkulu bir ifadeyle öne eğildi. "Siz talebeler benim sorumluluğumdasınız ve ben sizin yalnızca iyiliğinizi istiyorum. Siz ta buraya gelmeden önce her birinizin en iyi şekilde evlilik yapması için dua etmeye başladım. Hiçbirinizin istemediğiniz durumlara düşmesini istemem."

Luella kıkırdadı. "Zengin ve yakışıklı olsun, bana yeter."

Sallie iç çekti. "Ben erkeğimin sakin ve kibar olmasını isterim."

Paralee ve Mabelle de kusursuz erkek tanımlarını yaptılar ve ardından Sallie, Tressa'ya baktı. "Ya sen Tressa? Sen nasıl bir adam istersin?"

O, babası gibi bir adam istiyordu; güçlü ama nazik, hırslı ama dürüst, hep gülümseyen ve gülmeye hazır. Fakat düşüncelerini paylaşıp da alay konusu olmak istemiyordu. Başını iki yana salladı, Luella homurdandı.

Bayan Wyatt masada oturan kızlara tek tek baktı, en son Luella'ya. İfadesi kontrollüydü. "Eğer ayıp olmasa, bugün

Brewster'in çiftliğine gitmezdim. Hepinizin toplum içine çıkmaya hazır olduğunuzdan emin değilim. Fakat gitmememiz tuhaf karşılanır. Bu yüzden..." Avuçlarını masaya bastırarak ayağa kalktı. "Dediğim gibi yapın, kızlar. Kadınlara dostça yaklaşın -onlarla ilişkiler kuracaksınız- ama erkeklerle yalnız takılmak yok." Bakışları Luella'ya gitti ve ona takıldı. "Gözüm üzerinizde olacak..."

• • •

"Neden ben geride kalmak zorundayım ki?"

Cole yetişkin bir erkekten ziyade huysuz bir çocuk gibi davranıyordu. Dürüst olmak gerekirse Abel Cole'yi hayal kırıklığına uğradığı için suçlayamazdı. Barnett'te bulunan herkes Hammond'un yılda bir yapılan tandırını iple çekerdi. Fakat arazisine giren hırsızlar düşünülürse Abel kilisedeki ayin ve parti için dahi burayı boş bırakamazdı.

"İster beğen, ister beğenme Cole... En son alınan işçi sensin, dolayısıyla bu daha az öncelik demektir." Abel boğazına düğümlenen sabırsızlığı bastırarak kısık gözlerle tepeye yaklaşan güneşe baktı. İki lokma yemek için Double H.'ye gitmek yerine evde kendi de kalabilirdi ama Lazy S.'nin sahibi olarak orada bulunması gerekirdi. Eğer gitmezse bu durum komşularla olan ilişkilerine zarar verebilirdi. Sihirli bir şekilde yağmur yağmasını umarak göğe baktı. Tandırın iptal edilmesi çok daha kolay olurdu. Fakat nar bülbülü yumurtası maviliğindeki gökyüzünü sadece ufak bir tutam beyaz bulut süslüyordu.

Cole şapkasıyla bacağına vurdu. "Ama yeni gömleğimi, defne romunu ve her şeyi hazırladım bile."

Defne romu kullandığından emin olmak için Abel'in Cole'nin sözlerine ihtiyacı yoktu. Adam, şeytan hortumunu savuşturacak kadar iri yarıydı. "Bak, üzgünüm ama..."

"Ben kalırım." Vince at arabasından atlayıp Abel'in yanına geldi. Çenesinin altındaki siyah çizgili kravatını gevşetti. "Hammond'un tandırına çok sefer gittim, bir tanesini kaçırsam önemli değil. Ayrıca..." Kovboyun güneşten yanmış yanaklarında gülümseme belirdi. "Siz gençler Hattie'nin yanında getirdiği kızlara bir bakın bakalım. Benim gibi yaşlı bir kelin bir kadına ihtiyacı yok. Siz gidin, ben buraya göz kulak olurum."

"Emin misin Vince?" Abel, Vince'nin geride kalmasının adil olmadığını düşünüyordu. Bu ihtiyar, Abel'in yirmi yedi senelik yaşamı boyunca Lazy S.'ye sadakatle hizmet etmiş, rahatlama vaktine erişmişti.

"Eminim. Sen, Ethan ve Cole'yi al git." Vince'nin gülümsemesi büyüdü. "Ama bana Hattie'nin elmalı pastasından bir parça ayırın. Eminim partiye bir tane getirir."

"Ayırırım." Abel, Vince'nin sıska omzuna vurdu. "Teşekkürler, Vince."

At arabasına atladı ve dizginleri şaklattı. Flying W.'yi geçerken Hattie Teyzenin at arabası da kapıdan çıktı ve onun peşine düştü. Kadın neşeyle elini salladı. "Günaydın Abel... Cole... Ethan... Kiliseden sonra Brewster'in yerindeki şu büyük zımbırtıya gidiyor musunuz?"

"Elbette gidiyoruz Hattie Teyze!" Cole bir araba dolusu genç bayana gülümsemek için koltuğunda döndü. "Umarım müzik de olur ve belki biraz dans da ederiz."

Hattie ona yanıt verdi. "Geçen seferlerde ettiğin danslara say ama sakın gelip benim kızlarımdan birine seninle do-si-do yapmasını teklif etme. Adımları henüz öğrenmediler."

Cole önüne döndü ve somurtarak Ethan'a baktı. Hayal kırıklığı her ikisinin de gözlerinden okunuyordu. Abel ise rahatlayarak iç çekti. Brewster Hammond'un aşçısı her sene keman çalar, misafirler de dans ederlerdi. Hattie Teyzenin kızlarının bu çembere katılmayacağını öğrenince Bayan Tressa ile karşılaşma konusunu dert etmesine gerek kalmamıştı. Mesafesini koruması gerekiyordu. Dedikoduların Barnett sakinlerine ulaştığını varsayarak kasabaya Bayan Luella'nın iddialarını körükleyecek koz vermeyecekti.

• • •

Bir an önce Hammond'un çiftliğine varıp tabaklarını leziz etle, bahçeden toplanmış taze sebzelerle ve kasabalı kadınların getireceği tatlılarla doldurmaya hevesli cemaat üyelerinin dikkatlerini veremeyeceklerini muhtemelen bilen Rahip Connor ayini kısa kesti. İnsanlar durup sohbet etmek yerine -bunu Double H.'de de yapabilirlerdi- doğrudan at arabalarına yöneldiler. Brewster'in lüks faytonunun peşine takılan at arabaları neredeyse sekiz yüz metrelik bir konvoy oluşturdu.

Konvoyun sonlarında yer alan Abel'in at arabası Hattie Teyzeninkinin önünden gidiyordu. Cole ile Ethan, Abel at arabasını sürerken geriye tırmanıp öne arkaya sesleniyorlardı. Brewster'in avlusuna vardıklarında kibarlık olsun diye Hattie'ye ve öğrencilerine yardım etmesi gerektiğini düşünerek arabadan atladı ve omuzlarını dikleştirdi. Ancak daha o iki adım atmadan Cole ve Ethan kadının arabasının arka kapağına koşup Hattie Teyzenin öğrencilerinin aşağı inmelerine yardım ettiler.

Hattie Teyze yardıma gereksinim duymadan aşağı inip arka tarafa yöneldi. "Teşekkürler, beyler ama biz idare ediyoruz şimdilik, siz gidip kendinize birer tabak alabilirsiniz."

Cole davetkâr bir biçimde dirseğini çıkardı. "Emin misiniz, biz..."

Hattie kibarca ve açık bir ifadeyle "Devam edin" dedi.

Omuzları düşen ikili, eve doğru yola koyuldular. Kasabalılar çimenlerle kaplı avluda toplanmıştı. Abel birkaç dakika atının dizginlerini bağlamakla oyalandı; bu esnada kendi diğerlerine katılmadan evvel Hattie Teyzeye ve öğrencilerine kalabalığa karışmaları için zaman tanımış oldu.

Kızarmış et kokusu rüzgâra karışmıştı ve Abel'in karnı guruldüyordu. O ve adamları çoğu zaman adamakıllı yemezlerdi ve her ne kadar aslında bugünkü şenliğe katılmamış olmayı tercih etse de bir tabak dolusu etin çok iyi gideceğini kabul etmeliydi. Kesinlikle Vince'ye de yemeklerden bir tabak dolusu götürecekti. Brewster buna aldırmazdı, götürülebilecek daima fazlasıyla yemek olurdu.

Abel elinde çatal ve tabakla kalabalığın arasında yürürken bu öğle güneşinin altında gülüşen ve yemek yiyen insanlardan birinin, karanlık bastırdığında hayvanlarını kaçırıp kaçırmadığını merak etmekten kendini alamadı. Bir komşusunun hırsız olduğunu düşündüğü için içini suçluluk duygusu kapladı fakat böyle düşünmesinin nedeni, hırsızlığın yakınlarda yaşayan bir kişi tarafından yapılmış olmasıydı. Bir yabancı bir çiftliği bir kez soyar ve giderdi ama yinelenen hırsızlık, suçlunun o toprağa ve sürüye düzenli olarak ulaştığını gösteriyordu.

"Pekâlâ, millet!" Brewster Hammond, ellerini havaya kaldırmış, verandanın kenarında duruyordu. "Dinleyin!" Gür sesiyle sohbet hâlindekilere ulaştı, herkes sustu. "Hâlâ bolca yemek var. O yüzden karnınızı ve tabaklarınızı rahatça doldurmaya bakın." Misafirlerin minnettar kahkahaları duyuldu. "Ama şimdi Cookie kemanının tellerini gerginleştiriyor ve birkaç dakika sonra başlayacağız. O hâlde kendinize bir eş bulun!"

Sevinç çığlıkları yükseldi. Kadınlar hemen kocalarını dirseklerinden tutarak avlunun ortasına çektiler. Abel hevesli kalabalıktan geriye adım attı. Yemek masalarına doğru yöneldi ve bir köşeden Hattie Teyzeye doğru ilerleyen Ethan ve Cole'yi gördü.

Geldiklerinden beri yaşlı kadın, öğrencilerini kendi yanında tutuyor ve kızlarla bir çift laf etmeye çalışan bekâr erkekleri engelliyordu. Cole ve Ethan, Hattie'nin yanına gittiler ve aradaki onca mesafe Abel'in duymasını engellemesine rağmen, Abel onların kızlarla dans etmek için izin istediklerini tahmin etti. Gage Hammond dâhil diğer pek çok bekâr erkek, Cole ve Ethan'ın arkasında duruyordu.

Hattie başını hayır anlamında sallayıp erkekleri savuşturduğunda Abel kendi kendine güldü. Kızların dans etmeyi bilmediklerini apaçık söylediği zaman aslında kimsenin öğretmesine de izin vermeyeceğini söylemek istemişti. Abel, Hattie Teyzenin erkekleri sertçe savuşturmasını takdir etti. Fakat onları ne kadar uzakta tutabileceğini merak ediyordu. Bir avuç güzel kadın, kadına aç erkeklerin arasında oldukça cezbedici duruyordu.

Temiz, teneke bir tabak alan Abel, yemeklerin durduğu masaya yöneldi. Vince'ye götürmek üzere et, pancar turşusu ve fasulye piyazı koydu. Keman tıngırtısı kulaklarına doldu ve dansın başlamasıyla beraber yere vurulan ayaklar yankı yaptı. Yalnız erkekler, daha önce onlarca defa yaptıkları gibi, kadınların yokluğunda birbirleriyle eş oldular. İlk devre bittiğinde dans edenler kemancıyı alkışladı. O da neşeyle selam verip ikinci sete başlamak için kemanını kaldırdı, ancak bir ses araya girdi.

"Yeniden başlamadan önce, Hattie Teyzenin kızlarını da buraya alalım! Hâlihazırda bayanlar varken erkeklerin birbirleriyle dans etmeleri hoş değil."

Bekâr erkeklerden aynı fikirde olduklarına dair mırıldanmalar yükseldi. Kadın erkek, herkes yüzünü Hattie Teyzeye çevirdi. Tabağa bir dilim elmalı pasta koymakta olan Abel durdu. Saç derisi karıncalanıyordu, istedikleri bir şeye itiraz edildiğinde erkekler asabileşebilirdi ve Hattie Teyzenin böylesi çirkin bir değişkenlikle karşı karşıya kalmasını istemiyordu.

Hattie ellerini kalçalarına koydu ve gözleriyle kalabalığa bakarak başını salladı. "Len Meyer, sen miydin o?"

Sırık gibi bir kovboy, kendini fısıldaşan kalabalıktan ayırdı. "Evet efendim, bendim. Glendon ile dans etmekten bıktım. Sürekli ayağıma basıyor." Kalabalıktan uğultu yükselirken konuşmasına ara verdi. "Eğer ezileceksem çıtı pıtı biri tarafından ezilmeyi yeğlerim. Bu yüzden izin verin öğrencileriniz dans etsin Hattie Teyze. Ne çıkar ki?"

Erkekler koro hâlinde cevap verdiler, hepsi de kızlarından biriyle dans etme şansı versin diye Hattie'ye yalvarıyordu.

"Pekâlâ delikanlılar, sizi anlamadığımı düşünmeyin." Hattie yüzünde dostça bir gülümsemeyle hevesli kovboylara bakıyordu. "Sizin yerinizde olsam ben de Glendon Shultz yerine benim kızlarımdan biriyle dans etmeyi tercih ederdim. Kocaman bir ayağı var, bunu inkâr edemeyiz, değil mi?"

Kahkahalar bir kez daha yükseldi, Glendon'un yüzü kıpkırmızı olmuştu.

Hattie kıkırdayarak devam etti. "Ama biliyorsunuz, bu kızlar burada yeniler. Onları ortaya salmadan önce içlerinin rahat olmasına ihtiyaçları var. Ayrıca bu yazın tek partisi bu değil. Ağustosun sonunda, bu genç bayanlar gerçekten yerleşme fırsatı bulduğunda, bu bölgedeki herkesin davetli olacağı büyük bir parti vereceğim. Bu bayanlar o zamana kadar nasıl dans edileceğini öğrenecek, bizzat kendim öğreteceğim." Birazcık jig dansı yapması, yine kahkahaların yükselmesine neden oldu. "Ve söz veriyorum, onların dans karnelerini siz kendi vereceğiniz notlarla dolduracaksınız. Ama..." Omuzlarını silkti, dudaklarını büzerek "Şimdilik sadece seyrediyorlar" dedi.

Mırıldanmalar yeniden başladı, ancak Hattie kalabalığa arkasını dönerek öğrencilerini yemek masalarının durduğu diğer tarafa doğru, dans edenlerden epey uzağa, ilerletti. Abel, bir çift kızın dans pistine istekle baktığını ve onu ve Bayan Tressa'yı oynaşmakla suçlayan bir diğerinin ise geride kaldığını ama Hattie Teyzenin kızı dirseğinden tutarak hızlandırdığını gördü.

Kemancı yeni bir parçaya başladı, dans edenler ayaklarını yeniden harekete geçirdiler. Vince'nin tabağını bitiren Abel gözlerini bir Hattie'nin kızlarında, bir de bekâr erkeklerde gezdirdi. Hattie açık bir isyanı bastırabilmiş olsa da havada hâlâ gerginlik vardı.

Vince'nin tabağının üzerini bir peçeteyle kapattı ve at arabasına götürdü. Tabağı koltuğun altına bıraktıktan sonra dönüp geriye baktı. Hattie Teyzenin kızları, sıkışık bir çember hâlinde durmuş, onun omzunun üzerinden dans edenleri kesiyorlardı. Abel bu kadar mesafeden dahi, birçoğunun yüzündeki huysuzluğu okuyabiliyordu. Dişlerinin arasından ıslık çaldı. Ağustos sonuna daha çok vardı. Hattie Teyze erkekleri -ve bu kızlardan bazılarını- daha fazla dizginlemekte zorlanabilirdi.

12

Bayan Wyatt eve dönmeyi önerdiğinde Tressa rahatlayarak iç çekti. Öğleden sonra uzadıkça güneş, âdeta hasır şapkasının tepesini delerek kafa derisini kavurmuştu. Artık evi olarak gördüğü çiftliğe dönmeye hazırdı.

Bayan Wyatt at arabasını işaret etti. "Kızlar, siz önden gidin ve binin. Ben gidip Brewster'e teşekkür ve veda edip çabucak döneceğim."

"Biz de şahsen herkese gidip veda edemeyiz miyiz?" Luella kollarını göğsünün üzerinde birleştirdi. "Tüm gün iki laf ettirmediniz... Tüm kadınlar hariç." Luella "kadınlar" derken sanki kötü bir sözcükmüş gibi vurgulamıştı.

Hattie Teyze başını salladı. "Pekâlâ, bugün erkeklerle değil, kadınlarla arkadaşlık edeceğinizi önceden biliyordunuz, Luella. Şimdi bunun için sızlanmana lüzum yok. Bay Hammond teşekkürü tüm grup adına kabul edecektir, o yüzden haydi binin. Akşam işleri bekliyor." Döndü ve kasabadan birkaç kişiyle birlikte verandada duran Bay Hammond'a yöneldi.

Tressa istekle fakat yavaşça at arabasına doğru yürüdü. Midesi dolu olduğundan acele edemeyecekti. Yemek ne kadar da güzeldi! Basit ama leziz yemekler, teyzesinin New York'ta verdiği akşam ziyafetlerine taş çıkartmıştı. Bayan Wyatt'ın çiftliğinin sakinlerine haftalardır yemek yapmasının ardından, bir başkasının yaptığı yemeği yemek ona büyük zevk vermişti.

Derisi yüzülmüş dananın alevli ocakta çevrilmesine ilk anda verdiği tepkisine gülerek kızartma ocağının yanından geçti. O manzara karşısında midesi kalkmıştı ama dana etini ilk tattığı anda o görüntü aklından uçup gitmişti. Daha önce hiç bu kadar nefis dana eti yememişti.

Sallie, Paralee ve Mabelle kafa kafaya vermiş konuşarak onun önünden yürüyorlardı. Luella, Tressa'nın yanına sokuldu, yüzü arkasına dönüktü. Kalçalarını öyle bir sallıyordu ki eteği tozlu ve yüksek topuklu ayakkabılarının etrafında fırıl fırıl dönüyordu. Bir elini kaldıran Luella, gerideki birisine parmaklarını şıklattı. Tressa omzunun üzerinden baktığında Gage Hammond'un çit direklerinden eğilmiş, çamura batan parmaklarının ucunda durarak onlara sırıttığını gördü. Adam şapkasını yana yatırarak göz kırptı. Tressa önüne döndü, yüzü kıpkırmızı kesilmişti.

Luella kıs kıs güldü. "Yanakların boşa kızarmasın. Göz kırptığı sen değilsin."

Tressa sorgulayan gözlerle kıza baktı. "Nereden biliyorsun?"

"Seni ilgilendirmez." Luella başını yukarı kaldırdı, koyu renk bukleleri omzunun üzerinde uçuşuyordu. "Biliyorum işte." At arabasına çıkmak için acele edip biraz sekerek yürüdü.

Tressa'nın adımları daha da yavaşladı. Luella, Gage Hammond ile buluşmak için evden kaçıyor olabilir miydi? Omzunun üzerinden bir kez daha baktı. Gage olduğu yerde duruyordu. Şapkası gözlerini kapatıyordu ama yılışıkça gülüşünü saklayamıyordu. Tressa'nın tüyleri ürperdi. Bu genç adamdan neden bu kadar rahatsız oluyordu?

"Haydi, Tressa." Bayan Wyatt Tressa'nın yanına geldi ve onu dirseğinden tuttu. "Evde beslememiz gereken yaratıklar var, acele etmeliyiz."

"Evet efendim." Tressa kalan yolu hızla yürüdü ve at arabasına bindi. Bir köşeye otururken Luella'ya baktı. Tıpkı Gage gibi Luella'nın da yüzünde gizemli bir gülümseme vardı. Yaz güneşinin altında olmasına rağmen Tressa'ya yine bir ürperti geldi. Gage ve Luella hakkında Bayan Wyatt ile konuşması gerekiyordu. Fakat öncelikle bir kanıta ihtiyacı vardı.

• • •

Tressa akşam yemeği sonrasındaki mutfak temizliğini, son işleri güneş ufka değip de gökyüzünü turuncuya boyayana dek erteleyerek kasten gereksiz yere uzattı. Bayan Wyatt üzerinde basit, pamuk geceliği ve lime lime sabahlığıyla mutfağa girdi. Aklarla dolu açık kahverengi saçları iri dalgalarla omuzlarına dökülüyordu.

Elleri kalçalarında, başını salladı. "Tanrı aşkına kızım, kaplumbağadan bile yavaşsın bu gece. Derdin nedir?"

Tressa çalışma masasının üzerine sabunlu bir bez gezdirirken bir omzunu hafifçe silkti. "Hiçbir şey efendim. Yalnızca biraz... Dalgınım galiba."

"Dalgın mı?" Kadının ağzı açık kaldı ve bir kaşı kalktı. "Kuru fasulyenin nesine dalıyorsun ki?"

Hafifçe gülen Tressa "Dalgın... Düşünceli... Hayalci."

Bayan Wyatt kendi kendine güldü. "Pekâlâ, sanırım her genç kadın akşamları zaman zaman hayalci olur." Kollarını göğsünün üzerinde birleştirdi. "Bu hayalciliğin biriyle ilgisi var mı peki? Belki de bu öğleden sonra gözüne çarpan bir delikanlıyla mesela?"

Tressa'nın gözünün önünde derhâl iki resim belirdi. Biri, Gage Hammond çitin üzerinden eğilmiş yılışıkça sırıtırken; diğeriyse Abel Samms dans çemberinden uzakta, yalnızlıktan kaşlarını çatmış dururken. Gage'nin görüntüsü onu hoşnutsuzlukla titretti; Abel'inki ise kafa karışıklığıyla beraber sempati duygusu uyandırdı. Yarasıyla nazikçe ilgilenmiş fakat sonra Isabella'nın pençelerinden kaçan bir fare gibi hızlıca tüymüştü. Onun bu davranışını kafa karıştırıcı, kendisinin ona olan ilgisini ise şaşırtıcı bulmuştu.

Ancak yatağa gidişini geciktirmesinin nedeni, bu erkeklerden biriyle alakalı değildi. Nasıl cevap vereceğini bilemediğinden su kovalarını almaya kilere gitti. "Ocağın haznesini doldurmam gerekiyor."

Bayan Wyatt gözlerini kırpıştırarak yine kendi kendine güldü. "Eminim ki sobanın su haznesini doldurmaktan daha çok şey var kafanda; ama seni zorlamayacağım."

Tressa, bir an için vicdanının sızladığını hissetti ve karanlık çöktüğünde neden aşağıda olmak istediğini açıklamayı düşündü. Fakat Luella'nın ne dolap çevirdiğinden emin olmadıkça sadece hikâye anlatmış olacaktı. Luella'nın o ve Bay Samms hakkında hemen sonuca varması umurunda değildi; Bayan Wyatt'a tek kelime bile etmeden önce gerçeği bulması gerekiyordu.

"Sanırım verandada oturup biraz pipo tüttüreceğim. Bugün bütün gün dans edenleri izledim..." Bayan Wyatt iç çekti. "Jed'in yokluğunu hissettim. Piste dans etmeye çıkınca kimse Jed ve benim elimize su dökemezdi."

Tressa Bayan Wyatt ile kocasının döne döne dans edişini kafasında canlandırmaya çalıştı ama görüntü gözünün önüne gelmedi. Düşünceleri birinden diğerine zıplarken sıçradı. Eğer Bayan Wyatt dışarıda, verandada olursa, birinin avluda gezindiğini kesinlikle görürdü. Eğer Luella bu gece yine tüymeye kalkışırsa Bayan Wyatt'ın gözünden kaçmazdı bu. Ve eğer Bayan Wyatt Luella'yı yakalarsa Tressa'nın Pinkerton dedektifliğine soyunmasına gerek kalmazdı.

Örtüyü küvete sıkıp tezgâhın kenarına astı. "Dışarıda oturmak için güzel bir *akşam*..."

Bayan Wyatt elini kaldırıp ağzını kapatmaya tenezzül etmeden kocaman esnedi. "Kaldı ki doğrudan yatmaya da gidebilirim. Herkes yattı, Sallie'nin horultusunu çoktan duydum. Tatil günü olsa bile güneş bedeni yorgun düşürüyor."

Tressa, Bayan Wyatt'ın karar vermesini beklerken nefesini tuttu. Yaşlı kadın düşünceyle kaşlarını çatmıştı. Sonra soluğunu uzunca bıraktı. "Aman Tanrım, pipo içmeye bile hâlim yok. Ben yatıyorum Tressa, işin bittiğinde bütün lambaları söndürdüğünden emin ol, tamam mı canım?"

"Elbette efendim."

Kadın kapıya doğru yürürken başını sallayarak mırıldandı. "Efendim diyor... Tanrı aşkına, Hattie Teyze desene kızım, herkes gibi. Böyle resmî olmaya ne gerek var..." Adımları köşeyi döndüğünde sesi de kayboldu.

Tressa ocağın haznesini çabucak doldurdu, kovaları kilerdeki rafa koydu ve ardından Isabella'yı ocağın altından alıp yerine götürdü. Uyuyan hayvancağızı rahatsız etmekten nefret ediyordu ama Bayan Wyatt kedinin geceyi kilerde geçirmesini tercih ediyordu. Isabella'yı emniyetlice yerine bıraktıktan sonra kalan lambaları söndürdü. Mutfağı karanlık kaplamıştı.

Yolunu hissederek merdivenlere doğru duvar boyunca yürüdü ve en üste çıktı, kasıtlı olarak ayağını yere duyulacak kadar sert vurdu. Tepeye vardığında bir dakika bekledi ve parmak uçlarında yeniden aşağı indi. Bu hareketlerle kendini hilekâr gibi hissetmişti; ancak eğer Luella'yı yakalayacaksa görünmez olması gerekiyordu.

Yemek odasına giden köşeyi döndü. Sımsıkı kapatılmış pencereler odaya en ufak ay ışığının bile girmesini engelliyordu. Tamamen karanlıkta kalan Tressa duvara yaslandı, kalbi küt küt atıyordu. Kulağını kapıya vererek dikkatle dinledi. Merdivendeki çıtırtı, birinin yaklaştığı uyarısını verdiğinde birkaç dakika geçmişti. Kalbi, ayak seslerini bastırarak resmen kulaklarında atıyordu; nabzını yavaşlatmak için yavaşça nefes aldı.

Nefesini bırakır bırakmaz uzun etekli, kim olduğu belirsiz kişi köşeden süzüldü. Tressa duvara iyice yaslandı fakat her ne kadar kendini göstermemeye çalışsa da kadın doğrudan ona doğru yürüdü. Her ikisi de şaşkınlıkla çığlığı bastılar, ardından bir el Tressa'nın kolunu tuttu.

"Kimsin?"

"Benim, Tressa."

"Burada ne yapıyorsun?"

Gölge, kadının yüzünü göstermese de Tressa onu sesinden tanıdı. Fısıldayarak yanıtladı. "*Esas sen* ne yapıyorsun, Luella?"

Tressa'nın kolunu acıtarak sıkan Luella, onu yemek odasından mutfağa sürükledi. Açık pencereden sızan yumuşak ay ışığıyla Tressa, Luella'nın öfkesini gördü.

"Seni alçak! Beni izliyordun, değil mi?"

"Evet izliyordum!" Tressa kolunu çekip kurtardı. Luella ondan çok daha uzundu fakat Tressa omuzlarını dikleştirip kızın gözlerine direkt baktı. "Dün gece evden çıktığını gördüm ve aynısını bugün de yapabileceğini düşündüm. Bayan Wyatt çiftliğin dışında tek başına gezinmemizin, özellikle de geceleri, güvenli olmadığını söyledi."

"Ben başımın çaresine bakabilirim." Sözcükler, Luella'nın sıktığı dişlerinin arasından tıslayarak döküldü. Sonra sinsi bir gülümsemeyle, "Ayrıca yalnızlığım uzun sürmeyecek" dedi.

Tressa'nın gözünün önüne Gage'nin yüzü geldi. "Gage Hammond ile buluşmak için mi kaçıyorsun?"

Luella gözlerini kıstı. "Bu seni ilgilendirmez! Ve eğer Hattie Teyzeye bununla ilgili tek kelime edersen hayatını mahvederim ona göre!"

Tressa, kızın şimdiye kadar yaptığı kötülüklerden daha fazlasını düşünemiyordu. Tehdidi umursamadı. "Sessiz kalırsam sorumsuzluk olur bu." Luella'nın geçmişteki kaba davranışlarına rağmen Tressa telaşlandı. "Luella, Gage Hammond ile zaman geçirmenin akıllıca olduğunu sanmıyorum. O adam..."

"O adam bana istediğim her şeyi verebilir." Luella'nın sesi sertleşti. "Ona istediğini vermeyi reddedip de es geçilme riskini almayacağım."

Bu ima Tressa'ya öyle dokundu ki dizleri titremeye başladı. "Luella, sen şey değilsin..." Kelimeleri söyleyemiyordu.

Luella kısa, alaycı bir bakış attı. "Böyle bebek gibi davranmayı bırak Tressa. Bir adamın seninle yemek yapmayı ve kement atmayı bildiğin için mi evleneceğini sanıyorsun? Hattie Teyze ne derse desin, bir erkek kadından üç öğün yemek, derli toplu ev ve işlerine yardım etmekten daha fazlasını ister. Ben bir erkeği nasıl memnun edeceğimi biliyorum ve Gage Hammond'a eğer beni seçerse onu nelerin beklediğini göstermeye niyetliyim. Şimdi yolumdan çekil."

Tressa'yı öyle bir itti ki kız neredeyse tezgâha çarpacaktı. Ama sonra geri döndü ve yeniden Tressa'nın kolunu tuttu. Parmaklarıyla sargının altındaki yaraya bastırıyordu, Tressa haykırdı. Luella daha sert sıktı. "Bu konuda ağzını açma, Tressa."

Tressa kolunu Luella'nın parmaklarından kurtarmaya çalıştı ama başaramadı. Yarası acıyla zonkluyordu. "Luella, bırak!"

"Söylemeyeceğine söz veriyor musun?"

"Söylemek *zorundayım*! Bu Bayan Wyatt'ın kurallarına aykırı..."

"Kahrolası kuralları unut!" Tressa'yı kolundan sarstı ve aniden bıraktı.

Tressa dengesini yakaladı ve sızlayan dirseğini tuttu.

"Bu konuda düşün, Tressa." Luella'nın konuşması birdenbire yaltaklanır gibi, neredeyse dostça bir hâle dönmüştü. "Hattie Teyzeyi seviyorsun, değil mi?"

Tressa'nın kolundaki tüyler diken diken olmuştu. Yavaşça başını salladı. "Pekâlâ, o hâlde öğrencilerinden birinin gece yarısı buranın yerlisi olan bir çiftlik sahibinin oğluyla tüydüğünde itibarının nasıl zedelenebileceğini düşün bir. Nazik Barnett ahalisi bunu pek hoş karşılamaz, değil mi?"

Tressa şaşkınlıkla baktı. "Bayan Wyatt senin seçiminden nasıl sorumlu tutulabilir ki?"

"Onun sorumluluğundayım, öyle değil mi? Bu yüzden suçlanabilir." Luella dudaklarında şeytansı bir gülümsemeyle Tressa'nın üzerine yürüdü. "Eğer sevgili Bayan Wyatt'ını korumak istiyorsan çeneni kapalı tutarsın." Tressa'nın yanağını okşadı ve dönüp arka kapıdan çıktı.

Tressa, Luella'nın arkasından bakakaldı, sonra döndü ve merdivenlere doğru tökezleyerek iki adım attı. Ardından yeniden durdu, bedeni kararsızlık ve endişeyle titriyordu. "Ne yapacağımı bilmiyorum..." diye fısıldadı boş odaya. Birdenbire Bayan Wyatt'ın haftalar önce söylediği söz aklına geldi. "*Küçük hanım, Tanrı'ya daima güvenebilirsin.*"

Pencereye gitti ve parmak uçlarını cama dayadı, bakışlarını yıldızlarla dolu gökyüzüne çevirdi. Karanlık gökyüzünün güzelliği onu duygulandırdı ama aynı zamanda içini bir boşluk hissi kapladı. Gözyaşları, titrek yıldızları bulanıklaştırarak gözlerine doldu. Bayan Wyatt kendisine yardım etmesi için Tanrı'ya güvenmesini söylemişti, ancak ondan nasıl yardım isteyeceğini bilemiyordu.

• • •

Abel huzursuz uykusundan kalbi şiddetle sıkışarak uyandı. Oturdu, gözlerini kırpıştırarak kasvetli odaya baktı ve o beklenmedik sesi anlamlandırmaya çalıştı. Sıkışma yeniden, bu sefer bir sesle belirdi. "Abel! Abel, uyan!"

Abel yataktan fırladı ve komodinin yanına çıkardığı botlara ayağı takılıp düştü. Söylenerek botları önünden çekmek için tekmeledi ve pencereye gitti. Sarı ekoseli perdeyi çekip huzur dolu gece manzarasına baktı. Yanan bir ağıl yoktu, bağrışan hayvan yoktu, dolayısıyla ödünü patlatacak bir durum göremedi.

Söylenerek ön kapıya gitti ve sonuna kadar açtı. "Ethan, gecenin bu saatinde neden kapımın önünde bağırıp duruyorsun?" Gözlerini ovuşturarak esnedi.

"Babamın yatağı boş... Gitmiş."

Abel homurdanmamak için kendini tuttu. "Ek binaya baktın mı?"

Ethan başını öyle hızlı salladı ki neredeyse kafası boynundan ayrılacaktı. "Ahır dâhil, her yere baktım. Atı da yok. Bir şey duymuş olmalı diye düşünüyorum. Belki de yine hırsızlar geldi ve o da onların peşine düştü."

Abel tamamen uyandı. "Vince tek başına mı gitti?" Kalbi korkuyla gümbürdedi. Yaşlı adam bu gözü dönmüş adamların üstesinden gelemezdi. Telaşla yatak odasına gitti ve paçalı donunun üzerine pantolonunu ve ceketini geçirdi, botlarını giydi. "Nereye gitmiş olabileceğine dair bir fikrin var mı?"

Abel ahıra doğru koştururken Ethan da onun yanında hızlı hızlı yürüyordu. Telaştan dolayı kaşları iyice çatılmıştı. "Saat onda ek binaya gittim. Babam o zaman yatıyordu. Şu an saat kaç?"

Abel her zaman cebinde taşıdığı saate bakmak için durdu. Yuvarlak kapak pıt diye açıldı. Yüzünü zayıf ay ışığına çevirdi. "On bir kırk beş." Öyleyse Vince bir saattir veya daha fazla zamandır yoktu. İnledi. Hangi tarafa gittiğini bu karanlıkta hayatta bulamazlardı. Vince büyük tehlikede olabilirdi ve Abel ona yardım etmekten acizdi.

"Atlara eyer vurup çıkacak mıyız?" Ethan harekete hazır bekliyordu.

Abel kollarını iki yana açtı. "Hangi yöne, Ethan? Nereye gidelim ki?"

"Ben... Bilemiyorum..."

"Ben de." Abel ellerini saçlarının arasında gezdirdi, hüsrandan sesi sertleşmişti.

"Ama bir şey yapmalıyız! Babam... Tek başına hırsızların peşine düşemez!"

Abel, Ethan'ın huysuzluğunu anlıyordu fakat ellerinden ne gelirdi ki? İşarete ihtiyacı vardı. Ethan ayaklarını yere vuruyordu, sabırsızlıktan nefesi kesik kesikti; Abel ise taş gibi hareketsizdi, belirsizlik onu yerinde çakılı bırakmıştı.

Aniden bir atın ayak seslerini duydular. İki adam da sese doğru döndü. Onlar izlerken bir atlı evin ilerisinde atını durdurmak için dizginledi ve eyerden atladı. Başı aşağıda, ayaklarını sürükleyerek atını ahıra doğru yürüttü. Adam ahırın yaklaşık altı metre yakınına gelince Ethan rahatlayarak haykırdı.

"Baba!"

Adam başını kaldırdı, gri seyrek sakalları ve iri gözleri göründü. "Ethan... Abel... Burada ne yapıyorsunuz?"

"Seni arıyoruz baba." Ethan hızla babasının yanına gitti. "Senin olmadığını görünce telaşa kapıldım. Abel'e muhtemelen hırsızların peşine takıldığını söyledim. Onları yakaladın mı?"

Vince Abel'e hızlı bir bakış attı. Gözlerinde üzüntü belirdi, sonra kafasını eğdi. "Yo, hayır, kimseyi yakalamadım."

Abel ileri atıldı. "Sürüyü korumaya çalıştığın için teşekkür ederim, Vince ama böyle tek başına çıkıp gitmek akıllıca değil. Hırsızlar tehlikeli olabilir... Yollarına çıkacak birini vurabilirler."

Vince parmağıyla burnunun altını kaşıdı. "Haklısın, Abel. Özür dilerim."

Ethan Abel'e döndü. "Bunun için şerife gitmemiz lazım, Abel. Sadece biz dördümüz hırsızları uzak tutamayız."

"Hayır" diye gürledi Abel. Ama sonra kararsız kaldı. "Ya da gitmeli miyim, Vince? Şerifi sorunumuza dâhil etmenin zamanı mı?"

Vince kaşlarını çatarak ahıra baktı. "Patron sensin, Abel. Eğer Şerif Tate ile görüşmemiz gerektiğini düşünüyorsan seninle gelirim. Ama bence bu işin içinde ne kadar az kişi olursa, o kadar iyi olur. Eğer resmi şikâyette bulunursan tüm bölgede hengame çıkar. İnsanlar karanlıkta ateş açar, bu da ne tür zarar verir kim bilir."

"Ama..." diye başladı Ethan.

Abel onun sözünü kesti. "Babanla aynı fikirdeyim, Ethan. Şerif Tate konuşmaktan başka bir şey yapmıyor ve dedikodular, tilkinin kümeste açtığı zarardan daha hızlı yanlış yorumlara neden olur. Bunu biz halletmeliyiz. Fakat Vince..." Abel adamın omzuna vurdu. "Bir daha gece bir şey duyduğunda bana gel. Riski alan kişi ben olayım. En nihayetinde bu benim sürüm."

Vince sanki bir şey söylemeye hazırlanıyormuş gibi nefes aldı ama sonra başını salladı. "Sen ne dersen, Abel."

Adamın yorgunluğu sesinden belliydi. Abel onun gidip yatmasına izin vermeliydi ama önce bir soruya cevap alması lazımdı. "Biliyor musun, acaba hiç kaybımız olmuş mu?"

"Kaç tane olduğunu sabaha kadar öğrenemeyiz ama eminim ki bu gece kaybımız oldu. İlerideki çayırın kuzey kısmında yol kayboluyor. Tel kesilmiş." Vince'nin çenesindeki kaslar gergindi.

Abel lanet okumamak için dudaklarını sımsıkı kapadı. "Bu gece hiçbir şey yapamayız. Sabah sayım yaparız. Siz ikiniz gidip biraz uyuyun."

"Atınla ben ilgilenirim baba, sen git yat." Ethan dizginleri aldı ve atı ahıra doğru yürüttü. Başını öne eğen Vince de müştemilata yöneldi.

Abel eve giderken kolları, bacakları titriyordu. Vince çayırın kuzeyindeki telin kesildiğini söylemişti. Bu, Hammond'un toprağına doğrudan geçiş sağlardı. Yarın yeniden Brewster Hammond'u ziyaret edecekti.

13

Hattie boş kahvaltı tabağını itti ve derin bir nefes aldı. "Bayanlar, bugün nazik hassasiyetiniz için biraz zor bir gün olabilir ama..."

Beş ürkek suratın ona dönmesiyle konuşmasına ara verdi. Kızlardan bazılarının midelerinin hemencecik bulanacağını düşünerek buzağıları damgalama işini ertelemişti. Ancak bu iş, buzağılar yerde boğuşmak için fazla büyüyecekleri için daha fazla ertelenemezdi. Ayrıca o her sene Jed'e yardım etmişti. Muhtemelen bu kızların eşleri de bir gün onların yardımına ihtiyaç duyacaktı. Bu yüzden mideleri bulansın bulanmasın, öğrenmek zorundaydılar.

"Oturma odasındaki kanepenin üzerinde yarım düzine gömlek ve bir o kadar da pantolon var. Üzerinize tam uyacağını sanmıyorum ama gömlekleri içinize sokup kalın bir sicimle belinize bağlarsanız pantolonlarınız düşmez. Yukarı çıkıp eteklerinizi değiştirin, sonra da benimle ön avluda buluşun.

Bu sabah Flying W. damgasıyla yeni buzağılarımı mühürleyeceğiz."

Masaya bir heyecan yayıldı. Mabelle'nin ağzı açık kaldı. "Siz... Bizden pantolon giymemizi mi istiyorsunuz? Ama... Ama..." başını salladı, kahverengi bukleleri sallanarak atkuyruğundan çıkıyordu. "Bayanlar pantolon giymez!"

"Şehir kadınları elbette ki." Hattie onu onayladı. "Ama farkındaysanız, burası şehir değil. Üzerinizde etek varken bir buzağıyla yerde cebelleşebileceğinizi mi sanıyorsunuz? Ayrıca etek rüzgârda alev alır. Eteğimiz için en son istediğimiz şey damgalama demirini ısıttığımız ocağa sürüklenmesidir." Mabelle elleriyle ağzını kapadı, gözleri korkudan kocaman olmuştu.

Hattie başını salladı. "Olmaz, damgalama esnasında eteklere yer yoktur. Haydi, şimdi gidip pantolonlarınızı giyinin ve sizi dışarıda bekleyeceğim." Cevap kabul etmeden kalktı ve arka kapıya yöneldi.

"Bayan Wyatt?"

Tressa'nın tedirgin sesini duyan Hattie geri döndü. Kızın o endişeli hâlini gördüğünde gülmemek için yanaklarının içini ısırdı.

"Çıkmadan önce kahvaltı masasını kaldırmayayım mı?"

Kısık sesle kıkırdayan Hattie başını salladı. "Ah, hayır tatlım, bu eğlenceyi kaçırmayacaksın. Sadece bulaşıkları leğene bırak ve diğerleriyle birlikte gel. Damgalama bittiği zaman bulaşıkları düşünürüz."

Tressa'nın omuzları düştü ama oturma odasına giden diğerlerini itaatkârca takip etti. Hâlâ kıkırdayan Hattie mutfaktan avluya çıktı. Uzun eteğine değen rüzgâr, kızları kümesin dışında çalıştırması gerektiğini hatırlattı, böylece rüzgârın savurduğu basma kumaş buzağıları korkutmayacak -hatta daha beteri- ateş almayacaktı. Gülümsedi, Jed'in ona her pantolon giydiğinde yoncaların arasında gezinen bir yavru tavşandan daha şirin olduğunu söylediğini anımsadı. Kalçalarına vurarak onun nasıl palavra sıktığına güldü ama yine de duymak hoşuna gidiyordu.

Bakışları ağılda birbirlerini itip kakan ve ağıla tıkılmaya itiraz eden minik buzağılara kaydı. Bir çiftlik sahibi için bütün bu haykırmalar müzikti âdeta. Daha çok buzağı demek, daha çok para demekti. Irgatları da oradaydılar, ateşi yakıyor, kementleri hazır ediyorlardı. Kafalarını eve doğru kaldırıp birbirlerini dirsekleriyle dürterek aptal gibi sırıtıyorlardı. Hattie kaşlarını çatarak dudaklarını büzdü. Adamlar, kızların onlara katılması için fazla hevesli görünüyorlardı.

Derslerin profesyonel geçmesi için ırgatlarını çoktan uyarmıştı ama onların öğrencilerle ilk defa böyle yakın şekilde bir araya geleceklerini hesaba kattığında bunun zor olacağını düşünüyordu. Ancak bu görevde odaklanmak hayati önem taşıyordu. Pek çok adam damgalama işinden kırık kemikle -parmak, el veya ayak bileği- veya ateşten yanmış hâlde dönmüştü. Dikkatsizlik kazaya yol açardı ve o bugün herhangi bir yaralanma istemiyordu. Hepsi de kafalarını işe verseler iyi ederlerdi. Kaşlarını çattı, kızlar gelmeden erkekleri daha sıkı şekilde uyarmaya karar verdi.

Avlunun diğer tarafına yürürken patikanın sonundaki kapıdan iki atlının geldiğini gördü, Brewster Hammond ve Abel Samms. İkisinin de yüzünden düşen bin parçaydı. Korkudan karnına kramp girdi ama eteklerini toplayıp onları karşılamak için hızla yürüdü.

"Harriet." Brewster şapkasının kenarına dokunarak başını salladı.

Abel şapkasını çıkardı. "Günaydın, Hattie Teyze." Keyifsiz bir selamlamaydı.

Hattie yumruk yaptığı elini kalçasına dayadı. "Şimdiden kötü bir haber olduğunu söyleyebilirim. Buyurun, söyleyin hadi."

İki adam birbirlerine baktılar. Abel başını kaşıdı. "Benim ve Brewster'in çiftliğimizdeki çitler dün gece kesilmiş ve izlerin senin toprağına geldiğini gördük."

Hattie şaşkınlıkla bakakaldı. "Birinin sizin hayvanlarınızı benim arazime sakladığını mı söylüyorsunuz?"

"Hattie Teyze, meranın etrafında çit olmadığını gören birisi için bu zor olmaz." Gürültü çıkaran buzağılara baktı. "Ağılına göz atmamım sakıncası var mı? İçlerinde benim damgamı taşıyan olmadığından emin olmak istiyorum."

"Sanmıyorum, Abel. Adamlarım dün öğleden sonra onları bir araya toplayıp ağıla kapattılar. Ama için rahat edecekse tabi ki bakabilirsin."

Alt dudağını ısıran Abel tereddüt etti. Sonra başını salladı. "Muhtemelen haklısın ama yine de gidip bir bakacağım." Şapkasını yeniden taktı ve dizginleri şaklattı. At aniden ağıla doğru döndü.

Abel uzaklaşır uzaklaşmaz, Brewster atından indi. "Abel bu sabah erkenden bana geldi, telaş içindeydi. Önce bazı şeyleri kafasında kurduğunu düşündüm ve yanlış olduğunu ispat etmek için onunla gitmeyi kabul ettim. Arazi hattım boyunca kesik izleri gördüğümde gözlerime inanamadım. Birinin onun hayvanlarını çalacak kadar alçalması beni deli ediyor. Hemen yan tarafımda bulunduğu ve iyi bir kuyusu olduğu için onun arazisini topraklarıma katmaya itirazım olmaz, bu bir sır değil; ancak elbette ki hırsızlığa tahammül edemem!"

Hattie, Brewster'in neden kendini ona karşı müdafaa ettiğini merak etti ama sormadı. Erkekler komik yaratıklardı. Bazen düşünmeden konuşurlardı fakat çoğu zaman konuşmadan düşünmeye daha yatkınlardı. En azından ağızları kapalıyken düşünmeye devam ettiklerini varsayıyordu. Onun Jed'i ise istisnaydı, birlikte verandada oturdukları gecelerde uzun sohbetlere dalarlardı.

Brewster gri kaşlarını kaldırarak damgalama ağılına baktı. "Damgalama için biraz gecikmişsin, değil mi? Görünüşe bakılırsa bu buzağılar sütten kesileli epey olmuş. Büyüklüklerini göz önünde bulundurarak onları yere yatırırken daha sert davran..."

Hattie'nin içinde bir savunma hissi belirdi. "Normalden geç ama nedenlerim vardı." Ancak nedenleri paylaşmadı.

Brewster bir an için yüzünü buruşturdu, bir şey söyleyecekmiş gibi ağzını açtı. Fakat o sırada kızlar üzerlerinde manşetlerini bileklerinin üzerine kıvırdıkları gömlekler ve yerde sürünen pantolonlarla evden çıktılar.

Brewster bakakaldı. "Bu da nesi?" Çit boyunca sıralanmış, damgalama ağılına doğru giden kızları işaret etti. "Harriet, şu madenciler gibi giyinenler senin öğrencilerin mi?"

Hattie adamın şaşkın hâline güldü. "Evet Brewster, onlar öğrencilerim. Bugün buzağıları damgalayacaklar ve onun için böyle giyinmeleri gerekti."

"Onların damgalama yapmasına izin mi vereceksin?" Brewster şapkayı başının arkasına itti. "Harriet Wyatt, sen aklını mı kaybettin? Bir kadının damgalama ağılında işi yoktur!"

Hattie geri çekildi. "Pekâlâ, görüyor musun Brewster, ben bir kadınım ve Jed ile başladığımızda ben buzağıların payıma düşeninden fazlasını damgaladım. Çiftlik yönetimini her yönüyle bilmek bana biraz olsun ziyan vermedi. Bir eş, *can yoldaşıdır*; işte bu kızlar da kelimenin tam anlamıyla can yoldaşı olmayı öğrenecekler."

"Ama Harriet..."

"Brewster, eğer izin verirsen, öğrencilerim derse başlamak için hazırlar. İstersen buralarda olup seyredebilirsin. Bir *kadının* neler yapabileceği seni şaşırtabilir." Burnu havada, adamın yanından geçti. Ancak birkaç adım sonra suçluluk duydu. Huzur içinde yatsın, Brewster'in rahmetli karısı Amy, damgalama ağılına adımını atmayan çıtkırıldım bir kadındı. Brewster endişelenmekte haklıydı. Fakat onun kızları güçlü ve yetenekliydiler. Doğru talimatlarla iyi iş çıkaracaklardı.

Ağılın yanına gittiğinde Abel yoluna çıktı. Bir elinde atın dizginleri, diğerinde ise şapkası vardı. "Bakmama izin verdiğin için teşekkürler, Hattie Teyze. Haklıydın. Lazy S. damgası taşıyan hayvan görmedim hiç."

Hattie onun koluna dokundu. "Umudunu yitirme, Abel. Bu hırsızın günahkâr işlerini bırakması için dua etmeye devam et."

Adam şapkasını başına geçirdi. "Bu sezon toplam on buzağı, üç inek ve bir boğa kaybettim." Derin bir ah çekti. "Bundan nefret ediyorum ama sanırım şerifi bu işe bulaştırmanın vakti geldi."

"Pekâlâ, ben Tanrı ile daima şerifle olduğumdan daha şanslı oldum."

Abel dudağını büzdü. "Her ikisinin de bana karşı iyi olduklarından emin değilim."

Hattie kaşlarını çatarak ona baktı. "Utanmalısın Abel Samms. Bunu duysa annen ağzını sabunla yıkardı! Annen ve babandan daha dindar iki kişi tanımadım. Neden böyle bir şey söylüyorsun ki?"

Abel suratını astı. "Nedenlerim var."

Hattie eliyle burnunu kaşıdı. "İnsanın nedenleri Tanrı katında saçmadır. Bunu unutma, Abel." Daha yaklaşarak ekledi. "İşlerin istediğimiz gibi gitmemesi, Tanrı'nın artık bizi umursamıyor olduğu anlamına gelmez. O yakından ilgilidir ama onun tarzı bizimki gibi değildir. Onun tarzı daima daha iyidir."

Abel yüzünü çevirdi, çenesi düşmüştü.

İnatçı keçi... Hattie başını salladı. "Peki, eğer sen dua etmezsen ben ederim. Ve hırsız yakalandığı zaman senin için sorununla ilgilendiğimden bana büyük bir teşekkür borcun olur. Şimdi, eğer bugün damgalamaya yardımcı olmak istemezsen kasabaya gidip şerife olan biteni anlatsan iyi olur."

Abel atına bindi ve tek söz etmeden kapıya yöneldi. Hattie, kalbi buruk şekilde, bir süre onun arkasından bakakaldı. Hırsız için dua edecekti ama aynı zamanda Abel yeniden Tanrı'ya inansın diye de dua edecekti.

Burnuna is kokusu geldi. Eğer çalışmaya başlamazlarsa onlar daha başlamadan ateş yanıp kül olacaktı. Kızların yanına gitti ve onlara bakıp sırıttı. "Pekâlâ, bayanlar. Clyde size bir buzağının kementle nasıl tutulacağını, ateşe sürükleneceğini ve damganın hayvanın arka böğrüne nasıl dağlanacağını gösterecek. İlk kim yapmak ister?"

Luella ve Paralee ellerini havaya kaldırdılar. Paralee'nin yüzündeki ifade Luella'nınkinden daha az emin olmasına rağmen, Hattie Paralee'yi seçti. "Aferin." Paralee'nin solgun yüzünü okşadı. "Hazır olduğuna emin misin?"

Paralee iki kez yutkundu, elini altın sarısına çalan saç örgüsüne götürdü, omuzlarını dikleştirdi. "Öyle sanıyorum."

Hattie onu kocaman bir gülümsemeyle ödüllendirdi. "Gerçek bir çiftlik sahibi karısı gibi konuştun! Şu tırabzanların arasından ilerle ve bize neler yapabileceğini göster bakalım."

• • •

Tressa, Sallie'nin yere attığı kıyafetlerinin üzerine kirli pantolonunu koydu. Yığından tozlar uçuştu. Bu haftaki çamaşır işi için Bayan Wyatt'ın bir başkasını görevlendirmesini umdu. Bu kıyafetlerin üzerindeki lekeleri çitilemeyi hiç istemiyordu. Köşeyi dönüp gömleğinin düğmelerini açmaya başladı. Odanın diğer yanından gelen inleme sesi dikkatini çekti. Omzunun üzerinden baktığında Sallie'nin konsolun üzerine asılı oval aynadan çıplak kollarını incelediğini gördü.

"Sallie!" Darmadağın hâlini unutarak Sallie'nin yanına koştu ve kızın kürek kemiğindeki kocaman morluğa nazikçe dokundu. "Aman Tanrım!"

Sallie, bacağının ön kısmında ceviz kabuğu büyüklüğündeki daha küçük çürükleri göstererek yüzünü buruşturdu. "Fena yaralandım." Kolunu kaldırdı, parmaklarını dirseğinin iç kısmındaki mavimsi lekenin üzerinde gezdirdi. İç çekti. "Böylesine siyah ve mavi olmamıştım, şeyden beri..." Ağzını sıkıca kapadı ve geceliğini almak için çekmeyi karıştırdı. Geceliği kafasından geçirdi ve dolaşmış saçlarını taramak için saç fırçasına uzandı.

Sallie'nin aynadaki solgun yansımasını seyreden Tressa, düğmelerinin yarısı açık kirli gömleğiyle ayakta duruyordu. Bazı durumlarda Sallie'nin yeşil gözlerinde beliren korkunun nedeni birdenbire açığa kavuştu. Elini Sallie'nin omzuna koydu. "Sallie? Birisi sana... Kötü mü davrandı?"

Sallie'nin gözleri kenara kaydı ama sonra geri dönerek aynada Tressa'nın gözleriyle buluştu. Dudaklarını büzdü. "*Davrandı*. Ama artık değil. Uzağa giderek onu oyuna getirdim. Bir daha beni incitemez." Sesi sertleşti. "Hiçbir erkek yapamaz bunu."

Tressa akrabalarından çok az şefkat görmüş olmasına rağmen teyzesi ve dayısı ona asla el kaldırmamışlardı. Bir insan

Sallie'ye böylesine izler bırakacak kadar nasıl vurabilirdi ki? Sallie'nin omzunu okşadı. "Çok üzgünüm."

Sallie omzunu silkerek Tressa'nın elini itti. "Benim için üzülme. Dedim ya, bir daha olmayacak." Fırçayı konsolun üzerine bıraktı ve döndü, yüzünde gülümseme vardı. "Otururken dikkat etsen iyi olur. Buzağı kementten başını kurtardığında düştüğünü gördüm."

Tressa o anın verdiği utancı hatırlamasına rağmen güldü. Ağrıyan kalçasını ovuşturarak başını salladı. "Düşmek sürpriz oldu. Ama eninde sonunda onu damgalamayı başardım." Göğsü kabardı. Yenilgiye uğrayan buzağının böğrüne kızgın demir basmaya cesaret edeceğine asla inanamazdı. Ama başarmıştı işte!

"Ah evet, kesinlikle damgaladın." Sallie gözlerini kırpıştırdı. "Ama keşke kendini öyle -gözler kapalı, kollar demir gibi açık, zavallı sersem yaratıktan olabildiğince uzak durmaya çalışırken- görebilseydin." Sallie konuşurken bir yandan da hareketleriyle gösteriyordu. "Hayret ki minik inek yerine ırgatlardan birini damgalamadın!"

Sallie'nin dudaklarından kahkahalar dökülüyor, Tressa'nın yüzündeki gülümseme kendiliğinden büyüyordu. Çiftlikteki ilk günlerinden beri kızlar böylesine neşeli bir an paylaşmamışlardı ve Tressa bu arkadaşlık hissinin bitmesini istemediğini fark etti. Ellerini kavuşturarak, "Kilerden merhem getirip çürüklerini ovmamı ister misin? Sızlamayı biraz olsun geçirebilir."

"Ah, bunun için minnettar olurum sana Tressa."

Tressa kapıya doğru koştu.

"Ama Tressa?"

Geri döndü.

"Mutfağa inmeden önce daha düzgün bir şey giymek istersin belki."

Tressa gömleğin altından görünen çıplak bacaklarına baktı. Ellerini yanaklarına götürüp dehşetle Sallie'ye baktı. Sallie kahkahayı patlattı. Yorgunluğuna ve Luella ile Gage'ye dair süren endişelerine rağmen Tressa tasalanmayı boş verip kahkaha tufanına katıldı.

14

Tressa ecza kutusunun içinden merhemi alıp kutuyu yeniden rafa bıraktı. İçten içe hâlâ gülümsüyordu. Sallie ile ilgilenerek ve birlikte gülerek geçirdikleri zaman, omuzlarındaki yükü almıştı. Kilerin köşesinde bacaklarına dolanan Isabella'ya iyi geceler diledi, sonra da kapıyı kapatıp merdivenlere yöneldi. Ancak oturma odasından gelen ayak seslerinin tıkırtısı onu durdurdu. Acaba Luella yine Gage Hammond ile buluşmayı mı planlıyordu?

Kapıya bakarken nefesini tuttu ve Bayan Wyatt'ın mutfağa doğru gittiğini görünce rahatlayarak nefesini bıraktı. "Bayan Wyatt... Sizsiniz."

"Kimi bekliyordun ki? Hırsız mı?" Yaşlı kadın yumruk yaptığı ellerini kalçalarına dayadı. "Ve acaba ne zaman bana Bayan Wyatt demekten vazgeçeceksin? Hattie Teyze demeye için elvermiyor mu?"

Sitemle karışık alaycı gülümseme Tressa'yı güldürdü. "Hayır, efendim." *Teyze* lafının ona tatsız şeyler çağrıştırdığını nasıl anlatabilirdi ki? Gretchen Teyzeden çok daha farklı olan birine bu sözü kullanmak âdeta insafsızlık olurdu.

"Yani, senden şu resmî 'Bayan Wyatt' yerine, 'Hattie Teyze' lafını duymak daha hoşuma gider." Dudaklarını büzdü. "Böyle sanki yaşlı, bunak bir kadınmışım gibi hissediyorum." Parmağını Tressa'ya doğru sallayarak ekledi. "Şu gri saçlarımın seni yanıltmasına izin verme! Dışarıdan yaşlı gözükebilirim ama içim hâlâ dinçtir!"

Tressa başını sallayarak onayladı. Yaşlı olsun, genç olsun, daha önce hiç Bayan Wyatt'tan daha hayat dolu bir kadın tanımamıştı.

Kadın birdenbire iç çekti. "Zaman nereye gidiyor?" Kadının iç gözlemsel ses tonu, Tressa'ya kendini kulak misafiri gibi hissettirmişti. "Jed ile bu çiftliği inşa edişimiz, geleceğe yönelik hayaller kuruşumuz sanki daha dün gibi fakat şimdi... Jed yok, ben altmış iki yaşıma yaklaşıyorum ve..." Aniden durdu ve silkelendi. "Ve ben burada seni yatağa gitmekten alıkoyuyorum."

Tressa öne bir adım attı ve elini Bayan Wyatt'a doğru kaldırdı. "Ah, hayır efendim. Beni alıkoymuyorsunuz. Ben... Ben sizinle konuşmaktan keyif alıyorum."

"Ben de senden keyif alıyorum, Tressa'cığım." Bayan Wyatt gözlerini kırpıştırarak gülümsedi. "Yüce Tanrı senin göğsüne narin bir kalp yerleştirmiş ve şimdi onun tıpkı bir gonca gül gibi açmakta olduğunu görmek mutluluk verici." Gülümsemesi muzip bir hâl aldı. "Bugün damgalama esnasında iyi iş çıkardın, hedefini gözün kapalıyken bile vurdun."

Tressa yüzünü ekşitti. Kim bilir ne kadar aptal görünmüştü!

Bayan Wyatt başını sallayarak güldü. "Seni o ağıla tırmanıp kement atarken gördüğümde ne kadar gururlandım biliyor musun? Neden mi? İlk geldiğin zaman kendi gölgenden bile korkuyordun. Ama şimdi seni korkutsa bile atlayıp yapman gerekeni yapıyorsun. Evet Tressa, kesinlikle çiçek açıyorsun."

Bu iltifat Tressa'yı keyiflendirdi; sevinçten neredeyse başı dönüyordu. Yutkundu, teşekkür etmek için bir şeyler söylemek istedi ama o daha ne diyeceğini bulamadan Bayan Wyatt konuşmaya devam etti.

"Tanrı'ya seni Barnett'e getirdiği için müteşekkirim. Biliyorum ki onun burada senin için planladığı özel bir şey var."

Tressa'nın nabzı hızlandı ve dudaklarından sözcükler döküverdi. "Beni Barnett'e Tanrı getirmedi. Beni teyzem ve dayım buraya yolladılar çünkü..." Küstah ses tonuna kendi de hayret ederek elleriyle ağzını kapadı.

O ve Bayan Wyatt uzun dakikalar boyunca sessiz mutfakta birbirlerine baktılar. Tressa'nın kalbi öyle hızlı çarpıyordu ki patlayacağından korktu. Ancak Bayan Wyatt sakince oturuyordu, gözleri ise kederliydi. Bayan Wyatt aniden, hiç uyarmadan, öne atılarak Tressa'yı kollarının arasına aldı. Tressa'nın başını omzuna götürdü ve nazikçe öne arkaya salladı.

Tressa'nın gözleri yaşlarla doldu. Bu beklenmedik rahatlatıcı sarılma, dakikalar öncesinin kırgın öfkesini silip götürmüştü. Birisi ona sarılmayalı kaç sene olmuştu? Babası şefkatliydi ama onun ölümünden bu yana kimse ona sarılarak onu rahatlatmamıştı. Gözlerini kapatarak bu anın tadını çıkardı, bu değerli kadının sıcaklığı, içini şükranla doldurmuştu.

Bayan Wyatt Tressa'nın sırtını pışpışladı ve onu serbest bıraktı. Açık gri gözlerinden birer damla yaş süzüldü. "Tressa'cığım beni dinle ve söylediklerimi unutma. İncil'de bir beyit vardır -139. ilahide geçer- ve günlerimizin ta biz dünyaya gelmeden Tanrı tarafından belirlendiğini yazar. Seni buraya teyzen ve dayın göndermiş olabilir ama onlar, Tanrı'nın elleri olarak hareket ediyordu."

Parmaklarını Tressa'nın koluna nazikçe dolayan Bayan Wyatt, kısık sesle fısıldadı. "O, seni kendi nedenleri için buraya getirdi, öyleyse dışlanmış gibi hissetmeyi bırak ve *seçilmiş* olduğunu düşün. Bunu hatırlayacaksın, değil mi Tressa?"

Güçlükle yutkundu. Tanrı'nın ona, Leo Dayı ve Gretchen Teyzenin istenmeyen yeğenleri, öksüz ve yetim Tressa Neill'e, böyle aktif ilgi duyması tek seferde yutulacak lokma değildi. Ağır ağır sindirmesi lazımdı. Ama başını salladı, Bayan Wyatt'ın bu etkileyici açıklamasını daha ciddiye alacağına dair içinden yemin etti.

"Aferin." Bayan Wyatt Tressa'yı bıraktı ve arka kapıya yöneldi. Daima kilidin üzerinde duran iskelet anahtarı çevirip çıkardı, sövenin üzerindeki çiviye taktı.

"Kapıyı neden kilitliyorsunuz?" Tressa çiftliğe geldiğinden beri Bayan Wyatt'ın evi kilitlediğine tanık olmamıştı. Adını koyamadığı bir telaş içini kapladığından kendine sarıldı.

Bayan Wyatt güldü ama Tressa'ya sanki zorla gülüyormuş gibi geldi. "Ah şimdilik, sadece tedbir olarak. Burada hiç sorun yaşamadım ama komşularımdan birine bir veya iki kez hırsız girdi."

Telaş korkuya dönüştü. "Hırsızlık mı? Gece mi?" Kalbi küt küt atmaya başladı. "*Dün* gece mi?"

Bayan Wyatt kaşlarını çattı. "Bu doğru. Sen nereden biliyorsun?"

Tressa'nın kafasından düşünceler hızla geçiyordu. Dün gece Luella, Gage ile buluşmak için kaçmıştı. Onların lakayt davranışlarından kuşkulanmıştı ama böylesine ahlaksızca bir işe karışmış olabilirler miydi?

Bayan Wyatt Tressa'nın elini tuttu. "Ne oldu kızım? Rengin hayalet gibi soldu. Seni huzursuz eden bir şey var. Anlat bana."

Ağzı kuruyan Tressa dudaklarını yaladı. "Bayan Wyatt, ben..."

Yerdeki döşeme tahtası çıtırdadı. Luella odaya girdiğinde iki kadın da sıçradılar. Kız, Tressa ve Bayan Wyatt'ı fark ettiğinde öyle ani durdu ki ayağı cilalı döşemenin üzerinde kaydı. Şaşkın bakışı ise yalnızca bir veya iki saniye içinde yerini kocaman bir gülümsemeye bıraktı.

"Ah, Hattie Teyze, yattığınızı sanmıştım. Ben... Ben bir bardak süt içmek için aşağı indim. İster misiniz? Size de bir bardak vereyim." Hızla buzdolabına yürüdü ve sütün durduğu teneke sürahiyi çıkardı.

Bayan Wyatt Luella'yı kolundan yakalayarak kızın dolaptaki bardakları almasını engelledi. "Bir bardak süt almaya inerken hep böyle mi giyinirsin?"

Luella tepeden aşağıya baktı, üzerindeki kıyafete kendi de şaşırmış görünüyordu. Farkında olmadan omuzlarını silkerek güldü. "Yatağımın ayak ucunda bu elbise vardı. Yatma zamanı olduğunu fark etmeden bunu üzerime geçiriverdim sanırım. Süt içtikten sonra geceliğimi giyeceğim."

Bayan Wyatt gülümsemeden, sabit bakışlarla kıza bakıyordu. "Sadece süt içmek için aşağı geldiğine emin misin?"

Luella Bayan Wyatt'a masum gözlerle bakmadan önce Tressa'ya doğru nefret dolu kısa bir bakış attı. "Tabii ki."

Derin bir nefes alan Bayan Wyatt bir adım geri gitti. "Pekâlâ madem, sütünü iç ve yukarı çık. Yarınki çamaşır işi senin, bugünkü onca faaliyetin ardından o kıyafetleri temizlemek çaba isteyecek."

Luella bardaktaki sütü bir dikişte bitirdi. Kendi kendine mızmızlanarak sürahiyi buzdolabına koydu, bardağı leğene bıraktı ve geriye dönüp bakmadan köşeden döndü.

Tressa Bayan Wyatt'ın ona yeniden soru sormasını bekledi ancak kadın bunun yerine kapıya yürüdü. Suratı asık hâlde anahtarı alıp sabahlığının cebine koydu. "Artık yatağa, Tressa." Ses tonundan daha fazla konuşmak istemediği anlaşılıyordu.

• • •

Abel, Hattie Teyzenin gelişini seyrederken dudaklarının arasında üç çivi, kalçasında ise çekiçle, gergin ve hareketsiz duruyordu. Kadının yüzü asıktı ve Abel daha başka neyin yolunda olmadığını merak etti. Kadın, atını kısmen tamamlanmış çite doğru sürdü ve atının üzerinden inmedi. Kocasının değerli Stetson marka şapkası, yüzünün üst kısmını kapatarak sabah güneşinin yüzüne gelmesini engelliyordu. Doğru düzgün selam bile vermeden atın dizginlerini eyere doladı ve kısa ve öz konuştu. "Düşüncesi bile hoşuma gitmiyor, Abel fakat talebelerimden birinin şu senin hırsızlık olayına karışmış olabileceğinden şüpheleniyorum."

Kadının söyledikleri o kadar saçmaydı ki Abel gülmemek için kendini zor tuttu. Çekicin sapını bacaklarının arasına sıkıştırıp güneşe karşı gözlerini kısarak ağzında çivilerle konuştu. "Bir şeyi yanlış anlamış olmalısın Hattie Teyze, senin talebelerin bir aydır falan buradalar. Bu hırsızlık olayıysa iki yılı aşkın süredir devam ediyor."

İşine dönerek eldiven geçirdiği elleriyle dikenli teli yerine doladı ve ağzından bir çivi aldı. Birkaç isabetli vuruşla telin altındaki tahtaya çiviyi çaktı. Çivinin yarısı ahşaba girince, yerinde kalabilmesi için geri kalan kısmı telin üzerinden geçirip çaktı.

Bir adım geri atarak boş çit sütunlarına baktı. Hâlâ epeyce vardı. Ağzından bir çivi daha aldı ve onunla işaret etti. "Ayrıca, senin öğrencilerinden biri neden benim hayvanlarımı çalmak istesin ki? Çiftlik sahipleriyle sıkı fıkı olup yuva kurmaya gelmediler mi buraya? Hırsızlık yaparak burada kimseye yaranamazlar. Yo... Bu mantıklı değil."

"Bana da mantıklı gelmiyor fakat..." Ellerini eyerin üzerine koyarak eğildi, kuzey meranın en uzak yerinde ikisi yalnız olmalarına rağmen fısıltıyla konuştu. "Ama daha önce bir insanın masum görünmek için bu kadar çabaladığını hiç görmedim. Bu kız bir şey saklıyor. Ve akşamın daha erken saatinde başka bir öğrencimin söyledikleri beni düşündürdü..."

Sanki birinin fidanların arasından atlayıp çıkmasından korkuyormuş gibi öne arkaya bakındı. "Huzursuzum, Abel. Bir şeyler yolunda gitmiyor."

Abel homurdanarak bir çivi daha çaktı. İşler uzun zamandır onun için yolunda gitmiyordu ki. Babasının ölümü, Amanda'nın onu reddetmesi, sürüsünün büyük kısmının kaybolması, bu toprakta tutunup tutunamayacağının merakı...

"Tembel şerife gidip arazinin çevresine birkaç adam dikmesini söylesen iyi olur gibime geliyor."

Abel pöfleyerek güldü. "Hattie Teyze, biliyorsun ki Şerif Tate o rozeti sadece göstermelik takıyor. Bir şerife yakışır tek harekette bulunmadı." Abel ona gidip hırsızlıkla ilgili ifade verdiğinde adam yalnızca başını kaldırıp ilgileneceğine dair bir şeyler mırıldanmıştı ama Abel herhangi bir şey yapılacağına itimat etmiyordu.

"Pekâlâ, tam ekmek parasını kazanacağı zaman!" Hattie Teyze Abel'e sert bir bakış attı. "Vergilerimizin korunmaya gittiğini hatırlatmalısın ona."

Abel sütuna avucuyla vurdu. "Bir şey yapacağının garantisini veremem diyorum ama eğer seni rahatlatacaksa..." Telin sonunu kavradı ve diğer sütuna geçti.

Hattie Teyze ayağındaki mokasenlerin topuğuyla atına vurdu ve devam etti. "Abel, bir fikrim daha var."

Sürüsünün kalan kısmını korumanın aciliyetiyle çekici vurmaya devam etti -ne de olsa bu tel kendi kendine çevrilmeyecekti- ve gecikmenin verdiği sabırsızlıkla yerinde kıpırdandı. "Nedir?"

"Çiftliğinde çalışanın az. Sadece üç kişi ve bunlardan birini mutfakta görevlendirdiğinde bu sayı daha da düşüyor. Düşünüyorum da öğrencilerim mutfakla ilgili şeyleri gayet iyi öğrendiler ve şimdi onları biraz deneme zamanı..." Çenesini kaşıdı. "Sanırım buna çıraklık diyebiliriz."

Abel, Hattie Teyzeye dik dik baktı. Ne teklif ediyordu? Parmağını kadına doğru salladı. "Ah, olmaz Hattie Teyze, o kızlardan birini evime gönderemezsin. Ethan ve Cole, öğrencilerinden birinin tüm gün evde olduğunu bilirse hayatta onları çalıştıramam."

"Tamam, biraz düşün, Abel." Kadının yaltaklanan sesi Abel'i sinir etmişti. Bir çift tatlı sözle ikna edilecek küçük bir çocuk değildi. "Adamlarına çiftlikte sürüne bakmaları için ihtiyacın var. Bunun yanı sıra kızlarımdan birine tek başına bir mutfağı idare etme şansı vererek bana iyilik yapmış olursun."

"Hattie Teyze, ben..."

Elini kaldırdı. "Biliyorum, biliyorum. Doğulu kadınlara garezin var. Ama artık bunu boş vermenin ve kızlarımdan birinin seni bütün doğulu kadınların kötü olmadığına dair ikna etmesinin zamanı geldi." Başını çevirip yılışıkça sırıttı. "Çiftliğindeki hırsızlık işine karıştığından şüphelendiğim kızı yollamayacağıma söz veriyorum."

Abel kendine rağmen güldü. Kadının önerisini kafasında tartarken yanaklarının iç kısmını ısırıyordu. Adamlarının tümünün çiftliği dolaşmak için serbest olmaları, çitin sağlam olduğundan emin olmaları ve her gün sayım yapmaları ona biraz olsun güven verirdi. Ve günlük pişirilen mükellef yemeği yeme fikri ona cazip geldi. Hattie Teyzenin getirdiği yahni ve kurabiyeleri hatırlayınca ağzı sulandı. Ama kadının hesaba katmadığı bir çekincesi vardı.

"Çıraklar çalışmaları karşılığında genellikle ufak bir şey alırlar. Ne kadarlık ödeme yapmamı bekliyorsun?" Banka hesabı daha fazla masrafı kaldıramazdı.

"Ödeme falan yok. Bu, onların eğitiminin bir parçası."

Abel kaşlarını kaldırdı. "Emin misin? Karşılıksız bir yığın iş, ha?"

Hattie Teyze kıkır kıkır güldü. "Ah, karşılığı olacak: Deneyim ve bilgi. Deneyime ve bilgiye paha biçilemez."

Abel parmağıyla burnunun altını kaşıdı. Evine kadın -özellikle de doğulu bir kadın- sokmak istemese de kendisi ve çiftliği bundan fayda görecekti. Ayrıca onunla sadece yemek saatlerinde karşılaşacaktı. "Pekâlâ, onu her gün getirip götürdüğün sürece tamamdır. Birini her gün alıp geri bırakacak zamanım yok."

"İkimizden birinin getirip götürmesine gerek yok. O kendi gelir döner." Hattie Teyzenin gülümsemesi yayıldı. "Bu hafta öğrencilerime ata binmeyi ve atın bakımını yapmayı öğretiyorum. Haftaya pazartesi dışarı göndermeye hazır duruma gelirler. Sana uyar mı?"

Pazartesi. Bu, hem kendini hem de adamlarını hazırlaması için neredeyse bir hafta süre tanıyordu ona. Kaşlarını çattı. Ethan ve Cole için daha katı kurallar koyması gerekecekti; aksi takdirde bu kadının etrafta gezinmesi, değerinden daha fazla soruna yol açabilirdi.

Hattie Teyzenin yüzüne bakmak için başını kaldırdı. "Eğer işler yolunda gitmezse başımın etini yemeden bu anlaşmayı değiştirecek misin?"

Kadın iç çekti. "Abel, sen tanıdığım en ters adamsın..." Başını salladı. "Haydi, uzlaşalım, ha? Öğrencilerime bir hafta alıştırma için söz veriyorsun. Bir hafta. Sonra onu başka yere kaydıracağım. Böyle uygun mudur?"

Abel eldivenini çıkardı ve elini uzattı. "Yeterince uygun."

El sıkıştılar.

"İyi." Dizginleri şaklatarak atını çitten döndürdü. "Pişman olmayacaksın, Abel!"

Abel el salladı ve onu bekleyen çit sütununa döndü. Hattie Teyzenin giderken söyledikleri havada asılı kalmıştı. Botuyla sütuna vurarak mırıldandı. "Bekleyip göreceğiz..."

15

"Kansas'a geldiğimizden beri öğrendiğimiz şeyler arasından en hoşuma gideni ata binmek sanırım." Tressa, Lazy S. Çiftliğine giden yolun aşağısına doğru yan yana ilerlerken Sallie'ye baktı.

Sallie sırıttı. "Ve atın üzerine çıkışınla kesinlikle beni şaşırtıyorsun. Bacaklarını açıp ata oturmak için fazla ciddi ve terbiyeli olduğunu düşünüyordum."

Tressa'nın yanaklarına ateş bastı. Teyzesi onu o kocaman alacalı hayvanın üzerinde, etekleri ayak bileklerine kadar sıyrılmış ve atın arka kısmını örter vaziyette, bacaklarını ayırmış otururken görse dehşete kapılırdı. Tressa Bayan Wyatt'ın, onun yan oturma hakkındaki sorularına dudak bükmesinin kendisini anlık endişelere sürüklediğini kabul ediyordu. "Yavan parklarda gezinmeyeceksiniz ki çayırlarda ve yağmurun yıkadığı yollarda at süreceksiniz. Eğer ayağını üzengiye tam basmazsan, düşersin. Hayır efendim, bacaklarını açarak oturacaksın."

Tressa topuklarını atın kaburgalarına yavaşça vurdu ve at, başını sallayarak siyah yelelerini dalgalandırdı, nazikçe hızlı hızlı yürümeye başladı. Tressa memnuniyetle güldü. Açık mavi gökyüzünün altında güneş ufuktayken ve çiy kokulu esinti şapkasının kurdelelerini omuzlarına uçururken ata binmek kendini ne kadar da özgür hissettiriyordu.

Atı koşturmak istedi ama Bayan Wyatt'ın eğer at bir sincap deliğine basarsa veya yolda tökezlerse başlarına gelebilecek tehlikeler konusundaki uyarısı, onu bu istediğini gerçekleştirmekten alıkoydu. Ayrıca, koşmak sürüşü kısaltırdı. Atın üzerinde ne kadar çok zaman geçirirse Abel Samms'in mutfağında o kadar az kalırdı.

"Lazy S.'de birlikte çalıştığımız için memnunum, Sallie." Bayan Wyatt'ın neden kızların tek tek çalışmak yerine ikili gruplar hâlinde çalışmasına karar verdiğini bilmiyordu fakat Sallie'nin yanında olduğunu bilmek ona güven veriyordu.

"Ben de memnunum." Sallie kıkırdadı. "Hattie Teyze Luella'nın Flying W.'daki işleri yapmak için kalacağını söylediği zaman kızın yüzündeki bakışı gördün mü ama?" Dilini dişlerinin arasında şıklattı. "Zavallı Luella... Sanki Hattie Teyze onu Double H.'ye gönderecek. Hammondların zaten bir aşçısı var. Bizden birinin mutfaklarına adım atmasına ihtiyaçları yok ki."

Tressa Sallie'ye yan yan baktı, dilinin ucuna bir soru geldi. Acaba Sallie Luella'nın Gage Hammond ile gizli buluşmalarından haberdar mıydı? Sallie'nin Luella'nın adama olan hayranlığının farkında olduğu aşikârdı ama kız eğer Luella'nın gece vakti oynaşmalarından bihaberse, konuyu açmak Tressa'yı dedikoducu durumuna sokardı; bu yüzden dilini tuttu.

"Lazy S.'de kaç adam doyuracağız, hatırlıyor musun?" Sallie atını Tressa'nınkinin yanına sürdü.

"Dört." Tressa dudaklarını yaladı, dudakları aniden kuruyuvermişti. Bayan Wyatt, Paralee ve Mabelle'yi Shultz'un çiftliğine yollamıştı. Tressa, Abel Samms ile daha yakın temasta bulunmamak için yerini onlardan biriyle değiştirmeyi düşünmüştü. Daha önce bir adama karşı böyle tuhaf duygular hissetmemişti; kendini ona yakın hissediyor, aynı zamanda da ondan tedirgin oluyordu. Elbette, kendi yaşıtı bir adamla yaşadığı tek ilişki, Tremaine Woodward ile kısa süreli yaşadığı flörttü.

Hatırlayınca kalbi burkuldu. Tremaine'den gerçekten hoşlanmıştı. Yakışıklıydı, eğlenceliydi, zekiydi ve çok kibardı. Haftalar süren, dikkatle denetlenen birçok görüşmenin ardından onunla yalnız zaman geçirmeyi arzulamış, hatta Bayan Tremaine Woodward olmanın nasıl bir şey olacağını kafasında kurmuştu. Sonra adam onunla nişanlanmak için izin istemiş, dayısı da ona Tressa'nın öksüz ve yetim olduğu için çeyizsiz bir gelin olacağını bildirmişti. Bunun üzerine Tremaine ona iyi dileklerde bulunmuş ve Emma Lowery ile görüşmeye başlamıştı. Neredeyse bir yıl sonra şimdi bile bu anı canını yakıyordu. Bir insan olarak bu kadar az mıydı değeri?

"Yalnızca dört, Hattie Teyzede altı ırgat ve bir o kadar da kadını doyurduktan sonra çocuk oyuncağı gibi olacak." Sallie yeniden sırıttı. "Tatilde olacağız Tressa."

Tressa, Abel Samms'e yakın olmanın kendisi için tatil gibi olup olmayacağından emin değildi ama tartışmadı. Lazy S.'de bir hafta çalışacaklardı. Adamla ilgili garip duygularını bir tarafa bırakabilirdi elbet.

"İşte şurada!" Sallie Lazy S.'ye giden kapıyı işaret etti. Yükselen güneşe baktı. "Ve büyük ihtimalle kahvaltı istiyorlardır ki güne başlasınlar. Çabucak içeri girip sofrayı kursak iyi olur."

Atlarını üzerlerinde eyerle ahıra bıraktılar, kahvaltıyı hazırlar hazırlamaz geri gelip eyerleri çıkaracaklardı. Sallie ön kapıyı yavaşça çaldı. Kapı o kadar hızlı açıldı ki Tressa kesinlikle birilerinin pencereden onları gelirken seyrettiği kanaatine vardı. Bu düşünce tüylerini ürpertti.

Abel Samms kapıda duruyordu. Kahverengi saçlarının alnına düşen nemli dalgaları ve sinekkaydı ışıl ışıl yanakları henüz yıkandığını belli ediyordu. Üzerinde sade pamuklu bir gömlek ve kahverengi pantolon; ayağında ise küt burunlu botlar vardı. Sert görünümü Tressa'nın midesini alışılmadık ama nahoş olmayan bir şekilde burdu.

Tereddütle başını sallayarak onları selamladı ve eşikten geçmeleri için işaret etti. Sonra konuşmadan kadife kaplı bir oturma grubunun, yemek masasının ve ona uygun sandalyelerin olduğu oldukça geniş oturma odasının yolunu gösterdi. Mobilyalar bu taşra evine uygun değildi.

Tressa ve Sallie, Abel'in ardından mutfak olarak kullanıldığı belli olan ardiyeye girdiler. Bayan Wyatt'ın geniş mutfağına kıyasla, burası küçük bir dolap gibiydi. Tressa hayal kırıklığının yüzünden belli olmamasını diledi. Bir duvarda kuru tezgâh ve delikli teneke dolap vardı, ocak ise karşıdaki duvardaydı. Aralarında bir metre mesafe vardı. Küçük bir kare masa -çalışabilecekleri tek yer- bir köşeyi kaplamıştı. Omuz yüksekliğindeki eğri büğrü boyasız raflarda kaplar, tavalar, tabaklar ve içlerinden çeşitli mutfak gereçleri taşan örgü sepetler duruyordu. Tressa bu dar yerde Sallie ile birbirlerinin üzerine çıkmamayı nasıl başaracaklarını merak etti.

"Tavuk kümesi dışarıda, arkada." Bay Samms plastik şeffaf dolabın yanındaki köşede bulunan penceresiz kapıya gitti ve gri, yassı bir taşı tutup kapıyı açtı. İçeri dolan sabah esintisi, anında kasveti sildi süpürdü. "Kiler hemen köşede. Orada et, peynir ve sebze bulabilirsiniz. Cole sabah ineği sağdı, dolayısıyla taze süt ve kaymak da var. Kilerdekileri ve dolaptakileri istediğiniz gibi kullanın." Gömleğinin cebinden katlanmış bir sarı kâğıt parçası ve kurşun kalem çıkarıp tezgâhın üzerine bıraktı. "Ama ne kullandıysanız buraya yazın ki cumartesi günü kasabaya gittiğimde eksikleri alabileyim."

Tressa, kendini olabildiğince küçültmeye çalışarak kapıya doğru yürüdü, Sallie dolaba yürüyüp iki kapısını birden açtı. Omzunun üzerinden bakıp gülümsedi. "Gözleme malzemeleri görüyorum. Bu sabah kahvaltı olarak sahanda yumurta ve gözleme hoşunuza gider mi, Bay Samms?"

"Siz ne isterseniz uygundur." Adam açık kapıya yöneldi. "Kahvaltı hazır olduğunda zili çalın." Kapının dışına asılmış paslı pirinç zili gösterdi. "Siz bizi çağırana kadar sizi rahatsız etmeyeceğiz."

"Evet efendim, Bay Samms."

Sallie'nin onaylamasıyla adam topuklarının üzerinde döndü ve köşede gözden kayboldu.

Sallie onun arkasından ellerini kalçalarına koydu ve başını salladı. "Daha önce hiç böylesine suratsız bir adam görmedim." Dönüp Tressa'ya göz kırptı. "Ama hiçbir şey iyi bir yemek gibi insanı gülümsetemez. O hâlde haydi yemek yapmaya başlayalım, Tressa!"

Gözlemelerin ilk partisi hazır olunca Tressa ufak zili çaldı ve kendi, ocağın başında diğer gözlemeleri çevirip cızırdayan yağa yumurtaları kırarken Sallie'yi adamlara servis yapmaya yolladı. Dudağının üstü terledi ve kürek kemiklerinin arası gıdıklandı. Kapı açıkken bile ocakta yanan ateşle küçük oda durulmaz hâle gelmişti. Sallie sonunda kirli tabaklarla geldiğinde ve ön kapı adamların evden çıkışını belirterek kapandığında Tressa rahatladı.

Sallie bulaşıkları tezgâha bıraktı. "Yemeği sen yaptığına göre, bulaşıkları da ben yıkayacağım. Neden gidip atlarımıza bakmıyorsun? Eminim ki zavallı hayvanlar eyerlerinden kurtulmaya can atıyorlardır."

Tressa hevesle arka kapıdan çıktı. Parlak güneş ışığı gözlerine gelince bir an durup gözlerini kırpıştırdı. Boğucu odada kapalı kaldıktan sonra bu esen rüzgâr ılık olmasına rağmen harika hissettirmişti. Bir şekilde kendine gelip ahıra doğru yürüdü. Taş ahırın büyük kapısına yaklaştığında bir at ve atlı belirdi. Bayan Wyatt'ın çiftliğine gelip ineğin doğum yapmak üzere olduğunu haber veren adamı tanıdı. Adam onu görünce atını durdurup ona sırıttı.

"Atlarınıza bakmaya mı geldiniz?"

Tressa evet anlamında başını salladı.

"Ben sizin yerinize hallettim. Eyerleri duvarın üzerine bıraktım, atlara da biraz saman ve su verdim. Yesinler, sonra şuradaki ağıla götürebilirsiniz." Şapkasıyla gösterdi sonra da şapkayı açık sarı saçlarının üzerine yerleştirdi. "Siz ve Bayan Sallie, Hattie Teyzenin çiftliğine dönmeye hazır olduğunuz zaman bana ve Cole'ye haber verin yeter. Biz sizin için eyerleri koyarız. Bir bayan atın sırtına eyer atmak zorunda değildir."

Yüzündeki dostane gülümsemeye dayanmak mümkün değildi. Tressa da karşılık olarak tereddütle gülümsedi. "Teşekkür ederim" dedi. Keşke adını hatırlasam, diye düşündü.

"Hoş geldiniz Bayan Tressa. Şimdilik iyi sabahlar." Dilini şıklattı ve at, ahırın etrafında dörtnala koştu.

Tressa atlarla uğraşmasına gerek kalmadığı için rahatlayarak mutfağa döndü. O ve Sallie tereyağı çalkalayarak, ekmek hamuru yoğurarak ve doyurucu bir yahni için sebzeleri soyup doğrayarak birlikte güzel bir saat geçirdiler. Ufak masanın üzerinde büyük bir top hamuru yoğuran Sallie, "Bay Samms'in dolabındakilere bakmalı ve bu hafta yapacağımız yemekler için liste çıkarmalıyız" diye öneride bulundu. Yanağına bulaşan un çillerinin bir kısmını gizliyordu. "Depoda nelerin olduğunu söylersek Hattie Teyze de bize önerilerde bulunacaktır."

Ocağın üzerinde fokurdayan tencereyi karıştıran Tressa başını salladı. Yemek konusunda epey beceri kazanmış olsa da ezberindeki tariflerinin sayısı azdı. Adamlar yahniden, kurabiyelerden, tavuktan ve etli hamurdan çabucak bıkardı. "O zaman yarın gelirken yanımızda kâğıt getirelim. Bu tek sayfanın üzerinde her şeyi yazacak kadar yer yok."

Sallie omzunu kaldırarak yüzüne gelen saçı geriye itti. "Sence Bay Samms'in burada bir yerde daha fazla kâğıdı yok mudur?"

"Tabii ki. Yemek vaktinde sorabilirsin."

Sallie marifetli elleriyle hamur topunu üç eşit parçaya böldü. Bir tanesini alıp düzleştirerek açtı, cıvık cıvık sırıtarak "Sen neden sormuyorsun?" dedi.

Tressa ufak tuz torbasına uzandı ve tencereye birkaç tutam tuz attı. "Elimizdeki malzemeyi not etmeyi öneren sendin, bu yüzden gerekenleri de sen yaparsın diye düşündüm." İstemeden de olsa sesi sert çıkmıştı.

Sallie güldü. "Ah, ah, işte şüphelendiğim buydu tam! Sen Abel Samms'den hoşlanıyorsun!"

Tressa hızla dönüp Sallie ile yüz yüze geldi. "Böyle şeyler söyleme!"

"Ama neden? Bir adamı beğenmenin ne zararı var? Bunun için buradayız, değil mi? Bir erkek bulmak ve onunla bir yuva kurmak için."

"Pekâlâ, evet ama..."

"O hâlde bu telaşın neden? O bekâr bir adam ve sana bu güzel evi sunabilir. Onu reddetmen için herhangi bir neden göremiyorum."

"Ama... Ama..." Tressa kafasına üşüşen düşünceleri toparladı. "Mutfağında alıştırma yapmamızın dışında herhangi bir şey sunmadı ki. Benimle ilgilenmiyor. O... O sanki kötü bir koku yayıyormuşum gibi benden uzak duruyor." Bu sözleri yüksek sesle söylemenin canını yakması ne tuhaftı. Abel Samms'in ne düşündüğü gerçekten umurunda mıydı? Sıcak kahverengi gözleri -babasınınkiler kadar koyu ve şefkatli gözleri- anımsadı, sonra boğazına düğümlenen üzüntüyü yutkundu.

Sallie son hamur topunu yoğururken "Bence" dedi, "Bir adam bir kadından uzak duruyorsa, aslında uzak durduğu onun kendi duygularıdır." Tavayı ocağın üzerindeki rafa yerleştirdi. "Bahse girerim ki senden hoşlanıyor ve fena hâlde bunu saklamaya çalışıyor."

Tressa daha fazla itiraz etmemek için dilinin ucunu ısırdı. Sallie'ye karşı çıkmak yangına körükle gitmek olacaktı ve söyleyeceği herhangi bir şey diğer kızların da kulağına gidebilirdi. Sallie'nin olduğu tarafa kafasını dahi çevirmeden, yahniyi hızlı hızlı karıştırdı.

Birkaç dakika sessizce çalıştılar, sonra Tressa'nın omuzuna bir parmak dokundu. "Bana bütün gün kızgın mı olacaksın? Çünkü böylesi çok sıkıcı oluyor."

Tressa iç çekerek ocaktan döndü ve Sallie'nin pişman bakışlarıyla karşılaştı. "Kızgın değilim Sallie, yalnızca..." Ama yine sessizliğe kapıldı. Abel Samms için neden böyle tuhaf hissettiğini anlatmaya başlayamadı. Ayrıca Sallie'nin varsayımını gerçekten inkâr edemezdi. Sallie'nin dediği gibi içinde bir yerde bu adamdan hoşlanıyordu.

Sallie'nin yüzü bir gülümsemeyle aydınlandı. "Madem kızgın değilsin, o hâlde gidip biraz kâğıt arayacağım ve elimizde hangi malzemelerin olduğunu yazmaya başlayacağım."

Tressa, evin ana odasına çıkan kapıya yönelen Sallie'nin kolunu tuttu. "Aramak mı? Etrafı mı karıştıracaksın yani?"

Gözleri haylazlıkla ışıldayan Sallie başını salladı. "Tabii ki karıştıracağım! Ama bu hiç de yakışıksız değil. Bu adamın evini de temizleyeceğiz ve neyin nerede olduğunu bilmek zorundayız." Kolunu Tressa'dan kurtardı ve köşeye yöneldi.

Tressa ellerini ovuşturarak Sallie'nin arkasından yürüdü. "Sallie, bence bekleyip Bay Samms'in ne yapmamız istediği konusunda talimatlarını alalım. Hoşuna gitmeyebilir..."

"Ah, saçmalık bu." Sallie Tressa'nın endişelerini savuşturdu. "Yalnız yaşayan bir adam için evinin temizlenmesi makbule geçer. Şimdi..." Ana odanın ilerisindeki iki kapının arasında durdu, öne arkaya bakarak dudaklarına vurdu. "Sence bu odaların hangisinde kâğıt vardır?"

Tressa'nın yanıt vermesini beklemeden sağdaki odaya gitti ve kapısını açtı. Sallie kapıyı kapamadan önce Tressa'nın gözüne üzerinde parlak örtü serili tek kişilik iki yatak ve dört çekmeceli bir komodin ilişti.

"Burada çalışma masası yok." Sallie cıvıldayarak ikinci kapıya döndü.

Tressa ileri atıldı ve kızın kapı tokmağının üzerindeki elini yakaladı.

"Sallie, Bay Samms'in izni olmadan bu odalara girmemeliyiz. Biz Bayan Wyatt'ın evindeki odamıza birinin girip etrafı karıştırmasını ister miyiz?"

Alt dudağını ısıran Sallie'nin kaşları tereddütle çatıldı. Sonunda iç çekti. "Pekâlâ Tressa. Sanırım haklısın. Haberim olmadan birisinin benim çekmecelerimi karıştırması hoşuma gitmezdi."

Tressa rahatlayarak nefesini verdi.

"Öyleyse erkekler öğle yemeğine gelinceye kadar bekleyeceğiz ve sonra Bay Samms'den hangi işleri yapmamızı istediğini öğreneceğiz."

"İyi." Tressa, Sallie'yi mutfağa doğru hafifçe itekledi. "Git de şu yahniyi karıştır. Ben atları ağıla götüreceğim. Geri döndüğümde ise masayı kurarım."

Tressa atları teker teker ağıla götürdü ve güneşin altında tüm gün tembellik etsinler diye orada bıraktı. Sonra aceleyle eve döndü. İçeri girdiğinde Sallie'yi yüzünde gizemli bir gülümsemeyle ana odanın ortasında dikilirken buldu.

"Tressa, ne bulduğumu hayatta tahmin edemezsin."

İkinci kapıyı sonuna kadar açık görünce endişe, Tressa'nın midesine taş gibi oturdu. "Sallie, yoksa sen..."

"Evet. Ve baksana bir!" Elini uzattı ve parmaklarını açarak avucunun içindeki narin altın çerçeveyi gösterdi.

Ufak, filigran desenli çerçeve Tressa'yı mıknatıs gibi çekti. Yaklaştı. Şaşırtıcı biçimde detaylı portredeki güzel kadın Tressa'ya bakıyordu.

"Güzel bir kadın değil mi?" Sallie parmak uçlarını çerçevenin kenarlarında gezdiriyordu. "Kim olduğunu ve Bay Samms'in bu kadar soğuk olmasının nedeninin bu kadın olup olmadığını merak ediyorum."

Sıçrayan Tressa, Sallie'ye dik dik baktı. "Kendinden utanmalısın! Adamın eşyalarını karıştırmamalıydın. Bu pekâlâ annesinin portresi de olabilir. Onu derhâl yerine koy Sallie!"

Sallie resmin üzerini yumruğuyla kapadı ve burnunu havaya dikti. "Peki, bu kadar kendini beğenmiş olmana gerek yok! Bakmak senin de hoşuna gitti işte!" Dönüp kapıya doğru gitti. Tressa yatak odasına bakmaktan sakınarak olduğu yerde çakılı kaldı. Bir dakika sonra Sallie göründü ve kapıyı arkasından kapattı. "Tamam, konsolun en üst çekmecesine emniyetlice kondu."

Tressa şaşkınlıkla Sallie'ye bakakaldı. "Onun konsolunu mu açtın?" Tressa babasının en özel eşyalarını kendi konsolunun en üst çekmecesinde sakladığını hatırladı.

"Kâğıt istemiştim." Sallie masum bir ifadeyle parmaklarını elbisesinin üzerine yerleştirdi. Sonra yüzünde muzip bir gülümseme belirdi ve Tressa'yı belinden tuttu. "Kadının kim olduğunu merak etmiyor musun şimdi?"

"Haydi, öğle yemeğini hazırlayalım." Tressa mutfağa yöneldi. Sallie'ye cevap vermese de, hain kalbi tüm öğleden sonra boyunca bu soruyla meşgul oldu, resmi kafasından atamaması ise yanıt oldu. Merak onu neredeyse altüst etmişti. Minik çerçevedeki güzeller güzeli kadın kimdi acaba?

16

Cuma akşamı eve giren Abel'in burnunu tarçın ve elma kokusu okşadı. Kokuya midesi guruldayarak karşılık verdi. Etrafa şöyle bir baktığında kilimlerin düzgünce yerleştirildiğini, tüm ahşap yüzeylerin cilalanıp ışıl ışıl olduğunu ve bir erkeğin oturup rahatlaması için kanepedeki yastıkların kabartıldığını gördü. Kadın eli değmesi evi ne kadar da değiştiriyor, evi âdeta *yuva* hâline getiriyordu.

Sonra kendini silkeleyerek kafasını bu düşüncelerden sıyırdı. O ve adamları, kadınlar gelmeden önce de yeterince idare ediyorlardı zaten, onlarsız yine başa çıkabilirlerdi.

Ethan, Cole'nin yanında durdu, çenesini kaldırıp havayı kokladı. Köşeli yüzünde bir gülümseme belirdi. "Mmm, bahse girerim kızlar tatlı olarak elmalı turta yaptılar. Tıpkı annenin yaptıkları gibi kokuyor." Neşeli yüzü birdenbire asıldı. "Ama bugün Bayan Tressa ve Bayan Sallie'nin son günü, değil mi?"

Abel'in boğazı aniden beklenmedik şekilde pişmanlıkla düğümlendi. Güçlükle yutkunarak başını salladı. "Korkarım öyle. Anlaşmamız bir haftalıktı."

Ethan omzunun üzerinden Vince ve Cole'ye üzgün bir bakış atarak başını salladı. "Onları özleyeceğimize eminim. Sabah, öğlen ve akşam sofrada sıcak yemek olması gerçekten iyiydi."

"Ve ayrıca çamaşırın yıkanıp yatağımın ayakucuna katlanmış hâlde konması" diye ekledi Cole.

Vince, Ethan'ın omzuna yavaşça vurdu. "Evlat, biliyorsun ki bu, kızların ev işleri alıştırması yapmaları için düzenlenen geçici bir durumdu. *Kalmaya* hiç niyetlenmediler."

"Ama baba, sen kalmalarını istemez miydin?" Ethan'ın toy sesi yaşını ele veriyordu. Yalvarırcasına Abel'e baktı. "Ya sen, Abel?"

Abel dudağının iç kısmını ısırdı. Doğrusu bu hafta son ayların en huzurlu günleri olmuştu. Sürüsünden bir tek hayvan bile kaybolmamıştı. Arazide dört adamın birden çalışması hırsızları uzak tutmuştu. Hazır yemekler, temiz çamaşırlar ve mis gibi ev için de ayrıca müteşekkirdi. Annesinden beri odalar hiç böyle tozsuz, mutfak hiç böyle tertemiz olmamıştı. Hattie Teyzenin bu kızları iyi eğittiğini kimse inkâr edemezdi. Sıradan kıyafetlerle kendini gizleyen kız bile üzerine düşeni yerine getirmişti. Ama bunların hepsini adamlarına söylemeyecekti.

"Vince'nin dediği gibi yalnızca bir haftalığına burada olmayı planladılar. Olmayacak duaya amin denmez." Duygularının aksine huysuz bir tonla konuşmuştu.

"Sadece bir hafta olmak zorunda değildi, eğer içimizden biri..."

Abel, Ethan'ın sözünü kesti. "Öyleyse haydi, bu akşamki son yemeğin tadını çıkaralım ve haftaya rutinimize dönüyoruz."

Cole ve Ethan düş kırıklığıyla birbirlerine baktılar ama başka tek söz etmeden özenlice kurulmuş masaya oturdular. Abel ve Vince sandalyelerini çektiği anda, Bayan Sallie elinde buharı tüten bir kâse bal kabağı püresiyle köşeden döndü. Adamlara hızlı bir bakış attı.

"Ellerinizi kovada iyice yıkadınız mı?"

Cole inledi. "Ah, Bayan Sallie, çok çalıştık ve açız. Yedikten sonra yıkarız."

Sallie olumsuzca başını salladı. Topuz yaptığı kızıl saçlarından birkaç tutam lüle düştü. "Hayır, efendim, önce yıkayın *sonra* yiyin. Masamda kirli eller istemiyorum."

Abel tek kaşını kaldırdı. Annesinin yemek odasındaki masa ne zamandan beri Sallie'nin olmuştu?

"Bayan Tressa kovayı doldurdu, sabun ve temiz havlu arka verandada sizi bekliyor. Yalnızca gidip ellerinizi yıkayın. Sonra yemeğinizi koyacağız."

Cole ve Ethan söylenerek mutfak kapısından çıktılar. Vince avuçlarını Sallie'ye gösterdi. "Ben gelmeden ellerimi ağılda yıkamıştım çoktan."

Sallie kâseyi masaya koydu ve yaşlı kovboya bakıp sırıttı. "Evet, siz iyi bir adamsınız Bay Rylin." Abel'e döndü. "Peki, siz de mi ellerinizi ağılda yıkadınız Bay Samms?"

Abel şaşkınlıkla kıza baktı. "Niye ki, yo... Hayır yıkamadım."

Sallie, "O zaman çıkın ve yıkayın" diye çıkıştı. Eteklerini tutarak mutfak kapısına yöneldi. "Siz halledene kadar biz Tressa ile yemeği masaya getirmiş oluruz." Omzunun üzerinden sırıttı. "Tressa tatlı olarak elmalı pasta yaptı, kaçırmak istemezsiniz." Köşede gözden kayboldu.

Vince kendi kendine güldü. "Şu Bayan Sallie... Kıpır kıpır birisi. *Onun* yanında hayat asla sıkıcı olmazdı."

Abel yanıt olarak hafifçe başını salladı. Ama aklı Vince'nin tuhaf yorumlarından, Sallie'nin Tressa'nın ismini söylemesine kaydı. Tepeden tırnağa yıldırım çarpmış gibi ateş bastı.

Bir hafta boyunca evinde çalışan bu kadından uzak durmak için elinden geleni yapmıştı. İki karşılaşma hariç, bunu başarmıştı da. İlkinde huysuz atıyla çamur birikintisine girdiği için kirlenen pantolonunu değiştirmeye gelmişti; o esnada Tressa onun yatağındaki çarşafı çıkarıyordu. Kız, yüzü pespembe olup kapıya koşmuştu ama yattığı odada onu görmek sonraki iki boyunca kızın rüyalarına girmesine yetmişti.

Sonra, dün ağıla girdiğinde kızı bindiği Appaloosa ile burun buruna bulmuştu. Bu görüntünün -kızın hayvanın çenesini tutan elleri ve burnuna yasladığı yanağı- hafızasından sonsuza dek silinmeyeceğinden korkmuştu. Tressa'nın bu kocaman hayvanla olan rahatlığını görünce aklına, atının Amanda'nın boynunu dostça koklaması ve bunun üzerine kızın haykırıp korkması geldi ve ister istemez onları kıyasladı.

Tressa'nın burjuva -taşrada yaşamak için fazla sofistike ve şımarık- bir kız olduğunu düşünmeye devam etmek istese bile, ağıldaki bu karşılaşma kıza farklı bir şekilde bakmaya zorlamıştı onu.

"Pekâlâ, Bayan Sallie'ye... Buralarda kalmasını sormayı düşünür müsün?"

Abel, Vince'nin sorusuyla irkildi. "Hayır." Sesi oldukça yüksek çıkmıştı. Vince sırıttı. Fakat Abel daha ağzını açmadan Ethan ve Cole odaya girdiler. Onların ardından ise Sallie elinde bir tabak kızarmış biftekle girdi. Masada oturan Abel'e bakıp kaşlarını çattı.

"Bay Samms, ellerinizi yıkamaya gitmediniz mi daha? Acele etseniz iyi edersiniz. Tressa haşlanmış domatesleri bölüyor, yemek zamanı geldi."

Su kovası arka kapının önünde olmasına rağmen Abel ön kapıdan çıkmaya karar verdi. Böylece mutfaktan geçmeyecek ve Tressa'yı annesinin ocağının önünde, sanki ait olduğu yer orasıymış gibi, görme riskine girmeyecekti. Aklında kalacak daha fazla fotoğrafa gerek yoktu.

• • •

"Tressa, bir itirafta bulunabilir miyim?"

Tressa başını kaldırıp Sallie'ye alık alık baktı. Lazy S.'den çıktıklarından beri sessizce ilerliyorlardı, etraflarındaki tek ses rüzgârın uğultusu, uzaktaki sürülerin sesi ve kuşların cıvıltısıydı. Sallie'nin ciddi sorusu karşısında Tressa kaşlarını çattı. "Nedir, Sallie?"

"Ben oldukça üzgünüm." Sallie gözlerini yere indirerek dudaklarını büzdü. "Lazy S.'de işimizin bitmesine hazır değildim."

Tressa anlayışla başını salladı. Sallie'ye itiraf etmemesine rağmen kendi de üzgündü. Abel Samms'in ve ırgatlarının ihtiyaçlarını görmek fena değildi. Önceki endişelerine karşın yaptıklarının adamlar için makbule geçtiğini ve ihtiyaçlarının karşılanmasından memnun olduklarını görmüştü.

Gretchen Teyze ve Leo Dayıyla geçirdiği günleri düşündüğünde evdeki hizmetlilerin işlerinden keyif aldıklarını hatırlamıyordu. Daha doğrusu onların bitmez tükenmez sorumluluklarından sürekli şikâyet ettiklerini duyardı. Abel Samms'in evinde o ve Sallie hizmetçi gibi çalışmışlardı. Öyleyse bu deneyim neden yükten ziyade ödül gibi olmuştu?

"En çok ne yapmayı özleyeceğim, biliyor musun?" Sallie'nin düşünceli sesi bir kez daha Tressa'nın düşüncelerini böldü. "Cole'yi yüzünde kocaman gülümsemesiyle tabağını doldururken görmeyi." Şefkatli bir sesle kıkırdadı. "Kesinlikle yemeyi seven bir adam o."

Tressa gülümsedi. Evet, Cole kızların yemeklerinin tadını çıkarmaktan çekinmemişti. Adamlardan hiçbiri masaya koydukları yemeklerle ilgili tek şikâyette bulunmamış ve bilhassa Bayan Wyatt'ın Tressa'ya öğrettiği hamur işlerine bayılmışlardı.

"Ve biliyor musun, onun da beni özleyeceğini düşünüyorum." Sallie, bakışlarını ileri çevirmeden önce Tressa'ya baktı. Pembe pembe olan yanakları, bakır rengi çillerini görünmez kılıyordu. "O ve ben... Birkaç dakika yalnız kaldık ve..."

Tressa yerinde öyle bir sıçradı ki neredeyse düşüyordu. At altında huysuzlanınca eyerin önünü tuttu. Bayan Wyatt onları erkeklerle yalnız kalmamaları konusunda tembihlemişti. Yatağın çarşafını sökerken Abel'in odaya girdiği gün, Sallie adamla yalnız kalmaya çalıştığını zannetmesin diye neredeyse odadan kaçmıştı.

"Sallie, Cole ile *yalnız* mı kaldın?"

Sallie başını salladı, yüzü neredeyse saçlarıyla aynı rengi alacak şekilde kızarmıştı. "Evet. Bir keresinde ben ağılda atları salarken, Cole... Beni öptü." Son sözleri fısıldamıştı. "Ama ben korkup kaçmadım." Tressa'ya baktığında gözleri merakla büyüdü. "Bunu yapabileceğimi hiç düşünmemiştim..." Ağzını kapadı ve atın dizginlerini tutan parmak uçlarına baktı. "Birçok yönden benim için çok özel bir andı Tressa."

Tressa Sallie'nin sözlerini dikkatle kafasında tarttı. Fısıltıyla edilen itirafın altındaki gizli anlamı çözdüğünde kalbi küt küt attı. Gretchen Teyze ve Leo Dayı ile yaşamak belki de bir insanın başına gelebilecek en kötü şey değildi.

Hızını kesmek için atın dizginlerini yavaşça çeken Tressa, Sallie'ye baktı. "O hâlde eğer Cole seninle flört etmek için Bayan Wyatt'tan izin isterse kabul eder misin?"

Sallie utanarak gülümsedi. "Kabul ederim." Sonra başını sallayarak iç çekti. "Ama istemeyecek. Benden hoşlanmadığından değil -hoşlandığını zaten söyledi- ama o bir çiftlik sahibi değil; bir ırgat. Kendine ait bir yeri yok. Bay Rylin ve oğluyla birlikte müştemilatta kalıyor. Karısını nereye getirecek ki?" Bir başka iç çekiş, Sallie'nin hayal kırıklığını gösterdi. "İyi ki artık Samms'in çiftliğinde değiliz. Asla beraber olamayacağımızı bilerek Cole'nin etrafında olmak çok zor olurdu. Onun için... Ve benim için."

İki kız birlikte ağır ağır Flying W.'ye ilerlerken Tressa durumun ne kadar adaletsizce olduğunu düşündü. Birisi eğer bir kişiye gerçekten ilgi duyuyorsa yaşayacakları yer gibi basit bir konu önlerinde engel olmamalıydı. Tressa kıza söz verdi. "Bu gece diğerleri yattığı zaman ben Bayan Wyatt ile konuşurum. O, Cole ile ikinizin arasındaki şeyleri yoluna koymak için elbette bir çözüm bulabilir." Kansas'a gelmeden önce yaşadığı onca sıkıntının ardından Sallie, eğer böyle istiyorsa Cole ile mutluluğu yakalamayı hak ediyordu.

"Ah, Tressa eğer benim için bunu yaparsan sana minnettar olurum." Yanaklarına gülümseme yayıldı. "Peki ya sen, Tressa? Bay Samms'i veya genç Rylin'i özleyecek misin?"

Tressa Sallie'ye bakıp kaşlarını çattı. "Tanrı aşkına, neden özleyeyim ki?"

Sallie dişlerinin arasından dilini şıklattı. "Ah, böyle canavar gibi kaşlarını çatarak beni kandıramazsın. Gözüm yok mu zannediyorsun?" Alnına vurdu. "Adamların seni nasıl seyrettiğini, senin de onlara bakmaktan nasıl kaçındığını gördüm."

Tressa, Sallie'nin alaycı ifadesiyle karşılaşmamak için başını öne çevirdi. Sallie'nin değerlendirmesi yanlış değildi, bir araya gelmekten ziyade çalışmaya odaklanmıştı. Aynı şekilde Bay Samms de tıpkı onun yaptığı gibi temastan sakınmaya kararlı görünmüştü. Fakat Ethan Rylin onunla bir araya gelmek için fırsat kollamıştı; o bahçede sebze toplarken etrafında gezinmiş, ağılda atlara eyer vururken bir anda çıkagelmişti. Ethan'ın girişimlerini fark etmiş ve onu kendisini pohpohlamak konusunda yüreklendirmeden adamın yardımlarını kabul etmiş, onun nezaketi karşısındaysa kibar ve kayıtsız durmuştu.

Çenesini kaldırarak aksi bir yanıt verdi. "Adamlardan birinin beni işimden alıkoymalarına izin vermekten ziyade ben yalnızca görevlerime bağlı kaldım."

Tressa'nın bu ciddiyeti karşısında Sallie kahkahayı patlattı. "Ah Tressa, öyle komiksin ki üzerine gelindiğinde böyle ciddi, kibar şeyler söylüyorsun. Demek ki bam teline dokundum."

Tressa derin bir nefes aldı. Acaba bir gün işçi kızlar gibi konuşmayı öğrenebilecek miydi? En son bu şekilde davrandığında Abel Samms sanki kız ona çürük elma atıyormuş gibi kaçmıştı. Adamın hassas dikkatinin nasıl da endişeli bir uzak duruşa dönüştüğünü hatırladığında yüreği burkuldu. Eğer dikkatli olmazsa Sallie ile olan arkadaşlığı bitebilirdi.

Tressa, Sallie'ye hafifçe gülümsedi. "Üzgünüm Sallie, kibirli davranmak istemedim. Beni affeder misin?"

Sallie elini salladı. "Ah hayır, özür dileme. Seni kışkırttım ve sivri dilini kesinlikle hak ettim. Ben sadece içlerinden birini belki *özlersin* diye umuyordum."

"Neden?"

Sallie'nin gülümsemesi muzipleşti. "Şey, eğer sen Ethan Rylin ile ben de Cole Jacobs ile olursak çiftlikte birlikte çalışırız. Biliyorsun ya, yemek ve temizlik işlerini tek başına yürütmektense paylaşmak çok daha kolay olurdu."

Tressa, Sallie'nin işleri paylaşmak konusundaki planının kulağa hoş geldiğini kabul ediyordu. Sallie ile beraber çalıştığı bu bir haftadan keyif almıştı. "Fakat sen Cole ile olamayacağını söyledin, çünkü..."

"Ne dediğimi biliyorum ve değişen bir şey yok. Olmaz. Ama..." Sallie iç çekti, yüzü efkârlandı. "Bir kız umutlanabilir, değil mi? Bazen birinin dayanacağı tek şey umuttur."

İki pazar önce Rahip Connor'un vaazından küçük bir parça Tressa'nın aklına geldi. Sözcükleri tam hatırlamaya çalışırken kaşlarını çattı ama aklına gelmedi. Gücün yenilenmesi için Tanrı'ya bel bağlamakla ilgili bir şeydi. Sallie hakkında konuşmak için Bayan Wyatt'ın yanına gittiğinde ona soracaktı. "Cole ile aranızdakileri çözmek için umut etmek yanlış değil." Peki, Abel Samms'in ona karşı isteksizliğini bir kenara bırakmasını umut etmek yanlış mıydı?

"Öyleyse umut etmeye devam edeceğim. Ve ayrıca seninle Ethan Rylin için de umut edeceğim çünkü eğer senin ilgin olduğunu düşünürse seninle flört etmek isteyeceğinden eminim. Belki o ikisiyle müştemilatta yaşayabiliriz ve ihtiyar Bay Rylin de çiftlik evine taşınıp Bay Samms ile kalır. İki tane yatak odası var ve bütün ev Bay Samms'e ait."

Tressa, Sallie'nin bu planına güldü. "Sen her şeyi kafanda çözdün, değil mi?"

"Ah, ben hayal kurmaya bayılırım, Tressa." Sallie efkârlı bakışlarını gökyüzüne kaldırdı. "Umut etmeye ve hayal kurmaya... Yıllardır yaptığım şey bu. Ama yalnızca buraya geldikten sonra bazı hayallerin gerçekleşebileceğine inandım."

Bayan Wyatt'ın çiftliğine giden son yokuşu çıkmaya başladılar. Atlar çiftlik göründüğünde sabırsızlıktan homurdanarak kafalarını salladılar. Atın bu eşkin gidişi karşısında Tressa düşmemek için öne eğilip bacaklarını atın eyerinin yumuşak deri mahmuzlarına kenetledi. Arkasından gelen tıkır tıkır toynak seslerinden Sallie'nin atının da çiftliğe ulaşmak için en az kendininki kadar istekli olduğunu anlıyordu.

O ve Sallie ahırın girişinin önünde atlarını dizginledikleri sırada Bayan Wyatt'ın ırgatlarından birisi binadan çıktı. Kafasındaki şapkasını geriye gitti. "Attan inin ve eve gidin. Sizin yerinize atlarla ben ilgilenirim."

Tressa attan indi ancak dizginleri sımsıkı tutuyordu. "Teşekkürler ama atlarla ilgilenmek bizim işimiz."

Sallie de atın dizginlerini yumruğuna dolamıştı.

Adam eliyle bacağına vurarak güldü. "Bayan Wyatt böyle diyeceğinizi söylemişti bana. Ama eve gitmenizi söyledi. Sizinle derhâl konuşması gereken bir şey varmış. Bu yüzden siz gidin ve atları bana bırakın."

Tressa Sallie'ye şaşkın bir bakış attı, o da ona aynı şekilde bakıyordu. Bekleyen kovboya dizginleri gönülsüzce teslim edip eve yöneldiler. Loş ışıkta Sallie'nin yüzü solgun görünüyordu. "Sence yanlış bir şey mi yaptık?"

Tressa omzunu silkti. "Eğer yaptıysak, çok yakında öğreniriz."

Sallie Tressa'nın elini tuttu. "Haydi, acele edelim. Eğer bizi iyi bir haber bekliyorsa hemen duymak istiyorum. Eğer kötü bir haber bekliyorsa da bir an önce bundan kurtulmak istiyorum."

Tressa, Sallie'nin bu mantığıyla tartışamadı. Boştaki eliyle eteğini toplayarak hızlandı.

17

"Düşünüyorum da..." Hattie kanepenin çevresinde oturan kızların her birine tek tek baktı. "Kur partimizi Ağustos sonundan önce yapmayı düşünmüyordum ama kızlar, siz umduğumdan daha büyük ilerleme kaydettiniz. Her biriniz kendinizle gerçekten gurur duyabilirsiniz." Hattie'nin boğazı düğümlendiğinden sesi boğuk çıkmıştı. Yeni yuvalarına gittiklerinde bu kızları özleyecekti. "Gerçek şu ki bence artık erkeklerin ilgisini çekmeye hazırsınız."

Kızların yüzünde -coşkudan korkuya kadar- bütün ifadelerin dansı vardı. Hattie devam etti. "Eğer partiyi daha erkene çekersek cemaatin bekâr erkeklerini tanımaya daha çok vaktiniz olur. Diğer öğrenci grubum Noel'den sonra geliyor; bu da size eşinizi seçip düğününüzü planlamak için beş ay süre veriyor." Ellerini kalçalarına koyan Hattie sandalyesinde geriye yaslandı. "Eee kızlar, ne diyorsunuz bu işe?"

Luella bir omzunu silkti. "Benim için fark etmez." Yılışıkça güldü. "Ben tercihimi çoktan yaptım, kur partisine katılmama bile gerek yok."

"*Hepimiz* partiye katılacağız" diyen Hattie Luella'ya ters ters baktı. "Benim rızam olmadan eşleşme olmayacak. Buraya gelmeden önce imzaladığınız sözleşmede eşleşmenin nasıl yapılacağı açıkça yazıyordu ve ben henüz bir karara varmadım."

Luella'nın ağzı açık kaldı. "Fakat *ben* bir anlaşma yaptım bile şeyle..."

Hattie'nin kaşlarını kaldırmasıyla Luella susup kaldı. Bu Luella katır gibi inatçı ve çok ama çok huysuzdu. Bu kızla adamakıllı bir konuşması lazımdı ama diğerlerinin önünde onunla tartışmayacaktı. "Bunu sonra konuşuruz. Şimdi partiyi tartışıyoruz." Avuçlarını birbirine sürterek gülümsedi. "Dört temmuzdan sonraki cumartesi olabilir, diye düşünüyorum."

Sallie'nin yeşil gözleri kocaman açıldı. "Nasıl yani, iki haftadan az süre demek bu!"

"Çok mu çabuk olacağını düşünüyorsunuz?" Hattie duraksayarak kızlara düşüncelerini dile getirmeleri için zaman tanıdı. Fakat onların bostan korkuluğu gibi durduklarını görünce sessizliğini bozdu. "Herkes kutlama havasında olacak ve karpuzlar toplanmak için olgunlaşacak. Eğer siz kızlar çalışırsanız ve tüm yiyecekler hazır olursa, parti yapmak için uygun bir zaman gibi görünüyor."

Kanepede Luella ve Tressa'nın arasında oturan Sallie dikleşti. Çilleri ışıl ışıl parlıyordu. "Ben hazırım." Dirseğiyle Tressa'yı dürttü. "Peki ya sen, Tressa? Sen flörte hazır mısın?"

Sallie'nin yüzündeki muzip gülümseme, Tressa'nın utanmasıyla birleşince Hattie önceki hafta Lazy S.'de neler olduğunu merak etti. Abel en sonunda gardını düşürüp kalbini açmış olabilir miydi?

Tressa gözlerini yere düşürmeden önce Hattie'ye gergin bir bakış attı ve dudağını hafifçe ısırdı. Flört fikri, belli ki bu çekingen kızı bir böcekten daha fazla korkutuyordu. Hattie muallakta kaldı. Kızların, kanatları uçacak kadar güçlenmeden kendilerini yuvadan gönderdiğini düşünmelerini istemiyordu. "Ağustosa kadar bekleyebiliriz, eğer tercihiniz bu yöndeyse. Böyle olursa yalnızca flört dönemi kısalır. Yine de yapılabilir. Size kalmış, kızlar." Sözlerini uzun bir sessizlik takip etti.

Hattie sabırsızlandı. Sandalyesinin yanındaki üzeri mermerli masaya bir kez vurdu. "Haydi ama, konuşun! Eğer çiftlik sahibi eşi olacaksanız, güçlü olmalısınız. Eğer siz ağzınızı açıp konuşmazsanız adamlar bildiğini okur." Mabelle'yi işaret etti. "Şimdi mi, sonra mı küçük hanım?"

Mabelle iki kez yutkundu, kocaman gözlerle ve dudakları kenetlenmiş hâlde oturan Paralee'ye baktı ve tek kelime söyledi: "Şimdi!" İki eliyle ağzını kapadı ve deli gibi güldü.

Hattie gözlerini devirmemek için kendini tuttu. "Paralee?"

Paralee'nin yanakları, sanki ağzından bir yaban arısı çıkmaya çalışıyormuş gibi kıpırdadı. "Ben... Bence... Şimdi." Son sözcük boğuk bir ciyaklama hâlinde çıkmıştı.

"Pekâlâ, şimdi bir yerlere varıyoruz işte." Hattie iç çekti. "Sallie, Paralee ve Mabelle kur partisini esas planlanan vaktinden önce istiyor." Luella'ya baktı ve onun fikrini almamaya karar verdi. Eğer Hattie izin verse kız bir adamın kollarına camdan atlardı. Dikkatini Tressa'ya verdi. "Tressa, sen ne düşünüyorsun?"

Tressa'nın al yanakları beyaza dönüştü. "Sizin her türlü kararınıza uyarım Bayan Wyatt."

Hattie kaşlarını çattı. Böyle entel konuşmalar ancak kız üzgün olduğunda ortaya çıkıyordu. "Bak Tressa, daha şimdi kendi fikrinizi söylemeyi öğrenmeniz lazım demedim mi? Sırf diğerleri istiyor diye bu, senin nehirde küçük bir dal gibi sürüklenmen anlamına gelmiyor. Eğer kesinlikle diğer türlü düşünüyorsan, bunu söylemenin vaktidir. Bu, ya hep ya hiç meselesi. Kimseyi hazır olana kadar flörte zorlamak istemiyorum."

Diğer kızların hepsi nefeslerini tuttular. Hattie dirseklerini dizlerine dayadı ve bakışlarını Tressa'nın açık mavi gözlerine sabitledi. "Bana dürüst ol şimdi, küçük hanım. Flört etmeye hazır mısın, yoksa beklemeyi mi tercih ediyorsun? Eğer daha fazla zamana ihtiyacın varsa kimse seni suçlamayacak." Bakışlarını yeniden Tressa'ya çevirmeden önce odanın etrafına uyaran bir bakış yolladı. "Her ne olursa olsun flört olacak, dolayısıyla beklemenin kimseye zararı yok. *Hepiniz* için en iyisi neyse onu istiyorum."

Tressa Sallie'ye baktı. Bir anlığına alt dudağını çekti. "Eğer size karşı tamamen dürüst olmam gerekirse Bayan Wyatt, geçen hafta oldukça aydınlatıcı oldu. Kendimi, ev işleriyle ilgili sorumlulukları almaya yeterince hazır hissediyorum. Kelimenin her anlamıyla, eş olmaya hazır olup olmadığımdan o kadar emin değilim."

Şatafatlı konuşmasının arasındaki belli belirsiz gevelemeler kızın endişelerinin kaynağını belli ediyordu. Hattie güven verici bir gülümsemeyle baktı. "Şimdi küçük hanım, bu kısım, sen kalbini pır pır ettiren bir delikanlı bulduğunda doğal olarak gerçekleşecek. Doğru adamla flört ettiğinde bunu bileceksin."

Tressa'nın titrek gülümsemesi sessiz bir teşekküre dönüştü.

Hattie bir anlığına gözlerini kapatarak iç çekti. Jed ile geçirdiği yıllara -ve bu yalnız yıllarına- dair anılar sevinçle karışık keder getirerek kafasına üşüştü. Gözlerini açtı ve gözyaşlarından dolayı kızların görüntülerinin bulandığını fark ederek şaşırdı. "Siz kızlar buraya gelmeden önce dahi, her biriniz ve sizi isteyecek adamlar için dua ediyordum. Tanrı'dan yolunuzun açık olmasını ve iyi eşler bulmanızı diledim. Üzerinde Tanrı'nın lütfu olduğunda evlilik bu dünyadaki en güzel birliktir."

Görüşünü bulandıran yaşları gidermek için gözlerini kırpıştırdı. "Ev, bahçe ve çiftlik hayvanlarıyla ilgili gereken her türlü beceriyi kaptığınıza göre geriye sizi el üstünde tutacak ve karşılığında sizin de el üstünde tutacağınız bir adam bulmak kalıyor."

Mabelle güçlü bir ah çekti. "Bu, bir sığırı kementle tutmaktan daha zor olmalı!"

Hattie kahkahayı patlattı. "Ah, bak şimdi küçük hanım, cennetteki Tanrı için hiçbir şey çok zor değildir. Ve onda her biriniz için bir koca vardır. Siz sadece kalbinizi dinleyin ve onun rehberliğini takip edin. Tanrı, çocukları için daima en iyisini planlar."

• • •

Tressa, Bayan Wyatt'ın candan, dürüst yüzüne dikkatle baktı ve daha önce hiç tatmadığı zevkler, nefes almasını engelleyecek şekilde yoğunlaşarak göğüs kemiğine yayıldı. Bayan Wyatt kocası olacak doğru adamla neler yaşayacağını anlatırken nabzı hızlandı ama henüz öyle bir adam yoktu. Madem öyle, kalbinin ortasındaki bu tuhaf sızının kaynağı neydi?

Bayan Wyatt tombul ellerini çırparak ayağa kalktı. "Pekâlâ, kızlar, madem kararımızı verdik, halledeceğimiz işler var. Kekler, pastalar pişirilecek, etler füme edilecek; düşünüyorum da göğüs etinden iyi parti yemeği olur. Ve belki..."

"Hattie Teyze." Luella gülümseyerek ayağa fırladı. "Partide eğlenceli bir şey yapabilir miyiz? Her birimiz..." Kızlara baktı, bilhassa Tressa'ya bakarken kaşlarını ukalaca kaldırdı. "Bir yemek sepeti yapsın ve erkekler de o sepettekileri bizimle yeme şerefine erişmek için açık arttırmaya girsin."

"Sosyal kutu mu demek istiyorsun?" Bayan Wyatt'ın kaşları çatıldı.

"Evet, öyle." Luella şakağındaki bir tutam saçı kıvırarak konuştu. "Erkekler birazcık rekabetten hoşlanmaz mı sizce?"

Mabelle, Paralee'ye endişeyle bakarak "Ama o zaman yemekleri için para ödemiş olurlar" dedi. "Bir adam benimle yemek yemek için para öder mi bilemem."

Bayan Wyatt işaret parmağını Mabelle'ye doğru sallayarak "Bu söylediğin çok saçma" dedi ve Luella'ya döndü. "Ve bu bir para kazanma partisi değil; tanışma partisi."

"Ama ne zararı var ki?" Luella ellerini açtı. "Bence her birimizin elimizde yemek dolu süslü bir sepetle durması ve erkeklere o kızla öğle yemeği yeme ayrıcalığını kazanmak için mücadele etme şansı vermesi müthiş eğlenceli olurdu." Luella'nın gözleri parlıyordu.

"Zararı, erkeklerin zamanından daha fazla şey harcamamaları gerekirken işi paraya dökmek." Bayan Wyatt kaşlarını çattı. Bayan Wyatt, Tressa'nın ömründe tanıdığı en sabırlı insanlardan biri olmasına rağmen kadının sabrı Luella ile tükenmişti.

"Ah!" Mabelle sıçradı, elleri çenesinin altındaydı. "Hattie Teyze hatırlıyor musun, iki pazar önce Rahip Connor kilisenin çatısının onarımı için cemaatin paraya ihtiyacı olduğundan bahsetmişti. Özel bir bağış rica etmişti."

"Evet bu ricayı hatırlıyorum." Bayan Wyatt parmağıyla çenesine vurdu. "Erkeklerin açık arttırma parasını kilisenin yeni çatısı için mi kullanalım diyorsun yani?"

"Bu harika işte, Mabelle!" Luella kolunu Mabelle'nin omzuna attı ve daha kısa boylu olan kız memnuniyetle gülümsedi. "Sen de öyle düşünmüyor musun, Hattie Teyze?"

Tressa'nın başı döndü. Kalabalığın önünde elinde sepetle durup erkeklerin fiyat teklifi vermesi mi? Taşrada olsun olmasın, kendini asla böyle basit bir harekette bulunacak kadar alçaltamazdı. İtiraz etmek için ağzını açtı fakat Bayan Wyatt araya girdi.

"Kilisenin çatısı için para toplamanın iyi bir fikir olduğunu düşünüyorum fakat ayakta durup kendinizi açık arttırmaya çıkarmanız..." başını salladı. "Bundan hoşlanmadım."

"Ah ama Hattie Teyze..."

Bayan Wyatt'ın Luella'ya kaşlarını çatmasıyla kız itiraz etmeyi kesti. "Fakat eğer öğle yemeği sepeti süsleyip erkeklerin de kimin yaptığını bilmeden açık arttırma yapmalarını isterseniz, bu tamamen ayrı bir şey. O zaman bu, bahtına ne çıkarsa durumu olur ve erkekler bunu eğlenceli bulabilir."

"Ama ya sepetimizi bize ilgi duymayan bir erkek kazanırsa ne olacak?" Paralee ellerini sıkıyordu, kaşları endişeyle çatılmıştı.

"Erkeklerin tümüyle haşır neşir olmak için fırsatlar olacak. Bununla birlikte partide dans da olacak -eminim ki Bay Hammond'un aşçısı kemanını getirip birkaç parça çalar- ve birkaç oyun ve ıvır zıvır şeyler de ayarlarız."

Bayan Wyatt'ın yanıtı Paralee'yi tatmin etmişe benziyordu; kız iskemlesinde gevşeyerek Mabelle'ye rahatlamış gözlerle baktı.

"Artık geç oldu" dedi Bayan Wyatt sertçe. "Ve dediğim gibi yapacak çok şeyimiz var; günlük işlerimiz artı bu partinin hazırlıkları. Dolayısıyla hepiniz yataklarınıza. Tabanları yağlayın." Kızları merdivenlere doğru kışkışladı.

Tressa her zamanki gibi grubun arkasına düştü. İlk basamağa adım atar atmaz Sallie'nin durumunu Bayan Wyatt ile konuşmaya karar verdi. Döndü. "Bayan Wyatt size bir soru sorabilir miyim?"

"Elbette. Ama çabuk ol. Yıkılmak üzereyim, öyle yorgunum ki." Yaşlı kadın gürültüyle esnedi, sonra sırıttı. "Bu haftaki işler beni yıprattı. Tüm işi kızların yapmasına öylesine alışmışım ki kendi mutfağımla ve bahçemle nasıl ilgilendiğimi neredeyse unutmuşum."

Tressa bu meşgul ve bilgiç kadının yavaşladığını gözünde canlandıramıyordu. "Merak ettim de... Partiye cemaatteki hangi erkekler katılacak acaba? Yalnızca çiftlik sahipleri mi, yoksa evlenmeyi düşünen tüm bekâr erkekler mi?"

Kadın şüpheyle gözlerini kıstı. "Düşüncelerinde ağır basan belirli bir genç adam mı var?"

"Evet efendim, görüyorsunuz ki..."

"Pekâlâ, küçük hanım. Barnett'teki ve çevredeki herkesi -aileleri ve yediden yetmişe tüm bekâr erkekleri- davet etmeyi planlıyorum. Hepsi de gelip sizi daha yakından tanıyabilir çünkü insanın komşularını tanıması daima iyidir ama yalnızca bir kadının geçimini sağlayacak bekâr erkekler flört olayına katılabilir."

Tressa'nın gözünün önüne Sallie'nin akşamın erken saatlerindeki -yüzü umutla parıldayan- hâli geldi. Cole istekli olmasına rağmen Bayan Wyatt'ın bir kadının geçimini sağlama şartına uymuyordu elbet. Tressa başını eğdi. "Anlıyorum..."

Bayan Wyatt, Tressa'nın çenesini tutup başını kaldırdı. "Siz kızların iyi bakıldığından emin olmak benim mesuliyetim. Sizi ta nereden getirdim. Yokluk çekeceğiniz veya New York'takinden hallice olmayacağınız bir duruma sokamam sizi. Anlıyorsun, değil mi Tressa?"

Tressa güçlükle yutkundu. Sallie ve Cole için kalbi sızladı. Keşke Cole'nin kendi çiftliği olsaydı... "Evet efendim, anlıyorum."

Yaşlı kadın gülümsedi. "Merak etme. Bir kadının geçimini sağlamaktan fazlasını yapabilecek, başarılı çiftliklere sahip pek çok iyi adam olacak. Dolayısıyla hepinizin istediği olacak."

Tressa başını salladı ama dudaklarını gülümsemeye zorlayamadı. Bayan Wyatt, Tressa'nın yanağına dokundu. "Ve unutma ki ben dua ediyorum. Doğru adamın her birinize kalbini açması için Tanrı'ya güveniyorum."

Daha önce Tressa'nın göğsünü sıkıştıran o tuhaf istek yeniden belirerek nefesini kesti. Bayan Wyatt'ın kaşları aniden çatıldı. "Tressa? Ne oldu canım?"

Tressa, Bayan Wyatt'ın ellerini tuttu. "Efendim, Tanrı'nın bizim için en iyisini istediğinden nasıl bu kadar emin olabiliyorsunuz?" Babasının kara kaplı kitabı okuduğu tozlu anılar yüzeye çıkmaya çalıştı ama o kadar çok zaman geçmişti ki bu anı âdeta tutulması imkânsız bir sis perdesi gibiydi.

Bayan Wyatt kıkırdadı. "Nasıl mı, çünkü onun iyiliğine defalarca tanık oldum. O ve ben... Gençliğimden beri iyi dostuz. Ona güveniyorum."

Tressa anne ve babasının ölümünü, teyzesi ve dayısıyla geçirdiği yalnız yıllarını ve çiftlikteki diğer kızların onu dışlamasını düşündü. "Ama her olan biten iyi değil."

Bayan Wyatt bir an için dudaklarını büzdü ama konuşmaya başladığında kısık, boğuk sesi duyguyla titredi. "İyiyi gerçekten tanımlayamayız, değil mi Tressa? Birine göre iyi olan, bir diğerine göre felaket olabilir. İnsan gözünün sorunu, sadece şu anı görebilmesidir. Peki, ama Tanrı? O, köşeden ileriyi, yamaçların tepesini ve ufku görebilir. Neyin geldiğini ve bunun için ne yapılması gerektiğini bilir. O hâlde, bazen anlamadığımız -kötü olduğunu sandığımız- şeylerle karşılaştığımızda, aslında bu şeyler bizim için iyi olandır. Bu senin için bir şey ifade ediyor mu, Tressa?"

Tressa kederli bir gülüşle başını hayır anlamında salladı. "Hayır efendim, gerçekten etmiyor."

Bayan Wyatt Tressa'nın ellerini sıkıp bıraktı. "Bir gün edecek. Yalnızca inan, yeter. Anlamazken bile güvenmelisin. Buna inanç denir ve seni daima ayakta tutar."

Bayan Wyatt'a iyi geceler dileyen Tressa merdivenleri çıktı ve odasına yavaşça girdi. Çoktan uykuya dalan Sallie'nin kızıl bukleleri yastığına dökülmüştü, yüzünde ise hafif bir gülümseme vardı. Rüyasında Abel Samms'in ahırında Cole ile öpüştüğünü mü görüyordu acaba? Cole'nin Sallie ile flört etme izninin olmayacağını kavrayan Tressa'nın yüreği bir kez daha sızladı.

"Senin için umut yok Sallie. Cole ile yok." Tressa sözcüklerini sessiz odaya fısıldamıştı. Sonra bakışlarını yıldızlarla dolu soluk gökyüzüne çevirdi. Bayan Wyatt Tanrı'nın en iyiyi bildiğini söylemişti. Tanrı, Sallie için neyi en iyi sayıyordu?

Parmak uçlarında pencereye gitti ve ellerini cama dayadı. "Tanrım, beni de bekleyen iyi bir şeyin var mı?"

18

Tressa ay ışığının azıcık aydınlattığı karanlık odada gözlerini açtı. Dantel perdeli pencereden, kapkara gökyüzünde elmas gibi ışıldayan yıldızları görebiliyordu. Karanlık gökyüzünün onu yeniden uykuya çekmesi gerekirken, yaklaşan kur partisi -ve Bayan Wyatt'ın bununla ilgili yapılmasını söylediği hazırlıklar- aklına takıldı ve onu rahatlamaktan alıkoydu. Yaşlı kadın dün gece oldukça bitkin görünüyordu. Belki de kahvaltıyı Tressa hazırlayabilir ve böylece bu iyiliksever kadının fazladan birkaç dakika daha uyumasını sağlayabilirdi.

Yataktan çıktı ve loş odanın içinde çekmecenin ve ahşap döşemelerin gıcırtısından çekinerek giyindi. Elinde saç fırçasıyla parmak uçlarında merdivenlere yöneldi, orada bir fener yaktı ve uzun buklelerini tarayıp düzgün bir atkuyruğu yaptı.

Kilerden ağlamaklı bir miyav sesi geldi. Tressa gülümseyerek kapıyı açtı ve kuyruğunu dimdik havada tutan ve bıyıkları her yöne bakan Isabella dışarı fırladı. Mutluluktan minik bir çığlık atan Tressa kediyi kollarına aldı. Isabella da buna karşılık mırladı ve kafasını Tressa'nın çenesine sürterek komik bir şekilde miyavladı; sesi kediden ziyade bir kuşun cıvıldamasını andırıyordu. Tressa onun bu hâline yavaşça güldü.

"Evet, ben de seni özledim. Geçen hafta boyunca hiç göremedim seni! Nasılsın bakalım kedicik?"

Mırıltı gittikçe yükseldi, Isabella bir yandan da patilerini Tressa'nın omzuna sürtüyordu. Böylesine istekli bir selamlama Tressa'nın içini ısıttı. Yüzünü kedinin yumuşak tüylü boynuna gömerek iç çekti. "Ah Izzy, Bayan Wyatt bana eş bulduğu zaman buradan ayrılmak zor gelecek. Seni bırakmak istemiyorum..."

Tressa kucağında kediyle masaya geçip oturdu. Isabella, Tressa'nın kucağına tünedi ve altın rengi gözlerini sanki onu düşüncelerini paylaşmaya davet ediyormuşçasına Tressa'nın yüzüne dikti. Tressa parmaklarını kedinin ılık tüylerinde gezdirirken kafasından Bayan Wyatt'ın Tanrı'nın çocukları için iyi planları olduğuna dair sözlerini geçirdi. Göğsünün ortasına bir korku âdeta bıçak gibi saplandı, Isabella'nın boynundaki elleri hareketsiz kalakalmıştı.

"Hadi ya... Hadi ya Tanrı'nın benim için bir planı yoksa çünkü ben... Ben onun çocuklarından biri değilsem?"

Tressa kediye daha sıkı sarıldı, kalbi küt küt atıyordu. "Birisi ona ait olduğundan nasıl emin olabilir ki?"

Mutfak kapısının gıcırtısı Tressa'yı sıçrattı ve Isabella da kızın kucağından masanın altına fırladı. Bayan Wyatt üzerinde geceliği ve darmadağın gri saçlarıyla köşede belirdi. Isabella koşup kadının ayaklarına dolandı. Bayan Wyatt, Tressa'ya bakmadan evvel eğilip kediyi okşadı.

"Tanrı aşkına kızım, beni korkuttun. Aşağıda birinin konuştuğunu duydum ve bu saatte evde kim dolaşır bilemedim."

Kaşlarını çattı. "İyi misin sen? Kendini kötü mü hissediyorsun? İstersen ecza kutusundan kuvvet ilacı getireyim."

Tressa kendini kötü hissediyordu ama onu hasta eden şeyin -aşk hastalığı- bir şişedeki ilaçla tedavi edilmeyeceğini biliyordu. Ayağa kalktı ve ellerini Bayan Wyatt'a doğru açtı. "Sizi uyandırmak istemedim ama madem uyandınız, bana... Bana Tanrı'nın çocuğu olduğunuzdan nasıl emin olduğunuzu anlatır mısınız?"

Şaşkınlıktan ağzı açık kalan Bayan Wyatt, Tressa'ya öyle bir baktı ki Tressa utanarak geri çekildi. Ellerini göğsünde kenetleyen Tressa başını salladı. "Üzgünüm efendim. Bu kadar küstah olmamalıyım."

Bayan Wyatt ileri atılıp Tressa'nın ellerini tuttu. Kızın ellerini iyice sıktı, solgun gözlerinde yaşlar birikmişti. "Ah Tressa'cığım, senden özür dilemeliyim. Hayır, bu kadar küstah olmana *gerek* yok. Bunu sana çok önceden anlatmalıydım. Biliyorum, seninkiler şey yapmamış..." Sesi kısıldı, Tressa'yı yavaşça masaya doğru itti. "Sen otur. Ben İncil'imi alıp geleceğim ve seninle ciddi bir sohbet yapacağız."

Sonraki yarım saat boyunca Bayan Wyatt, Tressa'ya kutsal kitaptan, Tanrı'nın insanları günahlardan korumak için Mesih göndermeye söz verdiği, Isaiah ile başlayan ve Hz. İsa'nın ölümünü ve yeniden dirilişini anlatan ve Luke ile biten metinler okudu. Hararetli ses tonu ve gözlerine dolan yaşlar onun ne kadar samimi ve inancının ne kadar derin olduğunu gösteriyordu. Onun günahlarının kalbine yerleşmesi uğruna, Tanrı'nın onu kendi oğlunun ölmesine izin verecek kadar sevdiğini öğrendiğinde Tressa gözyaşlarını zor tuttu.

"Gördüğün gibi Tressa, Tanrı'nın çocuğu olabilmek için İsa'nın yaptığını kabul etmen yeter. Ondan *senin* kurtarıcın olmasını iste. Ve bugünden sonra onun, Tanrı'nın gerçek çocuklarından biri olacaksın." Bayan Wyatt, İncil'i kapadı ve ellerini eskimiş siyah kapağın üzerine koydu. Ciddi gözlerle Tressa'ya baktı. "İstediğin bu mu evladım?"

Boğazının düğümlenmesi Tressa'nın konuşmasını engelledi fakat hevesle başını salladı. Onu zorlayan şey, Tanrı'ya ait olmanın güveni ve huzuruydu.

"O hâlde Tanrı ile konuş, Tressa. O'na oğlunun senin Kurtarıcın olmasını istediğini söyle."

Tressa birbirine doladığı parmaklarını çenesinin altına getirdi. Gözlerini sımsıkı kapadı ve fısıldadı, "Tanrım, ben... Ben senin babam olmanı istiyorum. İsa'yı gönderdiğin için şükrediyorum ve tıpkı Bayan Wyatt'ın kutsal kitaptan okuduğu gibi, onun beni günahlarımdan arındırmasını istiyorum." Tressa'nın göğsünde sıcak bir karıncalanma hissi oldu ve bu his ona daha önce bildiği her şeyin ötesinde bir haz verdi. Hazzın kaynağını biliyordu: Sevgi... Ömrünün son günlerine dek onun bir parçası olacak derin, saf bir sevgi.

Kapalı gözlerinden yaşlar süzülüyordu, yüzünde bir gülümseme belirdi. "Bu harika armağan için teşekkür ederim Tanrım. Beni çocuğun yaptığın için teşekkür ederim. Beni sevdiğin için teşekkür ederim... Teşekkür ederim..." Sımsıkı kapattığı göz kapaklarının altından süzülen gözyaşları yanaklarından ve ellerinden sicim gibi akıp giderken övgülerini sürdürdü. Nihayet gözlerini açtığında dantel perdenin arasından süzülen ışık huzmesinin; Bayan Wyatt'ın parlak, gözyaşlarıyla ıslanmış yüzünü ışıldattığını gördü. Kıkırdadı. "Melek gibi görünüyorsunuz!"

Bayan Wyatt kahkahayı basarak dağınık saçlarını düzeltti. "Aman Tanrım, daha neler!"

Kahkahasını tutan Tressa atılıp yaşlı kadına sarıldı. Islak yanaklarını Bayan Wyatt'ınkilere bastırdı. "Bana Tanrı'dan bahsettiğiniz için teşekkür ederim. Sayenizde yeniden sevildiğimi hissediyorum."

Kadın iri elleriyle Tressa'nın sırtını pışpışladı. "Her zaman sevildin, canım. Ama artık bunun farkındasın. Ve bunun için bana teşekkür borcun yok. Bu sevgi, onu isteyen herkese açıktır. Bu yüzden bana değil, Tanrı'ya teşekkür et."

Tressa ömrünün geri kalanında, ona verdiği bu paha biçilmez armağan için her gün Tanrı'ya şükredeceğini biliyordu. Şartları değişmemişti. Hâlâ Leo Dayısının ve Gretchen Teyzesinin istenmeyen yeğeniydi, hâlâ bu bilmediği topraklarda belirsiz bir gelecekle yüz yüzeydi. Fakat her nasılsa, korkuları ve kalbindeki sızılar buhar olup uçmuştu. Onların yerine umut ışıltısı gelivermişti. Ancak Tanrı böyle bir değişimi yaratabilirdi.

Tressa utanarak gülümsedi. "Ama eğer sen bana nasıl onun çocuğu olacağımı söylemeseydin, onun çocuğu olamayacaktım. Bu yüzden sana da teşekkür ederim, Hattie Teyze."

Kadının gözleri parladı. "Ah Tressa, kızım." Bir kez daha birbirlerine sarıldılar.

Yukarıdan ayak sesleri geliyordu, belli ki diğer kızlar uyanmışlardı. Tressa masadan fırladı? "Ah, güya kahvaltıyı hazırlamak için erken kalktım ama..."

Hattie Teyze geceliğini boğazına kadar çekerek kapıya doğru koşturdu. "Giyinip sana yardıma geleceğim. Yalnızca gözleme yapsan yeter, hem fazla vakit almaz hem de herkesi iyice doyurur."

Neredeyse bir saat boyunca Tressa gözlemeleri pişirmekle meşgul oldu. Ama en sonunda kızların ve ırgatların karınları doymuştu. Hattie Teyze günlük cumartesi işlerini ve kur partisinin hazırlığı için ek sorumlulukları dağıttı. Akşam olduğunda Tressa öyle yorulmuştu ki merdivenleri dahi zor çıktı ve kendini yatağa attığında yatma vakti geldiği için rahatlayarak içini çekti.

Sallie geceliğini başından geçirdi ve Tressa'ya sırıttı. "Tıpkı yaşlı bir adamın terlikleri gibi yıpranmış görünüyorsun."

Tressa, Sallie'nin bu benzetmesine yavaşça güldü ve diğer kız lambayı söndürüp yatağa atladı. Sallie'nin yatağa atlamasıyla şilte salladı. Tressa gözlerini kapadı, tam onu sarmalayan uykuya teslim oluyordu ki, Sallie'nin sesi onu bu uyku kozasından çekip çıkardı.

"Karnını kremayla doldurmuş bir kedi gibiydin tüm gün. Hattie Teyzeyle konuşabildin mi?"

Hattie Teyzeyle geçirdiği sakin anları ve hayatına giren muhteşem değişimi hatırladığında Tressa'nın dudaklarında bir gülümseme belirdi. "Konuştuk."

"Yüzündeki memnun gülümsemeye bakarak Hattie Teyzenin ben ve Cole için bir çare bulduğunu umuyorum."

Sadece birkaç saniye önceki huzur yerini kedere bırakmıştı. Tressa diğer yana döndü. "Ah Sallie, çok üzgünüm. Sana dün gece anlatmam gerekiyordu ama çoktan uyumuştun..." Acıyı en aza indirecek sözcükleri ararken yutkundu. "Yalnızca kurulu çiftlikleri olan erkeklerin bizimle flört etmesine izin verilecek. Yani... Tam senin korktuğun gibi. Çok üzgünüm."

Saniyeler ağır ağır ilerliyordu. Sallie sırtüstü yatmış tavanı seyrediyordu. Odanın karanlığı kızın yüzünü saklasa da Tressa onun ne denli üzgün olduğunu hissediyordu. Kalbi, arkadaşınınkiyle birlikte sızlıyordu.

Uzun bir süre sonra Sallie yavaşça kendi kendine güldü. "Ah pekâlâ, bunun olmayacağını bilmeliydim. Benim gibi bir kıza... Şans gülmüyor."

"Ah, Sallie ama..."

"İyi geceler Tressa." Sallie döndü ve örtüyü yüzünü kapatacak şekilde çekti. Ancak şiltenin hafifçe sallanmasından ağladığı belli oluyordu.

Tressa sırtüstü yattı ve gözlerini kapadı. Gün boyunca içini kaplayan huzur, Sallie'nin derin aşk acısıyla sekteye uğramıştı ama umutsuzluğa kapılmak yerine gözlerini kapadı ve Tanrı'dan Sallie'yi rahatlamasını diledi. Tanrı'nın Sallie için planının ortaya çıkacağından emin, uykuya daldı.

• • •

Abel, Hattie Teyzenin her zamanki hızıyla kilise koridorunda yürüyüşünü seyretti. Hattie bekleşen cemaate yüzünü dönüp kocaman gülümsedi. "Pekâlâ, dostlar, size söz verdiğim kur partisinin zamanı geldi. Dokuz Temmuzda çiftliğimde kutlama yapacağız."

Kilisede heyecanlı mırıldanmalar oldu. Abel, Cole ve Ethan'ın birbirlerine sırıttıklarını hissetti ama kafasını çevirip bakmadı. Onun yerine Hattie Teyzenin yuvarlak, heyecan dolu yüzüne odaklandı. Kadın oldukça mutlu görünüyordu. Kilisenin önünde durup ilanda bulunuşu, Abel'e bu kadının çıkıp erkeklere nasıl bir kadınla evlenmek istediklerini sorduğu günü hatırlattı. Şimdi de tıpkı o zamanki gibi gerginlikten midesi buruldu. Belki de partiye bile gitmemeliydi. Fakat arka taraflardan işittiği fısıltılara bakılırsa hiçbir bekâr erkek bunu kaçırmayacaktı.

Hattie Teyze devam etti. "Sanıyorum ki dört temmuzda kasabamızda yapılacak büyük kutlamanın ardından hepimiz yorgun olacağız. Ama sorun değil, bu partimizi daha da eğlenceli kılacak. Kızlar ve ben özel bir şeyler de pişireceğiz." Hattie Teyze yemek sepetlerinin açık arttırmaya sunulacağını ve toplanan paranın kilisenin çatısı için bağışlanacağını anlatırken heyecanlı fısıltılar yükseliyordu. "Siz delikanlılar, dans ayakkabılarınızı getirin ve cebiniz dolu olsun ki çatı yardımı için iyi bir başlangıç yapabilelim."

Güleç yüzüyle sıralardaki herkese baktı. "Elbette ki hepiniz davetlisiniz, bu parti bu bölgedeki herkese açık ve cıvıl cıvıl geçeceğini umuyorum. Bayanlar, eğer tatlı veya pasta ya da başka özel bir yiyecek getirmek isterseniz, buna itirazım olmaz. O hâlde planınızı ona göre yapın, ayın dokuzunda bendesiniz." Ellerini çırptı ve Rahip Connor'a bakıp başını salladı. "İşte bu kadar. Bana bir dakikalık zaman verdiğiniz için teşekkür ederim."

Vaaz, 'Tüm Lütfu Yağdıran Tanrı'ya Övgü'nün temsiliyle sona erdi. Kirişten yankılanan bas sesleriyle Abel, buradaki erkeklerin Hattie Teyzenin kızlarından birinin kalbini çalmaları hâlinde ne kadar lütuf sahibi olacaklarını düşündüklerinden emin oldu.

Geleneksel selamlaşmalarını bitirdikten sonra o ve adamları at arabalarına yöneldiler. Abel'in midesi guruldoyordu ama o, beklemiş soğuk yemek için can atmıyordu. Gözlerini kilisenin avlusunda gezdirdi. Hattie Teyze ve kızlarının kendi at arabalarına bindiklerini gördü. Mutfaklarında geçirdikleri hafta boyunca Bayan Tressa ve Bayan Sallie'nin yaptıkları yemekleri hatırlayınca ağzı sulandı.

"Ben bu partiye gideceğim ve Bayan Sallie'nin sepetini alacağım."

Cole'nin bu cesur açıklaması Abel'in düşüncelerine öyle uyuyordu ki Abel bir an için yüksek sesle düşündüğünü sandı.

Ethan, Cole'nin omzunu dürtükledi. "Sen Bayan Sallie'ninkini al ben de Bayan Tressa'nınkini alayım."

Abel, Ethan'ın yorumuna burun kıvırdı. İncil'ini koltuğa koydu ve onun yanına oturdu. "O sepetler için kaç adamın teklif vereceği göz önüne alınırsa, siz delikanlılar epey hırslısınız." Sesi istediğinden daha sert çıkmıştı ama yumuşatmaya çalışmadı. "Bu kızlardan biriyle zaman geçirme ayrıcalığına kavuşmak için en iyi ihtimalle bir aylık maaşınız gider. Çiftlik sahipleri yüksek fiyat verecektir."

Ethan kaşlarını çattı. "Açık arttırmaya katılmayı düşünüyor musun, Abel?"

Vince homurdanarak at arabasının diğer tarafına geçti. "Abel parasını boşa savurmayacak kadar zeki. Partide parasını savurmaktansa kilisedeki bağış kutusuna para atar."

Abel sırıtarak dizginleri şaklattı. Vince'nin sesindeki hırçınlık, adamın birkaç yaş daha genç olup bu kızlardan biriyle flörtleşmeyi istediğini belli ediyordu. "Benim açık arttırmaya dair planım yok, Ethan. Rekabet çetin geçer diye düşünüyorum, erkeklerin sayısı kızların beş katı. Ayrıca, Hattie Teyze öyle çok yemek yapmıştır ki açık arttırmaya katılmayanlar bile aç kalmayacaklardır."

"Ama bu kızlardan biriyle oturup yemek yemek... Bilhassa Bayan Tressa ile..." Ethan ıslık çaldı. "Bu şerefe nail olmak için iki aylık maaşımı verirdim."

Abel dilinin ucunu ısırdı. Ethan'ın umudunu kırmak istemezdi ama Bayan Tressa'nın veya kızlardan herhangi birinin sepetine teklif vermek isteyen delikanlının şansı ancak yangının ortasında kalan, bal mumundan yapılmış kedininki kadardı. Irgatlar daha parmaklarını havaya kaldırmadan çevredeki çiftlik sahipleri o sepetleri kapardı bile. Bir kovboy maaşıyla eş geçindirilemezdi ve Hattie Teyze bu kızların geçim sıkıntısı çekmelerini istemiyordu.

Sessizce yolun geri kalan kısmına devam ettiler, Vince koltukta kestiriyordu. Çiftliğe vardıklarında Vince uyandı ve eklemleri yol boyunca tutulmuş gibi arabadan atladı. Abel, Vince'den arabayı ağıla çekip atları salmasını isteyecekti fakat adamın o sert yürüyüşünü görünce bu işi Ethan'a vermeye karar kıldı.

Alnındaki teri silen Abel "Cole, sen gir ve öğle yemeğini hazırla" diye komut verdi. "Kilerde soğuk et ve peynir; ekmek kutusunda da ekmek var. Bir kutu fasulye açıver, bu yeter sanırım. Hepsini çıkar, biz de birazdan geliriz."

Cole şapkasıyla bacağına vurdu. "Patron, mutfak görevi bu hafta bende mi?"

Abel yumruğunu kalçasına dayadı. "Birimizin yapması gerek, Cole. Yemek sofraya kendiliğinden gelmiyor."

"Neden Hattie Teyzeden kızlarını bu hafta yeniden göndermesini istemiyoruz? Yemeğimizi kendimiz yapma mecburiyetinde olmamak kesinlikle iyiydi."

Ethan, Cole'nin tarafına seğirtti ve birlikte cephe oluşturdular. "Tabi ki iyiydi. Ve olması gerektiği gibi bizim sürüyle uğraşmamıza olanak veriyordu. Ben de onları yeniden getir diyorum."

Abel fikrini söylemek üzere ağzını açtı ancak Vince kızgınlıktan çakmak çakmak gözleriyle öne çıktı.

"İki yaramaz çocuk gibisiniz." Kafasındaki şapkayı itince seyrek saçları göründü. "Ne zamandan beri Abel'in size verdiği emri sorguluyorsunuz? Ethan, senden utanıyorum ve Cole, senin bu çiftlikte geçirdiğin zamandan daha uzun zamandır biz buradaki yemek işini paylaşıyoruz, Abel'in annesi hastalanıp öldüğünden beri. Evde kadın olmadan her şeyi idare ettik. Öyleyse muhallebi çocuğu gibi davranmayı bırakıp çeneni kapa ve Abel'in sana dediği gibi git masaya bir şeyler koy. Açım ben." İkili hareketsiz durunca Vince şapkasını genç kovboylara doğru salladı. "Yürüyün dedim!"

Cole döndü ve koşarak eve girdi. Aynı anda Ethan da at arabasının koltuğuna atladı ve dizginleri çabucak atların sırtına vurdu. Vince hareket hâlindeki at arabasının ardından baktı, sonra Abel'e tatmin olmuş bir hâlde sırıttı.

"Oldu işte. İşler ancak böyle halledilir." Şapkasını başının gerisine itti. "Ethan'a söyleyiver, müştemilata benim için bir sandviç getirsin. Şu kilise saçmalıklarını kafamdan atıp biraz uzanacağım. Pazar dinlenme günüdür." Abel'in yanıt vermesini beklemeden müştemilata doğru yola koyuldu.

Abel başını kaşıyarak onun gidişini seyretti. Adam yaşı ilerledikçe asabileşiyordu. Ama en azından Cole ve Ethan emirleri yerine getiriyorlardı. Abel, iyi sonuçlar getirdiği sürece Vince'nin huysuzluğuna katlanabilirdi. Eve yürümeye başladı ama sonra vazgeçip damgalama ağılına doğru ilerledi.

Dirseklerini en üstteki parmaklığa dayadı ve Ethan'ın yorumunu düşünerek boş ağıla baktı. Bu adamlar hizmetçi olarak değil, kovboy olarak işe alınmışlardı. Yemek ve temizlik yapmaları için onlara o maaşı vermek anlamsızdı. Ama başka türlü de ev işleri hallolmuyordu... Çiftlikte yaşayan ve bu işlere bakan birisi olmadıkça.

Abel'i yine ter bastı ve şakaklarından aşağı süzüldü. Nemin kuruması için yüzünü rüzgâra döndü. Gözleri ağılın ötesindeki meraya ilişti ve otlayan sürüyü görünce, kızların evde olduğu hafta boyunca bir tek hayvan bile kaybetmediğini anımsadı. Çiftlikteki adamların tümünü çalıştırmak, hayvan hırsızlığını önlemek için elindeki en iyi çareydi.

Bunu kabul etmekten nefret etse de adamlarının yanı sıra mutfakta birinin olması mantıklıydı. Ama bir hizmetçi tutacak parası yoktu. Bu da, *içlerinden birinin* evlenmesi gerektiği anlamına geliyordu. Hattie Teyzenin kurallarına göre adamlarından hiçbiri uygun değildi. Bu durumda geriye sadece kendisi kalıyordu.

"Keşke babam burada olsaydı da konuşabilseydik..."

"Şey, ben baban değilim ama..."

Abel arkasına döndü.

Vince biraz ilerisinde duruyordu. Müdahale ettiğinden utanmış gibi sağa sola bakınarak öne ilerledi. "Dalgın bir hâlde burada durduğunu gördüm. Gelip bir bakayım dedim."

Vince onun babası olmasa da Abel'in tanıdığı ve güvendiği yaşlı bir adamdı. İhtiyar kovboy elbette mantıklı bir tavsiyede bulunabilirdi. "Belki bir şeyi çözmeme yardımcı olursun..."

Vince kollarını en üstteki parmaklığa dayadı ve Abel'e baktı. "Dinliyorum."

"Şey, Cole ve Ethan haklı olabilirler mi acaba..." Abel utanarak burnunu kaşıdı "Ve birinin evlenmesi gerekiyor mu diye düşünüyorum."

Vince'nin kaşları kalktı. "Hattie'ye göre tek uygun kişi sensin." Dudaklarını büzdü. "İlgileniyor musun?"

Abel yutkundu. "Olabilir."

Vince kıkırdadı. "Pekâlâ Abel, evlenmek... Büyük bir sorumluluktur. Ve yeni eş çok vakit ister. Verecek vaktin var mı?"

Abel, Vince'nin sorusunu sessizce düşündü.

Yaşlı adamın bakışları etrafta gezindi, sesi düşünceliydi. "Bence burada yapacak çok şeyin var, bilhassa sürünü hedef alan şu hırsızlara karşı. Gerçekten tavsiyemi istiyor musun?"

Abel başını evet anlamında salladı.

"Bence, 'Evet evlenmeyi kabul ediyorum' demeden önce şu hırsızlık işini kontrol altına alsan daha iyi olur." Abel'in omzuna vurdu. "Hattie bu kızlardan sonra başka bir sınıf daha getirmeyi planlıyor. Başka kızlar ve başka şanslar olacak yani. Şimdilik birine bağlanıp kalmana gerek yok."

"Sanırım haklısın ama..." Abel ayak parmağıyla çamuru eşeledi. "Bir sonraki sınıfta Bayan Tressa olmayacak."

"Ah." Vince bilgiççe başını salladı. "O hoş birisi. Ethan'ın da başını döndürdü." İç çekti. "Bir kadının ikinizin arasına girmesini elbette hiç istemem. Siz ikiniz küçüklüğünüzden beri kardeş gibiydiniz."

Yemek zili duyuldu. Abel çitten uzaklaştı. "Haklısın, Vince. İşler bu kadar belirsizken evlenmek saçmalık olur."

Vince kollarını Abel'in omzuna doladı ve onu eve doğru itti. "Daha gençsin, Abel. Daha sonra pişman olabileceğin bir şey için acele etmene gerek yok." Esnedi ve çenesini kaşıdı. "Sandviçi bekliyorum, Ethan'a çabuk olmasını söyle, olur mu?" Dönüp müştemilata doğru yola koyuldu.

Vince'nin son tavsiyesini düşünen Abel'in ayakları yavaşladı. Acaba hangisine daha çok pişman olurdu? Bayan Tressa ile evlendiğine mi yoksa ondan vazgeçtiğine mi?

19

"Geliyorlar Hattie Teyze, geliyorlar!"

Mabelle'nin haykırışının üzerine iki bıçkı sehpasının mukavvasından geçici olarak yapılmış masaya sepetini yerleştiren Tressa başını kaldırdı. Yükselen toz bulutundan at arabalarının ve faytonların Flying W.'ye yaklaştıkları anlaşılıyordu ve bunların çoğu, evlenmeye can atan uygun erkekleri taşıyordu. Tressa'nın içi pır pır etti. Tanrı onun için hangi erkeği seçmiş olabilirdi?

Geçen hafta boyunca her gece yatmadan önce Hattie Teyzenin ona verdiği İncil'i okumuştu. Yaşlı kadın Tressa'nın okuması için kutsal kitaptan bir liste yapmış ve kız da o sayfalarda geçen vaatleri özümsemişti. Ayrıca, Tanrı ile konuşup onun planlarını dilemek için dua ederken diz çökme alışkanlığını edinmişti. Dua ederken içini kaplayan huzurdan keyif alıyordu ve gün içinde gökyüzüne kısa dualar -güç veya sabır isteği, doğanın güzelliği karşısında minnettarlık veya sırf onun varlığına övgü- uçuruyordu. İster basit, ister derin olsun, bu dualar onu Tanrı'sına daha da yakınlaştırıyordu. Tressa ona iki eliyle sıkıca sarılmıştı.

Sallie verandadan indi ve sepetinin kurdelesini düzeltmeye Tressa'nın yanına gitti. Her sepetin kurdelesinin rengi, onu hazırlayana göre ayrıydı. Tressa güneş ışığının rengi olan sarıyı seçmişti. Sallie'nin sepetinin kurdelesi ise koyu kırmızıydı. Parlak saten banda dokunan Sallie iç çekti.

Tressa kolunu Sallie'nin omzuna koydu. "Üzülme Sallie. Eğer kısmetinde Cole varsa, Tanrı bunu sizin için olanaklı kılacaktır."

Sallie gözlerini yeniden sepete indirmeden önce Tressa'ya kısa, umut dolu bir bakış attı. "Tanrı'nın benim beğenilerim için kendini neden zora sokacağını anlamıyorum. Ama eğer benim yerime sen onunla görüşürsen, minnettar olurum. Kalbim Cole için yanıp tutuşuyor. O *nazik* bir adam, Tressa."

Tressa arkadaşı için sessizce dua ederek Sallie'nin omzunu sıktı. Hattie Teyze kızlara el sallayarak evden çıktı. "Haydi, kızlar, buraya gelin ve misafirlerimizi selamlamaya hazır durun!"

Tressa Sallie'nin kolunu hafifçe dürttü ve verandanın alt basamaklarında duran diğerlerinin yanına geçtiler. Hattie Teyze çenesinden aşağı inen en güzel önlüğünün bel kısmında kaybolan fırfırları düzeltirken Tressa gülümsedi. Yaşlı kadın neredeyse Luella'dan bile daha heyecanlıydı. Dün gece yatmadan evvel, Hattie Teyze Tressa'ya bu okulun başarıya ulaşmasının ne kadar önemli olduğunu söylemişti. Bu kızların her birinin, tıpkı kendisinin bir tanecik Jed'i ile olduğu gibi mutlu evlilikler yaptığını görmeyi dilemesi Tressa'nın çok hoşuna gitmişti. Tüm Kansas'taki en şefkatli kalp, hiç şüphesiz Hattie Wyatt'ın göğsünde atan kalpti.

At arabaları kapıdan girdi ve Hattie Teyze her iki elini kaldırıp salladı. "Ahırın çevresine park edin ve gelin arkadaşlar."

Kızlar kıkırdayarak birbirlerine bakıp gülümsediler ve en güzel şapkalarının kenarından düşen buklelerini şapkalarına sıkıştırdılar. Tressa elbisesinin eteğini düzeltti; süs olarak üzerinde birazcık danteli olan tek elbisesi buydu. Kafasındaki hasır şapkayı rüzgârdan uçmasın diye tutturduğu iki minik pens saçını çekiyordu. Yine de onları çıkarmak istemedi, şapka bugün kafasında kalmalıydı!

Kasabalılar araçlarından atlayıp tozlu zeminden yürüdüler. Hepsinin üzerinde pazar günü kıyafetleri vardı; kadınlar günlük şapkalar yerine hasır şapkalarını takmış, erkekler ise tiril tiril, yakalı beyaz bluzlarının üzerine zıt renkte siyah kravat takmışlardı. Tressa Barnett'teki ilk gününde bekâr erkekleri ilk görüşünü anımsamadan edemedi: Tozlu pantolonlar, ekoseli gömlekler, çenelerde favoriler. şimdiyse, temiz tıraşlı yüzleriyle ve ütülü kıyafetleriyle bu erkekler bir sosyete toplantısına gelen bankacılar veya avukatlar olabilirdi. Kovboy veya çiftlik sahibi oldukları yalnızca tozlu botlarından ve eski şapkalarından belliydi.

Verandaya ilk ulaşanlar Brewster Hammond, oğlu Gage ve aşçıları oldu. Brewster kızların yanından geçerek Hattie Teyzenin yanına gidip kadının elini tuttu. "Harriet, güzel bir ziyafet hazırlamışsın." Bakışlarını yeniden kadına çevirmeden evvel, üzerlerine kareli örtülerin serildiği, düzenlice hazırlanmış masalara baktı. Daima ciddi olan yüzünde bir gülümseme belirdi. "Bu parti benimkiyle aşık atar diye düşünüyorum." Dudaklarını Hattie Teyzenin eline hafifçe değdirdi ve ardından kadının elini bıraktı.

Hattie Teyze beyazlatılmış tülbent önlüğüyle yüzünü yelpazeledi. "Pekâlâ Brewster, elbette ki yarış yapmıyoruz ama söylediklerin çok hoştu. Umarım sen ve Gage burada keyifli zaman geçirirsiniz." Sesi doğal olmayan bir şekilde yüksek çıkmıştı, buruşuk yanaklarıysa Tressa'nın şimdiye dek gördüğünden daha renkliydi.

Hattie Teyze, en az üç düzine hevesli bekâr erkekten oluşan kalabalığın verandada yarım daire oluşturduğunu aniden görmüş gibi ellerini yanaklarına götürdü ve iki kez yutkundu. "Ah, görünüşe göre herkes burada! O hâlde haydi başlayalım. Önce öğle yemeği arkadaşlar, sepet açık arttırması da buna dâhil ve ondan sonra da dans. Nasıl, hoşunuza gitti mi?"

Heyecanlı sevinç çığlıkları yükseldi. "Eğer açık arttırmaya gireceksiniz bu tarafa gelin. Diğer herkes ise kendine bir tabak alsın ve masalardaki yemeklere girişin!"

Hattie Teyze tıpkı kanatlarını açıp civcivlerini kışkışlayan bir tavuk gibi kollarını açarak kızlarını verandaya yöneltti. Kalabalık avluya dağıldı, birbirine karışan sesler neşeli bir kakofoni yaratıyordu. Hattie Teyze, kızları masanın diğer ucuna yolladı ve sonra sepetlere bakarak iki sıra hâlinde dizilmiş bekâr erkeklere döndü.

"Pekâlâ, bu sepetleri kimin hazırladığını size söylemeyeceğiz ama ben içindekileri sayacağım ve açık arttırma başlayacak. Sepetlerin tamamı satın alındığında öğle yemeğinizi hangi bayanla paylaşacağınızı öğreneceksiniz. Nasıl, iyi mi?"

Erkekler sevinçle haykırdılar; kimi yumruğunu havaya savuruyor, kimi de dirseğiyle yanındakini dürtüyordu. Hattie Teyze ilk sepet olan Paralee'ninkini gösterirken kalbi küt küt atan Tressa, Sallie'ye yaklaştı. Hattie Teyze Paralee'nin hazırladığı yiyecekleri saydı ve açık arttırtma başladı. Ev yapımı yemeklerin ve bunu o kızlardan biriyle paylaşmanın ayrıcalığı için teklif edilen miktarlara şaşıran kızlar el ele tutuşup kafalarını salladılar.

Paralee'nin sepetini kazanan çarpık bacaklı ve yarı kel orta yaşlı adam, arkadaşlarının tebriklerini kabul etti ve açık arttırma sırası Sallie'nin sepetine geldi. Tressa miktarlar söylenirken Sallie'nin gerildiğini hissediyordu. Sallie'nin sepetinde Cole menüyü tanır umuduyla, Lazy S.'de çalışırken bilhassa Cole'nin sevdiği yemeklerin tümü hazırlanmıştı. Cole'nin açık arttırmaya girmesi Tressa'yı sevindirdi; ancak üç parçalı giysisi terle lekelenmiş uzun boylu adam onun teklifini geçince Tressa'nın heyecanı da söndü. Kazanan açıklandığında omuzları düşen Cole ayaklarını sürükleyerek ahıra doğru gitti. Sallie onun ardından özlemle bakakaldı. Tressa onu anladığını kolunu sessizce kızın beline dolayarak gösterdi.

Hattie Teyze bir sonraki sepeti işaret etti. "Bu sepette ise rosto, kendi kilerimizde yıllanmış ince dilimli peynir, ev yapımı ekmek, taze tereyağı, ekşi turşu, katı yumurtalar ve tatlı olarak da elmalı pasta var. Piknik için kesinlikle iyi! Evet, ne fiyat verelim buna?"

Erkekler, sepeti için yaygara koparırken Tressa nefesini tuttu. Abel Samms kalabalığın arkasında omzunun üzerinden diğer adamlara bakıyordu. Tressa, Hattie Teyze "elmalı pasta" dediğinde adamın kaşlarının kalktığını görmüştü. Onun mutfağında pişirdiği elmalı pastayı hatırlıyor muydu acaba? Sepeti için adamın elini kaldırmasını umarak seyretti ama onun yerine Gage Hammond kalabalığın önüne çıkarak elini kaldırdı.

"Bu sepete on dolar veririm!" Arkasındaki adamlara pis pis sırıttı.

Kalabalıktan homurdanmalar yükseldi, Luella'nın soluğu kesildi. Tressa, Luella'nın öfkeden deliye dönmüş yüzüne baktı. Kızın gözlerindeki kini gören Tressa bakışlarını başka yöne çevirdiğinde Abel'in ağır adımlarla Cole'ye doğru ilerlediğini gördü.

Hattie Teyze öksürdü. "Gage Hammond, bu dostane bir açık arttırma. Bir dolar ilerliyoruz, dört bit. Neden bir dolar, altı bit eklemiyorsun?"

"Çünkü epeydir lezzetli elmalı pasta yemedim ve bunun için on dolar vermeye razıyım. Yüksek fiyat teklifi vermek bazı şeyleri hızlandırır diye düşünüyorum." Cebini karıştırdı ve iki parmağının arasında bir kâğıt parçasını çekti. "On dolar... Bunu geçecek biri var mı?" Omuzlarının üzerinden bir sağa, bir sola baktı. Diğer erkekler başları öne eğik, homurdanarak ayaklarıyla toprağı eşeliyorlardı.

Gage, Hattie Teyzeye bakıp zafer edasıyla sırıtarak öne adım attı. "Sanırım kazanan benim." Parayı Hattie Teyzenin eline sıkıştırdı ve kalabalığın arkasına gidip kollarını göğsünde birleştirerek yılışıkça gülümsedi.

Hattie Teyze boğazını temizledi ve diğer sepete geçti.

Tressa'nın dili damağı kurumuştu. Gage Hammond ile öğle yemeği mi? Bu adam onun tüylerini diken diken ediyordu! Ve eğer Gage ile yemek yerse, Luella bunun intikamını mutlaka alırdı.

Son kalan iki sepetin açık arttırması çarçabuk sona erdi. Hattie Teyze sepetlerinin başına gelmeleri için kızlara işaret etti. "Sepet kazanamayanlar, üzülmeyin çünkü masalarda bolca yemeğimiz var. Buyurun yiyin. Yemekten sonra keman çalınacak ve dans ederek birbirinizi daha iyi tanıma şansı bulacaksınız. Şimdilik, afiyet olsun!"

Diğer adamlar yemek partnerlerini masadan alıp götürürken Gage geride bekledi. Sona ilerledi ve Tressa'ya göz kırptı. "Pekâlâ, Bayan Tressa, güzel yemeklerinizi tatmak benim için zevk olacaktır." Bir koluna sepeti geçirdi, diğer kolunu da Tressa'ya uzattı. "Haydi, gidip kendimize gölge bir yer bulalım."

Gage onu ahıra doğru yöneltirken Tressa Luella'nın arkalarından baktığını hissediyordu. Kuru dudaklarındaki gergin gülümseme kayboldu. "Ahırda yemeyeceğiz, değil mi?"

Gage başını geriye atarak güldü. "Biraz yalnız kalmak için aklına daha iyi bir yer geliyor mu?"

"Ama... *Temiz* değil, Bay Hammond."

"Bana Gage de. Ve burada rüzgârda oturup yemeğimize toz gelmesinden daha kirli olamaz." Adımlarını hızlandırdı. "Ayrıca burası daha serin. Dışarıda güneşte oturmaktansa serin yerde olmayı tercih ederim."

Kızı ahırın kapısına getirdi. Tressa içerinin loşluğuna alışana kadar gözlerini defalarca kırpıştırdı. Gage, başıyla boş bölmeyi işaret ederek Tressa'yı "İşte şuraya" diye dürtükledi. "Atların battaniyelerinden birini yere serip özel bir piknik yapabiliriz."

Tressa'nın içini belirsizlik kaplamasına rağmen öne atılıp yüksekteki raftan kalın bir battaniye aldı. Kafasında fikirler dörtnala dolaşıyordu. Gage'nin seçtiği bölme köşede, ahır kapısının tam sağındaydı. Eğer bölmenin kapısında oturursa, çabucak kaçması gerektiğinde kapıya yakın olurdu. Battaniyeyi bölmenin kirli zeminine serdi. Kaçış yolu belirleme ihtiyacı içini daraltıyordu, Gage'nin varlığından duyduğu rahatsızlığı inkâr edemezdi.

Gage sepeti battaniyenin ortasına koydu ve kızın kolunu yakalayıp onu renkli örtünün uzak köşesine çekti. Centilmen bir baş selamıyla onu oturttu ve ardından kendi de kızın yanına çöktü. Şapkasını kenara koydu, bacaklarını uzatıp bir dirseğinin üzerine dayandı. "Pekâlâ, böyle iyi değil mi?"

Tressa onun sırıtmasına hafifçe gülümseyerek karşılık verdi. "Haydi, yiyelim mi?" Yemeği ne kadar erken bitirirlerse diğerlerine o kadar çabuk katılabilirlerdi.

Sepetten iki tane benekli teneke tabak çıkardı ve yaptığı değişik yemeklerden azar azar adamın tabağına zarifçe koydu. Gage yemeği yerken hâlâ uzanır pozisyondaydı; az konuşuyor fakat Tressa'yı öyle dikkatle süzüyordu ki kızcağız zor yutkunuyordu.

Gage tabağındakileri neredeyse bitirdiğinde aniden doğrulup oturdu. "Şu şapkayı çıkarır mısın?"

"N-ne?"

"Şapkanı çıkar. Burada onu takmak çok aptalca." Elleriyle ne durumda olduklarını gösterdi. "Gözüne güneş gelmiyor ki. Haydi ama, çıkar şunu."

"Ah, ama..."

"Sana yardımcı olayım."

Kız daha onu durduramadan adam şapkadaki penseleri çekti ve şapkayı kızın kafasından çıkardı. Hasıra dolanan bir tutam saç kızın yanağına düştü. Tressa o tutamı çabucak kulağının arkasına aldı.

Gage'nin gülümsemesi daha da büyüdü. "Böyle daha iyi. Daha rahat." Başka söz etmeden tabağına yumuldu ve yemeğinin geri kalanını bitiriverdi.

Onun yanından ayrılmak için yemeğin bir an önce bitmesine can atan Tressa, tabağındaki peynir ve eti bitirmeye zorladı kendini. Tabağındakiler bitince rahatlayarak iç çekti. "Şimdi, tatlınızı ister misiniz?" İçinde elma tatlısının olduğu kâseye uzandı.

Gage kızı bileklerinden yakaladı. "Tatlı bir şey istiyorum." Ayağa kalktı ve kızı kendine çekti. "Ama elma tatlısı bekleyebilir."

"Ba- Bay Hammond, ben..."

"Bana Gage demeni söylemedim mi sana? Bay Hammond benim babam olur. Bana Gage de, Tressa."

Tressa'nın kalbi öyle hızlı çarpıyordu ki neredeyse yerinden fırlayacaktı.

Adamın parmakları kızın kolunu sıkıca kavramıştı. "Bana Gage de, Tressa."

Söylemeye çalıştı ama sözcükler kuruyan dudaklarından çıkmadı bir türlü. Nefesi kesilmişti.

Gage kendi kendine yavaşça güldü. "Pekâlâ, tamam. Başka bir şey yaptığımız sürece hiç konuşmasak da olur. Peki, bir öpücüğe ne dersin, ha?" Yüzünü eğdi ama Tressa kafasını yana çevirdi. Adamın dudakları kızın yanaklarına isabet etmişti.

"Ah, hadi ama bu kadar utangaç olma." Gage onu bölmenin tırabzanlarına dayadı. Kızın saçından düşen tutamı parmağına dolayıp hafifçe çekti. "Herkes şehirdeki en iyi kısmetin ben olduğumu biliyor, babam Ford Bölgesindeki en varlıklı çiftlik sahibi. Ve senden hoşlanıyorum. Kedinin fareyle oynadığı gibi oynayacağına bana teşekkür etmen gerekiyor."

Tressa'nın nabzı şakaklarında atıyordu. Gage gülümsemesine, sesini dostane ve kısık tutmasına rağmen Tressa korkuyordu. Kaçıp kurtulmak istiyordu ama nasıl? Adam önünde durarak onu engelliyor ve saçını tutuyordu.

"Eee..." Gage'nin sırıtışı pis pis bakmaya dönmüştü. "Sepetine böylesine yüksek bir fiyat verdiğim için bana teşekkür etme zamanın geldi. Tek istediğim küçük bir öpücük. Luella bana Abel Samms üzerinde alıştırma yaptığını söyledi, o hâlde nasıl olduğunu biliyorsundur kesin." Yeniden güldü ama sesinden pek eğlenmediği anlaşılıyordu. "Genelde başka adamların artıklarını pek sevmem ama bu kadar güzel olduğun için sana bir istisna yapıyorum." Başını yeniden kıza doğru indirdi.

Tressa arkasındaki sert ahşap izin verdiği ölçüde geriye yaslandı. Adamın yüzünden kaçınmak için yüzünü çevirip itiraz ederek sızlandı. Adam aniden saçını hızla çekince çığlık attı ve sonra adamın dudakları dudaklarının üzerine kapandı. Adam onu sıkıca tutuyordu; bir eli saçında, diğeri ise belindeydi. Kız elleriyle adamın göğsünü boşu boşuna itiyordu.

Öpücüğün şiddeti, adamın dudaklarını ve dişlerini bastırmasıyla gitgide artıyordu. Kız temasın verdiği acıyla inledi. Adamın kuvveti karşısında çaresiz kalan Tressa, adamın kollarının arasından kurtulabilmek için dua ediyordu.

20

Abel tabağına biraz daha fasulye aldı. Hattie Teyze bolca yiyeceğimiz var, lafını boşuna etmemişti. Yemek sepetlerinden birini kazanmış olmamalarına rağmen, o, Ethan ve Cole krallar gibi yiyorlardı. Asık yüzlerinden, ırgatlarının yemekten onunki kadar keyif almadıklarını tahmin ediyordu ama bu onların sorunuydu. Yanında hoş bir kadın olsun veya olmasın karnını doyurmak, karnını doyurmaktı işte.

Servis kaşığını tencereye geri bırakıp kıtır kıtır mısırlı keklere uzandı. Elleri tam havadayken Hattie Teyze yanında belirdi.

"Abel, yardımına ihtiyacım var."

"Ne istiyorsun?"

"Dansın başlaması için insanları toplasınlar diye adamlarımı yolladım ama dans pistine talaş atmayı unuttum." Yüzünü buruşturdu. "Kimsenin kayıp düşüp bir yerini incitmesini istemiyorum."

Abel avlunun ortasındaki beyaz ahşap döşemeye baktı. Hammond'un geleneksel yemek gününde, çimenlerin üzerine yayılmış bir çadır bezi parçası üzerinde dans ederlerdi. Hattie Teyze bu kur partisi için her şeyi en ince ayrıntısına kadar düşünmüştü. Abel tabağını masanın kenarına bıraktı. "Talaş nerde peki?"

"Ahırın arka tarafındaki odadaki çuvalın içinde. Benim için gidip alır mısın?" Adamın yanıtını beklemeden döndü ve Brewster Hammond ile aşçısının ayakta durduğu gölge verandaya doğru yürüdü.

Abel kıkırdayarak ahıra doğru yola koyuldu. Ah şu Hattie Teyze... Ne istediğini ve bunu nasıl yaptıracağını çok iyi bilirdi. Ahırın açık kapısından girdi ancak kulağına gelen zayıf inilti onu durdurdu.

Loş ahırın içinde gözlerini kısarak sağa sola bakındı. Bir çifti bölmenin duvarına yaslanmış sarılır hâlde gördüğünde yutkundu. Utanç âdeta balyoz gibi inmişti. Aceleyle geçip gitmek istedi fakat gözleri, kovboyun omzunun üzerinden ona bakan bir çift açık mavi gözle karşılaştı.

Bu gözleri tanıyordu ve aynı zamanda o gözlerdeki korkuyu da tanıyordu. Yumruklarını sıkarak bağırdı "Ne oluyor orada?"

Kovboy vücudunu yana çevirdi fakat elleri, Tressa'yı yerinde tutacak şekilde, hâlâ en üst tırabzandaydı. Homurdandı. "Ah, Abel böylesi hoş bir zamanda araya girmeyeceksin, değil mi?"

Abel, adamın Gage Hammond olduğunu görünce dehşete kapıldı. Gage'nin arkasındaki Tressa'nın göğsü inip kalkıyordu. Solgun yüzünden ve yaşlarla dolu gözlerinden kızın iyi vakit geçirmediği anlaşılıyordu. "Gage, bırak kızı."

"Ama tatlımı yiyordum sadece. Bunun için para ödedim, görmedin mi?" Gage bir parmağını sürterek Tressa'nın omzundan dirseğine kadar indirdi. Onun bu dokunuşuyla irkilen kız hıçkırarak ağlamaya başladı.

Öne atılan Abel, Gage'yi gömleğinin yakasından yakaladı. Adamı Tressa'nın uzağına çekti. Gage'nin gömleğinin düğmeleri fırlayıp havada uçuştu. Abel, Gage'ye bakarak konuştu, "Bayan Tressa buradan çıkın." Kız eteklerini tutup koşarak ahırdan çıktı.

Abel, omuzları dik ve yumrukları hazır şekilde, Gage Hammond'a baktı. Sırf Hattie Teyzenin partisini mahvetmemek için bu genç adamı yere sermekten vazgeçti. Dişlerini sıkarak konuştu. "Bayan Tressa bir fahişe değil. Ondan ve Hattie Teyzeden özür dilesen iyi olur."

"Özür dilemek mi?" Gage parmak uçlarını göğsüne dayadı, yüzüne masum bir ifade takındı. "Kilisenin çatısı için kutuya on dolar atıp bu küçük hanıma iyi zaman geçirttiğim için mi?" Yüzünde o bilindik yılışık sırıtmayla başını salladı. "Hiç sanmıyorum."

"Hammond, parayla bir kadını zorlama hakkını satın almazsın."

Ağırlığını bir tarafa veren Gage elini pantolonunun cebine soktu. "Ah, pekâlâ Abel Samms, kıskanıyorsan bunu anlayabilirim. Onun tadına ilk sen baktığın için bir tür hak iddia ediyorsun. Ama onun sepetini kazanmak için açık arttırmaya katıldığını görmedim, bu da durumu adil kılıyor." Gage yerdeki şapkasını alıp kafasına geçirdi. "Ve kabul etmelisin ki Hattie Teyzenin kasabaya getirdiği kızlar arasında en güzeli o. Öyle narin ki. Tam bir adamın kollarına göre..." Gülüşü büyüdü. "Beni bilirsin, yalnızca en iyiyi isterim."

Abel önce hangisine değineceğine karar veremedi: Gage'nin kendisinin Bayan Tressa'yı öptüğüne dair yanlış kanısına mı, yoksa adamın genç kadına karşı uygunsuz hareketlerine mi. O henüz bir yanıt oluşturamadan, Gage devam etti.

"Bir seçim yapmadan evvel erkeğin numune görmesi gerekir. Ve kabul ediyorum ki, Bayan Tressa... Sınavı geçti. Evet, bayım, bir erkeğin eş seçerken istediği şey tam olarak budur, lekesiz olması." Kendi kendine güldü ve Abel'in omzuna hafifçe vurdu. "Numuneni alırken onun bütün tadını tüketmemelisin."

Abel dikleşti ve bir yumruğunu Gage'nin yılışık yüzüne geçirmek istedi.

Gage göz kırptı. "Şimdi ne alacağımı biliyorum ve Hattie Teyzeye gidip Bayan Tressa ile flört etmek istediğimi söyleyeceğim."

Ahırın kapısından şaşkın bir iç çekiş duyuldu. Kapıda, Abel ve Tressa'yı Hattie Teyzenin mutfağında oynaşmakla suçlayan kız duruyordu.

Gage eliyle bacağına vurarak inledi. "Luella, burada ne yapıyorsun, beni mi takip ediyorsun yoksa?"

"Bay Samms'i alıkoyan şeyin ne olduğuna bakmam için beni Hattie Teyze yolladı." Gözünde yaşlarla Gage'ye bakıp sendeleyerek bir adım attı. "Sen... Tressa ile mi flört edeceksin?"

"Ah tatlım, bu kadar üzülme."

"A-ama hangisine teklif vereceğini bilesin diye sana herkesin sepetinin kurdelesinin rengini söyledim. Benimkine teklif vereceğini sanıyordum, onunkine değil."

Gage omzunu hafifçe silkti. "Bak Luella, senin sepetine teklif vereceğime veya başka herhangi bir şeye söz vermedim."

"Ama..."

"Birlikte iyi zaman geçirdik, orası kesin. Ama sadece bu kadar. Birazcık eğlence işte."

Kızın beyaz yüzü aniden kıpkırmızı kesildi, gözleri çakmak çakmaktı. Hırlayarak aniden öne atıldı, Gage'nin yüzünü tırmalamak için ellerini uzattı. Adam gülerek kızı bileklerinden tutup ellerini indirdi. "Kes şunu Luella! Bir bayandan çok vahşi bir kedi gibi davranıyorsun." Luella serbest kalmaya çabalarken öfkeden homurtular çıkarıyordu.

Abel, onları birbirinden ayırmak için öne atılıp Luella'yı belinden yakaladı. Eğer birisi Gage'ye bir veya iki yumruk çakacaksa, bu o olmalıydı. Luella, Abel'in onu tutmasına karşı koyuyor, onun ellerini ittiriyordu.

Gage dudaklarını büzerek başını salladı. "İşte tam da bu sebepten dolayı seninle evlenemem. Benim konumumdaki bir erkeğin iyi yetişmiş bir kızla evlenmesi gerek, yarı çatlak, kullanılmış bir kızla değil."

Kız birdenbire münakaşayı kesti. Abel'in kollarında yığılıp Gage'ye boş boş baktı. Böylesine çirkin bir manzaraya tanık olmaktan rahatsızlık duyan Abel, Luella'yı bir kenara bırakıp Gage'ye doğru ilerledi. Ama kız aniden aralarına girdi, gözleri ufacık kısılmıştı.

"Bu sözleri ettiğine pişman olacaksın Gage Hammond. Unutuyorsun... Gece seninle dışarıdaydım. Gece dışarıda ne *yaptığını* biliyorum."

Abel'in kafa derisi karıncalandı.

Gage bir adım ileri attı. "Luella, bak ..."

Kız, Gage'ye güldü ve sonra dönüp hızla ahırdan çıktı. Gage kızın arkasından koştu. Abel arkalarından bakakaldı ama sonra ahıra geliş nedenini hatırladı. Talaşı almak için acele etti. Hattie Teyze ile birlikte dans pistine talaş serptikten sonra Bayan Tressa'yı bulup kızın iyi olup olmadığına bakacaktı. Ve sonra dans pisti iyice dolar dolmaz, Gage Hammond'u ahırın arkasına çekip bu pervasız delikanlıya birkaç yumruk indirecekti.

• • •

Tressa ahırdan çıkar çıkmaz soluğu Hattie Teyzenin yanında aldı. Kadının etrafı oldukça kalabalıktı, herkes konuşuyor ve gülüşüyordu fakat Tressa'yı gördüğü an Hattie Teyzenin yüzündeki neşeli ifade yerini endişeye bıraktı. Tressa'yı omuzlarından tutup direkt kızın yüzüne baktı.

"Sorun nedir, Tressa'cığım?"

Tressa birazcık gülebilmeyi başardı. "Ben... Kurtulmayı diledim ve oldu."

Kadının grileşen kaşları V şeklini aldı. "Kızım, saçmalıyorsun. Başına güneş mi geçti? Pancar gibi kızarmışın ve hamur gibi olmuşsun." Kolunu Tressa'nın beline doladı ve diğerlerine döndü. "Fred, Cookie'ye dansın bensiz başlamasını söyleyebilir misin?"

"Elbette, Hattie Teyze."

Hattie Teyze Tressa'yı evin arkasına götürdü ve mutfak penceresinin altındaki banka oturttu. Sert koltuk ve koruyucu gölge Tressa'nın hoşuna gitti. Artık güvende olmasına rağmen, bedeni şokun ardından tir tir titriyordu.

"İyi misin tatlım?" Hattie Teyze Tressa'nın yüzünü önlüğüyle sildi. "Güneş insanı komikleştiriyor işte..."

Tressa, Hattie Teyzenin ellerini aşağı çekti. "Güneşten değil. Şeydi... Şey..." yutkundu.

Yaşlı kadın başını salladı, alnındaki çizgiler belirginleşmişti. "Ne demek istediğini söylemelisin bana."

Tressa ahırda başına gelenleri titreyerek anlatıverdi. O konuştukça Hattie Teyzenin dudakları dümdüz bir çizgi hâlini aldı, yüzü ise sinirden al al oldu. Tressa anlatmayı bitirdiğinde soluğu kesilmişti. "Tanrı, Abel Samms'i göndererek duama yanıt verdi."

Hattie Teyze, Tressa'yı göğsüne bastırıp nazikçe ileri geri salladı. "Tanrı, ihtiyaç duyduğumuz zamanlarda bize meleklerini gönderir ve Abel'in gelmesine çok sevindim. Ama şu Gage var ya..." Ses tonu sertleşmişti, Tressa'yı bıraktı. "Gidip babasıyla konuşacağım." Ayağa kalktı ve evin köşesine doğru yürüdü.

Tressa ayağa fırlayıp Hattie Teyzenin kolunu yakaladı. "Ah, hayır lütfen! Sorun çıksın istemiyorum."

Hattie Teyze, Tressa'nın yanaklarını okşadı. "Canım, Gage'nin yaptığı şey *yanlıştı*."

"A-ama beni incitmedi. Pek sayılmaz."

"Yaptığı şeyin seni rahatsız etmediğini mi söylüyorsun?

Hattie Teyzenin sesindeki şüphe Tressa'yı utançtan yerin dibine soktu. O an, bölmenin duvarına zorla yaslanıp adamın dudaklarının kendi dudakları üzerinde olduğu o panik hissini yeniden yaşadı. Hattie Teyzenin ona dokunmasıyla sıçrayıp geriye adım attı. "Evet. Evet beni rahatsız etti." Tressa'nın gözleri yaşlarla doldu, görüşü bulanıklaşmıştı. Hattie Teyzenin kolunu yeniden tuttu. "Ama kimsenin bilmesini istemiyorum, onun beni..."

Hattie Teyze elini Tressa'nın elinin üzerine koydu. "Tressa, sen başını öne eğecek bir şey yapmadın. Hatalı olan Gage."

"Ama olmamış gibi yapamaz mıyız?" Ah, olmamasını ne kadar çok isterdi! Adamın zoraki dokunuşlarını hatırladı, Gage'nin parmaklarını bastırdığı yerler hâlâ sızlıyordu.

"Anlamıyor musun, onun bu hareketine sessiz kalmak demek ona izin vermek demektir. Başka bir kızın daha senin gibi böyle köşede sıkıştırılmasını mı istiyorsun?"

Tressa sertçe başını salladı. "Hayır efendim!"

"O hâlde söylemeliyiz. Sen burada kal. Ben gidip Brewster'i getireceğim ve üçümüz konuşacağız." Çenesi önde, kollarını şişirerek uzaklaştı.

Tressa geriye yaslanıp elleriyle yüzünü kapadı. Mide bulantısını bastırmaya çalışırken titredi. Eğer Abel Samms o an gelmeseydi, Gage belki de... Korkunç düşünceleri savuşturarak yutkundu. *Beni kurtarsın diye Abel'i yolladığın için şükürler olsun Tanrım.* Omzuna bir el değdi. Bilinçsizce çığlık atıp yerinden fırladı.

Karşısında Abel Samms duruyordu, Adamın şapkası elindeydi, yüzünden pişmanlık okunuyordu. "Üzgünüm, Bayan Tressa. Sizi korkutmak istemezdim. Yalnızca iyi olduğunuzdan emin olmak istemiştim."

Kız, kalp atışlarının yavaşlamasını dileyerek avucunu göğsüne koydu. "Ah, Bay Samms... Evet ben... Sayenizde gayet iyiyim." Gülümsedi.

Adamın homurdanması onu şaşırttı. "Hattie Teyze beni talaş almak için göndermese, ahıra gelmezdim." Sonra ifadesi yumuşadı. "Ama orada olduğum için memnunum. Gage ile *konuşmayı* planlıyorum."

Tressa adamın sözlerinde daha derin bir mana olduğunu sezinledi. Başını salladı. "Hayır, lütfen Bay Samms. Boşverin gitsin."

Adam bir kaşını kaldırıp ona baktı. Tressa durumun ciddiyetine rağmen hafifçe güldü. "Hattie Teyze, Gage'nin hatasını anladığından emin olacak."

Tam o esnada Hattie Teyze ve peşinden Brewster Hammond çıkageldiler. Hattie Teyze doğrudan Tressa'nın yanına giderek kolunu kızın omuzlarına doladı. "Pekâlâ, şimdi Tressa'cığım, bana anlattıklarını Brewster'e de anlat."

Tressa başından geçenleri ikinci kez anlattı. Bir kez daha yüzü utançtan kıpkırmızı kesilmişti. Anlattıklarını Abel Samms'in de dinliyor oluşu, utancını arttırıyordu ama tereddüdüne rağmen ahırda geçenleri olduğu gibi dürüstçe anlattı.

Brewster'in kırışık yüzünde şüphe vardı. "Emin misiniz küçük hanım? Gage ele avuca sığmaz biridir ama onunla ilgili daha önce hiç böyle bir şikâyet almadım."

Abel bir adım öne attı. "Brewster, Bayan Tressa'nın söyledikleri kelimesi kelimesine doğru. Gage'yi onun üzerinden ben aldım. O sırada gömleğinin düğmelerinden bazıları koptu. Ve diğer kızın, Luella'nın, söylediklerine bakılırsa Gage'nin onunla da arasında bir şeyler olduğunu düşünüyorum."

Hattie Teyzenin keskin bir nefes almasıyla birlikte Tressa vicdan azabı duydu. Yaşlı kadın, Luella'nın Gage ile kaçmasından şüphesiz kendini sorumlu tutacaktı. Tressa başını Hattie Teyzenin omzuna yaslayıp fısıldadı. "Kendinizi suçlamayın. Bana söylediğiniz gibi siz yanlış bir şey yapmadınız."

Brewster'e sert bir bakış atmadan önce kadının gözlerinde minnet ifadesi belirdi. "Bu delikanlının icabına sen mi bakacaksın, yoksa ben mi bakayım?"

"Gage, Luella'nın peşinden gitti. Kız ağaçlık alana doğru koştu" diye ekledi Abel.

"Bu duruma uygun görünüyor."

Hattie Teyzenin bu alaycı saptaması karşısında Tressa neredeyse gülecekti.

Brewster ah çekti. Köşeden duyulan keman sesine, ahşap döşemeye vuran ayak sesleri eşlik ediyordu. "Ben hallederim, Harriet. İnsanlar ne olup bittiğini merak etmeden sen partine geri dönsen iyi olur."

"Abel" dedi Hattie Teyze, "Sen Bayan Tressa'yı alıp dansa götür." Kederle gülümseyerek Tressa'nın yanağını okşadı. "Bir kızın moralini düzeltmek için yakışıklı bir adamla dans etmek gibisi yoktur." Dönüp Brewster'e kararlıca baktı. "Ben de seninle geliyorum, böylece Luella'yı görüp orada ne olup bittiğini anlarım."

Tressa daha itiraz edemeden Abel şapkasını yeniden taktı ve kolunu kıvırıp girmesi için Tressa'ya uzattı. "Pekâlâ, Hattie Teyze. Onunla ben ilgileneceğim. Haydi, Bayan Tressa. Partiye katılalım."

21

İkisinin kol kola evin arkasından çıkageldiğini gören diğer insanların onlar hakkında ne düşüneceği Abel'in aklına ancak Tressa'yı ahşap dans pistinin kenarına götürdüğünde geldi. Boynunu ateş bastı. Ama artık çok geçti.

Dans edenleri işaret etti. "Onlara katılmak ister misin, yoksa diğer şarkının başlamasını mı bekleyelim?"

Kızın topuzundan düşen bir tutam saç yanağına geldi. Yanıt vermeden önce titreyen parmaklarıyla bukleyi kulağının arkasına aldı. "Sonraki şarkıyı bekleyelim. Hattie Teyze bütün dans adımlarını gösterdi ama bir setin ortasında katılacak kadar aşina değilim."

Abel başını salladı. Güneşin altında sessizce durup diğerlerini seyrettiler. Dans pistinde pek çok kasabalı çift vardı ve Bayan Hattie'nin kızlarından biriyle dans etme hakkına erişen üç şanslı çiftlik sahibi, eşlerini dairede döndürürken kulaktan kulağa fısıldaşıyorlardı. Diğer çiftlik sahipleri ise pistin etrafında dizilmiş, ayak parmaklarını yere ve elleriyle dizlerine vurarak müzikle tempo tutuyorlardı. Şarkı bittiği an, bir sonraki dansı Hattie Teyzenin kızlarından biriyle yapmak isteyenlerin rekabetiyle izdiham yaşandı.

Abel ayak parmaklarını yere vurmuyordu, ancak botların vuruşuyla tabanları titriyor ve eğlenceye katılmaya can atıyordu. Tuhaf beklenti hissini düşündü. İki yılı aşkın süredir dans etmemişti, ta ki Amanda ile onun Barnett'e hoş geldin partisinden bu yana. Bu düşüncenin Tressa ile dans etme isteğine gölge düşürmemesi acayipti.

Ethan, yüzünde utangaç bir gülümsemeyle Tressa'nın yanında beliriverdi. "Hey, Bayan Tressa, siz de mi dans edecek-siniz?"

"Evet, sonraki şarkı başladığında."

"Şey... Ondan hemen sonraki şarkıda dans edebilir miyiz?" Bakışlarını önce Abel'e, sonra Tressa'ya çevirdi. "Elbette... Abel ile dans ettikten sonra."

Tressa, Abel'in onayını almak istercesine yüzünü ona çevirdi. Abel aslında hayır demek istediğini fark ederek yutkundu. Ancak kızın üzerinde bir hak iddia edemezdi ve eğer onu Ethan'a bırakırsa daha az spekülasyon olur diye düşündü. Güçlükle yanıt verdi. "Tabii ki. Neden bundan sonraki şarkıda Ethan ile dans etmiyorsun? Ben gidip... Şu çikolatalı kekten bir dilim daha alacağım."

Tressa'nın eli Abel'in dirseğinden kayarak serbest kaldı ve Abel tatlıların durduğu masaya doğru yöneldi. Kavurucu güneş buzları eritmiş ve vıcık vıcık etmişti ama yine de kekten bir parça kesip ağzına bir lokma aldı. Talaş yese neredeyse aynı tadı verirdi. Kalçasını masaya dayadı ve dans pistine doğru baktı. Sonraki şarkı başlamıştı ve Ethan, Tressa ile dans ediyordu. Kovboyun kolları olması gerektiği gibiydi

-uygun ve kabul edilebilir- ama bu görüntü Abel'in midesini buruyordu.

Bir lokma daha aldı ve Ethan ile Tressa pistte diğer çiftlerin arasında dönerken ağzındaki lokmayı şiddetle çiğnedi. Tressa'nın kolunu dikenli telle yaraladığı anki duygular, onu yeniden ele geçirdi. Onu her türlü zarardan -dünyanın tüm tehlikelerinin zararından, Gage Hammond'un zararından, kızın kalpten ilgilenmediği herhangi bir başka adamın vereceği zarardan- korumak istiyordu. Bu kızı *önemsiyordu.*

Neden önemsediğini ise anlatamıyordu. Bir başka kadına -özellikle de doğulu bir kadına- bağlanmayacağına dair ant içmişti, oysa şimdi doğudan gelen bu şatafatlı, görgülü kadına gizemli bir biçimde çekildiğini hissediyordu. Mantığı, şu an evlenmek için en uygunsuz zaman olduğunu söylemesine rağmen kalbi bunu kabullenemiyordu.

Sonuna yaklaşan şarkı yavaşladı ve Abel tabağını masaya bıraktı. Hızla yürüdü ve kemancı son notasını çaldığında dans pistinin kenarına gelip durdu. Erkekler sıradaki dans için şans umarak ellerini kaldırıp kızlara doğru ilerlediler. Abel de diğerleri gibi elini kaldırdı. Tressa hevesli yüzlere göz gezdirdi ve bakışları Abel'inkilerle buluştu. Yüzünde beliren rahatlamış bir gülümsemeyle hemencecik başını salladı.

Abel piste çıktı, botları talaşta kayıyordu. Dengesini sağladı ve iki büyük adım atarak kızın yanına geldi. Notaların üçlemesiyle diğer şarkı başladı ve Abel kollarını açtı. Kız bir elini onun omzuna, diğerini ise havada bekleyen eline yerleştirdi. Bir anlık tereddüdün ardından Abel boştaki elini kızın beline nazikçe koydu.

Sanki daha önceden pratik yapmışlar gibi emin adımlarla müziğin ritmine kapıldılar. Adam, kızın başının üzerine baktı. Kızın kahverengi saçları güneşte parlıyordu. Eğer kızı kendine çekecek olsa tam çenesinin altına gelirdi. Bu düşüncesini test etmemek için kendini tutarak kollarını gerginleştirdi. Kız ilk önceleri başını öne eğik tutuyor, sanki adamın onun ayağına basmayacağından emin olmak istiyordu ama şarkı uzadıkça başını kaldırdı. Bakışları birleşti ve kızın yüzünde utangaç bir gülümseme belirdi.

Abel'in kalbi ağzına gelmişti. Gage'nin yorumu aklına geldi: "*Hattie Teyzenin kasabaya getirdiği kızların içinde en güzeli o.*" Gage haklıydı. Narin yapılı kalp şeklinde bir yüze ve güzel gözlere sahipti. Kahvaltı masasının diğer tarafından ona bakmak büyük bir zevk olurdu. Bir erkeğin damak zevkine uygun yemekler yaparak onu doyurabileceğini biliyordu. Tressa'nın tatlı yüzüne bakarak eğer kendini bu kadına açarsa hayatının ne denli zenginleşeceğini düşünen Abel'in ayakları oynuyordu; birinci adım, ikinci adım ve dönüş.

Vince, hayvan hırsızlarıyla olan sorun çözülene kadar evlenmemesini tavsiye etmişti. Böyle bir keşmekeşin içine neden bir kadın sokacaktı ki? Abel bu ihtiyar kovboyun görüşüne saygı duymakla beraber, bu fikri bir kenara bırakıp gidip Hattie Teyzeden Tressa ile flört etmek için izin almayı istiyordu.

Yakınlarında bir yerden yükselen kahkahayı başka gülüşmeler izledi. Tressa başını eğip kaldırarak Abel'in kollarından sıyrıldı. Birdenbire Abel müziğin durduğunu fakat kendisinin hâlâ dans ettiğini fark etti. Yüzünü ateş bastı, geriye doğru sendeledi. Botlarının topuğu dans pistinin kenarından kaydı. Kollarını çırparak geriye gitti ve çamura poposunun üzerine şap diye oturdu.

Adamlar onu gösterip bacaklarına vurarak alay edince gülüşmeler kahkahalara dönüştü. Tressa pistin kenarına fırladı. İnce parmaklarıyla ağzını kapatarak adama bakıyordu. Adam onun bu sempatik bakışlarını görmezden gelerek ayağa kalktı ve pantolonunu çırptı. Sırf bir kadına olan ilgisinden dolayı bir kez daha alay konusu olmuştu.

Döndü ve at arabasına doğru ilerledi. "Cole! Ethan! Haydi gidiyoruz!" Kahkahalar sürerken iki kovboy onun yanına seğirtti. Kemancı, kahkahaları bastırabilmek için neşeli bir parça çalmaya başladı. Abel at arabasına atladı ve Cole ile Ethan'ın da bindiklerinden emin olduktan sonra dizginleri atın sırtına vurdu. Atlar öne atıldı ve Abel önce kapıya ve sonra patikadan aşağıya giderken atların hız kesmemelerini sağladı.

"*Biz* neden kalamadık anlamıyorum" dedi Cole arkadan seslenerek. "Sıradaki şarkıda Bayan Sallie ile dans edecektim."

Abel dizginleri öyle sert çekti ki atlar buna itiraz ederek kişnediler. Koltuğunda döndü. "Dans etmeye devam etmek mi istiyorsun? Atla o zaman. Ama parti bittiğinde yürürsün çünkü geri gelip seni almam."

Ethan ve Cole ağızları açık birbirlerine baktılar. Sonra Cole Abel'e hevesle sordu. "Sahiden mi diyorsun, patron?"

"Uzun bir yol ama eğer dans buna değer diyorsan, seni durdurmam."

"Oley!" Cole at arabasının kenarına gitti. "Geliyor musun, Ethan?"

Ethan Abel'e gergin bir bakış attı. "Evet, galiba." Atladı. "Sakıncası olmadığına eminsin, değil mi Abel?"

Abel dişlerini sıkarak yanıtladı. "Devam edin. Gün batmadan evde olun."

• • •

Hattie, Luella'yı keman sesinin ve kahkahanın havada uçuştuğu avluya yöneltti. Kızın yanakları ağlamaktan kıpkırmızı ve lekeliydi. Ama erkekler, kızın yanağının güneşten dolayı böyle kızardığını düşünecekti. Bu yüzden Hattie Luella'nın partiye yeniden katılmasında sakınca görmedi.

Luella, Hattie'nin yanında yürüyordu, her zamanki arsızlığından eser yoktu. Kızın bu denli yenilgiye uğradığını görmek Hattie'nin canını yaksa da bu düş kırıklığının faydalı olabileceğini düşünmekten kendini alamadı. Luella, onu kullanıp bir kenara atan bir adam için kendini harcamıştı. Gage'nin onu geri çevirmesi, kızı belki de harekete geçmeden önce düşünmeye iterdi. En azından Hattie böyle olması için dua ediyordu. İyi bir dersin boşa harcanmasından nefret ederdi.

Dans pistine yaklaştıklarında pek çok erkek omuzlarının üzerinden onlara baktı. Adamlar sırıtarak ve işaretleşerek hemen birbirlerini dirsekleriyle dürtüklediler. Luella'nın adımları yavaşladı, ancak Hattie elini kızın sırtının ortasına koyup yavaşça onu itti.

"Haydi bakalım. Orada bekleyen *iyi* adamlar var ve hiçbir şey kırık bir kalbi gün ışığında dans etmek kadar iyi onaramaz."

Mazlumca iç çeken Luella çenesini kaldırıp yavaşça ilerledi. Hattie kollarını göğsünde bağlamış hâlde durup bir sonraki dansı Luella ile yapma şansı için kapışan Len Meyer ve Fred Pennington'u seyretti. Erkeklerin arasında geçen birkaç dakikalık muzip atışmanın ardından Luella keyifle omuzlarını sallayınca Hattie sırıttı. Görünüşe göre kız şimdiden iyileşiyordu. Len veya Fred'den bu dik kafalı kıza iyi eş olurdu.

Hattie verandanın basamağına oturup çenesini tutarak dans edenleri seyretti. Gözlerinin önündeki eğlenceyi görmek ne büyük keyifti. Bu okul fikrini öngörürken hayal gücü; hevesli erkekleri, gülüşen kızları ve eğlenceli müziği resmedecek kadar canlı olmamıştı. Tanrı'nın onun kalbine ektiği tohum umduğundan çok daha güzel çiçek açıyordu, kalbi minnetle kabardı. Gage ve Luella arasındaki meseleye rağmen kızın bu macerasının iyi sonuçlar doğuracağı belliydi.

Dizlerine bir gölge düştü ve başını kaldırdığında Brewster Hammond'un basamakların yanında durduğunu gördü. Yan dönüp adama baktı. "Gage nerede?"

"Onu çiftliğe yolladım ve ben eve dönene kadar orada kalmasını söyledim." Brewster pantolonunu çekip basamağın diğer tarafına oturdu. Dirseklerini dizlerine dayayıp dans edenlere baktı. Keman sesi, adamın ciddi sesini neredeyse bastırıyordu. "Harriet, oğlum haşarı bir tip olabilir ama ben doğruyu söylüyorum. Onun böylesine aşağılık bir davranışta bulunabileceğine dair en ufak fikrim yoktu. Senden özür dilerim ve bu akşam gitmeden önce hem Luella'dan hem de Tressa'dan özür dileyeceğim."

Adamın bu üzgün tavrı Hattie'nin sempatisini kazanmıştı; ancak Brewster, Gage'nin uygunsuz hareketlerinde payı olduğunu kabul etmeliydi. "Benim hiç çocuğum olmadı ama annemin beni sıkı şekilde idare ettiğini hatırlıyorum. Budalalığın bir çocuğun kalbiyle ilgisi olduğunu ve beni ondan uzak tutmanın boynunun borcu olduğunu söylerdi." Kendi kendine güldü. "Ben öyle bir eğilim gösterecek olsam beni bundan uzak tutar ve bunun yeniden olmasını engellerdi."

Brewster boğazını temizledi ve çelik grisi bıyıklarını düzeltti. "Sanırım ben bu anlamda Gage'ye karşı olan görevimi yerine getirmedim. Amy öldükten sonra ben..." İç çekti. "Ben onu şımarttım, Harriet. Ve baksana ne hâle geldi. Yalnızca kendini mutlu etmeye çalışan bencil bir adam."

Hattie dizine hızla vurdu. "Bunu değiştirmek için çok geç değil, Brewster. Gage hâlâ kendi içinde olgunlaşıyor. Ona doğru yolu gösterebilirsin."

Brewster başını çevirip doğrudan kadının gözlerine baktı. "Teşekkür ederim, Harriet."

Kadın başını salladı ve birkaç dakika boyunca sessizlik içinde kemancının müziğiyle dans pistinde dönenleri seyrettiler. Rahatlayan Hattie, müziğin ritmiyle başını sallıyor ve ayaklarını yere vurarak tempo tutuyordu.

Brewster aniden oturuşunu dikleştirdi. "Harriet, dans etmek ister misin?"

"Ben mi?" Ellerini göğsüne bastırdı. Avucunun altındaki kalbi küt küt atıyordu.

Brewster gözlerinde muzip bir parıltıyla etrafa bakındı. "Ben çalılıkların arasında saklanan Harriet adında başka birini göremiyorum, peki ya sen?"

Bu beklenmedik espriye şaşıran Hattie güldü. Ama sonra hemen kendine geldi. On yedi yaşından beri dans pistine Jed'den başkasıyla adımını atmamıştı. Onca yılın ardından başka bir adamın onu dansa kaldırmasına izin verebilir miydi?

Brewster, yüzünde umutlu bir ifadeyle elini uzatmış bekliyordu. Ah, alt tarafı bir danstı sadece. Eğlenceli olabilirdi. Kendinden emin bir kahkaha atan Hattie, elini adamın avucuna koydu. Dans pistine doğru yürürlerken Hattie önlüğünü çıkarıp kenara bıraktı ve dansın ortasında diğerlerine katıldılar. Jed ile olduğu kadar kolay olmasa da ayaklarının Brewster'in ayaklarını takip edebilmesi onu şaşırttı ama ne de olsa Jed ile yıllarca pratik yapmışlardı. Şarkı sona erdiğinde düş kırıklığına uğradığını fark etti. Brewster'in kollarında dans etmek hoşuna gitmişti.

Adam yüzünde kocaman bir gülümsemeyle eğilip selam verdi. Bir sonraki şarkı başladığında soru sorarcasına kaşlarını kaldırdı ve Hattie onu onayladı. Bunu izleyen üç dansın ardından artık uflayıp pufluyordu, kızların da yorulduğunu fark etti. Akşam yemeğine daha epey vakit olmasına rağmen artık partiyi bitirme zamanının geldiğine karar verdi. Zavallı kızlar bitap düşmüşlerdi.

Hammond'un aşçısı tam yeni bir parçaya başlıyordu ki Hattie ona bakıp başını salladı. "Teşekkürler Cookie, ama biraz dinlen haydi."

"Ah, Hattie Teyze!" İtirazlar yükseldi ama Hattie yaygara koparan adamlara ellerini salladı.

"Bakın delikanlılar, herkes iyi vakit geçirdiği için çok memnunum ama bu kızcağızların ayaklarına kara sular indi. Tüm danslara katıldılar; oysa siz arada mola verdiniz. Bitirme vakti gelmiştir." Erkekler homurdandı ama sonra gönülsüzce razı olarak başlarını salladılar.

Hattie kızları verandaya yollayıp yeniden kalabalığa seslendi. "Buraya gelip bizimle güzel vakit geçirdiğiniz için hepinize teşekkür ederim. Kızlarımdan birine gözünü diken bir veya iki kişi olmuştur diye düşünüyorum. Eğer böyle bir durum varsa yarın kilisedeki ayinden sonra bana gelin ve flörtleşme için izin çıkıp çıkmayacağına bir bakalım. Unutmayın ki bu flört olayı erkeğin, kızın ve benim rızamla gerçekleşecek." Ellerini kalçalarına koydu ve erkeklerin oluşturduğu aşağıdaki kuyruğa baktı. "Ve en zor ikna edilecek kişi benim, o yüzden hareketlerinize dikkat etseniz iyi edersiniz, duydunuz mu?"

"Evet efendim" sesi koro hâlinde yükselince Hattie güldü. Alnındaki teri sildi ve at arabalarına gidenlere el salladı. "İyi akşamlar diliyorum. Yarın ayinde görüşürüz."

Hâlâ gülüşen ve konuşan kasabalılar avlunun diğer kısmına yöneldiler. Hattie oh çekerek, kızlara temizlik için talimat vermek üzere başını verandaya çevirdi ancak o esnada Brewster onu dirseğinden yakalayıp çekti.

"Harriet, ben..." Yutkundu, adem elması belirgin şekilde hareket ediyordu. "İyi vakit geçirdim."

Onunla dans etmenin verdiği keyfi anımsayarak gülümsedi. "Ben de öyle Brewster, teşekkür ederim."

"Ve düşünüyorum da..." Sert parmaklarıyla bıyıklarını düzelterek önce kızlara, sonra da Hattie'ye baktı. "Çiftliğimde yıllardır kadın olmadı... Gage bir kadının etkisinden faydalanabilir. Bu yüzden, merak ediyordum eğer..."

Hattie gözlerini kıstı. "Brewster, kızlarımdan biriyle flört etmeyi mi düşünüyorsun yoksa?"

Adamın kaşları kalktı.

Hattie kollarını göğsünde birleştirdi. "O kızlar senin kızın olacak yaşta."

"Harriet, kızlarından biriyle değil. Ben... Şey... Seninle düşünüyordum."

Hattie, açık kalan ağzını kapatamıyordu.

Brewster onun omzuna vurdu. "Bana şimdi cevap verme. Biliyorum, sürpriz oldu."

Bu konuda kesinlikle haklıydı. Hattie ağzını kapadı.

"Yarın ayinden sonra konuşuruz. Şimdi eve, Gage'nin yanına dönmeliyim. Onunla konuşacak ciddi şeylerimiz var."

22

Tressa parmaklarını at arabasının kenarına geçirdi ve çenesini elinin üzerine koydu. Kilisenin güneşli avlusuna göz gezdiren diğer kızlar da destek olsun diye ahşap kenara tutunmuşlardı. Tressa çitin üzerine tüneyen kargalar gibi göründüklerini düşündü ama bu düşüncesine gülmedi.

Hattie Teyze, ahşap kenarlı şapelin gölgesinde durmuş, ona havalı bir biçimde işaretler yapan bir adamın dediklerini kurşun kalemle bir kâğıda not alıyordu. Bu adamın arkasında ise çiftlik sahiplerinden oluşan bir kuyruk Hattie Teyze ile konuşabilmek için bekliyordu. Bu görüntü karşısında Tressa'nın dili damağı kurudu ve göğsü sıkıştı. Bu adamların her biriyle dün en az bir kez dans etmişti. Acaba içlerinden birisi onunla flörtleşmek için izin mi isteyecekti?

Adamlara tek tek baktı, sıranın en sonunda Abel Samms'i gördüğündeyse kalbi hop etti. Ethan ve Cole ise onun yanında duruyorlardı, üçü de şapkalarını ellerinde tutuyorlardı. Bu üç adamın gölgede değil de güneşte durup yine de şapkalarını ellerinde tutmaları tüylerini ürpertti. Kovboyların şapkalarını çıkarmalarının saygıdan ileri geldiğini öğrenmişti. Abel, Cole ve Ethan belli ki bu flörtleşme olayını ciddiye alıyorlardı.

Sallie, Tressa'nın kolunu dürttü. "Şu an Hattie Teyzeyle konuşan adamla iki kez dans ettim. Bana temizlikte ve yemek yapmada iyi olup olmadığımı sordu."

Tressa dikkatle bu uzun boylu adamı inceledi. Adını anımsayamıyordu ama kıyafetini hatırladı. Adamın kıyafeti dün toz ve ter lekesi içindeydi; bugün de daha iyi durumda olduğu söylenemezdi. Görünüşe göre kıyafetini düzgünce nasıl fırçalaması gerektiğini bilmiyordu. Ya da bunu yapmamayı tercih etmişti belki. Hoşnutsuzlukla burun kıvırdı. "Ona ne dedin peki?"

"Gerçeği. Hem yemekte hem de temizlikte *iyiyim*. Sence Hattie Teyzeden benimle flörtleşmek için izin istiyor mu?" Sallie'nin sesi telaşlıydı.

Tressa ona içtenlikle gülümsedi. "Korkma Sallie. Hattie Teyze flört olayının onun, adamın ve kızın onayıyla olacağını söyledi; unutma. İstemediğin biriyle flört etmeye zorlamayacak kimse seni."

Sallie rahatlayarak oh çekti. Başını Cole'ye çevirdi ve yavaşça kıkırdadı. "Cole'nin sırada olduğunu gördün mü? Geleceğine söz vermişti ve Abel'den onun için konuşmasını isteyeceğini söylemişti. Hattie Teyzenin onun henüz... Bir çiftliği olmamasına rağmen sorumluluk sahibi bir koca olacağını bilmesini istiyormuş.

"Henüz mü?"

Sallie hevesle başını salladı. "Bir kenara para ayırdığını ve daha fazla kazanabileceğini söylüyor. Kendi yerini almak istiyor. Öyle ince planları var ki eminim Hattie Teyze ona evet diyecek."

"Ah, umarım öyle olur Sallie."

Kirli takım elbiseli adam omuzları dik ve dudakları gergin şekilde uzaklaştı. Sıradaki adam -Tressa adını Glendon Shultz olarak hatırladı- öne çıktı. Hattie Teyzeyle birlikte kafa kafaya verdiler ve ardından Hattie Teyze hararetle not aldı.

Tressa dudaklarını kemiriyordu. Abel'i kuyrukta görmek içine ufak da olsa umut serpmişti. Dün dans ettiklerinin içinde flört etmek istediği tek adam Abel'di. Onu Gage'ye karşı savunması ve sonrasında onu dans ederken şefkatle sarmasından, Abel'in güçlü ve nazik birisi olduğu belliydi. Yeniden onun kollarında olma arzusuyla kalbi pır pır etti. Neden sonra içini belirsizlik hissi kapladı. Ya Abel sadece Cole'yi desteklemek için geldiyse? Bir anlığına gözlerini kapatıp korkularını yatıştırmaya çalıştı.

Abel'in onu dansa götürürken elini beline koyuşunu anımsayarak iç çekti. New York'ta katıldığı danslar, taşradakine kıyasla daha az saygındı, ancak talaş serpilmiş dans pistinde Abel Samms ile dönmekten, balo salonunda Tremaine Woodward ile olduğundan daha çok keyif almıştı. Paylaştıkları bu anları Abel'in de kendisi gibi mutlulukla anmasını ne çok isterdi. Abel, Hattie Teyzeyle konuşmaya gittiğinde kadın onu çağırırsa o zaman anlardı. Kalbi beklentiyle küt küt atarken duası ağzından dökülüverdi: *Lütfen Hattie Teyze adımı söylesin*!

Hattie Teyze birdenbire ellerini ağzına tutarak "Mabelle! Buraya gel lütfen" diye seslendi.

Mabelle at arabasının arkasından atlayıp avluda duran Hattie Teyzenin yanına gitmeden önce kızlara heyecanla baktı.

Sallie, Tressa'yı dürtükledi. "Sence bu adamla flörtleşmek için evet diyecek mi? Pek de yüzüne bakılacak bir tip sayılmaz, değil mi?"

Tressa al yanaklı, yuvarlak yüzlü Glendon Shultz'un çirkin bir adam olduğuna hemfikirdi ancak adam çoğunlukla gülümsüyor ve yumuşak huylu görünüyordu. "Görünüş her şey değildir" diye fısıltıyla yanıt verdi Tressa. "Görünüş geçicidir ama karakter kalıcıdır."

Sallie muzipçe sırıtarak "Doğru" dedi. "Ama ben yine de yakışıklı bir adamla flört etmeyi yeğlerim... Cole gibi mesela."

Mabelle kızarmış yüzü ve ışıl ışıl gözlerle koşarak geri geldi. Elleriyle kendini yelpazeleyerek "Bir sevgilim oldu!" dedi soluk soluğa.

Kızlar onu tebrik etti ve Mabelle at arabasına binmeden önce bir yığın etek ve jüponun üzerine kapanarak kızlara sarıldı. Konuşmalar devam etti ve Luella, Fred Pennington'un kendisiyle flört etme teklifini kabul etti. Paralee, Bob Clemence'yi reddetti ancak Jerome Garner'in ziyaretlerine müsaade etti. Luella ve Paralee at arabasındaki Mabelle'ye katıldılar ve nihayet Abel, Ethan ve Cole, Hattie Teyzenin yanına geldiler. Sallie, Tressa'nın elini tuttu.

Birkaç dakikalık sohbetin ardından, Hattie Teyze aynı anda Sallie ve Tressa'ya işaret etti. "Buraya gelin kızlar."

Kızlar! Yani flörtleşme isteğiyle gelen bir tek Cole değildi. Sert zeminde Sallie'nin peşinden giden Tressa'nın bacakları titriyordu. Son yarım saatten fazla süredir Hattie Teyzenin kendisini çağırmasını bekleyen Tressa'nın saç dipleri terden ıslanmıştı. Daha bu sabah temiz ve yeni ütülenmiş olan elbisesi, nemli tenine yapıştığından avluda yürürken hareketini kısıtlıyordu. Daha biraz önce Abel Samms'in yanına çağrılmaya can atarken şimdi saklanacak delik arıyordu. Üzerinde ter lekesi olan elbisesi ve nemden boynuna yapışan saçlarıyla kim bilir ne kadar itici görünüyordu.

Hattie Teyze kollarını göğsünde birleştirip kurşun kalemiyle dirseğine vuruyordu. "Kızlar, durum şu şekilde: Cole, Sallie ile; Ethan ise Tressa ile flört etmek istiyor."

Tressa şaşkınlıkla Abel'e baktı. Adam şapkasını pıt pıt pantolonuna vuruyordu, başı öne eğikti.

"Şöyle ki bu delikanlıların ikisinin de kendilerine ait çiftliği yok. Evleri de yok, yalnızca bir müştemilatları var. İzin vermeyi isterdim ama... Yapamam." Kadının vicdan azabı duyduğu sesinden belliydi.

Tressa aynı anda üç güçlü duyguya kapıldı: Ethan'ı geri çevirmek zorunda kalmadığı için rahatlama, Sallie için derin üzüntü ve Abel Samms onunla flört etme talebinde bulunmadığı için düş kırıklığı. Sallie'ye baktı ve kızın gözlerinde beliren yaşları görünce kendini düşünmeyi bıraktı. Kolunu Sallie'nin beline dolayıp yavaşça pışpışladı. "Çok üzgünüm" diye fısıldadı.

Abel bir yandan şapkasını takıp bir yandan geriye iki adım atarak "Hattie Teyze, artık eve gitmemiz gerekiyor" dedi. "Cole, Ethan haydi gidelim. Vince at arabasında bekliyor." Cole omzunun üzerinden Sallie'ye özlemle bakarak, Ethan ise botunun ucuyla toz kaldırarak adamın peşinden gittiler. Abel omuzları dik, kollarını sallayarak yürüyordu. Tressa boğazındaki düğümü yuttu. *Tanrım, Sallie ve benim için ne planlıyorsun*?

Hattie Teyze kâğıt parçasını ve kalemini eteğinin cebine koydu. "Haydi, biz de gidelim." Tressa ve Sallie ile kol kola girip aylak aylak yürüdüler. "Sallie, hani şu uzun boylu, yumuşak sesli Orval Day var ya, onun da seninle flört etmek istediğini bilmelisin. Fakat ona nedenlerini yeniden düşünmesini söyledim. Sanki bir eşten ziyade hizmetçi almak istiyor gibi ama eğer seni ziyaret etmesine müsaade ediyorsan buna engel olmam çünkü büyüyen bir çiftliği var ve sana iyi bakacağını biliyorum."

Tressa'nın dirseğini tutan kolu gerginleşti. "Ve Tressa..."

"Harriet?"

Tok bir ses duyuldu. Kadın durdu ve döndü. Brewster ve Gage Hammond kilisenin verandasından inip onlara doğru yürümeye başladılar. Tressa elinde olmadan Hattie Teyzenin arkasına geçti.

"Gage ve ben size bir şey söyleyebilir miyiz, Bayan Tressa?"

Sallie yana sıçrayıp at arabasını işaret ederek "Ben diğerlerinin yanına gidiyorum..." dedi. Koşarak uzaklaştı.

Bay Hammond, Tressa'ya efendice başını salladı. "Gage'nin size söylemek istediği bir şey var, Bayan Tressa."

Gage şapkasını iki eliyle karın hizasında tutuyordu. İlk defa yılışıkça sırıtmıyordu. Doğrudan kızın gözlerine bakıyordu. "Bayan Tressa, dünkü davranışım için sizden özür dilerim. Bu kadar ileri gitmemeliydim. Bir daha olmayacak."

"Elbette olmayacak" dedi Hattie Teyze, çenesi aşağı eğikti.

Hattie Teyzeye endişeyle bakan Gage konuşmasını sürdürdü. "Gerçek şu ki sizden hoşlanıyorum. Güzel olduğunuzu söylerken demek istediğim gerçekten buydu ve... Eğer izin verirseniz... Sizinle flört etmek isterim."

Tressa sendeledi. Gage Hammond ile flört etmek mi? At arabasından fısıltılar yükseldi, Tressa kızların Gage'nin söylediklerini duyduklarını anlamıştı. Bu adamı reddettiği için diğer kızlar kesinlikle onu aptallıkla suçlayacaktı ama iğrenmekten başka bir şey hissetmediği biriyle nasıl flört ederdi ki?

Bay Hammond boğazını temizledi. "Flörtleşme için gelen yalnızca Gage değil, Harriet. Dün de bahsettiğim gibi seninle zaman geçirmek benim için zevk olacaktır." Elini Gage'nin omzuna koydu. "Sanırım bu ikiniz için de ani verilmiş bir karar değildir. Gage ve ben şimdi eve gidiyoruz ve siz bayanlara düşünmeniz için fırsat tanıyoruz. Harriet, ben cumartesi akşamı uğrayayım mı? Benimle flört etmeyi isteyip istemediğin konusunda karara varman için bir hafta süre demektir bu."

Gözlerini kocaman açan Hattie Teyze yavaşça başını salladı. "Cu-cumartesi akşamı uygun olur, Brewster. Kahveyi hazırlarım."

"Ve ben de geleceğim, Bayan Tressa." Gage öne ilerledi, Tressa mesafeyi korumaya çabaladı. "O zaman biraz daha konuşabiliriz."

Hattie Teyze onlara veda etti ve Tressa'yı at arabasına yöneltti. Tressa arabanın arka tarafına geçip başını diğerlerinden ters tarafa çevirdi. Diğer kızların heyecanlı konuşmalarını duymazdan gelip kendi düşüncelerine odaklandı. Gage'ye duyduğu tiksintiyi bir kenara bırakıp onunla flört etmeli miydi? Gage özründe samimi miydi?

Kafasında düşünceler gelip giderken manzaraya, uzamış çimenlere ve mavi gökyüzüne baktı; eğer o Gage ile, Hattie Teyze de Bay Hammond ile evlenirlerse aile olurlardı. Bu cazip bir düşünceydi. Yaşlı kadını derinden seviyordu. Gage'nin karısı olursa hiçbir şeye muhtaç olmazdı. Gage'nin söylemekten gurur duyduğu gibi Hammondlar bu bölgedeki en varlıklı aileydi. Ayrıca evlerinde aşçı da vardı, bu durumda başka biriyle evlenmesine kıyasla görevleri daha az olacaktı.

Gözlerini kapatıp Gage'nin kilise avlusunda, şapkasını pazar günü kıyafetinin karnına bastırmış, pişman yüzüyle gözünün önüne getirmeye çalıştı. Ama başka bir görüntü aklına geldi: Gage'nin dudaklarını onun dudaklarına zorla bastırırkenki yılışık gülümsemesi. Titredi. Hemen ardından aklına gelen Abel, bu çirkin görüntüyü silip süpürdü. Adamın Hattie Teyzenin avlusunda dans ederlerkenki gülümsemesini anımsayınca gülümsedi. Göğsünün ortasında beliren daralma hissi çabucak yerini özlem sızısına bıraktı. Abel neden onunla flört etmek için izin istememişti ki?

"*İkinci en iyi şans, hiç şansının olmamasından iyidir.*" Teyzesinin sözleri bir kez daha kulaklarında çınladı. Abel onu istemiyordu fakat Gage istiyordu. Bayan Gage Hammond olmak bu küçük Kansas çiftlik sahibi topluluğunda ona prestij katardı. Daha ne olsun...

Gökyüzüne bakıp sessizce dua etti. *Tanrım, Gage senin benim için yaptığın planların bir parçası mı? Eğer öyleyse, lütfen onunla birlikte, ikinci en iyiden daha fazlası olacak bir hayat sürmeme izin ver.*

23

Abel bir kaşık dolusu beyaz pütürlü lapayı ağzına götürdü. Bıçağın arkasındaki minik kahverengi kabuk parçalarını görmese ne yediğini bilemezdi. Ethan patatesleri patates olmaktan çıkıncaya kadar haşlamıştı. Patatesin tadı da kendiyle birlikte mahvolup gitmişti. Abel tatsız lapayı yuttu ve bir lokma daha almak için kaşığını tabağındaki yığına götürdü.

Tabağındaki patateslerin çevrelediği yanmış bifteğe bakan Vince de yüzünü ekşitti. "Sanırım botumun derisi bile bundan daha kolay kesilir."

"Ah, baba..." Ethan homurdandı. "Ben aşçıyım demedim ki asla."

"Aferin, zira yalan söylemiş olurdun."

Ethan babasını dirseğiyle dürttü. Sonra da masadakilere özür dilercesine baktı. "Bu kadar kötü olduğu için üzgünüm. Yemek yaptığımı unutarak bunları ocakta çok fazla tuttum."

"İnsan yemek yaptığını nasıl unutabilir ki?" Cole bıçağının ucuyla bifteğini dürttü. İşlememişti bile.

"Süt almaya kilere gittim ve..." Ethan'ın yüzü pespembe oldu. Buruş buruş bir bezelyeyi çatalıyla bir taraftan bir tarafa sıçratarak tabağının üzerine kapandı. "Şey, çitin dışında boy atan sarı çiçekler gördüm, kadınların çiçekleri ne kadar sevdiğini düşündüm ve keşke şu çiçeklerden toplayıp Bayan Tressa'ya götürebilsem dedim ve işte yemeği ocakta unuttum." Derin bir ah çekti. "Keşke onunla flört edebilseydim..."

Vince gözlerini devirerek arkasına yaslandı. "Yine mi!"

Abel dilini tuttu ama Vince ile aynı fikirdeydi. Geçen haftadan beri konu her akşam flört olayına geliyordu. Cole, Sallie ile flört etmek için izin koparmaya kararlıydı. Her akşam yemeğinden sonra atını eyerleyip biraz turlamaya çıkıyor, buna "düşünme zamanı" diyordu. Cole, Sallie ile flört etmeyi kafasına koyunca Ethan da Tressa ile flört etmenin bir çaresini bulmaya odaklanmıştı. En azından Cole düşüncelerini kendine saklıyordu; Ethan ise aklına ne gelse söylüyordu.

"Ben ona iyi bakarım baba" dedi Ethan kendini savunarak. "Yaparım, biliyorsun."

Vince oğlunun omzuna bir şaplak vurdu. "Bunu bir an bile sorgulamadım. Ama gerçek şu ki sen bir kovboysun. Bir ırgat." Vince'nin sesinde acılı bir ifade vardı. "Hattie Teyze ırgatların eşlerini geçindiremeyecekleri için kızlarıyla yalnızca çiftlik sahiplerinin flört edebileceğini söylüyorsa bize bunu kabullenmek düşüyor."

"Ama bir adam umut besleyebilir, değil mi?"

Abel mırıldandı. "Umarım ikinizden biri evlenir çünkü eğer böyle yemekler yemeye devam edeceksek, pantolonlarımızın düşmemesi için birer askıya ihtiyacımız olacak."

Vince kahkahayı patlattı. "Sanırım benim de yakında öyle bir askıya ihtiyacım olacak, çünkü bunu yiyemiyorum." Tabağını itti. "Dökebilirsin, Ethan."

Cole peçetesiyle ağzını sildi ve kalktı. Sandalyesinin arkasında duran şapkasını alıp kapıya yöneldi. "Ata binmeye gidiyorum."

"Çıktığında sürüye bir göz atıp kendini gösteriver. Neredeyse iki haftadır hiç hayvan kaybımız olmadı, şu hırsızları sürümden uzak tutmak istiyorum" diye seslendi Abel Cole'nin arkasından.

Ethan tabakları toplayıp mutfağa götürdü. Onları duymayacak kadar uzağa gittiğinde Vince öne eğildi. "Abel, bu flört olayı hakkında ne düşünüyorsun? Cole acayip gergin. Hattie Teyze ne derse desin Bayan Sallie ile evlenmenin bir yolunu bulacağını söyleyerek bu hafta beni çıldırttı. Ethan da Bayan Tressa ile aynı şeyi düşünüyor. Hiçbirinin de bir geline tencere ve tavadan başka verecek şeyleri yok." Vince başını salladı. "Bunlardan birinin nasıl iyi olacağını anlamıyorum."

Abel kahvesinin son yudumunu kafasına dikti. "Hattie Teyze lafının arkasında duran bir kadındır. Eğer öğrencilerinin sadece çiftlik sahipleriyle flört edebileceğini söylüyorsa öyle olacaktır. Ayrıca buralardaki çiftlik sahiplerinin kızları alması çok sürmeyecektir, dolayısıyla Ethan ve Cole bu saçmalıkları bırakmak zorunda kalacaklar." Abel'in içine bir sızı düştü ve bunun açlıktan dolayı olmadığını biliyordu. Tressa'nın başkasıyla olduğunu düşünmek hoşuna gitmiyordu.

"Pekâlâ, Hattie Wyatt'a saygı duyarım, biliyorsun. Ama kızlarının yalnızca çiftlik sahipleriyle flört etmesine müsaade etmesi bana adil gelmiyor. Oğlumun kendi içinde böylesine karmakarışık olduğunu görmek beni rahatsız ediyor. Bir delikanlının maaşı bu kadar önem taşımamalı. Ben yıllarca bu maaşımla oğluma baktım." Kendi sözlerini dikkate almıyormuşçasına ellerini havada savuşturdu. "Elbette sadece oğlum ve ben olunca müştemilatta kalmakta sorun yaşamadık. Adamın karısı varsa ona sunabileceği küçük bir evi olması lazım."

Dirseğini sandalyesinin arkasına dayayıp odada göz gezdirdi. Dudaklarını büzerek çenesini kaşıdı. "Bak, Abel. Bu sadece bir düşünce. Burayı bana satarsan Ethan ile Tressa burada yaşayabilirler. Ben de müştemilatta kalmaya devam ederim."

Abel omurgasını sandalyenin sırtlığına dayayarak oturuşunu dikleştirdi. "Satmak mı? Ama ben nereye gideyim ki?"

"Bilmem. Kasabaya. Küçük bir dükkân gibi bir şey açabilirsin." Kendi kendine güldü. "Ah, babanın izinden gitmek istediğini biliyorum. Ama sırf baban çiftlik kurmuş diye sen de bunu yapmaya mecbur değilsin. Henüz gençsin, yapabileceğin pek çok şey var."

"Ama ben çiftlik sahibi olmak *istiyorum*."

"Pekâlâ, Abel hemen olumsuz düşünme. Son zamanlardaki sorunları düşünerek ortaya atılmış bir fikirdi sadece. Irgatını başka bir şekilde denemek ister misin diye merak etmiştim." Vince bir omzunu silkti. "Brewster Hammond'un pek çok teklifte bulunduğunu biliyorum. Eğer satacaksan bu çiftlikte en başından beri emeği olan birine satmayı yeğlemez misin?"

Abel derin bir nefes aldı. "Satmayı planlarsam elbette Bay Hammond'dan önce sana teklif ederim Vince. Birlikte ne kadar çok çalıştığınızı göz önünde bulundurursak babam da senin sahip olmanı yeğlerdi."

Vince candan bir şekilde "Omuz omuza, dişimizle tırnağımızla" dedi.

"Ama satmıyorum. Elimden geldiğince satmayacağım." Abel dişlerini gıcırdattı. Dün gece mevcut hayvan fiyatlarını ve bu sonbaharda kaç büyükbaş satabileceğini dikkatlice hesaplamıştı. Sürünün başına gelebilecek -doğal veya insani- başka bir felaket olmasa bile iflas etmek üzereydi. Sürüyü yeniden toparlayana kadar fazladan para kazanmak zorundaydı fakat bunun üstesinden gelecekti.

"Tamamdır, Abel." Vince ellerini masaya bastırarak sandalyesinden kalktı. "Ama fikrini değiştirecek olursan... Bir kenara üç beş kuruş atabildim. Çiftlik için iyi bir ödeme yaparım sana. Ve biliyorsun ki buraya çok iyi bakarım. Kaç senedir burada olduğum hesaba katıldığında sanki zaten benimmiş gibi geliyor."

Vince kendi kendine gülerek başını salladı. "Ah, neler diyorum baksana. Yaşlı bir adam gibi konuştum." Sırıttı. "Bana kulak asma, Abel. İstediğin buysa, devam et." Zayıf omuzlarını silkti. "Kişi yapması gerekeni yapmalıdır."

• • •

Tressa, tıpkı Gretchen Teyzenin ona öğrettiği gibi oturma grubunun köşesindeki iskemlede elleri dizlerinin üzerinde ayaklarını çapraz birleştirmiş oturuyordu. Gage Hammond ise sehpanın karşısındaki benzer iskemlede ağırbaşlı, dik bir şekilde oturuyordu. Kansas'ın yabani ovalarındaki bu basit oturma grubunda böylesine resmî hâlde oturmak ne saçmaydı; varlığından tiksindiği bir adamdan etkilenmeye çalışmak ne anlamsızdı. İsterik bir şekilde gülmemek için kendini zor tutuyor, boğazını temizleyerek bunu engelliyordu. Eğer gülerse misafiri onun eğlendiğini zannedebilir, bu da ortaya yanlış bir durumun çıkmasına neden olurdu.

Hattie Teyze aromatik içeceği, gül desenli uzun Çin çaydanlığından yine o çaydanlıkla aynı desen fincanlara döktü, şeker ekledi ve sonra her bir fincana krema koydu. Fincanları tek tek karıştırdıktan sonra üzerinde kahve ve fırından yeni çıkmış yulaflı kurabiyelerin olduğu tepsiyi Bay Hammond'a tuttu. Adam iki kurabiye ve fincanlardan birini alıp ağzını şapırdatarak "Mmm, iyi görünüyor Harriet" dedi.

Hattie Teyze tepsiyi Gage'ye tuttu. O da bir fincan ve bir kurabiye aldı ve aldıklarını ağzına götürmeden iskemlelerin arasındaki sehpaya bıraktı. Gözleri Tressa'nın yüzüne takılıp onu yokladığında cesareti kırıldı.

Tressa kurabiye almadı -iştahı yoktu- ama hafifçe gülümseyip teşekkür ederek bir fincan aldı. Şekerli içeceğinden büyük bir yudum aldı ve akşamın çabucak geçmesini diledi. Küçük odanın diğer tarafında Hattie Teyze ve Brewster Hammond kanepede yan yana oturmuş sessizce laflıyorlardı. Onlara katılmayı diledi. Görgü kurallarına göre Gage konuşmayı başlatanın kendisi olması gerektiğini belli ki bilmiyordu.

Tressa fincanındakini neredeyse bitirdiğinde dakikalar geçmişti. Eğer son yudumu alana kadar Gage konuşmazsa Tressa'nın ne yapması gerekiyordu? Orada sessizce oturup bekleyecek miydi? Kim bilir ne kadar aptal görünüyorlardı!

Boş fincanını sehpanın üzerine, Gage'nin dolu fincanının yanına bıraktı; Gage elini uzatıp kızı bileğinden tuttu. Ondan kurtulana dek şaşkınlıkla dudaklarından tiz bir ciyaklama döküverdi. Gage'nin parmakları kızın eline kaydı ve sıkıca tuttu.

"Haydi ama Tressa. Güzel bir akşam... Havada yağmur kokusu var. Haydi gidip ön verandada oturalım. Orada konuşabiliriz."

Tressa yalvaran gözlerle Hattie Teyzeye baktı ama yaşlı kadın öne eğilmiş oturuyordu, Bay Hammond ile derin bir sohbet içindeydi. Tressa'ya yardım edemezdi. Tressa iç çekerek başını salladı ve Gage'nin onu ön kapıya yöneltmesine izin verdi. Dışarı adım attıkları anda yağmur kokusu Tressa'nın dikkatini çekti. Derin derin nefes alarak havayı ciğerlerine doldurdu. Çaba göstermeksizin yüzüne bir gülümseme yayıldı.

Gage sırıttı. "Güzel kokuyor, değil mi? Yaz yağmurunu severim ve bu seferki de iyi olacak gibi. Şuraya bak!" Büyük, gri bulutların geldiği doğuyu işaret etti. Şimşek çarpmasıyla beraber bulutlar kâğıt fener gibi göründüler. "Gök gürültüsünü duymamıza az kaldı" derken Gage'nin eli Tressa'nın omzundaydı, nefesiyse kızın saçlarına değiyordu.

Adamın dokunuşu, Tressa'nın içinin ürpermesine neden oldu. Geri adım atıp verandanın köşesindeki sandalyeleri işaret etti. "Oturup dinleyelim mi?"

Gage hafifçe homurdandı ama başını sallayıp kızın peşinden sandalyelere yöneldi. Oturup dakikalarca manzarayı seyre daldılar, sonra Gage aniden kıza doğru eğildi. Kız istem dışı diğer tarafa eğilirken parmakları sandalyenin kolçağına çarptı.

"Karar verdin mi peki? Seninle flört etmeme izin verecek misin?"

Tressa derin bir nefes aldı. Hattie Teyze, doğru adamla flört etmeye başladığında kalbinin ona bunu belli edeceğini söylemişti. Gage'nin ziyareti için kalbi pır pır etmemişti; bilakis adamın ona flört etme sorusunu soracağını tüm hafta boyunca düşündükçe dehşete kapılmıştı.

"Kolay bir hayatın olacak, biliyorsun. Babam Hattie Teyzeyle evlendikten sonra bile Cookie'yi evde tutmaya niyetli. Yıllardır burayı kendi başına idare ettiğini ve artık arkasına yaslanıp başka birinin bu işleri yapmasına fırsat tanımayı istediğini düşünüyor. Babam ve Hattie Teyzeyle birlikte büyük bir evde yaşayacağız, dolayısıyla yemek veya temizlik yapman gerekmeyecek. Her şey senin için yapılmış olacak. Babamın çok parası var, bu giydiğin eski püskü kıyafetler yerine doğudaki kadınların giydiği gibi güzel yeni kıyafetler alırım sana."

Küçümseyen bakışlarla kızı baştan aşağı süzdü, sonra tekrar yüzüne baktı. Tenkitçi bakışı, yerini uzlaşmacı gülümseye bıraktı. "Senin gibi güzel kızların güzel elbiseler giymesi lazım. Pazartesi günü Dodge şehrine gidelim. Orada sana birkaç gösterişli kıyafet dikebilecek bir terzi var."

Gage şehre ve oradaki işlere oldukça aşina görünüyordu. Tressa bir an için onun daha önce başka kızları da Dodge şehrindeki terziye götürüp götürmediğini merak etti.

Adam konuşmaya devam etti. "Oraya gitmişken esnafa uğrar ve altın yüzüklere bakarız. Çok fazla seçenekleri olmuyor fakat bazıları gerçekten çok hoş. Bahse girerim sen taşlı bir tane istersin, değil mi? Mavi taşlı olabilir. Ne deniyordu onlara?" Kaşlarını çatarak başını kaşıdı. Sonra yüzü aydınlandı. "Safir. Annemin safir bir gerdanlığı vardı. Babam artık sigara içmediği için onu tütünlüğünde kadife bir kutuda saklıyor. Belki de boynunda taşıyacağın bir madalyon istersin. İçine benim resmimi koyarsın."

Tressa, Sallie'nin Abel Samms'in çekmecesinde bulduğu resmi anımsadı. Yine içini merak kapladı. O güzel kadın kimdi acaba?

"Eee?" Gage geriye yaslanıp sandalyesini iki ayağı üzerine kaldırarak sallandı. "Gitmek için saat kaçta hazır olursun? Yola erkenden çıkmamız lazım, saat altıdan önce falan. Çünkü Dodge epey mesafede. O saatte hazır olursun değil mi? İyi."

Tressa irkildi. Onu onaylamak için tek kelime etmiş miydi? Adamın, yaptığı planı -yanlarında birisi olmadan ta nerelere gitmek- Tressa'nın hemencecik kabul ettiğini zannetmesiyle kızın nutku tutulmuştu.

Sandalyesini dört ayağının üzerine pat diye vurup ayağa fırlayan Gage, belli ki kızın sessiz kalışını mutabakat olarak algılamıştı. "Gidip babama pazartesi günü kaleskanın* bize lazım olduğunu söyleyeyim. Özel durumlar haricinde onu kullanmayız ama üstü açılıp kapandığı için hava yağsa bile ıslanmayız

* Dört tekerlekli, hafif, bir tür gezinti arabası. (TDK)

böylelikle. Ben oradayken sen de Hattie Teyzeye bir sevgilin olduğunu söyleyecek misin?"

Gage varsayımlarında oldukça ileri gitmişti. Tressa artık buna bir son vermeliydi! Ayağa kalktı. "Gage, ben..."

Ön kapı açıldı ve Hattie Teyze ile Bay Hammond verandaya çıktılar. Hattie Teyze iki eliyle birden Bay Hammond'u dirseğinden tutuyordu. Kadının yüzündeki gülümsemeden onun Bay Hammond'dan, kendisinin Gage'den aldığı keyiften daha fazla keyif aldığı aşikârdı.

Bay Hammond oğluna yaklaşırken Hattie Teyze de havada süzülürcesine adamın yanından yürüyordu. "Hattie ve ben birbirimizi daha yakından tanımak için biraz vakit geçirmeye karar verdik. Bizi pazar akşamı yemeğe davet ediyor."

Gage, Tressa'ya bakıp sırıttı. "Bu iyi olur baba. Bana da Tressa'yı görme şansını verir." Tressa'nın yanına geçip kolunu kızın beline doladı. Gage, "Pazartesi günü ben ve Tressa biraz mücevher almak için Dodge'ye gideceğiz" derken Tressa ciğerlerini havayla doldurdu.

Hattie Teyze Tressa'nın yüzünü yokladı. "Tressa'cığım sen ve Gage...?"

Tressa'nın dilindeki düğüm nihayet çözüldü. Gage'yi itti ve sözcükler ağzından hararetle dökülüverdi. "Nazik teklifin için teşekkür ederim, Gage. Fakat ben henüz hayatımı değiştirecek böylesine büyük bir yükümlülüğe girmeye hazır değilim. Ben böyle kararsız duygular içindeyken senin bana olan ilgini kabul etmek adilce bir davranış olmaz. Dolayısıyla birlikteliğimizin simgesi olacak yüzük veya başka bir mücevher teklifini geri çevirmek durumundayım."

Âdeta kötülüğün habercisi olan ilk gök gürültüsünü işittiler; ancak Tressa bu fırtınanın Gage Hammond'un gözlerinde kopan fırtınadan çok daha yumuşak olduğuna inanıyordu.

24

Abel yağmurdan kaçarak müştemilata koştu. Kapıyı açmadan önce üç defa sertçe vurdu. Tam eşikteydi ki gök gürledi.

Ethan küçük pencerelerden birinin yanında durmuş dışarıyı seyrediyordu. "Şu gök gürültüsünü duydun mu patron, ortalığı sel götürecek."

Abel elini kafasına götürüp saçındaki su damlalarını silkeledi. "Şimdilik yağıştan ziyade gürültü var ama az sonra tam tersi olacak sanırım. Bulutlar kapkara. Ama yağıştan çok gürültü beni telaşlandırıyor. Sürü şimşek çakmasından ve gök gürlemesinden ürkebilir. Yağmurluklarımızı giyip hayvancağızların yanına gitsek iyi olacak."

Vince ranzasından kalkıp kapıya yürüdü. Kapıyı ardına kadar açıp doğudan batıya baktı. Dikkatle bakıyordu. Kapıyı kapadı ve bir omzunu silkerek "Rüzgâr hızlı ilerliyor. Yarım saatten az zamanda fırtına kopacak. Bu süre içinde iki kişinin gidip hayvanları sakinleştirmesi gerek."

Bir başka gök gürlemesi müştemilatı salladı ve bulutlar yarılmış gibi göründü. Bardaktan boşalırcasına akan yağmur damlaları müştemilatın çatısında sekiyordu. Abel gergin bir şekilde kapıya baktı. "Gerçekten iki kişinin gitmesi yeterli olacak mı Vince?" Çiftliğin sahibi Abel'di; ancak Vince çok daha tecrübeliydi. Onun görüşlerine saygı duyuyordu.

"Ah, elbette. Sürünün her bir kenarında birer kişi. Çil yavrusu gibi dağılmalarını ve çiti yırtmalarını engeller. Eğer dikenli teli aşmaya çalışırlarsa o tel onlara zarar verir." Vince'nin bu soğukkanlı yanıtı Abel'in korkusunu yatıştırmıştı.

Cole duvardaki askıdan bir muşamba yağmurluk alıp başından geçirdi. "Ben giderim. Birazcık yağmurun benim için ziyanı olmaz."

"Ben de giderim." Vince de yağmurluk giyip şapkasını taktı. "Mızıkamı yanıma alıp hayvancıklara bir şeyler çalayım. Bu onları sakinleştirir."

Cole, Vince'ye dönüp "Ben tek başıma idare ederim" dedi.

Abel hayır anlamında başını salladı. "Vince iki kişinin gitmesini tavsiye ediyor, Cole. Ve mantıklı olan da bu. Eğer sürü dağılırsa onları çite geri döndürmek için iki kişi gerekir. Ayrıca yıldırım düşmesi ve atın sizi sırtından atması gibi bir şey olması durumunda yakınında bir arkadaşın olması daima iyidir."

Cole homurdandı. "At beni hiçbir zaman sırtından atmadı."

"Pekâlâ, daha gençsin de ondan" diye yanıtladı Abel. "Ve uzun süre yaşamanı isteriz. Güvende olmak daha iyidir."

"Benim de gitmemi ister misin, Abel?" Ethan son kalan yağmurluğa yöneldi.

Abel'den önce Vince onu yanıtladı. "Hayır, sen burada kal. Cole ve ben hallederiz. Mecbur olmadığın sürece çıkıp sırılsıklam olmana gerek yok."

Ethan elinde yağmurlukla durup omzunun üzerinden babasına baktı. "Senin yerine ben gidebilirim, baba."

Vince kıs kıs güldü. "Sürüyü nasıl sakin tutacaksın ki? Mızıkayı bile zar zor çalıyorsun."

"Şarkı söyleyebilirim belki."

"Fırtınada bu daha korkunç olur."

Abel konuştu. "Tamam o hâlde, Cole ve Vince, siz gidin. Fırtına geçer geçmez de geri dönün ama şimşekler dinene kadar sürünün başında durun. Ve aşağıda kalın. Eyerin üzerinde yıldırımsavar gibi dimdik oturmanın manası yok."

"Tabii ki, Abel. Haydi, Cole." Vince, Cole ile birlikte kapıdan fırladı.

Dışarıda çakan şimşeği muazzam bir gök gürlemesi izledi. Ethan'ın yüzü korkuyla doldu. "Sence babam ve Cole orada iyi olacaklar mı? Yıllardır böyle fırtına kopmamıştı."

Abel'in de içi huzursuzdu. Adamlarını göndermek yerine kendi mi gitmeliydi? Eğer onlardan birine bir şey olursa, kendini sorumlu hissederdi. Ama genç işçisine moral verdi. "Babanın dediğini duydun, rüzgâr fırtınayı dağıtacak. Uzun sürmeyecek ve döndüklerinde sudan çıkmış sıçan gibi ama gayet iyi olacaklar."

"Galiba haklısın."

"Beklerken domino oynayalım mı, ne dersin?" Abel geceyi kitaplarıyla meşgul olarak geçirmeyi düşünüyordu fakat Ethan'ı avutması lazımdı. Bunun yanı sıra, her ne kadar sayılarla hile yapmaya çalışsa da, sonuç aynıydı... Can sıkıcı.

"Tabii ki!" Ethan ranzasının altından domino kutusunu alıp geldi ve iki adam birlikte dışarıdaki şiddetli yağmuru ellerinden geldiğince yok sayarak bir saat boyunca oyun oynadılar. Müştemilatın kapısı açılıp Vince göründüğünde Ethan dördüncü eli başlatıyordu. Adamın şapkasından ve yağmurluğundan sular süzülüyordu. Sırılsıklam olmuş yağmurlukla şapkayı kapının yanına bırakıp başını iki yana sallamasıyla her yere su sıçradı. Ethan kurulanması için koşup havlu getirdi.

Vince yüzünü ve saçlarını havluyla kuruladı. "Tanrı aşkına, ne yağmur ama! Rahat bir on beş santim kadar var, Abel... Fakat sabaha çekilir."

"Sürü iyi, değil mi?"

Vince bacaklarını ayıra ayıra ranzasına yürüdü ve ıslak giysilerini çıkarmaya başladı. "Ah, azıcık huzursuzlandılar, şimşeklerden hoşlanmadıkları kesin. Ama müzik onları sakinleştirdi. Benim tarafımda sorun yoktu. Cole de silahını ateşlemediğine göre onun işi de yaver gitti demektir."

Abel rahatladı. "Pekâlâ, döndüğüne sevindim. Sürüye baktığın için teşekkürler."

"Sorun değil, Abel. Bunun için para alıyorum, öyle değil mi?"

Vince'nin sesi aksiydi ama Abel önemsemedi. O kadar sırılsıklam olmuş bir adamın azıcık şikâyet etmeye hakkı vardı. "Sanırım Cole dönene kadar buralarda olacağım, iyi olduğundan emin olmalıyım." Dominoların durduğu masayı işaret etti. "Oyuna katılmak ister misin?"

"Hayır, teşekkürler. Şu örtülerin altına girip ısınmaya çalışacağım."

Az sonra Vince'nin horultusu duyuldu. Ethan esnemeye başlamadan önce o ve Abel üç el daha oynadılar. Ellerini başının arkasına koydu. "Saat kaç?"

Abel babasının cep saatini alıp yüzüne yaklaştırdı. Şaşırarak sıçradı. "Neredeyse gece yarısı!"

"Yorgun düşmem boşuna değil." Esneyen Ethan'ın yüzü gerildi, neden sonra irkildi. "Gece yarısı mı dedin? Peki ya Cole nerede?"

• • •

Tressa derin, rüyasız uykusundan uyandı. Gece geç saate kadar gözüne uyku girmemişti. Gage'nin reddedilmeyi inatla kabul etmemesi yüzünden akşamın tatsız bitmesi onu uykusuz bırakmıştı. Şimdiyse kaşlarını çatıp gözlerini tavana dikmiş hareketsiz yatıyor, onu uyutmayanın ne olduğunu bulmaya çalışıyordu. Sessizlik hâkimdi. Gök gürültüsü ve çatıya düşen yağmur damlaları kesilmiş, fırtına dinmişti. Açık pencereden içeri giren serin esintiyle birlikte rutubetli toprağın kokusu da odaya doluyordu.

Hafif bir titremeyle yorganı itip nemli perdenin yavaşça uçuştuğu pencereye gitti. Ayakları su birikintisine değdi. Korkuyla ciyakladı. Fırtınanın ortasında Sallie neden pencereyi açık bırakmıştı acaba? Pencereyi pervazına kadar itince ıslak ahşap gıcırdadı. Genç kız kendini sararak karanlık geceye baktı.

Gri bulutlar yıldızların görünmesini engelliyordu ama ay ışığı bulutların arkasında esrarengiz bir pırıltı saçıyordu. Yine bir titreme geldi ve yatağına gitti. Sallie'yi rahatsız etmemek için yavaş hareketlerle yatağa süzüldü. Sonra odanın neden bu kadar sessiz olduğunu idrak etti. Sallie'nin tarafından horlama sesi gelmiyordu. Kız yoktu!

Tressa sıçradı. Karanlık odada el yordamıyla yolunu bularak hole çıktı. Küt küt atan kalbini kulaklarıyla da duyabiliyordu, mantıklı düşünemiyordu.

Sessiz holün ortasında durup sakinleşmeye çalıştı. Sallie müştemilata gitmiş olabilir miydi? Hayır. Hattie Teyze Luella'nın dışarı çıktığını öğrendiğinden beri kapıları kilitleyip anahtarı sabahlığının cebinde taşıyordu. Kızlar odalarındaki lazımlıkları kullanıyorlardı. Belki de süt içmeye aşağı inmişti.

Tressa bir fener yakıp aşağı indi ve bütün odalara baktı. Sallie hiçbir yerde yoktu. Kalbi pır pır ederek ön ve arka kapıyı kontrol etti, ikisi de kapalıydı. Tressa merdivenlerin altında durdu, kafası karmakarışıktı. Sallie kesinlikle dışarıda olmalıydı. Fakat kapılar kilitliyken nasıl dışarı çıkmıştı.

Pencereden tabii. "Ah, Sallie!" Tressa güçlükle yürüdü. "Hattie Teyzeyi uyarmalıyım."

Tressa merdivenleri koşarak çıktı. Ayak parmağını çarptı ama acıyı önemsemeden odasına girdi ve Hattie Teyzenin odasına gitmeden üzerine bir elbise geçirdi. Saniyeler sonra kapı ardına kadar açıldı.

Fenerden gelen ışığın karşısında ellerini gözlerine tutan Hattie Teyze "N-ne oluyor, kızım?" dedi.

Tressa'nın gözleri yaşlarla doluydu. "Hattie Teyze, Sallie gitmiş!"

Hattie Teyze anlamaya çalışır gibi başını iki yana salladı. "Rüya görmüş olmalısın, Tressa. Evi sımsıkı kilitliyorum. Dışarı çıkamaz ki."

Gerginlikle hareket eden Tressa "Sanırım pencereden çıkmış" dedi.

Yaşlı kadının nefesi kesildi. Holün sonundaki yatak odalarının kapıları açıldı ve diğer kızlar mahmur gözlerle odalarından çıktılar. Paralee "Bu gürültü de nedir?" diye sordu.

"Sizi ilgilendiren bir durum yok." Hattie Teyze ellerini kızlara doğru salladı. "Hepiniz yataklarınıza dönün. Ben hallederim." Kızlar bir anlığına duraksadılar, ardından yeniden odalarına girdiler.

Tressa, Hattie Teyzenin peşinden merdivenleri inip mutfağa girdi. "Ne yapacaksın? Hattie Teyze, her gece yatağında ağlıyordu ama hiç düşünmedim böyle..." Hıçkırmamak için eliyle ağzını kapadı.

Hattie Teyze Tressa'nın yüzünü avuçlarının arasına aldı. "Kendini suçlamaya kalkma. Benim suçum, doğrusu bu. Cole Jacobs'tan hoşlandığını biliyordum ama ben de hiç düşünmedim böyle..." Of çekti. "Kalpleri sızladığı zaman gençler saçma sapan şeyler yaparlar."

Aniden Tressa'nın elindeki feneri kapıp arka kapıya gitti. Sabahlığının cebindeki anahtarı çıkarıp kapının kilidini açtı ve dışarı çıktı. Akşam yemeği zilinin *çın-çın-çın* sesi geceyi deldi. Eve tekrar girip anahtarı deliğine taktı.

"Adamlar pantolonlarını giyer giymez gelecektir. Ben yukarı çıkıp giyineceğim, galiba bu gecelik bu kadar uyku yeter bana. Bir çaydanlık kahve hazırla. Adamlar dışarı çıkmadan önce onlara güç verecek bir şey isteyeceklerdir."

Tressa kadının söylediklerini yerine getirmek için hızla harekete geçti. Korku içini tırmaladığından sakarlaşmıştı. Sallie pencereden aşağı inmeyi nasıl başarabilmişti? Gök gürlerken ve şimşek çakarken kim bilir nasıl da korkmuştu! Acaba nereye gitmişti? Adamlar onun izini çamurlu zeminde nasıl bulabilecekti?

Kahve hazır olduğunda kızarması için tavaya domuz pastırması koydu ve kurabiye yapmak için hamur yoğurmaya başladı. Karınlarının doyurulması adamlar için makbule geçecekti; Tressa'nın ellerinin bir şeyler yapması gerekiyordu. Unlu tezgâhta hamuru yoğururken dertli bir miyavlama duydu. Gidip Isabella'yı kilerden çıkardı.

Vıcık vıcık elleriyle kediyi kollarına aldı. "Ah Izzy, Sallie gitmiş! Gece buradan tüymüş!" Ağlamaktan tıkanan burnunu hızlıca çekti. Ağlayıp sızlanmak Sallie'yi geri getirmezdi. "Öyle korkuyorum ki..."

İncil'den dün gece okuduğu ilahinin küçük bir kısmı aklına geldi; sözcükleri kediye fısıldadı. "Ne vakit korksam sana sığınırım..." Gözlerini kapatıp yüzünü kedinin ılık tüylerine gömdü. Sallie'yi Tanrı'nın ellerine bırakınca içini huzur kapladı. Kendine gelip Isabella'yı mutfaktaki sandalyeye bıraktı, kovada ellerini yıkadı ve kurabiyeleri çabucak kesti.

Tombul kurabiyelerin olduğu tepsiyi fırına sürmüştü ki arka kapıda duyulan hareketlenmeden ırgatların geldiğini anladı. Adamlar gözlerini ovuşturarak ve esneyerek mutfağa geldiler. Sıcak kahveyi hevesle kabul ettiler. Onlardan hemen sonra Hattie Teyze mutfağa indi. Tam takım giyinmiş, gri saçlarını düzgünce topuz yapmıştı.

"Bir sorunumuz var, arkadaşlar." Sallie'nin ortadan kayboluşu hakkında adamları hızlıca bilgilendirdi.

"Bu, evin yan tarafındaki merdiveni açıklıyor işte" dedi adamlardan birisi.

Kızarmış domuz pastırmasını tavadan alan Tressa durdu. "Merdiven mi?"

"Camın altında. Gelirken gördük" diyerek onayladı başka bir adam.

Ellerini yanaklarına vuran Hattie Teyze inledi. "Sallie onu oraya kendi başına koyamaz. Biri ona yardım etti demek ki." Tressa'ya baktı. "Ve sanırım kim olduğunu biliyorum."

Bu kaçışı Sallie ve Cole'nin birlikte planladığını anlayan Tressa başını evet anlamında salladı.

"Sanırım şöyle yapmalıyım..." Hattie Teyzenin sözleri kapının sert sert vurulmasıyla kesildi.

Tressa yerinden fırladı. "Sallie olabilir mi?" Kalbinde umutla, Hattie Teyzeyle birlikte kapıya koştular, ırgatlar da hemen peşlerindeydi. Diğer kızlar merdivene toplanıp tırabzanlara tutunmuş meraklı gözlerle aşağı bakıyorlardı.

Hattie Teyze elinde anahtarla Tressa'nın bir adım arkasındaydı, dantel perdeyi çekti. "Abel Samms gelmiş." Tek kaşını kaldırıp muzipçe sırıttı. "Sallie'nin kimle kaçtığı konusundaki şüphemiz doğru galiba." Hattie Teyze anahtarı delikte çevirdi.

Abel eşiğe adım attı, şapkasını çıkarıp hızlıca selam verdi. "Hattie Teyze, bu saatte rahatsız ettiğim için özür dilerim fakat ırgatlarımdan birisi kayıp. Cole Jacobs." Abel'in bakışları yeniden Hattie Teyzeye dönmeden evvel orada toplanmış diğer kişilere takıldı. "Fırtınanın ortasında sürüyü kontrole gitti ve dönmedi. Çok telaşlanmıştım. Ama şu an son derece kızgınım."

Hattie Teyze Abel'in koluna dokundu. "Biraz kahve ister misin, Abel? Ve pastırmalı kurabiye?" Dönüp merdivendeki kızlara baktı. "Pekâlâ, madem hepiniz ayaktasınız, o zaman işe yarayın. Mabelle, kurabiyeleri fırından çıkar; Paralee, erkeklere pastırma ve kurabiye servisi yap. Ve Luella, yeni bir çaydanlık daha kahve yap."

Kızlar söylenenleri yapmaya koyuldular.

"Hiçbir şey istemiyorum." Abel kollarını göğsünde bağladı, kaşları aşağıdaydı. "Jacobs'u aramak için bir veya iki adamınla konuşmayı umuyordum. Vince ve Ethan'a çitimi onarmalarını söyledim." Dişlerini gıcırdatırken çene kasları şişiyordu. "Anladığım kadarıyla Cole teli kesmiş ve üç düzine hayvanımı da beraberinde götürmüş."

Hattie Teyze şaşkınlıkla geri çekildi. "Ama o zaman nasıl..." Başını iki yana salladı ve derin bir nefes aldı. "Abel, adamlarımın bu saatte burada toplanmalarının nedeni, Sallie'nin gece yarısı merdivenle tüymüş olması. Gitmiş. Sandım ki o merdiveni oraya Cole dayamış ve beraber kaçmışlar. Ama hem o kadar hayvanı güdüp hem de bunu nasıl yapabilir ki? Fırtına sırasında sığırların çiti indirmediklerinden emin misin?"

"Çit *kesikti.*" Abel'in dehşet veren ifadesi, Tressa'nın ensesindeki ince tüyleri diken diken etti. "Eğer Cole o teli kesip de hayvanlarımı kaçırmadıysa hem hayvanlarım hem de işçim nasıl aynı anda kaybolabilir anlamıyorum." Hırıltıyla devam etti. "O hayvanları sabaha kadar bulamazsak şerife gidip Cole'nin tutuklanmasını isteyeceğim."

Sallie ile aralarında geçen bir konuşmayı hatırlayan Tressa'nın kalbi küt küt atıyordu. Hattie Teyzenin koluna dokundu. "Hattie Teyze, Sallie bana Cole'nin para kazanmak için bir planı olduğunu, bu sayede küçük bir çiftlik satın alarak onunla flört etme hakkına sahip olabileceğini anlatmıştı. Sence..." Abel'in soğuk yüzüne baktı. "Sence bu plan Abel'in sürüsünü çalmak olabilir mi?"

Hattie Teyze saniyelerce Tressa'nın yüzüne sessizce baktı. Kaşları endişeyle çatılmıştı. Sonra yüzü düzeldi ve adamlarına döndü. "Bob, eksik atımız var mı gidip bakıver. Eğer Sallie, Cole ile gittiyse, muhtemelen atla gitmiştir. Frank, bir fener al ve etraftaki ayak izlerini bir say." Abel'e dönüp adamın omzuna vurdu. "Telaşlanma, Abel. Bu işi çözeceğiz. Sana garanti ediyorum."

25

Şerif Tate belindeki kuşağı daha yükseğe bağladı. Adam bıraktığı an, pantolonu iri göbeğinden aşağı düştü. "Üç gündür arıyoruz, Abel. Bu kadar yeter. Yerdeki karışık izlere bakılırsa bu inekler her yöne gitmiş olabilir. Cole'nin onları nereye götürdüğünü öğrenmenin yolu yok, işte bu kadar." Cüsseli adam dudaklarını büzdü. "İyi bir planla onları fırtınanın ortasında götürmüş."

Abel dişlerini gıcırdattı. "Büyükbaş alıcılarına telgraf gönderip mührümün nasıl olduğunu ve Jacobs adında bir adamın arandığını söyleyip Cole'yi tarif edebilirsin." Şerifin soruşturmayı bırakması Abel'i canından bezdirmişti. Adam öyle tembeldi ki parmağını oynatmaya üşeniyordu. Eğer Abel eyalet polis şefine telgraf çekip durumu anlatmakla tehdit etmeseydi, Tate atına atlayıp iz sürmeye dahi gitmezdi.

"Pekâlâ Abel, Jacobs'un o hayvanları ona soru sormayacak birine satacağını biliyorsun. Onlara sahip olduğunu ispat etmesi gereken bir yere gitmeyecektir. Onları muhtemelen Kızılderililerin bölgesine götürüp Kızılderili yemeği olarak orduya satacaktır. Onlar Kızılderilileri beslemek için ne olsa alırlar." Şerif çenesini öne arkaya oynattı, sulanan gözlerini kıstı. "O inekler gitti, Abel. Bunu kabullen ve yoluna devam et."

Abel şapkasını taktı ve şerifin yanından hızla çıktı. *Bunu kabullen ve yoluna devam et.* Bu sözler içine batıyordu. Nasıl kabullenecekti ki? Bu kayba gücü yetmezdi. Çamura batan botları, at arabasına ilerleyişini yavaşlatıyordu. Atlayıp oturmadan evvel at arabasının tekerleklerindeki çamuru çabuk hareketlerle kazıdı. Tam dizginleri eline almıştı ki Brewster Hammond tahta kaldırımda ona yaklaştı.

"Dur bakalım, Samms."

Abel dizginleri tutup Brewster'in yanına gelmesini bekledi.

Adam at arabasının yan tarafına ellerini dayadı. "Hayvanların yerini saptayabildiniz mi?"

Abel'in ağzının içi zehir gibi oldu. "Hayır. Ve bu tembel şerif hiçbir şey için çabalamıyor."

Brewster alaycı bir ifadeyle homurdandı. "Fazlasını beklemezdim zaten. Bir sonraki seçimde kaybedecek." Sonra yüzünü ekşitti. "Bu hayvanların satışı olmadan çiftliğini idare etmen daha zor olacak, değil mi?"

Abel cevap vermeye tenezzül etmedi. Kasabadaki herkes gibi Brewster de Abel'in riskli durumunun farkındaydı.

"Aklında bulunsun, yerini satın almakla hâlâ ilgileniyorum. Bilhassa şu anda Gage evlenmeyi düşünürken."

"Gage flört aşamasında mı?" Abel kasabadaki bu dedikodunun kulağına gelmemesine şaşırmıştı. Hammond ailesine ilişkin bir haber genellikle balın sıcak ekmek üzerinde yayılmasından daha hızlı yayılırdı. Her ne kadar Abel ikisini bir arada düşünemese de Hattie Teyze ile Brewster'in flört ettiklerini biliyor, kadının aklı başında olmayacak kadar yaşlandığını düşünüyordu.

"Evet. Gage, Bayan Tressa Neill'i kafasına koydu ve ben de onu destekliyorum. Güzel yüzlü, sevimli bir genç bayan ve Gage'ye iyi bir eş olacak kadar akıllı bir kız."

Abel'in midesine kramp girdi. Tressa ve Gage? Adamın onu uzlaşmaya zorlamasının ardından kız onunla flört etmeyi kabul mu etmişti yani? Saçmaydı. Sonra başka şekilde düşündü. Belki de Gage'nin mal varlığı kızın başını döndürmüştü. Hammond Çiftliğinde yaşamak onu Barnett'in önde gelenlerinden yapardı.

Brewster sırıttı. "Kim bilir? Belki seneye torunumu kucağıma alırım. Arazimi genişletmek için başlı başına bir neden. Tamamen büyüdüğü zaman ona vereceğim bir şey."

Tressa'nın Gage'nin çocuğuna hamile olması düşüncesi Abel'i kıvrandırdı. "Üzgünüm, Brewster ama sana daha önce de demiştim, arazim satılık değil. Müstakbel torunun için başka bir yer bulmalısın."

"Pekâlâ, Abel." At arabasının kenarına vuran Brewster geri adım attı. "Ama teklifin açık olduğunu unutma. Fikrin değişirse bana haber verirsin."

Abel dizginleri şaklattı, kasabadan bir an evvel çıkmak istiyordu. Midesine ağrı girmişti. Çiftliği devam ettireceğine dair babacığına söz vermişti fakat verdiği bu son kayıp, sözünü tutması için beslediği umudu yerle bir etmişti. Çiftliği işletmek, yem almak, ırgatların parasını ödemek ve Sam Amcayı tatmin etmek için para lazımdı. Satmaya mecbur kalabilirdi. Ama Brewster Hammond'a değil.

• • •

"Sen bu dünyadaki en aptal kızsın!" Luella cumartesi günü öğleden sonra hamuru oklavayla açarak daha da inceltmeye çalışıyordu. Bu aşağılayıcı söz canını sıkmasına rağmen Tressa ölü tavuğun ıslak tüylerini yolmaya devam ederek Luella'nın tuzağına düşmedi.

"Bu mağrur tavırlarını ne zaman bırakıp da Gage Hammond'un seninle flört etmesine izin vereceksin? Sanki daha iyi birini mi bulacaksın?" Luella'nın iğneleyici sesinde aynı zamanda melankoli de vardı.

Tressa masaya baktı, Luella'nın kötü tavırlarına rağmen kızın üzgün yüzünü görünce ona şefkat duydu. Mabelle ve Paralee erkek arkadaşlarıyla birlikte bir kafeye akşam yemeğine gitmişlerdi. Fred Pennington, Luella ile flört ediyor olmasına karşın bir kadını elde etmeye yönelik çabaları son derece yetersizdi. Her akşam Flying W.'ye gelip Luella ile birkaç dakika geçiriyor fakat Paralee ve Mabelle'nin sevgilileri gibi ona hediyeler getirmiyor veya onu kasabaya akşam yemeğine götürmüyor ya da akşam gezintilerine çıkarmıyordu.

"Gage Hammond sana ilgi belirtisi gösterdiği için bile şükretmelisin." Luella oklavayı kenara bırakıp keskin bir bıçak alarak hamuru erişte olacak şekilde uzunlamasına ince ince kesti.

Tressa tüylerini yolduğu tavuğu tezgâhın üzerine koydu ve kasap bıçağıyla parçalara ayırmaya başladı. "İyilikbilmezin teki değilim, Luella. Gage'nin bana, benimle flört etmek istediğinden iltifat ettiğini biliyorum." Her gece ettiği dualar bu genç adama yönelik duygular oluşturmamıştı içinde. Onun yerine aklı hep Abel Samms'e kayıyordu. Cole Jacobs'un ondan çaldığını düşündükçe yüreği sızlıyordu. Abel'in kızgınlığının, uğradığı ihanete dair derin duygularını maskelediğini düşünüyordu.

Luella bir parça hamuru kaldırıp ahşaptan yapılmış kurutma ızgarasına koydu. "Gage Hammond gibi bir adam sonsuza dek beklemez."

Tressa konuşmayı uzatmamak için dilinin ucunu ısırdı. O ne yanıt verirse versin Luella nutuk çekmeye devam edecekti. Sessizlik genellikle en iyi savunmasıydı. Tavuk parçalarını üst üste bir tencereye dizdi ve Hattie Teyzenin öğrettiği gibi, "kuşu boğacak kadar" su ekledi. Tencerenin ağırlığına homurdanarak onu ocağın üzerine taşıdı. Hattie Teyzenin tarifine göre tuz, biber ve defne yaprağı ekledi ve ardından kapağını kapattı.

Kızın eleştirilerini bırakmasından memnun, masaya geçip erişteleri ahşap ızgaraya koyan Luella'ya yardım etti. Çalışırken mırıldanıyordu. Erişteler birkaç saat sonra yeterince kurumuş ve kesilip çorbaya atılmaya hazır olacaktı. Ağzı sulandı. Güzel bir akşam yemeği yiyeceklerdi.

Luella son erişteyi ızgaraya bıraktığı an, ellerini kalçalarına koyup Tressa'ya dik dik baktı. "Pekâlâ, Gage Hammond'un seninle flört etmeye başlamasına en sonunda izin verecek misin, vermeyecek misin?"

Tressa iç çekti. Tressa, Luella'nın Gage'yi kendine istemesinin ardından neden ikisini bir araya getirmeye çalıştığını anlayamıyordu fakat kızın bu bitmeyen eziyetinden bezmişti. "Luella, Gage'yi sevmediğim hâlde onun ilgisini kabul etmem haksızlık olur."

"Sevgi." Luella homurdandı. "İşimizi bilmemiz lazım, Tressa ve bize verilen şansı değerlendirmemiz."

"Babasından daha yaşlı bir adamla evlenmek için New York'a dönen Evelyn gibi mi mesela?" Daha fazla husumet yaşanmaması için sürdürdüğü kararlılığına hâkim olamayarak kızın elbisesinin kolundan tuttu. "Çok parası olsa bile, Evelyn'in içinde sevgi olmayan bir evlilikte gerçekten mutlu olduğunu mu zannediyorsun? Bir de Sallie'yi düşün. Cole ile birlikte olabilmek için her şeyini riske attı; adam zengin olduğundan değil, onu sevdiğinden. Luella, sence hangisi şu an daha mutludur? Evelyn mi, yoksa Sallie mi?"

Luella bir an için yüzünde dalgın bir ifadeyle pencereden dışarı baktı. Sonra pöfleyerek kolunu çekip serbest bıraktı ve küçümseyici bir bakış attı. "Evelyn veya Sallie'den bahsetmiyoruz. Senden bahsediyoruz. Romantik fikirlerini bir kenara bırakıp Gage Hammond'un teklifini kabul etmezsen bir koca ve bir aile şansını kaybedeceksin. Ve onu reddedersen Tressa, gerçekten budalasın demektir." Arkasını dönüp mutfaktan çıktı.

Tressa bir iskemleye oturdu ve elini çenesine koydu. Aşkı beklemek budalaca, romantik bir fikir miydi? Annesi öldüğünde yaşı küçük olsa da yemek masasında annesiyle babasının birbirlerine nasıl da şefkatle baktıklarını anımsıyordu. Bununla birlikte onların birbirlerine olan bağlılıklarını gördükçe içini kaplayan güven duygusunu da anımsıyordu.

Hattie Teyze Jed'den her bahsettiğinde gözleri bir başka bakıyordu. Eğer bu sevgi değilse neydi? Brewster Hammond ne kadar varlıklı ve güçlü bir adam da olsa Tressa, Hattie Teyzenin eğer o adamı sevmezse onunla kesinlikle evlenmeyeceğinden emindi.

Hattie Teyzenin ona Tanrı'nın, teyzesi ve dayısını kullanarak onu buraya gönderdiğini söylediği akşamı hatırladı. Tressa, Tanrı'nın onu bekleyen özel bir şeyi -babasının annesini sevdiği ve mutlu ettiği gibi onu da sevip mutlu edecek birisi- olduğuna çaresizce inanmak istiyordu. Bu kişinin Gage olması ihtimali var mıydı? Nasıl emin olabilirdi?

Tressa masadan kalkıp bahçeye fırladı. Hattie Teyze bahçede yeşil fasulyeleri bağlarından kesiyordu. Tressa'nın ona yaklaştığını görünce gülümsedi.

"Ah, tavuğu pişirdin mi? Öyleyse fasulyeleri toplamama yardım edebilirsin. Ben yetişemiyorum. Budala bitkiler her gece yeni fasulye veriyor."

"Budala" sözü Tressa'yı ileri itti. Diz çöküp ellerini bitkinin yapışkan yapraklarına gömerek fasulye aradı. "Hattie Teyze, bir kadın bir adam için kalbinde sevginin büyüdüğünü nasıl anlar?"

Yaşlı kadın sorgulayan gözlerle Tressa'ya baktı. "Pekâlâ, Tressa sanırım bu her kadın için farklıdır canım ama Jed'e âşık olmak üzere olduğumu nasıl anladığımı söyleyeyim sana."

Yeşil fasulyeler aklından uçup giden Tressa oturup dikkatle dinlemeye başladı.

"Kulaklarım onun sesine hasret kalıyordu. Birkaç dakika beraber olamasak günümde eksiklik hissediyordum. Ona yalnızca bir şeyler değil, kendimden bir parçamı *vermek* istiyordum. Düşüncelerim, hayallerim, hislerim... Ve bunların hepsine iyi bakacağından emindim." Hattie Teyze tatlı bir gülümsemeyle bakışlarını bahçede gezdirdi. Tressa, yaşlı kadının sessizce düşüncelere daldığı bu anlarda kafasından nelerin geçtiğini merak etti. "Bana 'Seni seviyorum' dediği gün kalbim resmen kanatlanıp göğsümden uçtu gitti; o kadar sevindim ki. Ve biliyordum. Ben de onu sevdiğimi biliyordum."

"Ne kadar sürdü peki?"

Hattie Teyze başını salladı, şaşkın bakışları Tressa'nınkilerle buluştu. "Ne kadar mı? Bak küçük hanım, bir sevginin büyümesi için ne kadar süre gerektiğinin bilinebileceğini sanmıyorum. Şu fasulye bitkisi gibi düşün işte. Toprağa bir avuç tohum atıyorsun ve teker teker çıkıyorlar, kendi zamanları gelince, anladın mı? Gün ışığı ve suyla filizleniyorlar." Kıkırdadı. "Bu belki de iyi bir örnek değil ama ne demek istediğimi anladın işte. Sevginin büyümesi için onunla ilgilenmek ve onu beslemek lazım."

İlgilenmek ve beslemek... Tressa kollarını Hattie Teyzenin boynuna dolayıp sıkıca sarıldı. "Teşekkür ederim, Hattie Teyze!"

"Ey Tanrım! Rica ederim, kızım." Hattie Teyze Tressa'nın sırtını pışpışladı. "Ama bu bitkileri ezip dümdüz etmeden beni bıraksan iyi olur!"

Tressa gülerek geri çekildi. "Hattie Teyze, Bay Hammond bu akşam yemeğe gelecek mi?"

"Evet geliyor. Tavuk ve erişte yaptığımızı söyledim, o da vahşi atların bile onu engelleyemeyeceğini söyledi."

"Sence Double H.'ye gitsem ve..." Başını eğdi.

Hattie Teyze Tressa'nın çenesinden tutup başını kaldırdı. "Ve ne, Tressa?"

Tressa derin bir nefes aldı. "Gage benimle flört etmek istiyor ve ben onu sevmediğim için ona karşı koyuyorum. Benim için Tanrı'nın planları olduğunu söylemiştin. Eğer Gage ile hiç zaman geçirmezsem, onun bu planlara dâhil olup olmadığını nasıl anlarım ki?"

Hattie Teyze yüzünü buruşturdu. "Ah, Tressa bak..."

"Ama daha şimdi sevginin beslenmeye ve ilgiye ihtiyacı olduğunu söyledin. Ben Gage'ye şans vermedim. Aramızda sevgi tohumunun filizlenip filizlenmeyeceğini görmek için en azından zaman tanımamalı mıyım?"

Hattie Teyze kararsızlıkla saniyelerce Tressa'nın yüzüne baktı. Nihayet iç çekti. "Zararı olmaz sanırım. Bu akşam babasıyla gelmesini ister misin?"

Tressa hevesle başını salladı.

"Pekâlâ, o hâlde." Kirli elini ağıla doğru salladı. "Spotty'i eyerle ve git bakalım."

Tressa kalkıp bahçede yürüdü.

"Ama nasıl konuşacağına dikkat et. Yalnızca onu daha iyi tanımak için biraz zaman geçirmek istiyorsun. Flört etmeye hazır olduğun veya yapabileceğinden daha fazlasına kalkıştığın izlenimi verme."

Tressa omzunun üzerinden seslendi. "Dikkatli olacağım!" On beş dakika sonra Spotty'nin sırtında patikada ilerliyordu. Double H., Abel Samms'in çiftliğinin arkasındaydı; oraya gitmek için Lazy S.'yi geçip kuzeye dönmesi gerekiyordu. Lazy S. ve Flying W. arasındaki sınırdan geçerse yolu kısaltabilirdi. Abel Samms'in dikenli tel çiti onu doğrudan Hammond'un arazisine götürürdü. Sonra da Hammondların otlağına geçerdi. Kararının akıllıca olup olmadığını merak ederek bir an için dudaklarını kemirdi. Normal yoldan gitmesi daha uzun sürerdi ama daha emniyetli olurdu.

Gökyüzüne, güneşin konumuna baktığında öğleden sonranın çabucak akıp gittiğini gördü. Kısa yolu seçerse Hammondların çiftliğine gidip sonra geri dönüp sofrayı kurmak için zaman kazanırdı. Kararını verdi, dizginleri şaklattı. Spotty itiraz ederek kişnedi ama itaat edip çayırda koşturdu.

26

Güneşin altında yarım saat at sürdükten sonra Tressa, Lazy S.'den kestirme gidip Gage Hammond'u akşam yemeğine çağırmak üzere verdiği fevri kararından dolayı pişmanlık duydu. Alnından akan terler gözüne geliyordu. Elbisesi üzerine yapışmıştı. Spotty'nin sırtında sallanarak yaptığı yolculuk esnasında çözülen saç bukleleri boynuna ve yanaklarına yapışmıştı. Kendi başına böylesine bir yolculuğa kalkışmaktansa neden bekleyip de Gage'yi pazar günü kilise çıkışında davet etmemişti ki? O zaman, bu darmadağın hâlinden daha etkileyici olacağı kesindi.

Irmağın çağıldayan melodisi kulaklarına geldi. Suyun bu neşeli sesine dudakları eşlik etti. Başını öne arkaya sallayan at hafifçe kişniyordu, Tressa güldü. Belli ki Spotty de su içmek istiyordu.

"Tamamdır, koca oğlan. Haydi bir-iki dakikalığına duralım bari." Dizginleri çekti ve eyerden atladı. Tressa dizginlerini sıkı

sıkı tutarken at hevesle suya seğirtti. Başını eğip höpürdeterek içmeye başladı.

Tressa dizginleri Spotty'nin boynundan geçirdi, kalçasının üzerine oturup ışıl ışıl suya eğildi, elleriyle alıp içti. Soğuk su bileklerinden ve çenesinden akıyordu ama önemsemedi. Ne de olsa elbisesi kururdu ve nem ona iyi gelmişti. Susuzluğunu giderene dek içti.

Spotty burnunu suya batırdı ve sonra kişnedi; su damlacıkları Tressa'nın başına geldi. Kız kıkırdayarak kalktı ve geriye adım attı. "Kes şunu hemen!" Dizginleri hafifçe çekti. At ön toynaklarını oynatmıyor, hareket etmeyi reddediyordu, bunun üzerine Tressa sert davranıp aniden çekti. At kişneyerek itiraz edip ırmaktan çekilmeye razı oldu.

Tressa aniden atın sırtından inerek hata yaptığını fark etti. Eyerde otururken üzengi yüksekteydi; yerde dururken ona ulaşması için çok yüksekte kalıyordu. Daima çite çıkar ve oturağa doğrudan kayardı ama şimdi oralarda öyle sağlam bir tahta parçası göremiyordu. Spotty'nin üzerine yeniden nasıl çıkacaktı?

Bir eliyle eyerin başını, diğeriyle de eyerin arka kaşını tutarak ayağıyla üzengiye ulaşmayı denedi. Spotty hareket etti, Tressa elini bırakmadan evvel tek ayağının üzerinde iki kez zıpladı.

"Spotty, hareket etme!" Yeniden denedi ancak eteğinden dolayı ayağını tam göremediğinden üzengiyi ıskalıyordu. Bununla birlikte dizleriyle Spotty'nin kaburgalarına vurduğu için hayvancağız sanki onu rahatsız etmemesini istiyormuş gibi, hafifçe kişneyip burnunu öne arkaya sallıyordu.

Tressa öfkeyle ayağa kalktı. "Ah! Sanırım yolun kalan kısmını yürümem gerekiyor. Ama..." Düşünceli bir tavırla parmaklarını dudaklarına vurdu. Dikenli telden yapılma çit dayanıksız görünüyordu ama eğer tel hayvanı tutacak kadar sağlamsa onun ağırlığını da pekâlâ destekleyebilirdi. Eğer öyle olursa tellere çıkabilir ve eyere ulaşabilirdi.

"Buraya gel, Spotty!" Atın kaçmasını önlemek için dizginlerini en üst tele bağladı ve ardından atla çitin arasına geçti. Eyer başından tutarak ayağını en alttaki tele koydu ve kendini yukarı çekti. Ayak tabanı ince telin üzerinden kaydı ve elbisesi tellere takıldı. *Cırt!* Eteğindeki kocaman yırtığı görünce Tressa'nın nefesi kesildi. Bir an kararsız kaldı ama başka seçeneği yoktu. Ya çite tırmanacaktı ya da Hammondların çiftliğine kalan yolu yürüyecekti.

Derin bir nefes alıp dikenli tellere tırmanmak için bir hamle daha yaptı. İnce telin üzerinde dengede durmaya çabalarken bacakları titriyordu, yine de ikinci tele çıkmayı başardı. Eyere atlamak için hareketsiz durdu ama ayağı bir kez daha kaydı. Kollarını çırparak kıçının üzerine oturdu. Düşmenin etkisiyle ciğerlerindeki hava âdeta *ıslık* sesi gibi dışarı çıkmıştı.

Spotty hafifçe kişneyerek arka ayaklarını kaçırdı. Tressa sırtüstü yattı, ciğerleri kaybettiği havayı yeniden kazanırken göğsü inip kalkıyordu. Nihayet nefes alıp verişi normale döndüğünde doğruldu. Sırtı zonkluyordu fakat yine de ayağa kalkabildi. Ağır aksak ilerleyip Spotty'nin bağını çözdü.

Bir an için kuzeye sonra da batıya bakarak dizginleri tuttu. Double H.'ye devam mı etmeliydi, yoksa Hattie Teyzenin çiftliğine geri mi dönmeliydi? Eve dönüp teri, tozu üzerinden atma ve temiz bir elbise giyme arzusu; Gage Hammond'u tavuk ve erişte yemeye davet etme isteğinin önüne geçti.

"Gage Hammond'u yarın kiliseden sonra davet ederim" dedi ata. "Artık eve dönüyoruz."

"Ev" lafını duyan Spotty kulaklarını dikti ve kişnedi. Tressa Spotty'i yularından tutup yola doğru çekti. Attığı her adımda ağrı sırtına bıçak gibi saplanıyordu, kan ter içindeydi ama manzaranın güzelliği ruhuna işleyerek her nasılsa öfkesini bastırmıştı. Kuvvetli esintinin uzun çimenleri raks ettirip döndürmesiyle yapraklar sırlarını fısıldıyordu âdeta. Bodur ağaçlar ve dalları şiddetli kuzey rüzgârının gücüyle eğilip kalkıyor ve yapraklarla süslü dallarını memnuniyetle sallıyorlardı. Berrak, mavi gökyüzü ufka yayılan muazzam genişliğiyle göz kamaştırıyordu.

Yüzünü gökyüzüne kaldıran Tressa "Gerçekten çok güzel bir dünya yaratmışsın, Tanrım. İnsan çok hızlı hareket edince nefis detayları kaçırıyor. Yavaşlamamı sağladığın ve bu manzarayı tüm büyüleyiciliğiyle bana gösterdiğin için şükürler olsun" dedi. Ettiği bu basit dua onu içtiği soğuk sudan daha çok canlandırdı.

Yavaş yavaş ilerlerken Tressa'nın gözü açık arazinin her bir santimetresinde geziniyordu. Yeşilliklerin arasındaki mavi benekler gözüne çarptı. Hızlanıp küçük, açık mavi renkli çiçeklerin yanına gitti. Bir eliyle sırtının alt kısmını tutarak narin çiçeklerden birkaç tane toplamak için durduğunda dikkatini başka bir şey çekti: Kısa zaman önce yakılıp söndürülmüş kamp ateşi.

"Burada kal, Spotty." Dizginleri dikenli telin en üstüne bağlayıp bakmaya gitti. Temizlenmiş toprak parçası çitin tam zıt tarafındaydı. Ortasındaysa yanmış tahtalar kayalarla çevrelenmişti ve bu kayaların içinde bir damgalama demiri duruyordu.

Tressa kaşlarını çattı. Hattie Teyze buzağıları damgalamak için ahıra götürüyordu. Abel ve adamları hayvanlarını damgalamak için çiftliğin dışına mı çıkarıyorlardı? Kafasını zorladı ve Abel'in ahırının ve damgalama için benzer ateşin olduğu ek binanın arasındaki çiti hatırladı. İki yerde birden mi damgalama yapıyorlardı?

Telin üzerindeki dikenlere dikkat ederek uzanabildiği kadar öne uzandı. Başını yana yatırıp damgalama demirine bir kez daha baktı ve geriye sıçrarken teli öyle hızlı bıraktı ki tel tıngırdadı. Üzerinde S harfi -Lazy S. damgası- olması gerekirken demirin üzerinde gövdeleri aynı fakat biri diğerinden oldukça büyük, iki tane H harfi -Hammondlar'ın Double H damgası- vardı.

Abel'in merasının ortasında neden Double H. damgası vardı? Kalbi küt küt atarken çitin aşağısına yukarısına baktı. Ağrıyan sırtının izin verdiği ölçüde öne arkaya gidip her yere baktı ve telin yeniden bağlandığı pek çok yer buldu. Çit muhtemelen birden fazla defa kesilmiş ve yeniden onarılmıştı. Gözünün önünde çirkin bir resim beliriverdi.

"Spotty, derhâl eve gitmeliyiz. Ne bulduğumu Hattie Teyzeye anlatmalıyım." Atın dizginlerine ulaştığı an, uzaktan kestane fişeğine benzer bir ses duyuldu; ardından tiz bir ses kulaklarından *vız* diye geçti. Farkındalıkla ürpererek dondu kaldı. Spotty ön ayaklarını yere vurup başını sallayarak kişnedi. Dizginleri telden kaydı.

Tressa etrafa bakınarak sesin kaynağını bulmaya çalıştı, o sırada ikinci bir *vızzz* sesi geldi. Ne olup bittiğini anlayan Tressa'yı korku kapladı. Birisi ona ateş ediyordu!

Spotty döndü ve otlakta koşmaya başladı, dizginleri dizlerine çarpıyordu. Tressa onun ardından iki adım atmıştı ki silah sesi üçüncü kez duyuldu. Korkuyla yüzüstü yere kapaklandı. Ellerini başının üzerinde birleştirip onu kurtarması için Tanrı'ya yalvardı.

• • •

Hattie yeşil fasulyelerin üzerine koymak için hazneden su aldı. Ocağın üzerinde pişen tavuğun kokusu mutfağa yayılıyordu, akşam yemeği için sabırsızlanarak dudaklarını yaladı.

Tavuk ve erişte krallara layık bir yemek değildi ama Jed daima çok severdi, bir adamı cezbettiğini söylerdi. Yeşil fasulyelerin yanına soğan doğrayan ve domuz pastırması koyan Hattie kendi kendine güldü. Masaya ne yemek koyarsa koysun, Jed asla şikâyetçi olmazdı. Böyle bir adam için yemek yapmak bir kadına zevk verirdi.

Elleri duraksadı. Brewster, Hattie eğer onunla evlenirse aşçısının orada kalıp mutfak işleriyle ilgilenmeye devam edeceğini söylemişti. Eğer yemek, temizlik ve bahçe işleriyle uğraşmayacaksa tüm gün ne yapacaktı? Tüm hayatı boyunca elleri çalışmıştı. Annesi, "Boş duranın ayağına şeytan takılır" diye öğütlerdi ve Hattie de sürekli çalışarak şeytanı uzakta tutmuştu.

Kaşığı bırakıp mutfağın penceresine gitti. Paralee ve Mabelle, Barnett gezisinden dönmüşler, sohbet ederek ipe havlu asıyorlardı, kahkahaları pencereden duyuluyordu. Luella üst katta, yataklara temiz çarşaflar seriyordu. Hattie'nin dudaklarına tatminkâr bir gülümseme yayıldı. Kızlar hakiki çiftlik kadınları olmuşlardı. Barnettli çiftlik sahipleri için ideal eşler olacaklardı.

Sallie aklına gelince içinde bir pişmanlık sızısı duydu. Keşke kızın üzüntüsüyle daha çok ilgilenseydi, öyle olsa belki de bu şekilde kaçıp gitmesini engellemiş olurdu. Ama artık yapacak bir şey yoktu. Sallie gitmişti ve pek yakında Mabelle, Paralee ve Luella evlenecekler ve kendi çiftliklerine taşınacaklardı.

Tavuğun tenceresinin kapağı şıkırdadı, Hattie kapağı çevirip altını kısmak için koştu. Tavuğun suyunun taşıp ocağa dökülmesini istemiyordu. Tressa böyle bir şeyi temizlemek istemezdi. Tressa'nın geleceğini düşününce içinde başka bir sızı duydu. Onun Gage Hammond ile evlenmesi düşüncesi içine herhangi bir huzur vermemişti. Brewster artık oğluna daha sıkı davranıyordu ve bunun biraz değişim getireceği kesindi ama

Hattie, Gage'nin daima başkasından ziyade kendini mutlu edecek birisi olarak kalacağından emindi. Tressa bundan daha iyisini hak ediyordu.

Kızların kısmetlerindeki eşlerini bulabilmesi için ettiği onca duaya rağmen Tressa ile flört etmek isteyen tek kişi Gage Hammond olmuştu. Hattie homurdandı. "Tanrım, hayatım boyunca senin daima en iyiyi bileceğine inandım ama Gage ve Tressa konusunda şüpheliyim. Bana doğru gibi gelmiyor." Tahta kaşığı alıp fasulyeleri bir daha karıştırdı.

Arka kapıdan gelen *güm-güm-güm* sesleri onu öyle korkuttu ki neredeyse elindeki kaşığı fırlatıyordu. Koşup kapıyı açtı ve eşikte duran Clyde'ye baktı. "Ne yapmaya çalışıyorsun sen? Kapıyı yıkmaya mı?"

Adam ağıl çitinin yanında, boynu kan ter içinde, yan tarafları inip kalkan Spotty'i gösterdi. Hattie yüzünü buruşturdu. Tressa hayvanı kan ter içinde bırakmadan ata binmeyi iyi bilirdi. Ve onu güneşte bırakacağına neden eyerini çıkarıp ağıla bırakmamıştı ki?

"Bayan Wyatt, Spotty koşa koşa avluya geldi ve görünüşe göre biri onu kurşunla yaralamış."

Hattie'nin kalbi hopladı. "Ne?" Hemen ata koştu. Pembe ıslaklık, hayvanın neresinin kanadığını gösteriyordu. "Tressa yok muydu üstünde?"

"Hayır, bayan. Böyle geldi."

Hattie dönüp ağıla koştu, bir yandan da omzunun üzerinden emirler yağdırıyordu. Kızlara söyle, akşam yemeğine baksınlar. Sen atla ilgilen. Ben Hammondlar'a gidiyorum." Gökyüzüne bakıp sözlerine devam etti. "Yüce Tanrım, bu kızı koruman altına al. Lütfen Tressa'ma kötü bir şey olmasına izin verme!"

• • •

O durumda yerde ne kadar yattığı konusunda Tressa'nın bir fikri yoktu. Kalbi öyle hızlı çarpıyordu ki göğsü ağrımıştı. Kendini sıkmaktan ve hareketsiz yatmaktan kasları ağrıyordu. Kalkmak ve Hattie Teyzeye, eve koşmak istiyordu. Flying W. sınırları içinde kendini güvende hissetmek... Üçüncünün ardından başka silah sesi gelmemişti ama ya adam orada durup onun kafasını kaldırmasını bekliyorsa? Bir sonrakini ıskalamayabilirdi.

Karnının üzerine dümdüz, yüzünü toprağa bastırarak yatmaya devam edip saldırganın yaklaşıp yaklaşmadığını dinledi. Daha önceden duyduğu otların hışırtısının ayak sesini gizlemesinden korktu. O güzel, geniş, açık gökyüzü şimdi onu saklayamıyordu.

Tressa'nın kafasının ilerisinden ansızın kanat çırpma sesi ve bir kuşun ciyaklaması duyuldu. Kuşu ötmeye sevk eden neydi? Korkuyla dudağını ısırdı ve kanın tadını aldı. "Sana sığınırım... Sana sığınırım..." Kuruyan boğazından fısıldıyordu. Sert zemin üzerinde ettiği bu sözler Tanrı'nın kulağına ulaşıyor muydu acaba?

• • •

Hattie atını hızla sürüyordu. Kafasına üşüşen birçok soru vardı. Neden biri Tressa'ya ateş ederdi? Acaba o da Spotty gibi vurulmuş muydu? Öyle yaralı ve kan revan içinde bir yerde mi yatıyordu? Bu sorulara yanıt bulamaması nabzını hızlandırdı ve mokasenlerinin topuğunu atın böğrüne vurup "Deh! Deh!" diyerek hızlandı.

Lazy S.'nin kapısı tam karşısındaydı. Hattie doğrudan Hammondlar'ın çiftliğine gitmeyi planlamıştı ama ahırın kapısının önündeki yığından at arabasının arka kısmına saman taşıyan Abel'i görünce atın dizginlerini çekip kapıya yöneldi. Direkt at arabasının yanına gidip atını durdurdu.

"Abel, tüm gün burada mı çalıştın?"

"Çoğunlukla" dedi Abel. Elinde tırmıkla durup kaşlarını çatarak kadına baktı. "Bir şey mi oldu?"

Hattie çabucak Spotty'nin vurulduğunu ve geri döndüğünde onu süren kimse olmadığını anlattı. "Hiç silah sesi duydun mu?"

"Hayır, ama eğer ben ahırdayken olduysa duyamazdım zaten. Bu taş duvarlar neredeyse her şeyi engelliyor."

Hattie endişeyle baktı. "Pekâlâ, Gage'yi akşam yemeğine davet etmek için Hammondlar'a gidiyordu. Buradan geçtiğini gördün mü?"

"Şimdi senin haricinde, tüm gün buradan kimsenin gelip geçtiğini görmedim. O geçerken ahırda olabilirim." Abel ahırın tepesinden sarkan halatı yakaladı ve çeke çeke indirdi. "Belki de çiftliklerimizin arasındaki kestirme yoldan gitmiştir."

Hattie inledi. "Her yerde olabilir. Yolda gelirken onu bulmayı umuyordum..."

"Ethan ve Vince'yi yanına veremem, sürüyle birlikte dışarıdalar. Ama atın birini eyerleyip seninle gelip bakacağım."

"Sana minnettar olurum. Sana söylememin sakıncası yok, çok korkuyorum."

"Sen Brewster'e git ve aramak için birkaç adam daha al yanına. Ben çit hattı boyunca gidip geleceğim ve yolda mı diye bakacağım." Kadına baktı. "Yanında silah var mı?"

Hattie ata binerken daima tabancasının bulunduğu kalçasına vurdu.

"İyi. Onu bulduğunda havaya bir el ateş et." Ahıra gitti.

Hattie dizginleri şaklattı ve at etrafında döndü. Böğrüne hızla vurulunca dörtnala koşmaya başladı. Double H.'ye ne kadar çabuk varırsa Tressa'yı o kadar erken bulacaktı. "Deh, Rudy! Haydi gidelim!"

27

Otlakta ve yolda toynak izleri arayan Abel'in aklını telaş kemiriyordu. Barnett'te yaşadığı onca yıl boyunca bir kadının vurulduğunu hiç duymamıştı. Şimdi birinin böyle bir şey yaptığını düşünmek huzurunu bozuyordu.

Ona zarar gelmesin. Bu sözler kalbinde oluşmuştu fakat bu bir dua değildi. Daha ziyade, onu dinleyen birinin duyması arzusuyla söylenmişti. Bayan Sallie'nin kaçtığını öğrendiği zaman onu bulmak ve güvende olduğundan emin olmak için acele etmemişti. Ancak Bayan Tressa'nın kaybolduğunu ve yaralanmış olabileceğini duyduğu an, korku ruhunun tam ortasına yerleşmişti.

Aynı zamanda onu vuranı da bulmak istiyordu. Adam gibi adam silahına dikkat ederdi; neyi hedef aldığını bilir ve genellikle de hedefini vururdu. Bu düşünceyle karnı buruldu. Eğer kız vurulduysa onu Hattie Teyzenin yerine kendisinin bulması daha iyi olurdu. Yaşlı kadının aklında böyle bir fotoğrafın kalmasına gerek yoktu.

Acele et... Onu bulman lazım... Tressa'ya dair bir iz arayarak çevreyi taradı. Endişeyi bir kenara bırakıp sadece odaklanmak için beynini zorladı. Sıra dışı bir şey var mı diye çayırın gerisine ve ilerisine, yolun aşağısına-yukarısına ve sonra da toprağa baktı. Sonunda Flying W.'den bir buçuk kilometre kadar uzaklıkta yoldan otlağa doğru giden at nalı izlerini fark etti.

Bunlar Tressa'nın atının izleri olmalıydı. Kalbinde beliren umutla atını izlerin olduğu tarafa yönelterek yavaşça sürdü; başı dik, gözleri arayış hâlindeydi. Kızın ismini haykırmayı düşündü ama eğer onu vuran kişi yakınlardaysa kendini de tehlikeye atmış olurdu. Bu yüzden kulaklarını ve gözlerini kullanarak gayretle arandı.

Kendi çit hattı boyunca gidiyor, Tressa'nın geçtiği yerleri belirlemek için otların ezilmiş olduğu yerlere dikkat ediyordu. Başını yana eğip aşağı bakarken rüzgârın hışırtısıyla tam ileride bir şey görür gibi oldu. İçgüdüsel olarak dizginleri geri çekti ve gözlerini ileri dikti. Buruşuk basma kumaşı... Bir kadın elbisesi!

Atın sırtından atladı ve kızın hareketsiz yattığı yere doğru sendeleyerek yürüdü. Elbisesinin üzerinde kan lekesi yoktu; belki de kurşun ön taraftan girmişti. Neyle karşılaşacağından korktuğu için yavaş yavaş ilerledi. Bir dizinin üzerine çöküp kızı döndürmek için ellerini yavaşça omzuna koydu.

Kız, kulakları sağır edecek bir çığlıkla hayata döndü. Sırtını döndürüp iki bacağıyla birden tekmeler savurmaya başladı. Göğsü, omuzlarıyla birlikte kollarıyla da debeleniyordu. Kızın gözlerindeki korku Abel'i mahvetti. Abel kızı bileklerinden tuttu. "Tressa! Tressa, seni incitmeyeceğim. Yardıma geldim!"

Abel kızı teskin etmek için dil döküp onu ikna edene kadar Tressa uzun saniyeler boyunca ağzından hırıltılar çıkararak ona karşı koymaya devam etti. Sonra başladığı gibi birdenbire durdu. Savunmasızca yığılıverdi. Abel kızın bileklerini serbest bıraktı ama doğrulması için omuzlarından tuttu. Kızın, adamın avuçlarının altındaki kasları tir tir titriyordu.

Kocaman açtığı gözlerini kırpmadan adama baktı. "A-Abel?"

Kızın dudaklarından dökülen ismini duyunca Abel'in kalbi hop etti. Hareketlerini kontrol edemeyecek kadar tedirgindi demek ki. "Doğru." Yaralanma belirtisi arayarak kızın önüne baktı. Yaralanmadığını görünce epey rahatladı. Yalnızca feci hâlde korkmuştu.

"Nerden... bildin... yardıma ihtiyacım olduğunu?" Sözcükler ağzından kesik kesik çıkıyordu.

Abel kızın omuzlarına hafifçe dokunarak sakin bir ses tonuyla konuştu. "Hattie Teyze sana bakmam için beni yolladı. Atının sensiz döndüğünü görünce bayağı telaşlanmış." Abel dudaklarını yaladı ve etrafa bakındı. "Sen... Vuruldun mu?"

Kız hayır anlamında başını salladı. Saçları yüzüne ve boynuna geliyordu. "Hayır, yaralanmadım. Ama ne yapacağımı bilemedim. Eğer ayağa kalkarsam... Yeniden deneyip beni vurur diye düşündüm." Çenesi titriyordu. "Neden birisi beni vurmak istesin ki?"

"Bilemiyorum..." Kızın mavi gözlerindeki korku dolu kafa karışıklığını gören Abel, onu sakinleştirmek için güçlü bir istek duydu. Kızı kollarına almasına tek engel, onun başka bir adamla flört ettiğini bilmesiydi. Ama bir şekilde onu rahatlatmalıydı. "Belki de avcının biri, bir geyik veya bıldırcın vurmaya çalışıyordu ama ters yöne ateş etti."

Tressa sessizce oturup adamın gözlerine baktı, onun açıklamasını düşünüp tartıyor gibiydi. Sonra of çekti. "Pekâlâ, neredeyse beni korkudan öldürüyordu. Etrafta insanlar varken avcıların daha dikkatli olmaları gerekir."

Abel'in yanaklarına bir gülümseme yayıldı. Kızın kibar konuşmaları normale döndüğünü gösteriyordu. Atına gidip dizginleri çite bağladı. Sonra tabancasını kılıfından çıkardı. "Kulaklarını kapa, Tressa. Hattie Teyze seni bulduğumu anlasın diye bir el ateş edeceğim."

Tressa dizlerini çekip öne doğru çömeldi, elleriyle kulaklarını kapatıp gözlerini sımsıkı yumarak top şeklini aldı. Abel silahını ateşleyip hemen kılıfına geri koydu. Kızın kulağını kapatan elini çekip tuttu. Kız ona ürkekçe baktı.

Yavaşça Tressa'nın ayağa kalkmasına yardım eden Abel, Gage Hammond'un şanslı bir adam olduğunu düşündü. "Haydi, seni Flying W.'ye götüreyim. Hattie Teyze iyi olduğunu görmek için sabırsızlanıyordur." Kızın elini tutarak atına doğru yürüdü.

"Hayır, bekle! Unuttum..." Kız, Abel'in elini bırakıp çite yöneldi. Parmak uçlarında durup diğer tarafı işaret etti. "Bak, şurada... Ateş çukurunu görüyor musun?"

Abel kaşlarını çattı. "Görüyorum."

"Orada bir damgalama demiri var ama... Ah!" Eliyle ağzını kapatarak adama baktı, gözlerinde şimdi daha çok korku vardı.

Endişelenen Abel birkaç adım attı. "Tressa, ne oluyor?"

"O... Kaybolmuş." Hızla öne arkaya baktı. Yüzünü adama çevirip gömleğinin yakasını tutup salladı. "Bu çukurun içinde damgalama demiri vardı."

Abel olumsuzca başını salladı. "Yanılıyorsun, Tressa. Bu bir damgalama çukuru falan değil. Damgalama ateşinin daha büyük olması gerek. Belki adamlarımdan biri ısınmak veya kahve yapmak için eskiden bir ateş yakmıştır. Çiftlikte dışarıda damgalama yapılmaz."

"Ama ben bir damgalama demiri gördüm, Bay Samms. Tam buradaydı ve şimdi yok." Nefesinin hızıyla birlikte omuzları kalkıp iniyordu. "Sence...Bana ateş açan kişi gelip onu götürmüş olabilir mi?" Gözleri yaşlarla doldu. "Tam şuracıkta yatıyordum... Kolaylıkla öldürebilirdi beni." Sesi histerik olarak yükseldi.

"Şimdi, Bayan Tressa, kendini yıpratma artık."

"Ama... Ama... Oradaydı ve şimdi..."

Abel onu omuzlarından kavrayıp hafifçe salladı. "Bayan Tressa, yapma. Uzun süredir buradasın. Güneş insanı komik hâllere sokabilir. Hatta olmayan şeyleri var gibi gösterebilir."

Kız ellerini savuşturdu. "Ben ne gördüğümü *biliyorum*! Bu yanmış tahtaların hemen yanında damgalama demiri vardı!"

"Pekâlâ, pekâlâ..." Abel iki elini birden kaldırdı. "Sana inanıyorum."

Tressa gözlerini kıstı.

Abel iç çekti. "Şey, belki de sana inanmakta güçlük çekiyorum. Birinin burada neden damgalama yaptığını anlayamıyorum." Kızın pöflemesi üzerine ekledi. "Ama yapmışlardır belki de."

"Peki ya sonra bu kişinin ben beş metre ilerisinde yatarken elinde damgalama demiriyle yürüyüp gittiğine?"

Abel'in buna verecek cevabı yoktu. Elini kaldırdı. "Hadi ama Tressa. Silahı ateşledim. Hattie Teyze ve diğerleri sana bakmak için Flying W.'ye gidiyorlardır. Seni geri götürmeliyim."

Eyere oturdu, kızı da arkasına çekti. "Sıkı tutun." Kızın kolları Abel'i belinden sardı. O dokunuşla içi ürperdi. *Güneş insanı komik hâllere sokabilir*. Bu tuhaf tepki güneşten mi kaynaklanıyordu? Nedense buna inanmadı.

"Haydi gidelim." Islık çalmasıyla at yola koyuldu.

• • •

Hattie mis gibi kokan yorganı Tressa'nın çenesine kadar çekti ve kızın yanağını şefkatle okşadı. "Tamam artık. Şimdi iyi bir uyku çek, sabaha turp gibi olacaksın."

Yastıkların arasına gömülen Tressa iç çekti. "Hattie Teyze, akşam yemeği planını mahvettiğim için çok üzgünüm."

Hattie elini salladı. "Şşt! Saçmalama. Brewster'in ve benim pek çok kez oturup tavuk ve erişte yeme şansımız olacak. Sen herhangi bir yemekten çok daha önemlisin. Şimdiye dek bunu bilmen gerekirdi."

Kızın gözleri yaşlarla doldu. Hattie yatağın kenarına oturup kızın bacaklarını yorganın üzerinden pışpışladı. "Peki, bu gözyaşları da ne için şimdi?"

Tressa başını salladı, uzun bukleler omuzlarına dökülüyordu. "Kendimi özel hissettiriyorsun."

"Ve bu da seni ağlatıyor mu?"

"Evet efendim."

Hattie kıkırdadı. "Pekâlâ, Tressa'cığım. Seni ağlatmaya çalışmıyorum ama sen özel birisin. Siz kızların hepsini seviyorum. Luella'yı bile. Ama sen... Kalbimle senin aranda bir bağ var. Benim hiç kendi çocuğum olmadı ama sanıyorum ki Tanrı senin sevginin tohumunu kalbime ekerek anneliğin nasıl bir duygu olduğunu bana hissettiriyor."

Tressa'nın yanağından bir damla gözyaşı süzüldü. Yorganın altından çıkardığı elini Hattie Teyzenin elinin üzerine koydu. "Ben de seni seviyorum, Hattie Teyze."

Gözyaşları Hattie'nin genzini tıkadı. Burnunu çekti. "Ben artık çıkıp seni rahat bıraksam iyi olacak. Zor bir gün geçirdin."

Tressa, Hattie'nin elini daha sıkı tuttu. "Lütfen kal."

Hattie yerinde kaldı. "Hâlâ o tüfekten mi korkuyorsun?"

"Evet. Bir şey var... Yolunda gitmeyen bir şey, Hattie Teyze."

Kız doğru söylüyordu. Eğer birisi Tressa gibi zararsız ve tatlı bir kıza ateş ediyorsa demek ki yolunda olmayan bir şey vardı. Ancak Hattie gülümsedi. "Nedir, canım?"

"Bay Samms'e de anlatmaya çalıştım ama beni dinlemedi. Güneşten dolayı olmayan şeyleri olmuş gibi gördüğümü söyledi. Ama Lazy S.'nin arazisinde Double H. damgalama demiri gördüğümden eminim."

Hattie'nin kolundaki tüyler diken diken oldu. "Double H. mi? Emin misin?"

"Gayet eminim. Çit boyunca yürüdüm ve çitin kesilip yeniden onarıldığı bazı yerler gördüm."

"Bunları Abel'e de gösterdin mi peki?"

"Tuhaf olan da bu zaten. Çalıştım. Ama o geldiğinde demir yoktu. Bu yüzden gördüğüme inanmadı. Bu da beni sinirlendirdi ve çiti göstermeyi denemedim bile."

Hattie'nin kafa derisi rahatsızlıkla ürperdi. Tressa hayvan hırsızlarının kamp kurduğu yere gitmiş olabilirdi. Ve eğer durum buysa muhtemelen hırsızlardan birisi onu görüp ateş açmıştı. Eğer adam kızın fazla şey bildiğinden şüphelenirse yeniden deneyebilirdi.

Ayağa kalktı. "Şimdilik endişelenme, duydun mu beni? Ben Abel ile konuşurum ve ikimiz olayı çözeriz. Sen sadece uyu."

"Gitmeden evvel benimle birlikte dua eder misin?"

Hattie böyle bir isteği asla reddetmezdi. Tressa'nın elini tuttu ve gözlerini kapadı. "Yüce Tanrım, Tressa'yı bugün sağ salim eve getirdiğin için şükürler olsun. Sevgin ve koruman için şükürler olsun. Şimdi ona huzur ver ve uykusunda senin onun yanında olacağını ve onu asla bırakmayacağını bilmesini sağla lütfen. Amin." Tressa'nın yanağını okşayıp gülümsedi. "Artık uyuyabilir misin?"

"Evet efendim. Teşekkürler." Kız yana dönüp top gibi kıvrıldı.

Hattie üfleyerek feneri söndürdü, güneşliği çekti ve parmak uçlarında odadan çıktı. Hole vardığında Tressa'nın damgalama demiri hakkında söylediklerini yeniden düşündü. Bir zamanlar Abel, Gage'nin onun sürüsünden çaldığından kuşkulanmıştı. Arazileri yan yana olduğundan adamın bunu yapması kolaydı. Ve Brewster, Abel'in toprağını almak istiyordu. Abel vazgeçip çiftliğini satar umuduyla ikisi birden Abel'in sürüsünü aşırıp hayvanların damgalarını değiştiriyor olabilir miydi acaba?

Bugün Double H.'ye gittiğinde Brewster evdeydi ve yardım çağrısına bir saniye tereddüt etmeden yanıt vermişti. Fakat Gage başka bir yerdeydi. Hattie dişlerini gıcırdattı. Eğer Gage o an başka bir yerde Tressa'ya ateş ediyor ve sonrasında o damgalama demirini saklıyorsa kızın ondan saklanması gerekecekti. Ve ayrıca Brewster'dan da!

• • •

"Mmm, güzel bir yemekti."

Vince'nin memnuniyet belirten sözleri karşısında Abel başını evet anlamında salladı.

Yaşlı kovboy sandalyesinde geriye yaslandı ve pat pat göbeğine vurdu. "Hattie Teyzeye her gün yemek yollamasını söylesek nasıl olur? Yıllardır yediğim en lezzetli tavuk ve erişteydi."

Hattie Teyzenin kendisini bir tencere tavuk ve erişteyle eve yollamasının nedenini düşününce Abel kadının ona bir daha yemek vererek karşılık göstermesine gerek duymamasını umdu. Tressa'nın yerde hareketsiz yatarkenki hâli her aklına gelişinde içini bir panik kaplıyordu. "Düşünme bile. Bu, teşekkür amaçlıydı."

"Onun için ne yaptın ki?" Ethan ağzı erişteyle dolu hâlde konuştu.

Abel, öğleden sonra Tressa'yı aradığını ırgatlarıyla paylaşmak istememesine rağmen orada elinde tüfekle gezen birisi varsa bunu adamların bilmesi gerekiyordu. Onlara, Tressa'nın üç el ateşle korkutulduğunu ve bunlardan birinin atını yaraladığını anlattı.

Ethan dimdik oturuyor, kocaman gözlerle bakıyordu. "O iyi mi? Yaralanmadı, değil mi?"

"O iyi. Ama epey sarsılmıştı. Onu suçlayamam." Abel yüzünü buruşturdu. "Beni rahatsız eden, bunun arazimin çok yakınında olması. O ateşin nereden edildiğini merak ediyorum..."

Vince boğazını temizledi. "Ah, Abel? Kuzeybatı otlağında mıydı?"

Kafası karışan Abel, Vince'ye baktı. "Evet. Neden?"

Adam çenesini kaşıdı. "O zaman ona ateş eden ben olabilirim."

"Baba!" Ethan neredeyse sandalyesinden düşecekti.

"Hayır, kasten değil. Çiti kontrol ediyordum ve birini gördüm. Korkutup kaçırmak için üç el ateş ettim." Vince vicdan azabıyla yüzünü ekşitti. "Eğer Bayan Tressa'nın orada atını sürdüğünü bilseydim, silahımı ateşlemezdim ama suyun dere yatağı oluşturduğu o kayalık yerde nehir boyunca gidiyordum. Oradan görmek güçtü."

Abel rahatlayarak oh çekti. Tressa kıl payı kurtulmuş olsa da en azından hayvan hırsızlarının arazisinde dolaşmadığını biliyordu. "Kaza olduğuna eminim, Vince. Yarın kilisede Hattie Teyzeye bundan bahset. Kimsenin ona kasıtlı bir şey yapmadığını bilmek Tressa'yı rahatlatacaktır."

"Bunu yaparım Abel, kesinlikle anlatırım." Vince kalkıp şapkasını aldı. "Temizlik sırası Ethan'da olduğuna göre ben gidip bir kez daha sürüden geriye kalanlara bakayım ve onları biraz daha yakına getireyim. Eve yakın olduklarını bilirsem daha rahat uyurum."

"Tamam, Vince. Teşekkürler." Vince ardından kapıyı kapatana dek Abel onun ne dediğini anlamadı. "*Sürüden geriye kalanlar...*" Bu sözler, Abel'in ne kadar kaybı olduğunu hatırlatıyordu. Tressa güvende olduğu için rahatlamıştı ama çiftliğini de elinde güvenle tutabilecek miydi?

28

"Gage, sana Bay Samms'in arazisinde Double H. damgalama demiri gördüm, diyorum!" Tressa kollarını göğsünde birleştirip Gage'nin yılışıkça sırıtan yüzüne baktı. "Kendi gözlerimle neyi görüp neyi görmediğimi söyleme bana!"

Gage güldü. "Sinirlendiğinde çok sevimli oluyorsun."

Tressa derin bir of çekti. Onunla flört etmeyi, evlenmeyi ve hayatını paylaşmayı arzu eden adamın, kayıp damgalama demiri hikâyesiyle dalga geçmekten fazlasını yapacağını ummuştu. "Damgalama demirini bana ateş eden adamın alıp götürdüğünden eminim, orada başka kimsecikler yoktu. Ve o kişi muhtemelen Bay Samms'in sürüsünden çalan kişiyle aynı. Gerçeği ortaya çıkaracağım Gage, insanlar bana ister inansın, ister inanmasın!" Hızla arkasını dönüp kilisenin avlusuna yürüdü.

Gage peşinden fırlayıp kızı kolundan yakaladı. Az önceki haylaz ifadesinden eser yoktu. Dudakları sımsıkıydı, gözleri

Tressa'nın içini ürperten bir kıvılcım saçıyordu. Kızı kolundan tutup sarsarak kilise binasının köşesindeki çalılıklara sürükledi. "Cesaret iyidir ama sen fazla ileri gidiyorsun!"

Kafası karışan Tressa tek kaşını kaldırdı. "Ama gerçeğin ortaya çıkması gerekiyor, Gage."

"Gerçeği ortaya çıkarmaya çalışırken başına bela alabilirsin, Tressa."

Bu tehditkâr ses tonu Tressa'nın nefesini kesti. "Gage... Sen?"

Adam kızın kolunu acıtırcasına sıkıyordu. "Daha fazla sonuç çıkarma. Kafanda her şeyi çözdüğünü sanıyorsun ama çözmedin, bu yüzden çeneni kapalı tutsan iyi edersin." Birdenbire sıkmayı bıraktı. "Seni incitmek istemiyorum, Tressa. Senden hoşlanıyorum, hem de çok hoşlanıyorum. Seninle evlenmek istiyorum. Ama hakkımda kötü şeyler düşünmen beni derinden üzüyor. Bu fikirleri salıver gitsin. Bir karı ve koca... Birbirlerine güven duymalılar, değil mi?" Bu sözler oldukça sıcak olmalarına rağmen içlerinde ürperten tehditkâr bir ima vardı.

"Büyük ihtimalle orada olmayan bir damgalama demiri için herkesi harekete geçirmek ne saçma. Hangi hırsız damgalama demirini orada bırakacak kadar salak olabilir ki?" Gage başını iki yana sallayarak güldü. "Seni minik, şapşal, şehir kızı, batıda işlerin nasıl yürüdüğünü sen bilmezsin." Kızın kolunu sıkıp bıraktı. Ellerini pantolonunun cebine koyup göz kırptı. "Bu konuyu daha fazla konuşmayalım, Tressa. Çitten düştüğünde kafanın bulandığına ikna et kendini ve boşver. Böylesi herkes için daha iyi."

Tressa ona bakakaldı. "Spotty'nin üzerine çıkmaya çalışırken düştüğümü gördün mü sen?" Eğer düştüğünü gördüyse bu onun otlakta olduğu anlamına gelirdi ve demek ki...

Gage kolunu kızın beline dolayıp sıkıca kendine çekti. "Sana boşver gitsin demedim mi? Çok fazla düşünüyorsun, Tressa. Senin gibi güzel kızların bu kadar fazla düşünmesine gerek yok."

Gage kızın beline doladığı sahiplenici koluyla kızı âdeta ip gibi sıkı sıkıya sarıyordu. Hattie Teyze ve Bay Hammond'un Glendon Shultz, Fred Pennington ve Jerome Garner ile durduğu at arabasına kadar Tressa'ya eşlik etti. Gage ve Tressa'nın yaklaştığını gören Hattie Teyze bir an için kaşlarını çattı ama sonra hemen gülümsedi.

"İşte geldiniz, biz de tam Flying W.'deki akşam yemeğini ayarlıyorduk. Tüm delikanlılar öğleden sonrayı kızlarıyla geçirmek için gelecekler. Gage, sen de geliyor musun?"

"Kaçırır mıyım." Gage dudaklarını Tressa'nın şakağına doğru uzattı ama kız temastan kaçınarak başını hafifçe çekti. Gage'nin gözlerinde kıvılcımlar çaktı ama kızı rahat bırakıp gülümsedi. "Benimle ve babamla gitmek ister misin sevgilim?"

"Kızlar benimle geliyor, böylece siz gelmeden masayı hazırlamış oluruz." Hattie Teyze müdahale etti.

"Tamam o hâlde." Gage, Hammondlar'ın faytonuna doğru yürüdü.

Tressa diğer kızlarla birlikte at arabasının arkasına geçti, Gage hakkında ne yapması gerektiğini düşünüyordu. Gage hırsız mıydı? Yalancı mı? Eğer öyleyse bunu kime söyleyecekti? Hattie Teyze Brewster ile evlenmeyi düşünüyordu, kadına sıkıntı veremezdi. Abel ona inanmamıştı. Ah, keşke Sallie orada olsaydı! Bu sıkıntılı düşüncelerini Sallie ile paylaşabilirdi.

Ah, Tanrım, ne yapmalıyım?

• • •

Hattie Teyzenin leziz bifteği Tressa'nın boğazından geçmiyordu. Bir şey yemiyor, sadece tabağındaki haşlanmış havuç ve patatesleri didikliyor, sebzeleri öne arkaya itip oynuyordu. Masadakiler Tressa'nın bu huzursuz hâlinden bihaber, bir yandan yemekleri götürürken bir yandan da sohbet ediyorlardı. Gage sağında oturuyor ve tıpkı bir sevgilinin yapması gerektiği gibi kulağına fısıldamak için yaklaşıyor, gülümsüyor ve ilgili davranıyordu. Ama Tressa'nın aklından, Abel'in arazisindeki Double H. damgalama demirini gördüğünü söylediğinde adamın gözlerinde beliren bakış çıkmıyordu. Gage kabul ettiğinden daha fazlasını biliyordu ve güvensizlik Tressa'nın midesine kocaman bir taş gibi oturmuş, iştahını köreltmişti.

Adamın varlığına bir saniye daha tahammül edemeyerek sandalyesini geriye itti ve peçetesini tabağının üzerine attı. "Hattie Teyze, mutfağa gidip tatlılarımızın üzerine koymak için krema hazırlayacağım." Adamları bilgilendirirken zorla gülümsedi. "Baharatlı kek... Bu sabah kiliseye gelmeden evvel yaptık."

Luella yerinden fırladı. "Sana yardım edeyim."

Tressa şaşırarak Luella'ya baktı. Luella daha önce hiçbir işte Tressa'ya yardım etmeyi önermemişti. Ama belki de kızın Fred Pennington'dan kısa bir süreliğine kaçması gerekiyordu. Adam kibar olmasına kibardı ama diğer genç adamlar sevgililerinin gözünün içine hayran hayran bakarken onun Luella'ya olan ilgisizliği tam bir kontrast oluşturuyordu.

"İyi olur, Luella."

Kilere giden yolda Luella Tressa'yı takip etti. Tressa küçük bir kâseye kaymak alırken Luella "Gage'nin seninle flört etmesine izin verdiğine sevindim" dedi.

Süt testisinin ahşap kapağını kapatan Tressa iç çekti. "Oradan nasıl göründüğünü tahmin edebiliyorum. Gage sürekli koluma dokunuyor, kulağıma fısıldıyor ama biz *flört etmiyo-*

ruz." Güvenmediği birinin kurlarını kabul edemezdi. "Bugün buradan gitmeden önce bunu anlamasını sağlayacağım."

Luella'nın gözleri fal taşı gibi açıldı. "Ama seninle flört etmesine izin vermek zorundasın! Eğer vermezsen, o da..." Çenesini kapadı ve kilerin merdivenlerine yöneldi.

Tressa elindeki dolu kâseye dikkat ederek onun peşinden gitti. "Luella, lütfen bekle!"

Diğer kız toprak merdivenlerin altına gelince durdu. Kilerin kapısından sızan güneş ışığı, Luella'nın yüzündeki korkuyu daha da belirginleştiriyordu.

"Gage seni bir şekilde tehdit mi etti?" Tressa elini Luella'nın koluna koydu. "Lütfen bana anlat."

Luella dönüp Tressa'yı omuzlarından tuttu, hafifçe sarstı. Kâseden taşan kaymak Tressa'nın elbisesini lekeledi. "Gage seni istiyor, Tressa ve o istediğini daima elde eder. Eğer onu reddedersen burada başka biriyle mutlu mesut yaşayabileceğine gerçekten inanıyor musun? Gage hayatını mahveder, tıpkı..." Yeniden durdu.

Tressa Luella'dan kurtuldu. "Gage'nin ilgisini kabul etmem için günlerce peşimden koştun. Bana duyduğun şefkatten dolayı beni onun kollarına atmadığını biliyorum. Peki, Gage ile evlenmemi neden bu kadar çok istiyorsun? Sana bunu nasıl yaptırıyor?"

Luella'nın gözleri yaşlarla doldu. "Sana bunu söyleyemem."

"O zaman demek ki seni tehdit *ediyor*!" Tressa bir eliyle kaymak dolu kâseyi karnına bastırıp diğer eliyle Luella'nın elini tuttu. "Hattie Teyzeye anlatmalıyız, Luella. Gage'nin durdurulması lazım..."

"Hayır!" diye haykırdı Luella. Eteğiyle gözyaşlarını sildi. "Anlamıyorsun. Eğer Gage istediğini elde edemezse *hepimiz*

-sen, ben, Hattie Teyze- bunun bedelini öderiz. Bu yüzden soru sormayı kes ve ona istediğini ver." Dil dökmeye başlamıştı. "Hammond çiftliğinde yaşarsan, rahat ve kolay bir yaşam süreceksin. Hattie Teyze de orada olacak, onunla olmaktan hoşlandığını biliyorum. Onu kabul et, Tressa. Teklifini kabul et ve minnettar ol."

Luella dönüp merdivenlere yöneldi. Tressa yavaşça onu takip etti. Kaymağın durduğu kâseyi yere bırakıp kilerin kapısını kapadı, ardından diz çöktü. "Tanrım, Gage'ye güvenemiyorum ama sana güveniyorum." Dakikalarca bu şekilde durup Tanrı'ya dua etti, kafasında hâlâ belirsizlikler olmasına rağmen içinin huzurla dolduğunu hissetti. Amin dedikten sonra kalkıp kaymağı mutfağa götürdü.

Arka kapıya vardığı an, bir şamata duydu. Kâseyi bir kenara bırakıp evin ön tarafına koştu. Kızlar ve misafirleri kapıya toplanmışlardı. Kalabalığın ortasında Şerif Tate sanki kavgayı bastırıyormuş gibi ellerini kaldırmış duruyordu.

"Tüm bildiğim bu kadar, millet. Dodge'den gelen telgrafta başka ayrıntı yoktu." Kibirle konuşmaya devam etti. "Lazy S.'ye gidip Abel'e Jacobs'un tevkif edildiğini haber vereyim."

Tressa'nın kalbi hop etti. En yakınındakini kolundan yakaladı. "Paralee, neler oluyor?"

Paralee yanıt verdi, "Sallie ve Cole Dodge şehrinde yakalanmışlar! Şerif hapiste hücrede tutulduklarını söylüyor. Oradaki şerif ayarlayınca takibat için Barnett'e getirileceklermiş!"

Hattie Teyze şerifi kapıya kadar geçirdi, adamlar da peşlerinden gittiler. Tressa Paralee'nin koluna yapışmıştı, dizleri titriyordu. "Takibat mı? Ne için?"

Paralee Tressa'ya sanki kızın aklından zoru varmış gibi baktı. "Hayvan hırsızlığından! Cole Jacobs ve Sallie'nin kaçtıkları gece Abel Samms otuzdan fazla büyükbaşını kaybetti. Bu hayvanları Sallie ve Cole'nin çaldığını herkes biliyor. Eğer yargıç onları suçlu bulursa Cole asılabilir!" Kolunu Tressa'dan kurtardı ve diğerlerinin peşinden kapıya yürüdü.

Tressa duyduklarına inanamıyordu. "*Bu hayvanları Sallie ve Cole'nin çaldığını herkes biliyor...*" Tressa gördüğü damgalama demirini anlatmak için şerifin arkasından koştu ama Gage'nin tehditleri ve Luella'nın tavsiyesi onu durdurdu. Şerifle konuşmaya -özellikle de Gage'nin önünde- cesaret edemedi.

Luella eğer Tressa Gage'yi reddederse Hattie Teyzenin zarar görebileceğini ima etmişti, öyleyse Hattie Teyzeyi bu işe karıştırmayacaktı. Damgalama demirini ondan başka bilen tek kişi Abel Samms idi. O da anlattıklarına inanmamış gibiydi ama eğer Gage'nin kendisini tehdit ettiğini söylerse belki de dinlerdi.

Tressa dönüp arka kapıya koştu. Ahıra gidip titreyen ellerinin izin verdiği ölçüde çabuklukla Spotty'i eyerledi. Şansı yaver giderse görünmeden sıvışabilirdi. Cole Jacobs, Hattie Teyzenin kızlarından birinin kalbini çaldığı için suçluydu; ama eğer Tressa'nın şüpheleri doğruysa hayvanların çalınması olayında masumdu. Gage ne zarar verirse versin, sessiz kalıp masum bir adamın asılmasına göz yumamazdı.

29

Abel elini kapının pütürlü çerçevesine dayamış hâlde Şerif Tate'nin atına atlayıp uzaklaşmasını seyretti. Şerifin atı kapıdan çıkıp gittikten sonra avluya boş boş bakarak birkaç dakika daha durdu. Cole'nin yakalandığı haberi onu neden mutlu etmemişti? Bir şey hissetmesi gerekmiyor muydu?

Kapıyı kapadı ve kendinin, Ethan'ın ve Vince'nin öğle yemeklerinin artıklarının hâlen durduğu masaya baktı. Orayı temizlemesi gerekiyordu ama bunu yapmak yerine yatak odasına gidip doğrudan konsoluna yöneldi. Nadiren kullandığı en üstteki çekmece açılırken gıcırdadı. Babasının ölümünden bu yana gün yüzüne çıkmamış, katlı duran keten mendil yığınının altına elini attı ve aradığını bulana dek parmaklarını orada gezdirdi.

Bulduğu şeyi eline alıp yatağının kenarına oturdu ve Amanda'nın resminin durduğu minik çerçeveye baktı. Kız, bu ufak portreyi çizenin Central Park'taki bir ressam olduğunu söylemişti. Abel sanattan pek fazla anlamazdı ama bu resmi her kim çizdiyse yetenekli biri olduğu besbelliydi. Sanatçı, Amanda'nın güzelliğini kusursuz bir biçimde resmetmişti.

Gümüş bir dolardan daha büyük olmayan, küçük altın filigran çerçeve; kaba, nasırlı ellerinde tuhaf duruyordu. Tıpkı trenden indiği anda Barnett'in basit vitrinlerinde kadife elbisesi ve dantelli güneş şemsiyesiyle tuhaf görünen Amanda gibi. Mektuplarında ebedi bağlılığın vaadini vermiş olmasına rağmen kasabaya şöyle bir baktığında burun kıvırmış, eve adım attığı andaki bakışından Abel onun burada çok kalmayacağını anlamıştı. Amanda *uygun* değildi.

Ama Bayan Tressa ocakta yemek pişirmiş, ineği sağmış, yerleri süpürmüş, bahçeyi kazmış ve bunları neşeyle şarkılar mırıldanarak yapmıştı. Hattie Teyzenin çiftliğinde onu kollarına alıp dans ederlerken, ayakları birbirleriyle nasıl hareket edeceklerini çoktan biliyorlardı. Şehirde büyümüş olmasına rağmen ne onun evinden başka yere bakmış ne de Kansas güneşi altında o ahşap dans pistinden başka yerde dönmüştü. Tam tersine, rahattı. Evinde rahattı, kollarında rahattı...

Tressa'yı düşüncelerinden sıyırmak isteyen Abel başını iki yana salladı ve dikkatini yeniden altın çerçevenin içindeki resme verdi. Sanki canlanıp onunla konuşmasını istiyormuş gibi uzun dakikalar boyunca Amanda'nın gülümseyen güzel yüzüne baktı. Sonra resmi parmaklarıyla kapatıp iç çekti. Bu portreyi aylardır çıkarmamıştı. Neden bugün açıp bakma ihtiyacı duymuştu? Galiba bunun, daha önce kilise avlusunda seçtikleri kızlarla bütün gün vakit geçiren Fred, Jerome, Glendon ve Gage ile ilgisi vardı. Pişmanlık neredeyse onu boğuyordu. Şansı varken Bayan Tressa ile görüşmek istemeliydi. Hattie Teyze ona, Amanda'nın ihanetiyle ilgili hislerinin onu Tressa'dan uzak tuttuğunu söylemişti ama o dinlememişti. Hata yapmıştı.

Portreyi yeniden babasının keten mendillerinin altına gömme niyetiyle konsola uzanıp en üst çekmeceyi açtı. Fakat elleri hava kaldı. Onu gömmesi gerekiyordu, sürekli karşısına çıkacağı bir çekmeceye koyması değil. Onu sonsuza dek gömmesi gerekiyordu. Amanda'nın reddinin verdiği acıyı sonsuza dek gömmesi gerekiyordu.

Hasret dolu bir yumru midesinden yükselip boğazına oturdu, gözleri yaşlarla doldu. Babası, annesinin yanındaki mezara konduğundan beri yıllardır ağlamamıştı. Erkekler her şeye ağlamazdı. Annesi bile geçmişteki talihsizliklere gözyaşı dökmezdi. Gözyaşlarını akıtması için içini yiyip bitiren büyük bir şey olmalıydı.

Çekmeceyi çarparak kapattı ve yatak odasının kapısına yöneldi. Amanda'nın portresini, anne ve babasının mezarlarının yanına gömerse belki de onun verdiği acıyı sonunda hafifletebilirdi. Sonra da yoluna devam etmekte serbest olurdu.

İstekle öne atıldı. Ön kapının yanındaki askıdan şapkasını aldı ve ahıra yürüdü. Ayakları yere bastıkça kafasındaki planlar ortaya çıkıyordu. Atın birini eyerleyecek, mezarlıklara gidecek, Amanda'nın resmini ve onunla ilgili tüm anılarını gömecek ve ardından Hattie Teyzeye gidip ona diyecekti ki...

Ahırın taş duvarına çarpmış gibi ansızın durdu. Son düşüncesini tamamlamıştı: *Ona Bayan Tressa ile flört etmek istediğini söyleyecekti*. Bayan Tressa ile flört edemezdi ki. O şu an Gage Hammond ile flört ediyordu. Kilisenin avlusunda dip dibe nasıl gezindiklerini görmüştü. Tressa artık Gage'ye aitti.

Sıktığı yumruğuna bakarak başını öne eğdi. Altın çerçevenin sivri ucu avucuna batıyordu. Amaç neydi? Tressa Gage'nin flört teklifini kabul etmemiş olsa bile, Abel'in artık ona sunabileceği bir şeyi yoktu. Babasının çiftliği yakında başkasının eline geçecekti; onu işletecek parası yoktu. Amanda'nın ardından yas tuttuğu için, babasının güçlükle yaptığı çiftliği kaybettiği için, kalbini dinleyip Bayan Tressa'nın peşine düşmediği için yedi kez aptaldı... *Aptal*! Tamamen hak ettiği kocaman bir taşın kafasına çapması gibi bu kelimeyi iyice özümsedi.

Of çekerek dönüp yeniden eve doğru yürüdü, neden sonra durup omuzlarını dikleştirdi. Tressa'ya sahip olamasa bile Amanda doğuya döndüğünden beri onu bırakmayan, içine çöreklenmiş bu acıdan kurtulması gerekiyordu. Yargıç, Cole'nin ihanetinin öcünü alacaktı ama Amanda'nın verdiği acıyı söküp atmak Abel'in elindeydi. Portreyi gömecek ve o minik mezarın başında bu resimdeki kadının artık hayatını mahvetmesine izin vermeyeceğine dair ant içecekti.

Kararını verdi, ahıra doğru yürüdü. Geniş kapıya tam varmıştı ki toynak sesleri kulağına çalındı. Birisi hızla yaklaşıyordu. Döndü ve Hattie Teyzenin Appaloosa'sının kapıdan girdiğini gördü, sürücüsü bir kadındı. Bir adım öne attığında şaşkınlıktan ağzı açık kaldı.

At hemen yanında durdu ve Tressa attan indi. Sanki atla değil de yürüyerek gelmiş gibi nefes nefeseydi. "Abel, yani Bay Samms, ben... Seninle konuşmalıyım."

Vince ahırın kapısında belirdi. "Abel? Bir sorun mu var?"

Abel Vince'ye zoraki bir bakış attı. "Her şey yolunda, Vince. Kileri hallet ve dinlen. Pazar günü çalışmak yok."

"Elbette." Adam tekrar ahıra girdi.

Amanda'nın portresini cebine atan Abel tüm dikkatini Tressa'ya verdi. "Sorun nedir?"

"Şerif... buraya geldi mi?"

Abel başını salladı. "Evet." Teslimiyet omuzlarına ağırlık yüklemişti. "Cole'nin tutuklandığını ve bir dava yürütüleceğini söyledi. Bedelini ödeyecek ama muhtemelen ben sürümü geri alamayacağım. İzlerinden eser yok." Son kaybıyla birlikte çiftliğini kaybetmesinin kesinleştiğini sözlerine eklemedi. Onu ne ilgilendirirdi ki? Double H.'de bir eli yağda bir eli balda yaşayacaktı.

"Hattie Teyzenin evine de geldi, yemeğimizi bölüp Cole ve Sallie'nin yakalandığı haberini verdi. Paralee, Cole'nin asılabileceğini söylüyor." Ürperdi. "Fakat Bay Samms, ben Cole'nin hakikaten hayvan hırsızı olduğuna inanmıyorum."

Abel patikaya bakıyordu. "Seni Hattie Teyze mi yolladı?"

"Burada olduğumu kimse bilmiyor. Ben... Ben kaçtım. Gage'nin ne yaptığımı bilmesine izin veremezdim." Tressa, Gage ile arasında geçen kafa karıştırıcı konuşmayı anlattı ve Luella'nın uyarısını tekrarladı. Kaşları çatık, parmakları birbirine dolanmış hâlde konuşmasını bitirdi. "Bay Rylin'in bana kazara ateş açtığı için özür dilediğini biliyorum ama bu hâlâ damgalama demirini ve tuhaf bir şekilde ortadan kayboluşunu açıklamıyor. Ve onu aramam konusunda Gage'nin gözümü korkutmaya çalıştığından adım gibi eminim."

Tressa'nın anlattığı her şeyi kafasında dikkatlice tartan Abel yüzünü buruşturdu. Gage doğrudan tehdit veya itiraf olarak sayılabilecek bir şey söylememiş olmasına rağmen, Tressa'nın söyledikleri eğer doğruysa, kesinlikle *bir şey* saklıyordu. Abel elini yüzünde gezdirdi. "Bayan Tressa, gördüğün şu damgalama demiri..."

"Lütfen bunu kafamdan uydurduğumu söylemeye çalışma!" Etekleri yanına yayılarak yere çömeldi. Parmağıyla toprağa birçok çizgi çizdi. "Böyleydi bak, iki tane H, ilki diğerinden daha büyük ve birinci H'nin ikinci gövdesi ikinci H'nin ilk gövdesi gibi çizilmiş. Bu damgayı pek çok defa Gage'nin atında gördüm."

Abel kızın sözlerinin yol açtığı kıskançlığı görmezden geldi.

Kız güneşten dolayı gözlerini kısarak ona baktı. "Double H. damgalama demiriydi ve *senin* arazindeydi."

Abel kızın gözlerine bakmamaya çalışarak toprağa çizilenlere baktı ve aniden öyle bir şey kavradı ki neredeyse dizleri tutmayacaktı. "Tressa! Bak..." Çömeldi ve alttaki H'nin ilk gövdesinin tepesine parmağını koydu. Yanlara yavaşça ilk gövdenin çubuğunu takip eden bir S çizdi, ikinci gövdenin çubuğuna kaydırdı ve daha büyük olan H'nin çubuğuna kadar uzatıp çubuğun diğer tarafına, aşağıya, son gövdenin bitimine kaydırdı. "Birisi, üzerine Double H. damgası koyarak benim damgamı gayet kolaylıkla gizleyebilir."

Tressa şaşkınlıkla ona baktı. "Bunu hiç fark etmedim..."

"Sen buraya çizene kadar ben de öyle." Kızın elini tutup ayağa kaldırdı. "Haydi, gidip şu ateş çukurunu bulmalıyız. Gidip neler bulabileceğimize bir bakalım."

"Şerife gitmemiz gerekmez mi?" Tressa alt dudağını ısırdı.

Kızın açık mavi gözlerindeki endişe Abel'i durdurdu. Ona ateş edilmesi kızı epey korkutmuştu, onu yanında sürükleyerek tehlikeye atıyor olabilirdi. "Gel." Kızı kolundan tutup atına doğru itekledi. Daracık belinden kavrayıp eyerin üzerine kaldırdı ve dizginleri eline tutuşturdu. "Sen Hattie Teyzeye gidiyorsun. Şimdiye kadar nerede olduğunu merak etmiştir. Ben gidip bakarım."

"Kesinlikle hayır! Eğer sen gidiyorsan ben de gidiyorum. O damgalama demirini ilk gören benim." Çakmak çakmak gözleriyle ona karşı çıkmaya cüret ediyordu.

Durumun ciddiyetine rağmen Abel güldü. Bu çıtkırıldım şehirli kızın böylesine cesur olabileceği kimin aklına gelirdi? Gitmeyi kafasına koymuştu bir kere, onunla tartışarak vakit harcıyordu. "Pekâlâ, bekle de bir at eyerleyip geleyim, beraber gidelim. Ama sonra..." Parmağını kıza doğrulttu. "Seni Hattie

Teyzeye götüreceğim ve bu işe bu ancak bu kadar dâhil olacaksın."

Tressa burnunu havaya dikti ama tartışmadı.

Abel hızla ahıra girdi, neredeyse Vince ile çarpışacaktı. "Sen hâlâ burada mısın?"

"Tam çıkıyordum" diye yanıtladı adam, bir yandan elini cebine attı. "Bayan Tressa ile bir yere mi gidiyorsunuz?"

Abel tereddüt etti. Yalan söylemek istemiyordu ama -Vince'yi bu gizemin içine katmadan- doğruyu da söyleyemezdi. Kısmen doğruyu içeren bir şeyler geveledi ağzında. "Flying W.'ye götürüyorum onu."

Vince başını salladı. "İyi olur. Gage Hammond evleneceği kızla vakit geçirdiğini görse bundan hoşlanmaz."

Abel Vince'ye yanıt vermeden yanından geçti, Vince de ahırın dışına doğru yürüdü. Vince'nin nazik uyarısı otlakta Tressa ile birlikte at üstünde yan yana giderlerken Abel'in aklına takıldı. Eğer Gage hayvan çalacak ve kadınları sessiz kalmaları için tehdit edecek kadar arsızsa daha ne yapabilirdi? Aklına başka bir endişe daha takıldı. Dün ateş eden yalnız Vince değilse? Birisi aynı anda Tressa'ya ateş ederken Vince'nin de üç el ateş etmesi tesadüf olabilir miydi?

Tressa'ya baktı. Şapkası yüzünün büyük kısmını saklıyordu ama sevimli çene hattı Abel'in dikkatini çekmeye yetiyordu. Ufacık yüzüne rağmen çenesinin kararlı çıkıntısı aslında onun içinde ne kadar güçlü olduğunu gösteriyordu. Gerçeği ortaya çıkarmayı neden bu kadar çok istiyordu acaba?

"Bayan Tressa, bunun gerçekten seninle bir ilgisi olmadığını biliyorsun." Kız ona doğru tiksinerek bakarken Abel yutkundu. "Hayvanlarımı kimin çaldığını bulmama yardımcı olmak istediğin için müteşekkirim ama..." Korkudan ses telleri düğümlenmişti. "Yaralanabilirsin."

"Korktuğum zaman Tanrı'ya sığınırım." Çenesini kaldırdı ve meydan okuyarak baktı. "Ne zaman onun korumasını istesem, o bana cevap verir." Gülümsedi, dudakları ve yanakları al al oldu. "Çoğu zaman seni gönderiyor. Sence bu garip mi?"

Abel boğazını temizledi. "Bu muhtemelen sadece tesadüf."

"Hıh. Tanrı'nın dualarımı işittiğine ve beni kurtarmak için seni gönderdiğine inanmayı tercih ediyorum." Gülümsemesi muzipleşti. "Biliyor musun, bir Çin atasözü, eğer birinin hayatını kurtarırsan hayatın boyunca bu kişiden mesul olursun, der."

Abel iki kez yutkundu. "Pekâlâ, *hayatını* kurtardığımı söyleyecek kadar ileri gidemeyiz. Ahırda Gage'yi üzerinden alarak seni ciddi bir sıkıntıdan kurtarmış olabilirim ama..." Dizginleri çekip atını durdurdu ve kız da aynı şeyi yapana kadar bekledi. "Bilmek zorundayım, Bayan Tressa. Gage'nin sana zorla sahip olmaya çalışmasını nasıl affedebildin?"

Kızın gözlerindeki afacan bakış donuklaştı. "Dürüst olmak gerekirse Bay Samms, kolay değil. Eğer Gage'yi affetmezsem, Tanrı'nın dediğini yerine getirmemiş olurum." Yaşaran gözleri ışıldıyordu.

Kızın sözleri Abel'i eyerinde kıpırdattı. "Duruşuna hayranım, Bayan Tressa ama sana yanlış yapan birinin sevgilin olmasına izin vermek için epey affedici olmak lazım."

Tressa başını iki yana salladı. "Gage benim sevgilim değil."

Abel gözlerini iki defa kırpıştırdı. "Ama ben sandım ki..."

"*Herkes* öyle sanıyor." Başını yana yatırıp kalçasına yavaşça vurdu. "Bir dedikodunun topluluk içinde nasıl da çabucak gerçeğe dönüştüğünü fark ettin mi? Herkes Cole'yi çoktan hayvan hırsızı ilan etti. Herkes beni Gage Hammond ile evlendirdi." Yüzünü buruşturdu. Böyle güzel birisi için tuhaf bir yüz ifadesiydi bu. "Sana kesin bir şekilde açıklayayım,

Gage'nin benimle flört etme teklifini kabul etmedim ve etmeye de niyetim yok. Eğer evlenmeyip de bu kasabada çalışıp kendimi geçindireceksem, varsın öyle olsun. Ama güvenmediğim ve tamamen yakınlık hissetmediğim bir adamla evlenmem."

Kızın böylesine ayrıntılı ve etkili konuşması karşısında afallayan Abel ona ancak şaşkınlıkla bakabiliyordu. Alnından damlayan ter onu kendine getirdi. Başını salladı ve yalnızca "Pekâlâ" diyebildi.

Otların üzerinde yatan Tressa'yı bulduğu yere ulaşana kadar sessizce yollarına devam ettiler. Abel atından atlayıp indi, kızın da inmesine yardım etmeye gidiyordu ki kız onun yardımı olmadan iniverdi. Atları tutarak çit boyunca yürüyüp ateş çukurunu aradılar.

Rüzgâr Tressa'nın şapkasının kenarını uçuruyordu ama kız eliyle tuttu. Elini oradan ayırmadan gözleriyle etrafı taradı. "Anlayamıyorum... Ateş çukuru buradaydı..." Afallamış bakışları Abel'in şaşkın bakışlarıyla karşılaştı.

Abel atların dizginlerini dikenli telin en üst sırasına doladı ve yavaşça yürüdü, gözleri yerde bakınıyordu. Ayağının altındaki otlar kayıp da bir çamur yamasını ortaya çıkarınca durdu. "Pekâlâ, ben..."

Tressa ileri koşturdu. "Nedir o?"

"Şuna baksana." Yere çömelip eliyle otları çekti. Eliyle üç kez uzunca kazınca ateş çukuru ortaya çıktı. "Kayalar gitmiş ve birisi bu ateş çukurunu saklamak için buraya otlar serpmiş." Başını iki yana sallayarak ayağa kalktı.

"Gage'nin yaptığını mı düşünüyorsun?" Tressa'nın sesi titriyordu.

Abel derin bir of çekti. "Seni korkutmaya çalıştığına bakılırsa bu doğru bir tahmin gibi görünüyor." Konuşmasını sürdürürken daha da sinirlendi. "Seni Hattie Teyzeye götüreceğim ve sonra da..."

Son sözleri bir tüfek sesiyle kesildi. Dönüp Tressa'nın üzerine kapaklanırken kurşun omzunun arkasına isabet etti. Keskin acıyı umursamadan bedenini kıza siper etti, yüzünü kızın boynunun kıvrımına yerleştirdi. Kızın nabzı onun yanağında atıyordu.

Birkaç metre ileriden bir erkek sesi duyuldu. "Seni uyardım ama beni dinlemedin. Meraklı küçük kızlar onları ilgilendirmeyen işlere burnunu sokarsa işte böyle olur. Birinin canı yanar. Belki bir sonraki sefere beni dinlersin."

30

Hattie ayağıyla yere pat pat vuruyordu, parmaklarıysa önlüğünün cebindeki pipodaydı. Eğer Brewster Hammond verandadaki başka bir iskemlede oturuyor olmasa, pipoyu çıkarır ve altüst olmuş sinirlerini yatıştırmak için bir güzel tüttürürdü. Bu gençler *neredeydi*?

Brewster ona yanaştı ve elinin üzerini pışpışladı. "Telaşa lüzum yok."

Hattie zoraki gülümsedi. "Ah, telaşlanmak saçmalık, bunu biliyorum. Ama kimseye tek kelime etmeden basıp gitmek Tressa'ya göre bir davranış değil. Eğer Luella onun gittiğini görmediyse ne tarafa gittiğini anlamamız ne kadar zaman alacak?"

"Ama Luella onu görmüş işte ve Gage de onu arıyor. Ona zarar gelmesine izin vermeyecektir."

Brewster'in sözleri Hattie'yi yatıştırmaya yetmedi. Tressa'nın Gage'nin ilgisine maruz kalmamak için basıp gittiğini düşünüyor fakat bu endişesini dile getiremiyordu. Brewster, oğlunun eleştirilmesine gelemiyordu. Hattie içinden derin bir of çekti. Gage'nin bencil davranışları -ve onun bu konuda çenesini tutması gerekliliği- eğer Brewster ile evlenirse, devamlı rahatsızlık yaratan bir durum olacaktı.

Bu düşünce onu üzdü. Son zamanlarda Brewster'den hoşlanmıştı. Jed kadar konuşkan ve nazik olmasa da adam ona saygı gösteriyor ve evlendikten sonra okula başka kızlar getirmesine bile izin veriyordu. "İzin" kelimesi içine oturdu; uzun zamandır kimseye hesap vermemişti ama adamın Wyatt Kovboy Okulu'nun önemine itibar etmesi onu memnun etmişti. Ona engel olmaması oldukça anlamlıydı.

Ama şu Gage... Hafifçe homurdandı. Eğer Brewster ile kalıcı bir ilişkileri olacaksa bu çocuğun davranışları hakkında görüş birliğine varmak zorundaydılar.

Hareketsiz oturmaya daha fazla tahammül edemeyen Hattie iskemlesinden kalkıp verandada hızlı adımlarla yürüdü, toz bulutu veya bir at görebilmek için gözleriyle tüm araziyi taradı. *Tanrım, bugünlerde sana sürekli bu kızı koruman için dua ediyorum... Lütfen onu koru. Eve bir kez daha sapasağlam dönmesini sağla.*

Brewster arkasından gelip kollarını Hattie'nin beline dolayarak onu tuttu. Yanağını kadının alnına dayadı. "Harriet?"

O an Hattie'nin nabzı kurttan kaçan bir sincabındakinden daha hızlı atıyordu. Kalbinin durmamasını umdu. "Evet, Brewster?"

"Veranda zemininin boyasını çıkarana kadar yürüyebilirsin ama bir faydası olmaz. Telaşlanmaman için ne yapabilirim?"

Adamın kollarında döndü ve yüzüne baktı. Alnındaki çizgilerden gerçekten endişelendiği belliydi. Hattie'nin içine bir sıcaklık yayıldı. Kollarını adamın güneşten yanmış boynuna dolamak istedi. Yaşlı kadınlar böyle hislere kapılır mıydı? "Belki... Biz de bu genç çiftlerin yaptığını yapıp biraz gezintiye çıkabiliriz..."

Adam kıkırdadı. "Gezmek kulağa hoş geliyor."

"Ve dışarıdayken de Tressa'yı arayabiliriz."

Adam anlayışla gülümseyerek dudaklarını büzdü. "Eğer kafanı rahatlatacaksa haydi gidelim."

• • •

"Sence gitti mi?" Tressa'nın sıkışan boğazından sözcükler güçlükle çıkıyordu. Abel'in iri cüssesi üzerinde olduğundan nefes almakta zorlanıyordu

"Bence... Gitti."

"O zaman kalkabilir miyiz?" Adamın ağırlığı her geçen saniye artıyordu.

"Bir deneyeyim."

Tressa adamın kalkmaya çalıştığını hissetti ama adam inleyerek yeniden üzerine yıkıldı. "Bay Samms, lütfen! Nefes almamı engelliyorsun."

"Üzgünüm. Yeniden deneyeceğim."

Nihayet kızın üzerinden devrildi. Kız doğrulup derin derin nefes aldı. Ciğerlerini doldurmak ne kadar muhteşemdi! Sonra adamın hareketsiz bedenine baktı. Endişeyle öne atıldı. "Bay Samms, iyi misin?" Adamın sağ omzundan aşağısı kıpkırmızıydı. Tressa'nın nefesi kesildi. "Vuruldunuz mu?"

Adam gözlerini kısıp kıza baktı. "Yanıyor... Sanırım çok hareket etmemeliyim."

"Evet, hareket etmeden yat. Kanamayı durdurmamız lazım." Tressa eteğini kaldırıp iyice eskimiş iç etekliğinden bir parça çekip yırttı. Kumaşı tomar hâline getirip yaranın üzerine bastırdı.

Abel yüzünü buruşturdu. "Orası mı kanıyor? Beni arkadan vurdu. Girip çıkmış olmalı."

"Ah, Abel..." Gözyaşları görüşünü bulanıklaştırıyordu ama gözlerini kırpıştırdı ve bir parça daha kumaş yırttı. "Bunu sırtına koymam için yana yatıp bir süre öyle kalabilir misin?"

Abel dişlerini sıkarak kızın dediğini yaptı. Gömleğinin arkasındaki kan miktarı çok daha fazlaydı. Tressa ağlamak istiyordu ama dişini sıktı ve kumaş parçasını kanayan yaranın üzerine bastı. "Tekrar uzan."

Abel inleyerek sırtüstü döndü. "Atlar kaçtı, değil mi?"

Atlar Tressa'nın ilk defa aklına geldi. Abel'in onları bağladığı çite baktı ama boştu. "Gitmişler." Abel'in pembe yanağına dokundu. Tepelerindeki güneşe rağmen adamın teni soğuk ve nemliydi. Tressa korkuyla titredi.

"İyice bağlaman lazım. Aslında..." Yüzünü fena hâlde buruşturdu. "Gidip yardım getirmen lazım. Yürüyerek yola ulaşman biraz vakit alır. Gitsen iyi olur."

"Seni bırakamam!" Dehşetle Abel'e baktı.

"Beni sırtında taşıyabileceğini düşünmüyorsan, bunu yapmak zorundasın." Kızın bileğini tutup hafifçe sıktı. "Lütfen, Tressa. Canım çok yanıyor ve kendimi çok güçsüz hissediyorum. Git..."

Tressa boğuk bir feryatla ayağa kalktı ama ayakları hareket etmeyi reddediyordu. "Eğer... Bir kurt veya vahşi bir kedi gelirse ne olacak?"

"Silahım var. Kılıfından çıkarıp elime verir misin?"

Tressa ahşap kabzayı Abel'in avucuna yerleştirirken adamın parmakları kızınkileri okşadı. Tressa parmaklarını onunkilere dolayıp sıkıca tutma arzusuyla mücadele etti.

Abel kabzayı eliyle kavradı ve ardından Tressa'ya hafifçe gülümsedi. "Teşekkürler, Tressa. Artık git."

Tressa güçlükle yutkundu ve gözlerini kırpıştırarak gözyaşlarını engelledi. İçindeki şefkat ve korku öyle bir duygu karmaşası yaratıyordu ki neredeyse yere yığılacaktı. "Abel, ben..."

"Konuşma. Sadece git."

Tressa hıçkırığını tuttu ve Abel'in çiftlik evinin yönünde otlakta koşmaya başladı. "Ölmesin. Lütfen Tanrım, ölmesine izin verme." Koşarken bir yandan da dua ediyordu. Günün bu sıcak saatinde hiç böyle hızlı koşmamıştı. Kasları buna itiraz edip ağrıyordu ama bacaklarına onu taşımasını emretti.

Yüzünden sicim gibi akan yaşlar görüşünü bulanıklaştırıyordu. Engebeli arazi yüzünden bileklerini burkuyor, etekleri diz kapaklarına dolanıyordu. Öfkeyle haykırarak durdu ve gözyaşlarını sildi. Ardından eteğini iyice yükseğe kaldırıp yeniden koşmaya başladı. Tökezliyor, göğsü yanıyordu ama yine de devam etti. Başka seçeneği yoktu. Abel'in hayatı onun yardım getirmesine bağlıydı.

"Tressa! Tressa!"

Ellerini inip kalkan göğsüne koyarak döndü. Dörtnala bir at geliyordu. Atın üzerinde Gage vardı. Kızın gözleri, adamın bacağından sarkan ince kutuya sabitlendi. Deri kılıftan tüfeğin ahşap kundağı görünüyordu.

Korkuyla çığlık atıp eteklerini tutarak ileri fırladı. "Lütfen, Tanrım... Lütfen Tanrım..." Abel için mi yoksa kendisi için mi yalvarıyordu?

Gage doğrudan kızın önüne geçip dizginleri çekti. Gage atın üzerinden atlayıp kıza doğru koşarken at kişneyerek şahlandı. Tressa ondan kaçmaya çalıştı ancak yorgun bacakları onu taşımıyordu. Adam kızı omuzlarından tuttu ve yüzünü kendine doğru çevirdi. "Burada koşarak ne yapıyorsun? Güneş çarpabilir!"

"Bırak beni!" Adamın onu tutan elleriyle mücadele ediyordu, kesik kesik aldığı nefes onu güçsüz bırakmıştı, titriyordu.

"Bunu nasıl yapabildin, Gage?" Ağlamaya başladı, göğsü hıçkırıklarla inip kalkıyordu. "Onu öldürmek zorunda değildin!"

Gage kaşlarını çattı. "Sen neden bahsediyorsun?"

"Abel'den!" Adamın göğsünü yumrukladı. "Onu vurdun! Orada kanlar içinde yatıyor, belki de ölüyor! Bir sürü bir adamın hayatından daha mı değerli?"

Gage'nin yüzü bembeyaz kesildi. Kızın omuzlarını tutan elleri düştü. "İşte bu çok fazla oldu. Hiç sanmazdım..." Kızı tekrar tutmaya çalışırken sendeledi. Kız geri çekilmeye çalıştı ama Gage onu belinden yakalayıp atına doğru itekledi. "Haydi ama, Tressa."

"Hayır! Hayır, bırak gideyim!"

"Tressa!" Kıza dönüp kolunu çekti. "Gidip Abel'in at arabasını alacağız. Sonra bana onun nerede olduğunu göstereceksin ve onu doktora götüreceğiz."

Tressa şaşkınlıkla ona baktı. "S-sen yardım mı edeceksin bana?"

"Ben kimseyi öldürmek istemedim." Gage'nin sesi tizdi. Ata bindi ve eğilip kızı kolundan yakalayıp ve atın terkisine attı.

Kız eyerin arka kaşına tutundu. "Deh! Deh!"

At hızla koşmaya başladı, Abel'in çiftliğine olan mesafe azalıyordu. Avluya vardıklarında daha Gage inmeden Tressa attan atladı. Bacakları titriyordu, yere düştü ama çabucak kalkıp Vince ve Ethan'a seslenerek ahıra koştu.

"Tressa, sessiz ol!" Gage onun yanına koşup terli eliyle kızın ağzını kapattı. "Onu çağırma... Vince'yi..."

• • •

Abel kuruyan dudaklarını yaladı. *Matara getirmeliydim. Bir şeyler içmek iyi gelirdi.* Gözleri kapalı yatıyordu ama duyuları açıktı. Omzunun yanması yerini ağır, sürekli bir zonklamaya bırakmıştı. Uykusu gelmişti ama sağ kolunu kasten sallıyordu. En ufak bir hareket ağrıya neden oluyor, o da uykudan eser bırakmıyordu. Bilincini kaybetme riskini göze alamazdı.

Sol elindeki tabancayı öyle sıkı tutuyordu ki parmakları uyuşmuştu. Eğer bir tehdit görürse ateş edecekti. Bu eliyle nişan alışı o kadar kötüydü ki hedefi tutturması ancak bir mucize olurdu ama belki de hayvanları korkutup kaçırabilirdi.

Düşünceleri Tressa'ya kaydı. Acaba çiftliğe varmış mıydı? At arabasına atlamış geri geliyor muydu? *Lütfen çabucak gelsin. Bu şekilde daha ne kadar dayanabilirim bilemiyorum.*

Dua mı etmişti? O kadar uzun zaman geçmişti ki artık nasıl dua edildiğini bilmiyordu ama Tanrı'nın, bu yakarışını dua olarak kabul etmesini diledi. Şu an her zamankinden daha çok korkuyordu.

Altındaki toprak toynak vuruşlarıyla sallanınca içinde bir umut belirdi. "Tressa?" Sesi öylesine güçsüz çıkmıştı ki duyulması zordu ama yine de onun ismini söylemek iyi gelmişti. Bu yüzden tekrarladı. "Tressa..."

Toynak sesleri durdu, birkaç saniyelik sessizliğin ardından bir gıcırtı duydu. Deri. Eyerden. Kaşlarını çattı. Neden at arabasıyla gelmemişti ki? Kullanamadığı sağ koluyla ata binmesi imkânsızdı. Doğrulmaya çalıştı ama midesi bulandı ve soğuk terler dökmeye başladı. İnleyerek geri yattı.

Üzerine bir gölge düştü, gözlerini kısarak baktığında Vince'nin yüzünü gördü. Rahatlayarak inledi. "Tanrı'ya şükür beni buldun. Vince... Beni atına at. Doktora ihtiyacım var. Vuruldum."

Vince kalçasının üzerine oturdu ve parmaklarıyla Abel'in omzunu yokladı. Abel'in vücudu bu hafif dokunuşla ürperdi. Vince ellerini çekip kirlenen parmaklarına baktı. "Evet, kesinlikle öyle olmuş. Çok kanaman var." Parmaklarını pantolonuna sildi ve sonra Abel'e baktı. "Bahse girerim canın yanıyordur, ha?"

Abel inledi. "Evet, canım yanıyor. Çok fena hem de. Vince, bana yardım getir. Yardıma ihtiyacım var..."

"Alamayacağın bir şeye ihtiyacın olması pek eğlenceli sayılmaz, değil mi?" Vince botuyla Abel'in silahının namlusuna basıp yere bastırdı. Bir tutam ot koparıp kollarını dizine dayadı ve yeşillikle oynamaya başladı. "Yıllardır benim de bir ihtiyacım vardı, kendi yerime sahip olmak. Kendi işimin patronu olmak. Ama... Gerçekleşmedi."

"Vince..." Abel'in gözlerinin önünde uçuşan siyah noktalar odaklanmasını zorlaştırıyordu ama adamın ona gülümsediğini sandı.

"Baban ve ben iyi dostlardık. Çiftliğini kurması için Güney Carolina'dan onca yolu tepip Kansas'a geldim. Kızılderililerle mücadele ettim, otlağı mahveden toz fırtınalarına göğüs gerdim. Benden ne istese şikâyet etmeden, kaytarmadan yerine getirdim. Bu çiftlik için iki kişi gibi sıkı çalıştım ve baban sürekli bana benim yardımlarım olmasa burayı yapamayacağını söyler dururdu. Ama sonra ne oldu, öldü gitti ve her şeyini sana bıraktı."

Vince elindeki otları bir kenara attı. "Bu kadar işi onun daha ağzı süt kokan oğlundan emirler almak için becermedim ben. Bana da biraz toprak bırakabilirdi. Ama bırakmadı. Ve sen..." Yumruğunu Abel'in koluna geçirdi. "Satmadın." Üzüntüyle başını salladı. "Bu bir hataydı, Abel. Görüyor musun, eğer çiftliği bana satsaydın, seni vurmak zorunda kalmazdım."

"S-sen mi?" Abel ona yaşattığı acıdan dolayı fırlayıp Vince'yi yumruklamak istedi. Ama Vince sohbet eder gibi konuşmasını sürdürürken onun tek yapabildiği oracıkta yatmaktı.

"Satmaya ikna olman için her şeyi denedim ama yanaşmadın bile. Eğer orayı satın almama izin verseydin çok daha iyi olurdu. Ama artık benim olacak. Sen öldüğünde, mirasçın da olmadığına göre, en doğrusu buranın babacığının en yakın dostuna, oraya yıllarını feda eden adama kalmasıdır."

Vince dizleri çatırdayarak ayağa kalktı. "Endişelenme. Seni mutlaka annenle babanın ve bebek kardeşlerinin yanına gömeceğim. Ve çiftliğine de sanki benimmiş gibi iyi bakacağım." Durdu. "Bu şekilde bittiği için üzgünüm, Abel ama hayatımın o kadar büyük bölümünü bu toprağa yatırdım ki yaptıklarımı boş veremem." Dönüp gitti. Saniyeler sonra toynak sesleri uzaklaştı.

Abel'in gözlerinden yaşlar akıyordu. *Bitti, Tanrım. Tressa yayan olarak çiftliğe hayatta gidemez. Tanrım, Tressa korktuğu zaman sana sığındığını söylemişti. Ben de yeniden sana sığınmak istiyorum. Bu kadar aksi olduğum ve babamın ölümünden ve Amanda'nın gidişinden dolayı seni suçladığım için lütfen beni affet. Aptal ve inatçıydım. Üzgünüm, Tanrım. Lütfen burada, yanımda olduğunu göster bana.*

Abel'in başından ayak ucuna kadar akan bir rahatlık hissi, gözlerinin yeniden yaşlarla dolmasına neden oldu. *Teşekkür ederim, Tanrım. Teşekkür ederim...* Ağrısına, zayıflığına, Vince'nin kalleşliğine rağmen ruhu huzurla doldu. Artık boş verebilir ve yuvasına gidebilirdi.

31

Hattie Tressa'yı göğsüne sımsıkı bastırdı. Kızcağız bu kavurucu sıcakta koşmaktan ve korkudan tükenmiş ağlarken uyuyakalmıştı. Uykusunda bile hıçkırıklarla sarsılıyordu. Hattie yanağını Tressa'nın terden ıslanmış saçlarına bastırdı. Doktor, Abel'in muayenesini bitirir bitirmez Tressa'yı da görecekti.

Brewster ile birlikte yolun aşağısına doğru ilerlerken görmeyi beklediği son şey, Abel Samms'in at arabasını delicesine süren Gage ile karşılaşmaktı. Tressa'yı arayarak arabanın arka tarafına baktığındaysa kızın dizinde bembeyaz ve hareketsiz yatan Abel'i görmüştü. Bu görüntüyü kafasından uzaklaştırmak için başını iki yana salladı. Barnett'te bu tür şeylerin olabileceği kimin aklına gelirdi?

Şimdiyse Brewster ve Gage doktorun küçük bekleme odasının diğer tarafındaki bankta yan yana oturuyorlardı. Gage öne doğru eğilmiş, elleriyle yüzünü kapatmıştı. Hattie onu hiç bu kadar yıkılmış hâlde görmemişti. Abel'in ölüm döşeğinde oluşu onu derinden etkilemiş olmalıydı.

Tressa'yı rahatsız etmemeye çalışarak "Gage?" diye fısıldadı. Adam hiç kıpırdamayınca duymadığını zannetti. Fakat birkaç saniye sonra Gage başını kaldırıp Hattie ile göz göze geldi. "Abel'i doktora çabucak yetiştirdiğiniz için teşekkürler. Hayatını kurtarmış olabilirsiniz."

Gage uzun saniyeler boyunca kadına boş boş baktı, ardından yüzünü fena şekilde buruşturdu. Bir defa hıçkırdı. Kolunu kaldırdı, dirseğiyle yüzünü kapattı ve daha yüksek sesle hıçkırmaya başladı.

Brewster kolunu onun omzuna attı. "Oğlum?"

Gage'nin bedeni hıçkırıklarla sarsılırken Brewster çaresizce Hattie'ye baktı. Hattie Tressa'yı yavaşça banka bıraktı ve hızla koşup Gage'nin önünde diz çöktü.

"Gage? Sorun nedir?" En nazik ses tonuyla konuştu. Brewster'in aksi oğluna böyle bir tonla konuşacağı hiç aklına gelmezdi.

Gage yüzüne bastırdığı kolunun arkasından konuştu. "Ben... Korkuyorum."

Onun bu itirafı karşısında Hattie'nin içinde bir anne şefkati belirdi. Gage'nin bileğini tutup kolunu yüzünden çekti. "Bir adamı öyle yatarken görmek çok korkutucu, biliyorum ama..."

"Hayır!" Gage kolunu gözlerinden çekti, babasına ve Hattie'ye öfkeli bir bakış attı. "Anlamıyorsunuz. Ben... Ben..." Çenesini kapadı, pek çok defa yutkundu, adem elması inip kalkıyordu.

Brewster kocaman eliyle Gage'nin çenesini tuttu. "Gage, benimle konuşman gerek oğlum, yoksa sana yardım edemem."

Gage oturduğu yerde döndü. "Bana yardım mı edeceksin, baba? Beni asmalarına izin vermeyecek misin?"

Brewster geri çekildi, ağzı açık kalmıştı. "Seni asmak mı?" Birdenbire öne atıldı, Gage'yi gömleğinin yakasından tuttu. Hırıltıyla konuştu. "*Ne* yaptın sen?"

Hattie Brewster'i bileğinden tuttu ve Gage'nin yakasını tutan parmaklarını çekti. Gage odanın köşesine gitti. Kollarını göğsünde bağladı ve öne eğildi, başı eğikti.

Brewster oğluna bağırdı. "Gage, sana dedim ki..."

Hattie eliyle Brewster'in ağzını kapattı. Birkaç adım ileride gelişigüzel yatmış uyuklayan Tressa'ya baktı ve "Şimdi olmaz" dedi.

Brewster hızlı bir hareketle kadının elini ağzından çekti ama sonra başını sallayıp sessiz kaldı. Gözlerinden öfke ve korku kıvılcımları saçarak oğluna bakıyordu. Hattie onun yanında oturuyor, elini tutuyordu.

Gıcırdayarak açılan sonra da kapanan bir kapı sesi duyuldu, koridorda ayak sesleri yankılanıyordu. Tressa uyandı, doğrulup oturdu, kıpkırmızı gözlerini koridora dikti. Hattie ayağa fırlayıp bekleme odasına giren Doktor Kasper'i selamladı. Adamın yüzüne bakarak Abel'in durumuyla ilgili ipucu yokladı ama adam yüzünü ifadesiz tutma konusunda oldukça becerikliydi. Hattie dayanamayıp soruverdi. "Söylesenize doktor, hâlâ nefes alıyor mu?"

Doktor gözlüklerini çıkarıp gömleğinin cebine koydu. "Şanslı adammış. Kurşun bir taraftan girip diğer taraftan çıkmış, bu yüzden onu kazımak zorunda kalmadım; ölümcül bir yara olmadığını söyleyebilirim. İyice temizleyip daha fazla kanamasını önlemek için sıkıca sardım." Doktor Kasper gözlerini ovuşturdu ve ardından sözlerini bitirdi. "Çok kan kaybetmiş ve uzun bir süre kolunu kullanamayacak ama güçlü ve genç birisi o. Tamamen iyileşeceğini umuyorum."

Hattie yüzünü tavana çevirdi ve ellerini bir kez çırptı. "Şükürler olsun, Tanrım!" Tressa onun yanına gitti. Hattie kızın beline kolunu sardı ve yeniden doktora baktı. "Şimdi bir de Tressa'ya bakar mısınız? O..."

"Ben iyiyim" dedi Tressa. Yalvaran gözlerle doktora baktı. "Onu görebilir miyim?"

"Bugün olmaz. Ziyaretçiden ziyade dinlemeye ihtiyacı var. Görünüşe göre hepinizin güzelce dinlenmeye ihtiyacı var. Abel için yapabileceğiniz bir şey yok."

Tressa itiraz edemeden Hattie onu kapıya doğru çevirdi. Tressa'nın doktorun söylediklerine uyduğunu görmek istiyordu. Brewster ve Gage de onların peşinden çıktılar.

Kaldırımda yürürken Hattie bir şeyler söylemek için Brewster'e döndü, ancak Brewster oğluna sert sert bakıyordu. "Gage, bana neden asılacağın konusunda endişelendiğini söylemek ister misin?"

Gage kadınlara hızlı bir bakış attı, dudakları sımsıkı kapalıydı.

Brewster Gage'yi kolundan tutup sıkıca salladı. "Eğer başın beladaysa evlat, şimdi konuşman lazım. Şerif bunu kendi başına ortaya çıkarırsa senin için daha kötü olur. Konuş!"

Tressa Hattie'ye yanaştı. Hattie kızın gerginliğini anladı. Brewster'in böyle zor kullandığını daha önce hiç görmemişti. Nefesini tutup Gage'nin cevap vermesini bekledi.

"Tamam!" Gage kolunu çekip kurtardı. "Ben... Ben Abel Samms'in damgasının üzerine kendimizinkini basarak onun hayvanlarını kendi sürümüzün arasına katıyordum."

"Sen *ne yapıyordun*?" Brewster'in boynundaki damarlar çıkmıştı.

Hattie uzun zamandır Brewster'in oğluna ağzının payını vermesini bekliyordu ama buna rağmen şu an kaygılanmıştı. Brewster, Gage'yi kendi eliyle asacak kadar öfkeli görünüyordu.

"Onun hayvanlarını yürütüyordum, baba. Her seferinde birkaç tanesini... Vince kaç tane bırakırsa."

Hattie hayretle Brewster'e baktı. Vince, Abel'den mi çalıyordu?

Brewster yumruklarını sıktı. "Tanrı aşkına, neden böylesine aptalca bir şeye kalkıştın ki?"

Gage yalvarırcasına kollarını açtı. "Benim fikrim değildi, baba! Vince bana geldi ve Abel'i bu topraklardan göndermenin tek yolunun onu buna mecbur bırakmak olduğunu söyledi. Eğer Abel parasız kalırsa, orayı satmak zorunda kalacaktı. Böylece Vince Lazy S.'nin hayvanlarını bizimkilerle karıştırmanın planını yaptı. Bizimki kadar büyük bir sürü, ha? Hiç kimse bir düzine kadar fazladan hayvan olduğunu fark etmezdi. Vince, Abel'in çiftlikten para kazanamazsa kesinlikle satacağını söyledi."

Tressa'ya döndü. "Seninle flört etmem de onun fikriydi. Abel'in sana göz koyduğunu ve seninle evlenebileceğini söyledi. Eğer böyle olursa buradan gitmek istemezdi. Bu yüzden seni aradan çıkarmak gerekiyordu."

Nefesi kesilen Tressa, Hattie'nin kolunu tuttu. Hattie kızı rahatlatmak için elini pışpışladı. Başını iki yana sallayarak konuştu. "Gage, bu yenir yutulur şey değil. Vince Rylin ben kendimi bildim bileli Lazy S.'de çalışıyor. Abel'i büyüten de odur! Abel'in çiftliğini almana neden yardım etsin ki?"

Gage ifadesiz bir yüzle gözlerini kırpıştırdı. "Ben... Bilmiyorum. Sadece babamın orayı istediğini biliyordum, bu yüzden Vince'ye yardım ettim." Babasına döndü, gözleri yaşlarla doldu. "Ama ben asla kimsenin incinmesini istemedim. Vince bana -kendi tabiriyle- Tressa'yı korkutmak için ateş ettiğini söylediği zaman, ona artık durmasını ve daha fazla yardım etmeyeceğimi söyledim. Ama eğer bu işten vazgeçersem veya bunu birisine anlatırsam, şerife gidip beni Abel'in sürüsünü damgalarken gördüğünü anlatıp tutuklatacağını söyledi. Ne yapacağımı bilemedim."

Brewster kolları yana düşmüş hâlde duruyordu, taş gibi ifadesi Hattie'nin omzunun arkasına odaklanmıştı.

"Baba!" Gage babasının sert yüzüne baktı. "Bana yardım edeceğini söyledin. Ne yapacaksın?"

Brewster'in konuşmasını bekleyen Hattie nefesini tuttu. Geçmişte, Gage'nin kabahatlerini -gülümseyerek veya parayla düzelterek- affetmişti. Ama şimdi yine onu affederse Brewster ile ilişkisini bitirirdi. Yasaya aykırı bir davranışa bilerek göz yuman bir adama hayatını veremezdi.

Brewster oğlunun kolunu tutmak için elini kaldırdı. Gözleri yaşlarla doluydu fakat sesi sertti. "Sen ve ben birlikte şerife gidiyoruz ve şimdi bana anlattıklarını aynen ona da anlatacaksın."

Gage korku dolu gözlerle babasına baktı. "Baba! Beni içeri mi attıracaksın? Ama... Ama hayvan hırsızlarını *asıyorlar*!"

Brewster dişlerini sıkarak konuştu. "Hayatında ilk defa doğru bir şey yapacaksın. Seni bu işten kurtaramam evlat, yapabilsem bile... Yapmam. Bu hatanla yüzleşecek ve hatanı kendin telafi edeceksin. Haydi, gel." Gage'yi kolundan sürükleyerek kaldırımdan indirdi ve Şerif Tate'nin ofisine doğru yola koyuldular.

Gözlerini kocaman açan Tressa, Hattie'nin kolunu sıktı. "Hattie Teyze, sence Gage'ye idam cezası verirler mi?"

Hattie Tressa'ya sarıldı. Gage ve Brewster'e içi yanıyordu ama Brewster'in seçimi onu memnun etmişti. "Bilmiyorum, tatlım. Belki kendi başına hareket etmediği ve suçunu itiraf ettiği için mahkeme cezasını hafifletir."

"Ah, öyle olması için dua edeceğim." Omuzları ve başı aniden düşerek güçsüz kaldı.

Hattie kızı Abel'in at arabasına götürdü. Birlikte at arabasını Abel'in çiftliğine götürecekler ve onun sürüsüyle en iyi şekilde ilgileneceklerdi. Eğer Gage'nin hikâyesi doğruysa ve son zamanlardaki kötülüklerin arkasındaki kişi Vince Rylin ise adamın Abel'e artık iyiliği dokunmazdı.

Hattie Tressa'nın oturmasına yardım etti ve sonra diğer tarafa geçip oturdu. Dizginleri eline aldığında Tressa elini kadının bileğine koydu. Dudaklarında titrek bir gülümseme belirdi. "Bittiğine öyle mutluyum ki."

Hattie başını sallayarak onu onayladı ama dudakları sımsıkı kapalıydı. Hayır, bitmemişti. Şerif, Vince ile konuşana ve Abel'i vuran kişi adalete teslim edilinceye kadar bitmeyecekti.

32

"Sallie!" Salı sabahı yemek odasına girip de arkadaşını masada Paralee ve Mabelle ile birlikte otururken bulan Tressa haykırdı. Sallie yerinden fırladı ve odanın ortasında arkadaşına kavuştu. İki kız birbirlerine sarılmış, gülüyorlardı.

Tressa geri çekildi. "Ne zaman geldin buraya?"

"Dün gece sen uyurken şerif getirdi. Seni rahatsız etmeyeyim diye Luella ile kaldım." Sallie anlayışla baktı. "Hattie Teyze haklı olarak yorgun olduğunu söyledi."

Tressa pazar günü öğleden sonra yaşadığı dehşet dolu anların üzerinde durmak istemedi. Dün bütün gününü uyuyarak geçirmiş, bu sayede enerji ve moral depolamıştı. Şimdiyse Abel'i iyileştirmeye odaklanacaktı. Tressa Sallie'nin omuzlarını tuttu. "Hapse geri dönecek misin?"

Sallie kızıl buklelerini sarsarak başını hayır anlamında salladı. "Gage bizim sulh hâkimi bulmak için kaçtığımız gece hayvanları kendisinin ve Bay Rylin'in çaldığını söyleyince yargıç benim ve Cole'nin üzerindeki suçlamaları geri aldı."

"Ah, iyi olman ve geri dönmen beni çok rahatlattı." Tressa'nın ağzı açık kaldı. "Sulh hâkimi... Sallie, sen ve Cole evlendiniz mi yoksa?"

Sallie kıkırdayarak eğildi. "Evlendik. Onu çok seviyorum, Tressa. O da beni çok seviyor. Herkesi telaşlandırdığım için üzgünüm ama başka türlü nasıl beraber olurduk bilemiyorum."

Tressa yeniden Sallie'ye sarıldı. "O hayvanları senin ve Cole'nin çalmadığınızı *biliyordum*."

"Hapishane korkunç bir yer, Tressa. Yargıcın beni salıvermesi için sürekli Tanrı'ya dua ettim." Sallie konuşmasına fısıltıyla devam etmeden evvel omzunun üzerinden mutfağa giden kapıya baktı. "Doğrusunu istersen, Hattie Teyzedense hapishane hücresini yeğlerdim. Beni öyle fena azarladı ki!"

Tressa güldü. Sallie'yi dirseğinden tutup masaya götürdü ve Luella elinde bir tabak dolusu sahanda yumurta ve gözlemeyle içeri girerken yerlerine oturdular. Onun peşinden Hattie Teyze elinde çaydanlıkla içeri girdi. Oturdu ve masaya gülümseyerek baktı. "Bu sabah tüm kızlarımın burada olması kesinlikle çok güzel." Gözleri bir an için Sallie'ye takıldı, sonra Tressa'ya baktı.

Yemek yerlerken Sallie onlara Cole ile buluşmak için fırtınada merdivenden aşağı nasıl indiğini ve sırılsıklam çayırda nasıl at sürdüklerini anlattı. "Kaçmayı planlarken yağmur yağacağını bilmiyorduk ama Cole, bu şekilde izlerimizin yok olacağını ve seslerimizin duyulmayacağını söyledi. Yağmurdan kayganlaşan atın terkisinde oturabilmek çok zordu ama Cole beni sıkıca tuttu. Beni kazasız belasız Dodge'ye götürdü." Sallie sırıttı. "Ama o geceki hâlimiz gibi darmadağın bir gelin ve damat göremezsiniz hayatta!"

Tressa, Sallie'nin sevdiği adamla birlikte olma azmine hayran kaldı. Kim bilir ne kadar tehlikeli bir yolculuk yapmışlardı. Ama Sallie şimdi burada sanki yaptıkları çok büyük bir şey değilmiş gibi anlatıyordu. İhtiyaç duyduğu tek şey Cole ile birlikte olmaktı ve hiçbir şey -şiddetli bir fırtına dahi- onu bundan alıkoyamazdı.

"Sulh hâkimini uyandırdıktan sonra Cole ona hizmeti karşılığında iki dolar verdi ve sonra bir odasını tutabileceğimiz bir otel bulduk." Kızın yüzüne üzüntü çöktü. "Para bulmak için Cole'nin, dedesine ait altın cep saatini satması bana çok ağır geldi ama o bana dünyadaki en güzel saatten daha değerli olduğumu söyledi."

Sallie iç çekip konuşmasına devam etti. "Ben bir kafeteryada garsonluk yaptım, Cole de bir kuru temizleme dükkânında yerleri süpürme tarzı şeyler yaptı ama ona göre bir iş değildi. O, açık havada ve hayvanlarla haşır neşir olmaya alışkın. Şerif bizi bulup da Barnett'e geri gönderileceğimizi söylediğinde resmen rahatladık. Cole, Bay Samms'in yeniden onu çiftliğine almasını diledi."

Sallie'ye kocaman gözlerle bakan Paralee, "Ama Barnett'e yargılanmak üzere gönderiliyordunuz!" dedi. "Korkmadınız mı?"

Sallie kıkırdadı. "Yanlış bir şey yapmadığımızı biliyorduk. Ben elbette korktum ama Cole gerçeğin ortaya çıkacağını söyledi. Ve Gage'nin bu hırsızlık olayındaki payını itiraf etmesi sayesinde öyle de oldu." Sallie'nin yüzü bulutlandı. "Bay Samms'in yaralanmasına çok üzüldüm. Cole Bay Samms iyileşene kadar Lazy S.'de kalıp ona yardım edeceğini söylüyor." Sallie, Hattie Teyzeye döndü. "Sence Gage'ye ne olacak?"

Hattie Teyze çatalını tabağının kenarına koyup iç çekti. "Bu elbette ki yargıca bağlı. Gage suçunu kabul etti. Bu önemli bir şey."

"Peki ya Bay Rylin?" Sallie'nin gözleri yaşlarla doldu. "Tressa ile birlikte orada çalıştığımız hafta, adama sempati duydum. Böyle korkunç bir şeye karışmasına inanamıyorum."

Hattie Teyze iç çekti. "Bütün cemaat şok içinde, Sallie. Vince Rylin içimizden biri! Brewster, şerifin Vince'yi bulmak için bir heyet göndermeyi planladığını söylüyor. Pazar gününden beri onu ne gören ne duyan var. Zavallı oğlu telaştan ölüyor..."

Hattie Teyzeye doğru bakan Luella "Vince Rylin'e ne olacağı umrumda değil ama Gage Hammond bu yaptıkları yüzünden dört parçaya ayrılmayı hak ediyor!" Luella'nın dudaklarından dökülen bu acı sözler Tressa'yı soluksuz bıraktı.

Hattie Teyze olumsuzca başını salladı. "Burada ileri gidiyorsun işte."

"Evet, öyle." Luella sözcükleri üstlerine basa basa söylüyordu, kıstığı gözlerinden kin fışkırıyordu. "Abel Samms'in hayvanlarından daha fazlasını çaldı. Ayrıca şeyi de aldı..." Kızın gözleri yaşlarla dolmuştu, çenesi titriyordu.

Hattie Teyze çatalını bıraktı. "Luella, ne diyorsun sen?"

Luella masadakilere isyankâr bir bakış attı. "Kafanızdan ne geçiyor biliyorum. Hepiniz gece... Gage ile birlikte olmak için tüydüğümü biliyorsunuz. Ama siz neye inanırsanız inanın, benimle istediği şeyi yapmasına izin vermedim. Ona evlenene kadar beklemesi gerektiğini söyledim, o da bana benimle flört edeceğini söyledi. Ama yalan söyledi."

Tressa'ya iğneleyici bir bakış attı. "Benim yerime Tressa ile flört etti. Yalanlarını yüzüne vurduğumdaysa Tressa'yı onunla evlenmeye ikna etmek zorunda olduğumu, eğer bunu yapmazsam Barnett'teki bütün erkeklere benim New York'tayken bir fahişe olduğumu ve kendimi ona bedava verdiğimi anlatacağını söyledi." Sesindeki nefret, kederli bir hâl almıştı. "Benim itibarımı çaldı. Bunu nasıl geri getirebilirim ki?" Ayağa fırladı ve koşarak odadan çıktı. Merdivenlerdeki ayak sesleri dahi hıçkırıklarının duyulmasını engelleyemiyordu.

Hattie Teyze peçetesini masaya attı. "Mabelle ve Paralee, siz şu kahvaltıyı kaldırın. Tressa, kasabaya gidip Abel'e bir bakmak istiyordum ama kalsam daha iyi olacak." Merdivenlere doğru imalı bir bakış attı. "Abel'in nasıl olduğuna sen gidip bakabilir misin? Sallie, sen de onunla git ve yanınıza bir tüfek alın. Vince Rylin yakalanana dek hiçbirinizin yalnız başınıza gezmenizi istemiyorum, kızlar." Köşeyi döndü ve merdivenleri çıkmaya başladı.

Sallie tabağını kenara itti. "Haydi gidelim, Tressa." Atları arabaya bağlarken Sallie, "Doktorun muayenehanesinden çıkışta Lazy S.'ye uğrayıp az da olsa Cole'yi görebilir miyim? Onu feci özledim."

Tressa atların yularını geçirdi. "Neden olmasın? Önce Lazy S.'ye gidebiliriz. Ethan ve Cole orada olup ilgilenebileceklerine göre Abel'in atlarını ağıla geri götürürüz. Sonra da kasabaya gideriz."

Kızlar az sonra Abel'in iki atını at arabasının arkasına bağlamış, yola koyulmuşlardı. Tressa dizginleri şaklattı ve kıkırdadı.

Sallie sırıttı. "Neye gülüyorsun?"

"Kendime." Sallie'nin yüzündeki allak bullak ifadeyi gören Tressa bir daha güldü. "Düşünsene, buraya geldiğimde nasıl da acemiydim. At arabası sürmeyi, ata binmeyi veya süt sağmayı öğrenebileceğim aklına gelir miydi?"

"Beni gerçekten şaşırttın. Ve bahse girerim, kendini de."

"Ah, evet." Tressa dudaklarını ısırarak kafasındaki düşünceleri toparladı. "Geldikten kısa süre sonra Hattie Teyze Tanrı'nın bazı olayları planlayarak beni Kansas'a gönderdiğini, burada beni bekleyen özel bir şey planladığını söyledi. Haklıydı." Sallie'ye gülümsedi. "Bir sürü korkunç olay yaşansa da hayatımda hiç bu kadar mutlu olmadım, Sallie. Bundan sonra ne olacak bilmiyorum ama Tanrı'nın benimle ilgileneceğine güveniyorum."

Sallie derin bir nefes aldı ve Tressa'nın elini tuttu. "Ah, Tressa! Sen böyle konuşunca içime nasıl da su serpiliyor!

Tressa Sallie'nin elini sıktı sonra dikkatini ileri verdi. Nefesi kesildi. "Sallie, baksana!" Abel'in dikenli tel çitinden geri kalanları işaret etti. Sütunlar yerde, güneşin altında yılan gibi kıvrılmış duruyordu.

Sallie ellerini yanaklarına vurdu. "Yaralı yatan bir adama böyle bir şeyi kim yapabilir?"

Tressa'nın kalbi sıkıştı. "Vince Rylin geri dönmüş olmalı..." Dizginleri çekip atları yoldan çıkararak onları Abel'in otlağına yönlendirdi. "Hayvan görüyor musun hiç?"

Sallie oturuşunu dikleştirip gözleriyle çevreyi taradı. "Hepsini alıp götürmüş olmalı."

Donakalan Tressa dizginleri bacağına gelişigüzel bıraktı. Atlar herhangi bir yön olmadan ileri doğru gidiyordu, Tressa damgalama ateşi çukurunun gizlendiği çorak yere gelince şoke oldu. Dizginleri çekti ve ortası kararmış toprak parçasını işaret etti. Gözleri siyah noktayı bulduğunda kalbi burkuldu. Yavaşça at arabasından indi ve Abel'in kanıyla sulanan o yere doğru yürüdü.

Sallie yanında koşturuyordu. "Nedir o?"

Tressa cevap veremiyordu. Kelimenin tam anlamıyla Abel'in kanı çiftliğine dökülmüştü. Sürüsünün kaybıyla nasıl iyileşirdi? Bir adam daha ne kadarını kaldırabilirdi? Başını kaldırdığında Abel'in tabancasının otların arasında durduğunu gördü. Gidip silahı aldı, kendinden uzakta tutuyordu.

Sallie'nin gözleri silaha iliști, sessizce sorguluyordu.

"Abel'in" dedi Tressa sertçe. Tabancayı at arabasına götürüp buruşuk bir çuvala dikkatlice koydu. Abel'in onu yeniden isteyeceği kesindi. Abel'in zayıf elleriyle tutuşunu anımsayarak tabancaya baktı. "Sallie, erkekler korunmak ve avlanmak için silaha ihtiyaç duyarlar biliyorum. Ama bir adamın başka birini bu kadar tehlikeli görüp tetiği çekmesine ne neden olur?"

Sallie Tressa'nın yanına gidip anlayışla omuzlarını okşadı. Birdenbire eğilip yerden bir şey aldı. "Tressa?" Elinde, Abel'in evinde çalıştıkları hafta onun çekmecesinde bulduğu filigranlı altın çerçeve vardı.

Tressa çerçeveyi aldı ve güzel yabancının yüzüne bir kez daha baktı. Resim tozdan bozulmuş, çerçeve bükülmüştü ama kadının güzelliği inkâr edilemezdi.

"Sence neden oradaydı bu?" diye sordu Sallie.

Tressa boğazına düğümlenen gözyaşlarını yutkundu. "Abel... Bay Samms... Onu yanında taşıyordu demek ve onu kaybettiğinde de vuruldu." Bunu düşünmek kalbini sızlattı. Bir adam kendi için bir anlam ifade etmeyen bir kadının resmini yanında taşımazdı. Bu kadın her kimse, Abel onu derinden seviyor olmalıydı. Minik çerçeveyi cebine koydu. "Bugün onu ziyaret ettiğimizde veririz. Ben... Onun kaybolmadığını görünce çok sevineceğine eminim."

Tam hıçkıracaktı ki kendini tuttu. "Haydi, artık şu atları ağıla götürelim ve..."

"Tressa!" Sallie otlağın karşı tarafını gösterdi. Birkaç kilometre ileriden siyah, kara bir bulut yükseliyordu.

Duman! Tressa'yı soğuk terler bastı. Hattie Teyze kızları ovalarda meydana gelebilecek yangın tehlikesine karşı sert bir biçimde uyarmıştı. Kansas'ın güçlü rüzgârı ve kuru zeminin yardımıyla birlikte yangının sadece birkaç dakika içinde dönümlerce araziyi yok edebileceğini söylemişti. "At arabasına atla Sallie, çabuk ol! Bu yangını durdurmalıyız!"

33

Abel'in kahvaltı tabağı karnının üzerinde sallanıyordu. Daha önce hiç yatakta yemek yememişti ama Dr. Kasper masaya oturmasına izin vermiyordu. Aynı zamanda çatalı da hiç sol eliyle tutmamıştı ama sağ elini kaldıramıyordu. Böylelikle yastıkların üzerine doğrulmuş, sol eliyle çatalı tutuyor ve omlet yemeye çalışıyordu.

Doktorun karısı ekmek ve tereyağı veya kurabiye gibi daha kolay yenebilecek bir şey getiremez miydi sanki? Lokmasının yarısı çenesinden sallanarak göğsüne düştü ama geri kalanını ağzına götürüp çiğnemeyi başardı. Neredeyse sabırsızlığa yenik düşecekti ama bu hissi savuşturdu. Sakar sol eliyle yemek yemesi normalin iki katı zaman alabilirdi ama en azından açlıktan ölmezdi.

Dr. Kasper'in muayenehanesinin arka odasındaki uzun yatakta uyandığından beri "en azından" oyunu oynuyordu. Vurulmuş ama en azından ölmemişti. Kolu feci şekilde ağrıyordu ama en azından kalıcı bir hasar yoktu. Vince'nin düzenbazlığı yüzünden iyi bir arkadaşını kaybetmişti ama en azından Tanrı'nın yoluna yeniden girmişti. İlk fırsatta Hattie Teyzeye duaları için teşekkür edecekti.

Dr. Kasper'in karısı odaya girip tabağına baktı. "Hâlâ bitmedi mi?" Onu ayıplar gibi baktı. "Eğer yemene yardım etmeme izin verseydin şimdiye yemek bitmiş ve karnın doymuş olurdu."

"Eğer bana yemek yedirmenize izin verirsem kendi başımın çaresine nasıl bakacağımı hiç bilemem. Irgatlarımdan hiçbiri bana yemek yedirmeye can atmayacaktır." Bu yorumu derhâl geri alabilmeyi istedi. Onu Vince'nin vurduğunu hâlâ kimseye söylememişti. Yüksek sesle bir şeyler söylemeden önce kendini toparlaması gerekiyordu. "Ayrıca, doydum bile. Tabağı götürebilirsiniz."

Kadın kaşını kaldırarak ona baktı. "Yemezsen eski gücüne kavuşamazsın."

Abel iç çekti. Çatalını yeniden doldurdu ama ağzına götürmeye çalışmadı. "Doktor eve ne zaman dönebileceğimi düşünüyor?"

Bayan Kasper, Abel'in kolundaki sargıyı dürttü. Bu dürtükleme canını yakıyordu ama hareket etmeden durup kadının tetkikini bitirmesine izin verdi. "Bu sabah yeniden kanama olmamış. Bu iyi." Kadın bir adım geri gidip ellerini kalçalarına koydu. "Kendi başına ayağa kalkabildiğinde ve doktor yaranın yeniden açılmayacağına karar verdiğinde seni salacaktır." İşaret parmağını ona doğru kaldırdı. "Şimdi, o omletin her lokmasını bitir." Burnunu havaya dikip odadan çıktı.

Kadın odadan çıkar çıkmaz Abel tabağı kenara koydu. Söylenene uymayacak birisi değildi ama çatalı kontrol etmeye çalışmaktan kolu ağrımıştı ve tek istediği uyumaktı. Doktorun *uyku en iyi ilaçtır* dediğini anımsadı. "Madem öyle"dedi "Bir doz daha dinlenme yutayım."

Yastıklara gömüldü, tam uykuya dalıyordu ki telaşlı erkek sesleri ve at toynaklarının patırtısı onu tamamen uyandırdı. Sol koluna bastırarak doğruldu. Oda dönüyordu, şilteye dayanıp birkaç dakika baş dönmesinin geçmesini bekledi. Odanın köşesinde duran iskemlenin üzerindeki pantolonunu zar zor giydi. Omuzlarını kapatabilmek için gömleğini aradı ama bulamadı. En azından sargı gövdesinin büyük kısmını kapatıyordu. Göğsü çıplak hâlde koridora çıktı.

Sağlam eliyle duvara tutunarak koridorun aşağı kısmına ilerleyip doktorun muayenehanesinin önündeki ufak bekleme odasına geldi. Bayan Kasper sokağa açılan kapıda durmuş dışarıyı seyrediyordu. Abel orada toplanmış kimi ayakta kimi atın üzerinde duran adamlara heyecanla baktı. İçine bir korku saplandı. Bu bir linç olayı olabilir miydi? Bu öfkeli adam güruhu karşısında Şerif Tate yetersiz kalabilirdi ve Doktor Kasper'in söylediğine bakılırsa kasabalılar Gage Hammond'dan oldukça rahatsızdı. Eğer onu vuranın Vince olduğunu bilseler daha da çileden çıkarlardı.

Doktorun karısının arkasından bakındı. "Bu karmaşa da neyin nesi?"

Bayan Kasper arkasını döndüğünde şaşkınlıktan ağzı açık kaldı. "Abel Samms, derhâl yatağınıza dönün!" Kadın Abel'i sol dirseğinden tuttu ve yatak odasına doğru itekledi. Abel'in kadının söylediklerini yapmaktan başka seçeneği yoktu, kadın onu epey sıkı tutuyordu ama yine de Abel omzunun üzerinden baktı. Adamlar gitmesine rağmen yolda tozlar uçuyordu.

Yastıklara dayandı ve Bayan Kasper'in bacaklarını yatağa kaldırmasına izin verdi. Omzu zonkluyor, başı dönüyordu ama en azından eğer kafasına koyarsa kalkıp biraz yürüyebileceğini kanıtlamıştı. "Bütün bu telaş ne içindi?"

"Yangın çıkmış." Bayan Kasper örtüyü Abel'in bacaklarına örttü. "Ama çaresine bakacaklar. Bir daha yardım olmadan ayağa *kalkmayacaksınız.*" Derin bir nefes aldı sonra yüzünü buruşturdu. "Ah, bakın! Kolunuzu yeniden kanattınız işte, Bay Samms!"

Kadın kanamayı durdurana kadar baskı uygularken Abel ona itaat etti. Bayan Kasper sargıyı değiştirip örtüyü şiltenin altına sokarak Abel'i yerinde kıstırdı. "Artık uyuyun."

Kendini azarlanmış bir çocuk gibi hisseden Abel onu yanıtladı, "Peki bayan." Ama uyumadı. Yangın, çayırın en büyük düşmanıydı. Kimin arazisi yanıyordu? Kimin sürüsü tehlikedeydi? Birinin evi ya da ahırı yanıp kül mü olacaktı? Yangını söndürmek için komşularına katılamaması ve duyduğu endişe onu yedi bitirdi. "Keşke bir şey *yapabilseydim*!" diye mırıldanırken uykuya yenik düştü.

• • •

"Çüş!" Tressa izleri sağlama alınca at arabasından atlayarak indi. Abel'in evini yalayan sarı ateşleri görünce korkudan midesine kramp girdi ama korkunun onu çaresiz bırakmasına izin veremezdi. Süt kovasını almak için ahıra koşarken seslendi. "Kova lazım!"

Dans eden ateş karşısında âdeta hipnotize olan Sallie at arabasının arkasında duruyordu hâlâ. Tressa süt kovasını koluna iliştirdi. "Git bunu doldur ve eve su dök! Ben gidip birkaç tane daha kova bulacağım!" Sallie hareket etmiyordu. Tressa onu itekledi. "Sallie, koş!"

Sallie'nin kocaman açtığı gözleri Tressa'nınkilerle buluştu. "Cole nerede? Burada, çiftlikte olması gerekiyordu. O nerede, Tressa?"

Tressa dondu kaldı. Eğer Cole oradaysa, elbette o da yangınla mücadele ediyor olmalıydı. Yoksa... Aklına kötü bir şey getirmek istemedi. "Büyük ihtimalle sürüyü toplamaya çalışıyordur. Dumanı görünce gelecektir. Haydi, acele et, Sallie, tamamen yanıp kül olmadan şu eve su atmalıyız!"

Sallie nihayet çeşmeye doğru koştu, Tressa ise kova aramak için yeniden ahıra girdi. Atlar bölmelerinde huzursuzluk içinde kişniyorlardı, gözleri yuvalarında dönüyor, burun deliklerinden ateş çıkıyordu âdeta. Tressa onları sakinleştirmek istedi ama vakit yoktu. Talaş odasında bir tane kova bulup çeşmeye koştu. Ateşin cızırtısı ve uğultusu, küt küt atan kalbinin sesini bastırarak kulaklarını dolduruyordu. Cole ne zaman gelip yardım edecekti? O ve Sallie bu yangınla tek başlarına mücadele edemezlerdi. *Tanrım, yardım gönder ne olur*!

Levyeyi çevirip su doldurdu. Sallie koşarak gelip kovasını yeniden doldurdu. Tressa onun kovasına su boşaltırken, "Daha fazla kova lazım. Müştemilatta var mıdır sence?" diye sordu.

Sallie dolu kovayı Tressa'nın eline tutuşturdu. "Ben gider bakarım!" Koşarak uzaklaştı, Tressa kovayı eve taşıdı ve gücü elverdiğince yükseğe boşalttı. Çabalarının beyhude olduğunu anladı ama vazgeçip böylesine bir felaketin karşısında bir şey yapmadan duramazdı. Tekrar çeşmeye koşup levyeyi çekti.

"Tressa! Tressa!" Sallie'nin korkunç çığlığını duyunca çeşmeden ayrılıp müştemilata koştu, kapıdan girdi. Sallie yerde hırpalanmış ve hareketsiz yatan Cole'nin yanına diz çökmüştü. Sallie'nin yüzünden yaşlar sicim gibi akıyordu. "Ah, Tressa... Benim Cole'm, Cole'm... Birisi onu öldürmüş."

Tressa çömelip elini Cole'nin yanağına dayadı. Adamın nefesi Tressa'nın eline değdi. "Ölmemiş, Sallie. Sadece bilincini kaybetmiş sanırım." Cole'nin yüzünde o kadar çok morluk vardı ki Tressa'nın yüreği burkuldu. "Birisi onu fena hâlde dövmüş."

"Ama biri Cole'yi neden incitsin ki? Kuzu gibi naziktir o. Karıncayı bile incitmez." Sallie, Cole'nin üzerine eğilip genç adamın başını kollarının arasına aldı, saçlarına gömülüp ağlamaya başladı. Birdenbire Cole, Sallie'yi itmek için elini kaldırarak inledi.

Sallie doğruldu; onun yanaklarına, saçına, omuzlarına dokundu. "Cole... Cole..."

Adam gözlerini açıp etrafa bakındı, kafası karışmış gibiydi. Sonra hiç uyarmadan, ayağa kalktı ve kapıya koştu.

Sallie sendeleyerek ayağa kalkıp onun peşinden koştu. "Cole, yaralanmışsın! Lütfen uzan da yaralarına bir bakayım!"

Sallie onu kolundan yakaladığında Cole "Onu durdurmak zorundayım! Burayı yakmasına izin veremem" dedi.

Tressa adamı diğer kolundan tuttu ve Sallie ile birlikte onu küçük odanın ortasındaki masaya doğru yürüttüler. "Kim, Cole? Kim vardı burada?"

Cole en yakındaki sandalyeye ilişti, gözlerini kocaman açmıştı. "Vince. Çıldırmıştı, zil zurna sarhoştu. Onu hiç böyle görmedim. Sendeliyor, Abel'in öldüğünü iddia ediyordu. Eğer burası onun olmayacaksa bütün inekleri vuracağını ve binaların her birini ateşe vereceğini söylüyordu. Ethan onu durdurmaya çalıştı ama onu da yere serdi. Ethan bu durumda burada kalıp da olanlara tanık olmak istemediğini söyledi ve atına binip gitti. Vince'yi durdurmaya çalıştım ama..." Kocaman mor bir şişliğin olduğu alnına dokundu. Sallie'ye çaresizce baktı. "Ben... Ben denedim... Gerçekten ama o delirmiş gibiydi. Durduramadım."

Aniden havayı kokladı. İnledi. "Ah, olamaz, gitmiş ve dediğini yapmış. Onu durdurmalıydım... Onu durdurmalıydım, Sallie."

Sallie Cole'nin başını göğsüne dayadı ve mırıldanarak bir şeyler söyledi. Tressa eve su dökebilmek için yeniden avluya koştu ancak gördüğü manzara karşısında neredeyse kalbi duracaktı. Evin çatısı alevler içindeydi. Her bir pencereden ve saçakların altından ateş çıkıyordu. Alevler haince kahkahalar atarcasına geziniyordu, Tressa ürperdi. Bu yangınla bir düzine insan da mücadele etse evi kurtarmaya yetmezdi.

Müştemilatın önündeki küçük verandada yere çömelip alevlerin ahşap evi nasıl yuttuğunu seyretti. Bu kayıp karşısında göğsü sıkıştı. Vince'nin böyle bir zarar vermesi...

Alevlere öylesine odaklanmıştı ki araziye dalan at arabalarını ve atlıları sonradan fark etti. Adamlar çiftliğe akın ederek kovalara sarılıp yangının yayılmasını önlemek için ek bina dâhil tüm binaları ıslattılar.

Hiçbiri evi kurtarmaya çalışmadı. Tressa'nın korktuğu gibi onu kurtarmak artık imkânsızdı. Sallie ve Cole onun yanına geldiler, kenarda durup diğerlerini seyrederken Tressa gözyaşlarını zor tutuyordu. Hattie Teyze ve diğer kızlar sandviç ve limonata sürahileriyle çıkageldiler. İs ve kan ter içinde kalan adamlar getirilenleri hemen tükettiler.

Fred Pennington, Hattie Teyze ve Luella'nın arasında duruyordu. "Elimizden geleni yaptık. Jerome ve ben etrafa bir göz atıp rüzgârın çayıra kıvılcım sürüklemeyeceğinden emin olacağız." Bakışları başka yerde, limonata sürahisinin kapağıyla oynayan Luella'ya baktı. "Siz bayanlar neden Flying W.'ye dönmüyorsunuz?"

Luella başını kaldırmadan konuştu. "Ben de kalabilirim... Size eşlik etmek için..."

Paralee ileri atıldı. "Ben de."

Fred yavaşça başını salladı. "O zaman sizi eve sonra bırakırız, tabii eğer Hattie Teyze kabul ederse."

Hattie Teyzenin yüzünde yamuk bir gülümseme belirdi. "Bence olur." Cole ve Sallie'ye döndü. "Sallie, benimle geliyor musun?"

Sallie Cole'nin koluna girdi. "Ben burada Cole ile birlikte müştemilatta kalacağım. Onu bırakamam."

"Beklediğim gibi."

Kasabalılar ve komşu çiftlik sahipleri teker teker gittiler. Kollarını birbirlerinin beline dolayan Sallie ile Cole müştemilata yürüdü. Fred ve Jerome için için yanan evin ters taraflarında konumlandılar, Luella ile Paralee ise sevgililerine yakın duruyorlardı.

Hattie Teyze kolunu Tressa'nın omzuna atarak onu at arabasına doğru yürüttü. Abel'in çiftliğinden ayrılırken Tressa omzunun üzerinden eskiden evin bir parçası olan kararmış, kırık dökük kerestelere baktı. Arkasında kalan korlara bakıp titredi.

At arabasının diğer koltuğundan ağır bir iç çekiş duyan Tressa, Hattie Teyzeye baktı. Yaşlı kadının yüzü çökük ve yorgundu ama yine de gülümsedi. "Pekâlâ küçük hanım, sadece ikimiz varız." Kıkırdadı. "Sanırım çok yakında da böyle olacak. Sallie, Cole ile evlendi bile; birkaç hafta sonra Mabelle ve Paralee'nin ortak düğünleri yapılacak." Tek kaşı havada, başını yana yatırdı. "Bir an için Luella acaba Fred'i kabul etmeyecek mi diye endişe ettim -adam çok sakin bir tip, Luella ise delifişek- ama bugünkü duruma bakılırsa evet diyecek diye tahmin ediyorum."

Tressa, Luella'nın yemek odasında çıkardığı tantanayı anımsadı. Bu sabah mıydı o? Son on saat içinde iki ömür tüketmiş gibiydi. "Gage'nin yalanlarının herkese yayılmadığı konusunda Luella'yı ikna edebildin mi?"

Hattie Teyze evet anlamında başını salladı. "Ama bu kız için dua etmeliyiz. Tam bir sinir küpü. Buraya gelmeden önceki hayatı... Pek de iyi değilmiş." Tressa'ya imalı bir bakış attı. "Hiç sevgi görmeden büyürsen yetişkin olduğunda ona nasıl erişeceğini bilemezsin."

Tressa bir kez daha teyzesinin ve dayısının evine gitmeden önce anne ve babasından şefkat gördüğü için şükretti. Kendi hayatında da yaşamayı arzu ettiği sevginin örneğini yaşatmışlardı ona. "Onun için dua edeceğim."

"Sen iyi bir kızsın, Tressa."

"Hattie Teyze?" Duman solumaktan sesi çatallaşmıştı. "Sence kasabadan birisi gidip Bay Samms'e evin durumundan bahseder mi?"

Hattie Teyze öksürdü. "Ah, gün batmadan öğrenecektir. Barnett sır tutulacak bir yer değildir."

"Bugün ona bakmaya gidemedim, yarın giderim artık."

Yaşlı kadın dudaklarını büzdü. "Elbette, tatlım. Sabah ilk iş atın birine arabayı takar ve kasabaya gidersin. Senin güzel yüzünü görmek Abel için en iyi ilaç olacaktır."

Tressa elini hâlâ cebinde duran küçük altın çerçeveye götürdü. Resimdeki güzel yüzün Abel için iyi bir ilaç olmasını diledi. Evindeki her şey gitmişti. Elinde kalan bu tek şeyin onu az da olsa mutlu edeceği kesindi.

34

Dinlenmeye ihtiyaç duyan bir adam olarak Abel, insanların gelip onu rahatsız etmesinin üstesinden gelmeliydi. Sağlam kolunu başının altına koyup tavanı seyrederken gelip giden ziyaretçilerle arasında geçen konuşmaları yeniden kafasından geçiriyordu.

Dün akşam yemeğinin hemen ardından, baştan aşağı kir ve is kokusu içindeki Glendon Shultz ve Bob Clemence'nin gelip evinin yandığı haberini verdiklerinde, Abel'in aklına tek bir şey gelmişti. Meğer kendi için yardım istemişti. Glendon'un yanağından akan kocaman bir damla gözyaşı, adamın lekeli yüzünde temiz bir çizgi açmıştı. İyi olacağını söyleyerek komşularını rahatlatmıştı. Abel'in, haberi bu kadar sakin karşılaması karşısında aklının başında olmadığını düşünerek yanından ayrılmışlardı.

Glendon ve Bob gittikten bir saat sonra Brewster Hammond geldi. Adamın yüzü üzgün fakat kararlıydı. Yatağın kenarına oturup ceketinin iç cebinden deri bir kutu çıkarıp Abel'in yastığına bıraktı. "Eğer hayvanların çalınmamış olsaydı kazanacağın para son kuruşuna kadar burada duruyor. Gage hesap yaptı ve hayvanlarımı pazara götürdüğünde çalınan sığırlardan elde ettiği kazancı Vince'ye teslim etmiş" dedi.

Abel itiraz etti. "Bana borçlu değilsin. Telafide bulunması gereken tek kişi Vince."

Fakat Hammond olumsuzca başını salladı. "Olmaz. Benim oğlum da işin içinde ve onun borcunu karşılayacağım. Geriye dönüp Gage'yi böyle acı bir yola başvurmaktan alıkoyamam ama en azından işleri senin için düzeltebilirim. Bu parayı al, Abel ve arazine yeni bir ev inşa etmek için kullan."

Abel neredeyse dilini yutacaktı. "Bu, artık arazimi almak istemediğin anlamına mı geliyor? Evim yanıp kül olmuşken, sürüm kaçmışken ve ben ağzıma bir çatal yumurta bile götüremezken orayı satmam için en uygun zaman buydu."

"O araziyi elinde tut, Abel. Ben mülkümü genişletmek istemiştim, Gage şey yapsın diye..." Brewster'in çenesi titredi. Abel'in sağlam omzuna vurup sözlerini tekrarladı. "O araziyi elinde tut. Baban da böyle olmasını isterdi ve Tanrı orayı yeniden inşa etmen için sana güç verecektir." Brewster oradan ayrılmadan önce Abel'in elini sıktı. Abel, yaşlı çiftlik sahibinin tutumundaki bu değişiklik karşısında şaşırmaktan kendini alamadı. Yıkılmış ama her nasılsa eskisinden daha güçlü görünüyordu.

Ziyaretlerin en zoru ise bu sabah kahvaltıdan sonra olanıydı. Şerif Tate evin enkazında yanmış bir ceset ve hemen yanında bir viski şişesi bulunduğunu söylemişti. Hiç şüphesiz Vince Rylin idi. Vince'nin bu yangını kasten çıkardığını anladığında Abel'in içi öfkeyle doldu. Ancak duygularını açığa vurmadan önce aklına aniden Amanda geldi. Artık kimseye kin duymak istemiyordu.

Derisinin altında, bedeni ve ruhu birbiriyle sessizce çekişiyorlardı. Ansızın Tressa'nın sesi kulağında yankılandı: "*Tanrı'nın kin tutma konusunda bizden beklentisi gayet açıktır. Öfkemizin üzerine güneşin batmamasını öğütler...*" Abel nefesini yüksek sesle vererek öfkesini salıverdi. Şerifin yüzüne direkt baktı ve "Ben büyürken Vince tıpkı amcam gibiydi. Babamın en yakın dostuydu. Bana ihanet etmesini sağlayan neydi bilmiyorum ama... Tanrı'nın onun ruhuna merhamet etmesi için dua edeceğim" dedi

Şerif, Abel'e sanki aklını kaçırmış gibi baktı.

Neden sonra Abel sordu. "Ethan'dan ne haber?"

"Delikanlının nereye gittiği konusunda bir fikrim yok ama Cole onun babasını durdurmaya çalıştığını söylüyor. Bu kirli işlere karışmadığından gayet eminim."

Bunu ancak şimdi düşünen Abel, ailesi için bu derece önem taşıyan bir adamın kaybına yas tutmaktan kendini alamadı. Ethan'ın dönmesi için dua etti. Ethan, Abel için kardeşten daha öteydi ve her şeyle birlikte onu da kaybetmek istemiyordu.

Odaya giren doktorun karısı Abel'i bu melankolik düşüncelerden kurtardı. Kadının kollarında temiz çarşaflar vardı. "Bay Samms, uyanık olduğunuza göre yatağınızı değiştirirken sizi biraz şuraya oturtabilir miyim?" Burun kıvırdı. "İki gündür o örtülerle yatıyorsunuz. Kirlendiler."

Abel gülmemek için kendini zor tuttu. Evdeyken iki *hafta* boyunca çarşaflarını yıkamadığı olurdu ama Bayan Kasper'in bunu hoş karşılayacağını sanmıyordu. "Peki, bayan." Doğrulmaya çalışırken omzuna ağrı girdi ama odanın köşesindeki sandalyeye oturduktan az sonra keskin zonklamalar geçti. Hiç kıpırdamadan oturup Bayan Kasper'in kirli çarşafları yataktan çıkarışını seyretti. Bu görüntü aklına başka bir manzarayı getirdi: Onun yatak odasında onun yatağını düzelten Tressa'yı.

Tressa'yı düşününce derin bir pişmanlık hissi içini kapladı. Vince onu nasıl da korkutmuştu. Kızın ellerinin onun saçlarında gezinmesi, yanağına dokunan dudakları gibi belli belirsiz anılar aklına geldi ama bunların gerçek mi hayal ürünü mü olduğundan emin olamıyordu. Aslında çok önemli değildi. En azından Amanda'nın onu reddetmesinin verdiği acıdan kurtulmuştu.

"Tamamdır, Bay Samms." Bayan Kasper'in cırtlak sesi düşüncelerini böldü. "Sizi tekrar yatağa alalım."

Abel yüzünü ekşitti. "Sandalyede biraz daha oturamaz mıyım? O kadar uzun zamandır yatıyorum ki arka tarafım neredeyse işlevini unuttu."

Kadın ellerini ağzına götürünce Abel onu mahcup ettiğinden korktu. Ama sessizce gülmekten katılan kadının omuzları sallanıyordu. Birkaç saniye sonra kadın ellerini ağzından çekti, yüzünü kısmen buruşturup kısmen gülümseyerek, "Çok iyi, Bay Samms. Ama sadece birkaç dakikalığına" dedi. Kirli çarşafları alıp odadan çıktı.

Abel başını yeniden sandalyenin uzun arkasına dayadı, bir yandan da sağlam koluyla yaralı kolunun dirseğini tutuyordu. Yara iyileşir iyileşmez eve dönecekti. Çiftliğine gitme isteği onu odadan koridora çıkarıp Lazy S.'ye kadar tüm yolu yürütebilirdi.

Yangını hatırladı sonra. Artık onu bekleyen bir evi yoktu. Ev gittiğine göre içindeki her şey de gitmişti. Annesinin Güney Carolina'dan Kansas'a getirttiği -iki at arabasını doldurmaya yetecek- tüm o mobilyalar yanıp kül olmuştu. Pantolonlarına ve odanın diğer tarafındaki konsolun üzerinde katlanmış duran yeni, temiz gömleğine baktı. Sahip olduğu tek giysiler onlardı. Brewster'in getirdiği paketteki para her şeyi baştan kurmasına yetmezdi.

"Şimdi ne yapacağım?" Yüksek sesle söylemişti. Ancak mızmızlanıp şikâyet etmiyor, yol gösterilmesini istiyordu. Gülümsedi. "En azından ahırım ve müştemilatım var hâlâ. Yenisini yapana kadar altında durabileceğim bir çatı var."

Esnedi. Yatak her geçen dakika gözüne daha hoş görünüyordu. Derin bir nefes alıp "Bayan Kasper?" diye seslendi.

Birkaç saniye sonra kadın odaya girdi.

"Lütfen yardım eder misiniz, yeniden yatmak istiyorum."

Kadın güçlü kollarıyla Abel'i belinden kavradı ve yatağa götürdü. Abel memnuniyetle iç çekerek yastıklara gömüldü. "Teşekkür ederim, bayan."

"Rica ederim. İyi dinlenmeler." Örtüyü Abel'in çenesine kadar çekip kapıya yöneldi. Ama tam eşikte durdu ve ellerini kalçalarına koydu. Abel kadının dik duruşuna ve sert tavrına baktı. Onu sinir edecek ne yapmıştı ki şimdi? Ama koridordaki başka birine çıkışıyordu. "Şu anda ziyaret edemezsiniz. Bay Samms'in uyuması gerekiyor."

"Ah... Kusura bakmayın. Ben sanmıştım ki..."

Bu çekingen yanıtı işiten Abel'in yüreği kalktı. Sol dirseğini şilteye bastırarak doğruldu. "Tressa?"

Tressa odaya baktı. İri ve umut dolu açık mavi gözleri Abel'inkilerle buluştu. Tressa'nın dudaklarında beliren gülümseme adamın kalp atışlarını hızlandırdı. Yutkundu ve yalvaran gözlerle Bayan Kasper'e baktı. "Bu sabahlık sadece bir ziyaretçi daha? Son olsun bu."

Bayan Kasper yüzünü daha da buruşturdu. "Bay Samms..."

"Bütün öğleden sonra uyuyacağım, söz."

Kadın başını iki yana sallayarak yüksek sesle öfledi. "Size bakmak bir düzine yaramaz çocukla ilgilenmekten daha zor." Ellerini havaya kaldırdı. "Pekâlâ! Kendinizi yıpratın. Ama sonra yemeğinizi yiyemeyecek kadar yorgun düşünce bana sızlanmayın!" Hâlâ dırdır ederek Tressa'nın yanından geçip gitti.

Tressa kapıda duruyordu, kollarını beline dolamıştı. Abel yastıklara yaslandı ve parmağını ona doğru salladı. "Havlaması ısırmasından beter. İçeri gel."

Tressa koridora kaçamak bir bakış attı. "Sorun olmadığına emin misin? Eğer dinlenmen gerekiyorsa..."

"Öğleden sonra dinlenirim. Lütfen." Gülümseyerek başıyla işaret etti. "Buyur. Seninle konuşmak istiyorum."

Kız yavaşça birkaç metre ilerleyip kapı ve yatağın ortasında durdu. Gözleri adamın yüzüne ve sargıdaki omzuna kaydı. Bir an için alnı kırıştı, sonra gözleri yeniden buluştu. "Hâlâ canın yanıyor mu?"

Aslında zonklama hiç durmamıştı ama hayır anlamında başını salladı. "Pek sayılmaz." Kafasına üşüşen pek çok sözcük vardı ama hangisinden başlayacağını bilemiyordu. "Bayan Tressa..."

"Evet?" Başını kaldırdı, yüzü nazikti.

Abel yataktan fırlayıp onu kollarının arasına almak istiyordu. Yutkundu. "Yardım getirdiğin için teşekkür ederim. Eğer sen gitmeseydin ben hayatta olamazdım."

Kızın çenesi titredi. "Eğer ben seni oraya götürmeseydim, orada olmaz ve böylece de vurulmazdın."

"Böyle mi düşünüyorsun? Vurulmam senin hatan mı yani?"

Kız başını kaldırıp tekrar indirdi. Bunu öyle hızlı yapmıştı ki Abel onun yüzünü neredeyse göremedi.

"Ah, Bayan Tressa. Kendini suçlama. Ne olursa olsun, bu yaşanacaktı." Vince'nin duygusuz konuşmasını anımsayan Abel sindi. Evet, ona silah doğrultan Vince idi ve bunun Tressa ile ilgisi yoktu. "Ayrıca başıma bu geldiği için biraz da mutluyum."

Kızın gözleri fal taşı gibi açıldı. "Ne? *Vurulduğun* için mutlu musun?"

Abel kendi kendine güldü. "Kulağa tuhaf geliyor ama... Orada acı ve korku içinde yatarken senin korktuğun zaman Tanrı'ya güvenmekle ilgili söylediğin şeyi düşündüm. Beni geri getirdi ve ben de ona bundan böyle yolundan ayrılmayacağımı söyledim."

"Ah, Abel..." Tressa'nın gözleri yaşlarla doldu, bir adım ilerledi. "Hattie Teyze haklıydı. Bazen kötü bir şey, aslında iyi bir şey *olabilir.*"

"Hattie Teyze genellikle haklıdır." Abel başını iki yana salladı. "Zahmet edip de onu dinlesek çoğu zaman kendimizi kurtarırız." Eliyle ağzını kapadı. Tressa'ya söylemek istediği başka şeyler -apaçık duyguları- vardı ama şu an ona ne sunabilirdi ki? Evi gitmişti, ırgatları gitmişti, sürüsü dağılmıştı. Onu geçindirebilmesi için gerekli şeyleri sağlama garantisi yokken ona sevgi ve bağlılık lafları edemezdi.

Aralarındaki sessizlik gittikçe uzadı, ansızın Tressa sanki birisi arkadan dürtmüş gibi küçük bir başlangıç yaptı. Elini cebine atıp bir şey çıkardı. Bir adım daha ilerleyip elini uzattı ve tuttuğu şeyi salladı.

Işıkta bir şey parladı. Abel gözlerini kısarak nesneye bakıyordu. "Nedir bu?"

Tressa öne eğilip Amanda'nın minik altın çerçevedeki portresini verdi ve sonra geriledi. "Sallie buldu bunu... Düştüğün yerde. Evin ve içindeki her şey onunla birlikte yok oldu." Sesi gergindi, sanki sözcükler boğazına yapışıp kalmıştı da onları çıkarmak zorundaydı. "Ama bu zarar görmemiş. Saklamak istersin diye düşündüm... Şeyin hatırası olarak..."

Abel altın çerçeveye baktı ve durumun ironisi kocaman bir kaya parçası gibi kafasına çarptı. Kahkaha atmak istedi. Bu isteğini bastırmak için boğazını temizledi ama buna rağmen kahkahayı patlattı.

• • •

Tressa tökezleyerek bir adım geriledi. Abel'in gülüşü kafasını karıştırmıştı. Komik bulduğu neydi acaba? Birçok kaybı -evi ve içindeki eşyaları, sürüsü ve neredeyse hayatı- vardı. Bu kahkaha, üzüntüsüyle başa çıkmak için delice bir tepki miydi? Belki de gidip doktoru çağırmalıydı. Kapıya döndü.

"Bayan Tressa, lütfen... Bekle!"

Tressa onun bu ricasını duymazdan geldi. Kahkahayla sarsılan Abel, elini omzuna koymuş gülmeye devam ediyordu ama neşeli boğuk sesi kesilmişti. Nihayet derin bir nefes aldı ve elini bacağına koydu.

Gülümseyerek kıza baktı. "Buraya gel, Bayan Tressa. Gel de sana bu küçük resmi açıklayayım."

Kız ikisinin arasında yeterli bir mesafe bırakarak tereddütle yatağa yaklaştı. Kadının ismini ve onunla olan ilişkisini anlatan Abel'i dinledi. Adam o kızla evlenmeye niyetlendiğini söylerken içinde bir kıskançlık hissi baş gösterdi fakat Amanda'nın onu terk edişinin nedenini anlamasıyla bu kıskançlık uçup gitti.

Hikâye bittikten sonra Tressa şaşkın gözlerle ona baktı. "Abel, Bay Samms, tüm bunlara nasıl dayandın? Bir adamın kaybetmesi gerekenden çok daha fazlasını kaybetmişsin. Bu çok adaletsiz görünüyor!" Bu sözler ağzından dökülür dökülmez dilinin ucunu ısırıp kendini ayıpladı. Onu yüreklendirmek için buraya gelmişti ama bunun yerine ona sorunlarını hatırlatıyordu.

"Adaletsiz mi?" Abel başını kaşıdı, alnı çizik çizikti. "Evet, birçok kişiye göre adaletsiz. Ama sana doğrusunu söyleyeyim mi, Amanda'nın gitmesi en iyisiydi. Burada asla mutlu olamazdı ve ben şeyi kaçıracaktım..."

Abel'in gözlerindeki bir şey Tressa'nın kalp atışlarını hızlandırdı. Bu tuhaf tepkiyi araştırmak istedi ama ağzını açtığında bir soru çıkıverdi. "Ama onu hâlâ sevmiyor musun? Sen... Onun portresini yanında taşıyordun..."

Abel çerçeveyi alıp avucunda salladı. "O gün bunu yanımda taşımamın nedeni, onu ve Amanda'ya beslediğim eski duygularımı gömmeyi planlamamdı... Bir çeşit cenaze yani. Onu ebediyete uğurlamak. İlerlememin vaktinin geldiğini biliyordum. Çünkü Bayan Tressa..." Çektiklerinden dolayı solgunlaşan sakallı yanakları pembeleşti. "Bir başkasına... Çekildiğimi fark ettim."

Tressa nefesini tuttu, kalbi neredeyse göğsünden fırlayacaktı. Kim diye soracaktı ama ağzından ses çıkmıyordu.

Abel iç çekip gözlerini yumarak yastıklara gömüldü. "Ama bunu söylemek adil olmaz, çünkü Hattie Teyzenin bir eşe bakmak konusundaki kurallarına uymuyorum."

35

İki zıt duygu Tressa'yı ele geçirdi: Heyecan: *Beni seviyor*! Ve umutsuzluk: *Gururu, duygularını açmasına engel olacak.* Konuşmaya, ne hissettiğini söylemeye yeltendi. "Bay Samms, ben..."

"Yorgunum, Bayan Tressa." Yorgunluğunu belli eden sesi kulak tırmalıyordu. "Beni görmeye geldiğin ve... Şeyi getirdiğin için... Teşekkür ederim." Yutkundu. "Ama artık dinlenmem gerekiyor." Homurdanıp sağlam omzunun üzerinde dönerek yüzünü kızdan sakladı.

Paramparça kalbinin kırıklarını toplayan Tressa tek söz etmeden odadan çıktı. Göğsü öyle fena ağrıyordu ki nefes almak işkence gibiydi. Bir şekilde at arabasına ulaştı, üzerine çıktı ve Hattie Teyzenin evine doğru yola koyuldu. Çenesini sıkıyordu, dokunsalar ağlayacaktı.

Çiftliğe vardığında atı doğrudan ahıra götürdü, aşağı atlayıp hayvanın yularını çıkardı. Ata biraz yulaf verdi ve ardından avludan eve dimdik yürüdü. Odasına kaçıp yüzünü yastıklara gömmek ve bu derin acıyı haykırmak istiyordu.

Ama ön kapıyı arkasından kapatır kapatmaz mutfaktan Hattie Teyzenin sesini duydu. "Tressa, sen misin?"

Nefes alarak gözyaşlarını bastırmaya çalıştı. "Evet efendim."

"Abel bu sabah nasıl?"

Tressa'nın dudakları titredi. Kalbi sıkıştı. Boğuk bir hıçkırıkla seslendi. "Katır gibi!" Sonra merdivenlere koştu ve odasının kapısını kapattı. Kendini yatağa attı, yüzünü dirseğine dayadı ve gözyaşı selinin akmasına izin verdi.

Ayak sesleri duydu, birinin eli omuzlarını tutup onu çevirmeye çalıştı. Hattie Teyzenin endişeli yüzüne bir bakış atan Tressa daha yüksek sesle ağlamaya başladı.

Yaşlı kadın Tressa'yı göğsüne bastırıp sırtını pışpışladı. "Yüce Tanrım, bu adam sana ne dedi ki? Omzu yaralı olsun veya olmasın, ona ağzıma geleni söyleyeceğim eğer..."

"Beni seviyor, Hattie Teyze." Tressa, Hattie Teyzenin omzunda ağlıyordu. "Bunu söylemeyecek ama sevdiğini biliyorum. Ah, Hattie Teyze..." Elleriyle gözlerini ovuşturdu. "Bir kadın bir adamı sevdiğinde kalbi göğsünden fırlayacak gibi olur demiştin. Ama benim kalbim çamur bağladı. Ağır ve kasvetli. Ve asla fırlamayacak." Hüngür hüngür ağladı. Hattie Teyze ona sarılıp pışpışlayarak içini boşaltmasını bekledi. Nihayet yüksek sesli hıçkırıklar yerini hafif burun çekmelere bıraktı ve Tressa geri çekildi.

"Hattie Teyze, aşk neden bu kadar acı verir? Abel'i seviyorum. Ama o beni gerçekten sevmiyor, öyle olsa Cole'nin yaptığını yapar, beni kaçırırdı. Ev olsun olmasın, para olsun olmasın; eğer beni gerçekten sevseydi, beraber olabilmemizin bir çaresini bulurdu."

Hattie Teyze dişlerinin arasından dilini şıklattı. Önlüğünü kaldırıp Tressa'nın yanaklarını kuruladı ve ellerini kızın yüzüne koydu. "Bak canım, Abel'i Cole'nin yaptığı şeyi yapmadı diye suçlayamazsın. Onlar iki farklı adam ve her biri farklı yapıda."

"Ama..."

"Hayır. Senin Abel için Cole gibi değil diye düşünmen, onun senin ve Amanda'nın aynı dünyadan geldiğinizi düşünmesiyle aynı şey."

Tressa, Hattie Teyzenin nazik tutuşundan kurtuldu. "Ben *hiç de* Amanda gibi değilim! O, tutamayacağı sözler verdi."

"Ama doğulu olduğun için Abel senin de buraya asla uyum sağlayamayacağını düşünüyor."

"Duyduğum en saçma şey bu. İki insan aynı yerde büyümüş diye her bakımdan aynı olamazlar."

Hattie Teyze bir kaşını kaldırdı. "Ağzından çıkanı kulağın duyuyor mu? Kendi iddianı kanıtlıyorsun. Seni belirsiz bir geleceğe sürüklemiyor diye Abel'i suçlayamazsın." Tressa'nın yüzündeki saçları geriye attı. "Cole'yi eleştirmeye çalışmıyorum, o, genç ve atılgan birisi ve sevdiği kızı kaybetmemek için bildiği tek şeyi yaptı. Fakat Abel derin düşüncelere sahip bir adam. Sorumluluk sahibi. Bunlar iyi özellikler, Tressa. Her kadının kocasında olmasını isteyeceği şeyler."

"Ama bu düşünceler bizi ayrı kılabilir!" Gözleri yeniden yaşarıyordu fakat Tressa burnunu çekip kendini kontrol altına aldı.

"Bunun için dua ettin mi?"

Tressa suçluluk duyarak aniden sıçradı. "D-dua mı?"

"Elbette, dua." Hattie Teyze başını öne arkaya sallayarak sözlerine vurgu yapıyordu. "Küçük hanım, Tanrı'nın senin için özel planları var ama sen Tanrı'nın seni yönlendirmesine izin vermek yerine her şeyi kendin halletmeye çalışarak istemeden de olsa bunu mahvediyorsun gibi geliyor."

Tressa yatağın şiltesinde döndü. "Ama... Ama ya Tanrı'nın..." Cevaptan öylesine korkuyordu ki soruyu tamamlayamadı.

"Elinde bizim istediğimizden başka bir şey varsa, mı?"

Tressa evet anlamında başını hızla salladı, başı eğikti.

"Pekâlâ, sana şunu garanti edebilirim: Tanrı, işleri bizim olmasını düşündüğümüz gibi yapmaz."

Tressa başını kaldırdı, Hattie Teyzeyle göz göze geldiler.

Yaşlı kadının yüzünde yumuşak bir gülümseme belirdi. "O, işleri daima *daha iyi* hâle getirir. Ve onun yolunu izlersek, bizim için en iyisini keşfederiz. Tanrı senin sadece ikinci en iyiyi beklemene değil, onun en iyisini bulmana yardım etmek ister." Tressa'nın yanağını okşadı. "Buna güvenmelisin, tatlım."

Hattie Teyzenin sözlerini özümseyen Tressa alt dudağını ısırdı. Abel bile Hattie Teyzenin genellikle haklı olduğunu söylemişti. O sırada yüksek sesli bir miyavlama duyuldu. Isabella yatağa atladı ve Tressa'nın kucağına kıvrıldı. Tressa hafifçe gülerek Isabella'yı aldı, çenesinin altına götürdü ve kedinin tüylerinin arasında iç çekti. "Keşke senin gibi bilge ve cesur olabilsem, Hattie Teyze."

Hattie Teyze, kızın Isabella'nın üzerindeki elini tuttu. "Keşke ben de senin gibi genç ve güzel olsam ve uçan bir atım olsa." Kıkırdadı, Tressa ise gülümsedi. "Gerçek şu ki tatlım, ben cesur ve bilge değilim. Sadece inançlıyım. Ve Tanrı'nın senin yaşamındaki en iyi çalışmasını göreceğine inanıyorum." Ayağa kalktı. "Sen biraz burada kal; Izzy'e sarıl, mırlayan kediyi okşamak rahatlatır. Kendini iyi hissettiğin zaman aşağıya gelip bana akşam yemeği için yardım ediver. Brewster geliyor, Abel'in müştemilatında yemek yapacak yer olmadığından Cole ile Sallie de bize katılacaklar. Onlar gelmeden şu gözyaşlarından kurtulmalısın."

Tressa, Hattie Teyze odadan çıkana dek bekledi. Sonra Isabella'yı yatağın üzerine koyup dizlerini yatağın yanına indirdi. "Tanrım, sana umudumu bağlamadığım için özür dilerim. Hattie Teyze gibi tamamen inanç dolu olmak istiyorum. Ne zaman kurtarılmayı dilesem sen geldin. Öyleyse şimdi de beni kurtar, Tanrım. Acımı ve korkumu al ve planını bulmama yardım et. Sen neyin en iyi olacağını düşünüyorsan, beni ona yönelt."

• • •

Hattie yemek masasındaki neşeli konuşmaları dinledi. Tüm sandalyeler doluydu, bütün yüzler gülüyordu. Ağlamaktan gözleri kıpkırmızı kesilmiş Tressa bile gülüyordu. Hattie'nin içi baştan aşağı tatmin duygusuyla doldu.

Bir pazar ziyafeti hazırlamıştı: Biftek ve yanında patates, havuç ve soğan. Yiyecekler ve kalabalık masa, yemeği âdeta parti havasına sokmuştu, çok hoştu. Kutlama yapmak için nedeni vardı: Sallie sağ salim dönmüştü, Abel iyileşiyordu, Tressa hariç, kızların her biri iyi adamlarla evlilik hazırlığı içindeydi, hatta kendi bile yaşına rağmen aşkta ikinci bir şans yakalamıştı. Tanrı'nın lütfu sel gibi akıyordu ve Hattie yüzündeki gülümsemeyi saklayamıyordu.

"Tatlı için hazır mısınız gençler?" diye sordu. "Eğer isteyen varsa içinde kalın, donmuş çikolatası olan kocaman bir kekimiz var." Yükselen coşku dolu sesi duyan Hattie bunu evet olarak kabul etti. Ayağa kalktı. "Getiriyorum." Mutfağa giderken ön kapının vurulduğunu duydu. Yolunu değiştirirken omzunun üzerinden seslendi, "Paralee, keki ve servis bıçağını getirir misin?"

Mutlu adımlarla gidip kapıyı açtı ve şaşkınlıkla bir adım geri attı. Ethan Rylin eşikte duruyordu. Uzun saniyeler boyunca birbirlerine baktılar, Hattie'nin ağzı şoktan açık kalmıştı, Ethan şimdiye dek gördüğü en mahcup insandı. Hattie hemen ardından kendine geldi ve ağzını kapadı. "Ethan, içeri gel evladım."

Başından şapkasını çıkaran Ethan içeri girdi. Hattie'ye üzgün gözlerle bakıyordu. "Efendim." Yemek odasından kahkahalar duyuldu, adamın yüzü kıpkırmızı kesildi. "Ah... Rahatsız ettim. Ben..."

Hattie onu kolundan yakaladı. "Bize katılacaksın."

Ethan kolunu çekip kurtardı. "Hayır... Hayır, olmaz. Sadece sizinle konuşmam gerekiyor. Dışarıda." Kadının bir şey demesine fırsat vermeden dışarı çıktı.

Hattie, Brewster'in yanına koştu ve kulağına "Ethan ön verandada. Onunla biraz konuşacağız" diye fısıldadı.

"Benim de gelmemi ister misin?"

Hattie durumu tek başına idare edebilirdi ama yine de onun desteğini istediğini fark etti. Başını sallayınca adam peşinden gitti. Ethan verandanın sonunda bir sandalyede oturuyordu, şapkası sol dizinin üzerindeydi. Hattie onun yanına oturdu, Brewster ise tırabzanlara dayandı. Hattie, Ethan'ın omzunu okşadı "Geri döndüğüne sevindim. Senin için endişelendik, evlat."

Ethan metin bir ifadeyle başını salladı. "Dönmek zorundaydım. Ben... Lazy S.'nin yanından geçtim." Başını iki yana salladı. "Babamın yaptıklarına inanamıyorum..."

Hattie derin bir nefes aldı. "Ethan, baban hakkında..."

Ethan gözlerini hızla kırpıştırdı. "O öldü, değil mi?"

"Evet, üzgünüm."

"Nasıl?"

"Onu evde buldular. Yangın..."

Ethan saniyeler boyu sessizce oturdu, kasları seğiriyordu. Sonra iç çekti. "En azından onu hayvan hırsızlığından asılırken ve Abel'i öldürmeye kalkışırken görmeyeceğim." Kocaman gözlerle bir Hattie'ye, bir de Brewster'e baktı. "Ne işler çevirdiğini hiç bilmiyordum. Bana sürekli para veriyordu, başıboş hayvanları toparlayıp onları sattığını iddia ediyordu. Bu parayı saklayacağımızı ve ileride kendimize küçük bir yer alabileceğimizi söylüyordu. Ona inanmıştım. Abel'in hayvanlarını çaldığını bilmiyordum, eğer bilseydim..." Başını eğdi.

Hattie onun elini tuttu. "Ethan, Abel senin için endişeleniyor."

Ethan başını kaldırdı. "Endişeleniyor mu?" Yeniden başını eğdi. "Onunla yüzleşemem. Babamın yaptıklarından sonra olmaz."

Brewster boğazını temizledi. "Abel'in çiftliğini yeniden inşa ederken iyi çalışanlara ihtiyacı olacak ve senin iyi bir çalışan olduğunu biliyor."

Ethan başını kaldırmadan konuştu. "Hayır, olmaz. Buralarda kalamam. Herkes babamı ve olan biteni bilirken bu çok zor olur. Her zaman aralarında fısıldaşacaklar, gözleri üzerimde olacak... Gidecek başka bir yer bulmalıyım. Yeniden başlamalıyım. Ama..." Gömleğinin içinden bir tomar para çıkardı. "Babamın verdiği paranın tamamı burada. İçinden tek kuruş harcamadım." Tomarı Hattie'nin dizine bıraktı. "Bunu benim yerime Abel'e verir misiniz?"

Delikanlının yalvaran bakışları Hattie'nin kalbini sızlattı. "Ethan, en azından Abel'i görmeye gidemez misin? İyi olduğunu gösteremez misin?"

Ethan başını iki yana salladı ve ayağa kalktı. "Hayır efendim. Hepimiz için en iyisi... Benim çekip gitmem." Verandada başı önünde, topuklarını süre süre yürüdü. Birkaç dakika sonra atına atladı ve arkasına dönüp bakmadan gitti.

Hattie, Brewster'e döndü. Adam kollarını açtı, Hattie ona sarıldı. Adamın gömleğinin yakasına yanağını dayadı ve "Günümün mutlu sonu bu şekilde olmamalıydı, Brew."

Brewster onun sırtını okşadı. "Gelecek hafta Gage'nin mahkemesinin görüleceğini ve Abel'in bir kurum yığını hâlindeki evine döneceğini düşünürsek, önümüzdeki günler bundan iyi olmayacak. En azından adamlarım elliye yakın büyükbaşını buldular. Bu iyi bir şey."

Brewster'in kollarındaki güven hissinin tadını çıkaran Hattie iç çekti. Başka birinin gücüne dayanmayalı uzun zaman olmuş ve bunun ne kadar hoş bir duygu olduğunu neredeyse unutmuştu. Daha sıkı sarıldı. "Bu parayı Abel'e götürmem gerek. Çiftliğini yeniden toparlaması ve işletmesi için her bir kuruşa ihtiyacı var. Bir yığın iş onu bekliyor."

Brewster onu omuzlarından tuttu ve yüzüne baktı. "Bu delikanlının biraz duaya ihtiyacı var gibi geldi bana."

Hattie'nin gözleri yaşardı. Biricik oğlu boğazına kadar belaya batmış hâldeyken dahi, komşusu için dua edebilecek kadar gönlü genişti. "Brewster Hammond, seni seviyorum."

Adam gülümsedi. "Harriet Wyatt, ben de seni seviyorum."

36

Tressa küçük ve kalabalık mahkeme salonuna şöyle bir baktı. Bütün koltuklar doluydu, insanlar üç sıra hâlinde duvara yaslamış, ayakta duruyorlardı. Barnett kasabasının neredeyse tamamı, Gage'nin cezalandırılmasını seyretmek için buraya gelmiş gibiydi. O, Hattie Teyze ve Bay Hammond erkenden gelmiş ve bu sayede sanığı izleyicilerden ayıran tırabzanın hemen arkasına oturabilmişlerdi. Gage dokunulabilecek kadar yakındı ama Bay Hammond onun yerine Hattie Teyzenin elini tutuyordu. Yaşlı çiftlik sahibinin gözlerindeki kederi görmek Tressa'nın kalbini sızlatıyordu.

Tanrım, Gage'nin cezalandırılmasının şart olduğunu biliyorum ama lütfen onu asmasınlar. Ne olur, Bay Hammond'a bu acıyı yaşatma.

Neredeyse yarım saattir okumakta olduğu sarı kâğıt yığınını bir kenara bırakan yargıcın başını kaldırmasıyla orada bulunan herkes nefesini tuttu. Salona hâkim olan ürpertici sessizlik Tressa'nın tüylerini diken diken ediyordu.

"Sanık ayağa kalksın."

Gage ayağa kalkmadan önce omzunun üzerinden korku dolu bir bakış attı. Sandalyenin ayakları ahşap zeminde gıcırdadı, Tressa sindi. Bu ses ona paslı menteşesi olan bir kapının açılışını anımsattı. İdam sehpasının alt kapağı da benzer ses çıkarır mıydı acaba?

Yargıç boğazını temizledi ve Gage'ye ciddi bir bakış attı. "Gage Hammond, hayvan hırsızı olduğunu bildiğin bir kişiye yardım ve yataklık etmekten, çalınan malları kasten satmaktan ve bu satıştan elde ettiğin kazancı malın sahibi yerine başka bir şahsa vermekten dolayı seni suçlu buluyor ve Ford Bölgesi hapishanesinde iki yıla mahkûm ediyorum."

Salonda homurdanmalar yükseldi. Birisi "Sadece iki yıl mı? Bu yaptıklarına karşılık mı? *Otuz yıl* olmalıydı!" diye haykırdı.

Yargıç tokmağını kürsüye vurdu ve kalabalığa sert sert baktı. Ardından tokmağı bırakıp kollarını ahşap kürsüye dayadı. "Ey millet, unutmayın ki yargıç olan *benim*, siz değilsiniz. Üstüne üstlük, kötülük ettiği adam benden Bay Hammond'un üzerine çok gitmememi rica etti. Eğer Abel Samms affedebiliyorsa sizler de aynısını yapabilmelisiniz."

Seyircilerden bir homurdanma daha duyuldu fakat bu seferki öfkeden çok şaşkınlıktan kaynaklanıyordu.

Yargıcın sözleri karşısında Tressa'nın içi sevinçle doldu. Gage'yi affetmeye karar vermek Abel için kim bilir ne kadar zor olmuştu. Ama yine de affetmişti. Görünüşe göre Abel kin tutmak yerine acılarını salıverme politikasını benimsemişti. Neden sonra aklına bir soru takıldı. *Peki ya sen ne yapacaksın? Affedecek misin?*

İrkilip oturuşunu dikleştirerek bu soruyu düşündü. *Peki ya* o ne yapacaktı? Duyguları kin seviyesinde olmamasına rağmen teyzesine ve dayısına olan dargınlığından vazgeçmesi gerektiğini o an fark etti. Eğer Abel verdikleri zarara karşın Vince ve Gage'yi affedebiliyorsa o da elbette Gretchen Teyze ve Leo Dayıyı soğuk tavırlarından dolayı affedebilirdi.

Tressa yargıcın sert sesiyle düşüncelerinden sıyrıldı. "Genç adam, seni idama mahkûm etmenin benim yetkim dâhilinde olduğunu bilmelisin. Gelecek elli sene boyunca seni parmaklıklar ardında tutabilirim. Ancak seni iki yıllığına hapsediyorum. Komşuna karşı işlediğin yasadışı suçların her biri için bir yıl."

Gage başını eğdi, ezik duruşu eski küstah tavırlarından çok farklıydı.

Yargıç konuşmasını sürdürdü. "Hakkında Bay Samms'in yaptığı ricanın yanı sıra, paranın esas sahibine iade edilmesi ve suçunu bizzat itiraf etmen kararımı etkilemiştir. Senin için umut olduğu kanısındayım." Gözlüklerini çıkardı ve burun kemerini ovuşturdu. "Gençsin ve önünde upuzun bir yaşam var. Gelecek iki seneyi kendini değiştirmek için kullan. Barnett'e döndüğünde seni düzgün ve kanuna uyan bir vatandaş olarak görmeyi umut ediyorum."

Gage hürmetle başını salladı. "Evet sayın yargıç. Teşekkür ederim, efendim."

Brewster tırabzandan öne eğilip oğluna sarılırken Tressa bakışlarını çevirdi. İki adam kucaklaştı, parmakları kumaşların arasında kayboldu. Yüzlerindeki acı dolu ifade, Tressa'nın kalbini âdeta paramparça etti. Şerif yanlarına gelip Gage'yi Brewster'in kollarından çekti. Gage büyük, tahta kapının ardında gözden kaybolana dek Brewster sessiz ve hareketsiz durdu. Sonra Hattie Teyzeye uzandı. "Haydi buradan çıkalım."

Mırıldanan kalabalığın arasından geçip dışarı, güneşli kaldırıma çıktılar. Tressa şaşkınlıktan aval aval bakıyordu. Gün nasıl bu kadar normal olabilirdi? Güneş tepedeydi, kuşlar cıvıl cıvıldı, insanlar dükkânlara girip çıkıyorlardı... Mahkeme salonunda yaşanan dram dışarıya da yansıtılmamalı mıydı?

Bay Hammond başını öne eğip derin bir of çekti. "İki yıl..."

Hattie Teyze kolunu adamın beline sarıp başını onun omzuna dayadı. "Daha kötüsü olabilirdi, Brew."

Bay Hammond tek koluyla Hattie Teyzeyi sıktı ve sonra dikkatini Tressa'ya yöneltti. "Ve diğer dualarımız da işe yaradı." Hafifçe gülümsedi. "Bu sabah Dr. Kasper beni çağırdı ve Abel'in eve gidebilecek kadar iyi olduğunu söyledi."

Tressa'nın kalbi hop etti. "Ö-öyle mi?"

"Evet. Onu götüreceğiz. Haydi bayanlar." Bir eliyle Tressa'yı dirseğinden tutup, boşta kalan kolunu Hattie Teyzenin beline dolayarak onları Dr. Kasper'in muayenehanesine yöneltti.

Tressa geri çekildi. "Ben burada bekleyeceğim."

"Hayır, sen de geliyorsun." Bay Hammond Tressa'yı öyle bir dürtükledi ki kız eşikten giriverdi. "Abel'e söyleyeceğim bazı şeyler var ve bunları senin de duyman iyi olur."

Kafası karışan Tressa, Hattie Teyzeye baktı fakat yaşlı kadın göz kırpmakla yetindi. Tressa, Bay Hammond ve Hattie Teyzenin peşinden koridorda ilerledi. Bay Hammond kapıyı çaldığında içeriden Abel'in tanıdık sesi duyuldu. "Buyurun."

Yalnızca sesini duymak bile kalbini zıplatmaya yetmişti. Hırpalanmış ruhunun daha fazla acı çekmesini önlemek için arkasını dönüp koşarak oradan uzaklaşmak istiyordu ama Abel'in sağlığına kavuştuğunu görme isteği baskın geldi. Hattie Teyzenin peşinden odaya girdi.

Abel yatağın kenarında ayakta duruyor ve tek eliyle gömleğinin düğmelerini ilikliyordu. Sağ kolu yarasını hatırlatırcasına askıdaydı ama yüzü henüz tıraş edilmişti ve yanakları pespembeydi. Hattie Teyze öne atılıp Abel'in yanağına bir öpücük kondurdu. Tressa da aynısını yapabilmeyi istedi. Tek istediği onun dudaklarını öpmekti. Bu arsız düşüncesine şaşırdı ve koşup odanın köşesindeki deri sırtlıklı iskemleye oturdu.

"Abel, seni ayakta görmek ne güzel." Bay Hammond ellerini pantolonun cebine koymuş, Abel'i baştan aşağı süzüyordu.

"Ayakta olmam ne güzel." Abel'in bakışları Tressa'ya kaydı. Gözlerinde bir parıltı belirdi, sonra yüzünü yeniden Hattie Teyzeye çevirdi. "Beni çiftliğe götüreceğiniz için minnettarım. Doktor birkaç hafta boyunca ata binmeye veya at arabası sürmeye kalkışmamam gerektiğini söylüyor." Dertli dertli kıkırdadı. "İşlerin hallolması açısından epey zor olacak bu..."

"Sorun olmaz" dedi Bay Hammond. Yatağı işaret etti. "Bir dakikalığına oturur musun Abel? Konuşmamız gerek."

Abel'in ifadesi ürkekleşti ama oturdu ve dikkatini Bay Hammond'a verdi. "Konu nedir?"

Bay Hammond kolunu Hattie Teyzenin omuzlarına doladı. "Burada geçirdiğin iki hafta boyunca Hattie ile ben çok düşündük. Senin bir yetişkin olduğunu biliyoruz ama bazen yetişkinlerin de biraz yardıma ihtiyacı vardır."

Abel kalkmaya yeltendi.

Bay Hammond onun elini tuttu. "Dinle beni. Ondan sonra dediklerimize kulak asıp asmayacağına karar verirsin. Tamam mı?"

Abel vakurca başını salladı. Yatağın kenarına yeniden çöktü.

"Arazilerimiz yan yana ve bu sayede adamlarım senin arazine girip sürüne göz kulak olabiliyorlar. Başıboş hayvanlarını epey toparladılar ve onları içeride tutabilmek için -Cole'nin de yardımıyla- sen dönene dek çitini yeniden yaptılar."

Adam ayaklarını sürükleyerek odanın içinde yürümeye başladı. "Arazilerimizin yan yana olmasını ve çok odalı büyük bir evim olduğunu göz önünde bulundurarak kasabanın erkekleri bir araya gelip senin evini inşa edene kadar gelip bende kalmanı istiyorum."

Tressa, Abel'in yüzünde isyan belirtisi aradı ama genç adam yüzü ifadesiz olmasına rağmen itiraz etmeden dinliyordu.

Bay Hammond susunca Hattie Teyze konuşmaya başladı. "Cole kalmak istiyor. O ve Sallie müştemilatta kalıyorlar ama yemek yemeye bana geliyorlar. Pek uygun değil. Müştemilatın arka tarafına bir ek yapılabilir ve bir... Şey... Eklenebilir. Ne deniyordu?"

"Daire" diyerek lafa karıştı Tressa.

Üçü birden dönüp şaşkın bakışlarla ona doğru baktılar, kızın orada olduğunu âdeta unutmuşlardı. Sonra Hattie başını sallayarak Abel'e döndü. "Doğru. Bir daire. Onlara ait küçük bir yer."

"Vince ve Ethan'ın yerine gelecek ırgatlar için müştemilatın büyük bir kısmını da boş bırakırlar" diye ekledi Bay Hammond.

"Mobilyalara da ihtiyacın olacak." Hattie Teyze yatağa, Abel'in yanına oturup elini delikanlının dizine koydu. "Kasabada millet konuşuyor, sana bir ev kurmak ve taşınma partisi yapmak istiyorlar. En azından başlaman için bir şeyler getirirler. Bunu... Bunu kabul eder misin, Abel?"

Hattie Teyze, Bay Hammond ve Tressa, Abel'in yanıt vermesini beklerken dakikalar geçti. Tressa ellerini öyle sıkıyordu ki eklemlerinin sızladığını fark etti. Ellerini gevşetip baldırlarının üzerine rahatça koydu. Abel'in gururunu bir kenara bırakıp bu yardımı kabul etmesini nasıl da umuyordu! Daha önce hiç bu kadar samimi yardım teklifi duymamıştı.

En sonunda Abel boğazını temizledi ve burnunun altını kaşıdı. Yere bakarak başını iki yana salladı. Gözlerini kaldırıp direkt Hattie Teyzenin yüzüne baktı. "Sen gerçekten bir şeysin, bunu biliyor musun? Kendine ait tüm zorunluluklar, tüm endişelerin..." Gülümseyerek Bay Hammond'a baktı. "Ve sen de dokuz doğurdun." Bir kez daha başını iki yana sallayarak kendi kendine yavaşça güldü. "Gerçekten bir şey..."

Hattie Teyze, Abel'in bacağını pışpışladı. "Peki, ama ne cevabın nedir?"

Abel avurtlarını şişirip nefesini boşalttı. "Hattie Teyze, iki haftadır bu yatakta endişelenmekten ve dua etmekten başka bir şey yapamadan yatıyorum. Haftanın ortasında endişelenmekten vazgeçtim ve Tanrı'dan benim beceremediğim işlerle ilgilenmesini istedim. Ondan istediğim şuydu..." Kendinden emin bir ifadeyle güldü. "Beni kurtarması. O da bana seni gönderdi." Yüzüne bir gülümseme yayıldı. "Evet diyorum ve teşekkür ediyorum. Teşekkürler Hattie Teyze... Brewster."

Sonra Tressa'ya baktı. "Ve Bayan Tressa?"

Abel'in bu yumuşacık sorusu odanın diğer tarafına süzülüp Tressa'yı sarıp sarmalamış gibiydi. Adını böylesine yumuşacık ve şefkatle söylenmesi Tressa'nın nefesini kesti. Adamın sesinin nazik tınısında sevgi işitmişti.

Abel ayağa kalktı, ayaklarını aralamadan önce bir an için sendeledi. Bay Hammond ve Hattie Teyzeye bir bakış atıp, "Tressa ile konuşmak istediğim birkaç şey var. Bizi bir dakikalığına yalnız bırakır mısınız?" diye sordu.

Hattie Teyze bilgiç bir ifadeyle sırıttı. "Elbette, Abel. Sana istediğin kadar zaman." Bay Hammond'un elinden tuttu, kapıdan çıktılar. Tressa onların köşede gözden kaybolmalarını seyretti; kalbi güm güm atıyordu, neredeyse yerinden fırlayacaktı. Bakışlarını Abel'e çevirdiğinde onun sadece yarım metre kadar önünde durduğunu fark etti. Adamın kahverengi gözleri, gözlerine öyle hayranlıkla bakıyordu ki Tressa neredeyse eriyecekti.

"B-bay Samms?"

Abel oldukça yavaş hareketlerle Tressa'nın önünde tek dizinin üzerine çöktü ve kızın elini tuttu. "Bayan Tressa, sana bir özür borcum var. Burada kalmayacağını söyleyerek sana haksızlık ettim. Senden ziyade kendimi düşünüyordum; sana ne verebileceğimden ziyade ne veremeyeceğimi düşünüyordum. Fakat burada yatarken düşünmek için bolca zamanım oldu ve şu an hepsini altüst ettiğimi biliyorum."

Adamın başparmağı Tressa'nın elinin tam ortasında duruyor ve omzuna kadar titrediğini hissediyordu. Tressa nefes almayı neredeyse unutmuştu.

"Biliyor musun, Tressa ben yedi-sekiz yaşlarında ufak bir çocukken ailem toplanıp Kansas'a yerleşti. Buraya geldiğimiz zaman hiçbir şey yoktu. Göz alabildiğine boş bir çayırdan başka. Bizi bekleyen bir ev, ineklerin sesleri yoktu. Bir aileye bakabilmek için gereken hiçbir şey yoktu. Fakat annemle babam omuz omuza çalışıp bir ev inşa ettiler. Sonra da bir ahır. Sonra birkaç büyükbaş aldılar. Birlikte bir hayat kurdular, Tressa. İyi bir hayattı ve mutluydular."

Tressa başını salladı. "Birbirlerini çok seviyorlardı, değil mi?"

Abel gözlerini kıstı. "Evet, öyle."

"Madem öyle, beraber çalıştıklarına göre bütün o zor işler onlara keyifli ve basit gelmiştir."

Adamın koyu renk gözlerinde yaşlar birikti, dudakları kederle büzüldü. Sonra ayağa kalkıp odanın içinde birkaç adım attı. "Doğru. Az kalsın kendimi yoksun bırakacağım şey tam da buydu. Birlikte inşa etmenin, birlikte çalışmanın keyfi." Yüzünü kıza döndü, omuzları düştü. İfadesi yumuşadı, çocuksulaştı. "Pekâlâ, Tressa, sana sunabileceğim tek şey benim. Ama eğer benimle olursan, seni mutlu etmek için ne gerekirse yaparım."

Tressa'nın dudaklarından neşeli bir kıkırdama dökülüverdi. İskemleden kalktı, kendini onun kollarına atmaya hazırdı ama o sırada aklına adamın omzundaki yara geldi. Onun yerine Abel'in güneşten sertleşmiş elini tutup yumrulu boğumlarını dudaklarına götürdü. "Ben de seni mutlu etmek için elimden geleni yapacağım" dedi.

Abel parmaklarını kızın çenesine götürdü ve Tressa'nın gözlerine tıpkı babasının annesinin gözlerine baktığı gibi baktı. "Kalbimi sevgiye yeniden açarak beni çoktan mutlu ettin zaten. Teşekkür ederim, Tressa."

"Ah, Abel..." Tressa parmaklarını onun göğsüne yavaşça koydu. "Sen de beni çok mutlu ettin."

Abel başını kaldırdı. "Mutlu mu ettim?"

Tressa başını salladı. "Evet. Bana affetme özgürlüğünü verdin."

Şaşıran Abel kaşlarını kaldırdı. "Bunu nasıl yaptım ki?"

Tressa hafifçe gülerek onu iskemleye götürdü. Adam oturduğunda Tressa onun boştaki elini kendi elleri arasına aldı ve direkt yüzüne baktı. "Bugün mahkemede yargıç herkese senin Gage için müsamaha istediğini anlattı. Ona karşı öfke ve kin besleyip cezasının ağırlaştırılmasını talep etmek için sonuna kadar haklıydın. Ama... Bunun yerine onu affettin. Ve işte bu davranışınla teyzemi ve dayımı affetmek için ihtiyaç duyduğum cesareti bana verdin."

Abel'in yüzü sertleşti, elleriyle kızın ellerini iyice sıktı. "Peki, sana ne yaptılar ki?"

Tressa hemen onu yatıştırdı. "Beni incitmediler ama... Sevmediler de. İstenmediğimi hissettirdiler bana." Bu sözleri yüksek sesle sarf edebilmenin verdiği özgürlük hissini keşfetti. Dudaklarını yaladı ve sözlerine devam etti. "Barnett'e gelmek benim fikrim değildi, beni buraya isteğim dışında yolladılar, ben de bu yüzden onlara darıldım."

Aniden içini bir minnet duygusu kapladı. Eğer teyzesi ve dayısı onu buraya yollamasaydı; Hattie Teyze ile, Isabella veya Sallie ile ve de diğerleriyle tanışmayacak; gönlünü Abel Samms'e kaptırmayacaktı. Kansas'ı sadece ikinci en iyi şansı olarak görmüştü ama Tanrı ona umduğundan fazlasını vermişti.

Abel'e, "Fakat daha fazla dargın kalmamaya karar verdim. Senin yaptığın gibi yapıp beni üzenleri affedeceğim" dedi.

Gözleri parıldayan Abel başını iki yana salladı. "Sen, Tanrı'nın böyle yapmamızı istediğini söylediğin için Vince'yi ve Gage'yi affettim. Öyleyse ilk örnek sen oldun."

Abel ile birlikte çayırda at sürdükleri günü anımsayınca başka bir anı aklına geldi. "Sanırım beni kurtardığın için benden sorumlu olacağını söylemiştim sana." Cesurca söylediği bu sözlerden dolayı yanakları kızardı ama yine de Abel'in yüzüne direkt bakmaya devam etti.

"Sevgilim, ömür boyu senden sorumlu olmak bana büyük mutluluk verir. Gidip Hattie Teyzeye söyleyelim mi?"

Tressa omuzlarını silkti, kıkırdıyordu. "Bence gidip Hattie Teyzeye *sormak* daha iyi olurdu."

Abel güldü ve ayağa kalkıp Tressa'yı kendine çekti. Alnına bir öpücük kondurdu. Tressa'nın kalbi bir kumrunun kanatları gibi pır pır ediyordu, ayakları yerden kesilmişti. Abel'in onu alnından öpmesi onu bu hâle getiriyorsa, dudaklarından öpse ne olurdu acaba? Farkında olmadan yüzünü Abel'inkine yaklaştırarak başını kaldırdı.

"Haydi, Bayan Tressa. Gidip Hattie Teyzeye söyleyelim de gitsin Paralee ve Mabelle'nin çifte düğünlerini üçlü yapabilir miyiz bir baksın!"

37

Rahip Connor kara kaplı ufak kitabını açıp cemaate parlak bir gülümsemeyle bakarken Tressa'nın gözleri yaşardı.

"Bayanlar ve baylar, bugün buraya bu erkekle bu kadının evlenmesine tanık olmak amacıyla toplanmış bulunuyoruz. Ve bu erkekle bu kadının..." Paralee ve Jerome'yi işaret ettiği elini Mabelle ve Glendon'a çevirdi. "Ve bu erkekle bu kadının..." Adam bu kez elini Hattie Teyze ve Bay Hammond'a yöneltirken yüzündeki gülümseme daha da büyüdü.

Abel, Tressa'nın elini daha da sıktı, fısıldarken nefesi kızın saçlarını uçuşturuyordu. "Biz de orada değiliz diye hayal kırıklığına uğradın mı?"

Tressa, Abel'in omzuna yaslanıp ona daha da sokulurken papazın sesi geride kaldı. "Biraz. Ama Hattie Teyzeyle aynı fikirdeyim." Avucunu yukarı çevirip parmaklarını Abel'inkilere kenetledi. "Biraz flörtün ardından bizim kendi özel günümüz olacak..." Hafifçe kıkırdadı. "Ki bu acayip hoşuma gidiyor."

Son birkaç haftadır huzurla otlayan sığırlarla dolu çayırlarda Abel ile birlikte el ele uzun yürüyüşlere çıkıyorlardı. Faytonla gezerken Tressa dizginleri tutuyor, Abel sağlam kolunu onun beline doluyordu ve konuşup gülüşerek geleceklerini planlıyorlardı. Gün geçtikçe birbirlerine daha da yakınlaşıyorlardı.

Yıldızlarla dolu gökyüzünün altında hafif esinti Tressa'nın eteklerini uçurup buklelerini Abel'in yanaklarına dokundururken iki kez öpüşmüşlerdi. Bu anlar Tressa'yı varlığından haberdar olmadığı zevkin doruklarına ulaştırmıştı. Sırf Abel ile olabilmek uğruna onun ahırının samanlığında yaşamaya razıydı fakat Hattie Teyze birbirlerine yemin etmeden evvel Abel'in en azından evinin inşa edilmiş olması konusunda ısrarcıydı.

Yaşlı kadının tükürükler saça saça konuşmasını anımsayan Tressa gülümsedi. "Sağlam bir çatısı olsa bile Tressa'yı ahıra götüremezsin. Ayrıca bu kız kur yapılmayı hak ediyor. Sen onu elde etmeye çalış, bu esnada kasaba sakinleri evini yapsınlar, düğün dernek işini *ondan sonra* konuşuruz."

Bedeninin her bir köşesinden Abel ile birlikte olma isteği fışkırmasına rağmen şu an bekledikleri için mutluydu. Sonbaharın sonunda Abel'in kolu askıdan çıktığında ve adamların arazisine yaptıkları üç odalı ufak ev tamamlandığında kendi düğünlerini yapacaklardı. Tressa, Abel ile akşamları oturup çayırların tepesinde uzanan kadifemsi engin gökyüzünü seyredebilecekleri tırabzanlı bir veranda ve kapattıklarında ardında sadece ikisinin kalacağı sağlam bir kapı rica etmişti. Abel de içtenlikle ona katılmıştı.

"Şimdi sizi, sizi ve sizi..." Tressa, Rahip Connor'un sesiyle derin düşüncelerinden sıyrıldı, oturuşunu dikleştirip nefesini tuttu. "Karı koca ilan ediyorum. Beyler, gelinlerinizi öpebilirsiniz."

Cemaat ayağa kalkıp hararetle alkışladı. Abel kolunu Tressa'nın beline dolamış, onu kendine çekiyordu. Genç kız alnını onun çenesine dayadı, gözyaşları yanaklarından süzülürken diğerleriyle birlikle alkış tuttu. Evet, en iyisi buydu; Abel'in güçlü kucaklamasına sırtını dayayarak Hattie Teyzenin Brewster ile mutluluk içinde evlendiğini görmek ve Tanrı'nın ona yönelik iyi planlarının gerçekleştiğine güvenmek.

Yüzünü Abel'e çevirdi. Delikanlı, kızı alnından öptü ve ona bakarak gülümsedi, sıcacık kahverengi gözleri kızın içini sevinç seliyle dolduran bir hayranlıkla bakıyordu. *Tanrım, bana bu adamı hediye ettiğin için teşekkür ederim.*

Teyzesi ve dayısı, onu ikinci en iyi şansını bulması için Kansas'a göndermiş olabilirlerdi fakat o Abel'in sevgisiyle hayallerinin bile ötesini yaşıyordu.

- Son -

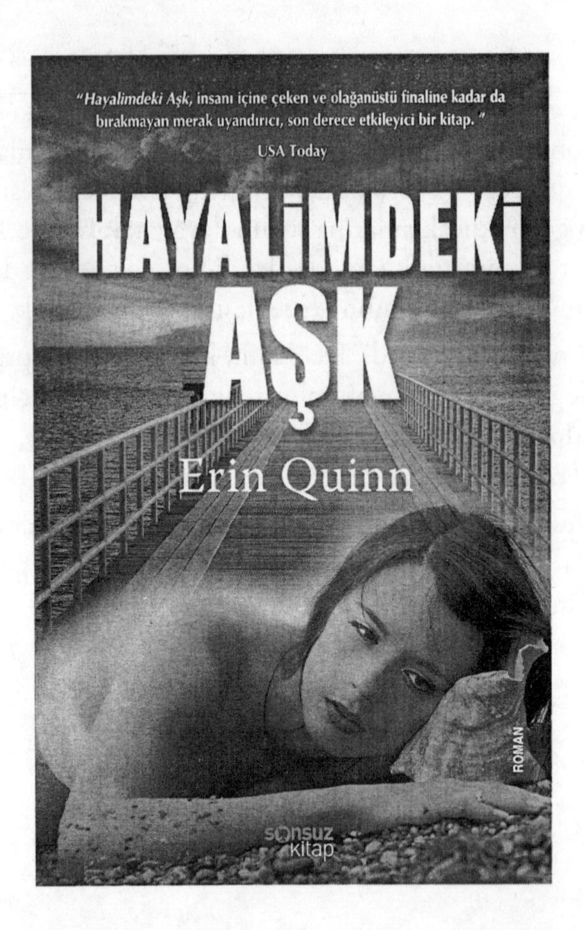

Bir sabah esrarengiz bir yabancı Danni'nin kapısını çalar ve bildiği her şeyi unutup onu peşinden sürükleyecek bir hikâyeyle hayatına girer. Tehlikeli bir baştan çıkarıcılığı olan Sean, yıllardır onu aradığını ve onu İrlanda'daki evine götürmek için geldiğini söyler. Ancak Danni, bu genç adamın anlattığından daha fazlası olduğunu düşünür ve bunu öğrenmek için unutulan bir geçmişe ve hiçbir şeyin göründüğü gibi olmadığı bir kasabaya gider.

Şimdi mistik ve doğaüstünün zümrüt yeşili tarlalar kadar gerçek olduğu topraklarda Danni, hayallerindeki aşkıyla tekrar bir araya gelmek için geçmişi baştan yazmalıdır... Ya bunu başaracak ya da aşkı sonsuza kadar hayallerinde yaşayacaktır.

"Hayalimdeki Aşk, muhteşem bir kitap! Yazım kusursuz, Danni ve Sean çok tutkulu, yaşam enerjisi ve derinlikle dolular; finale kadar gizemi çözemiyorsunuz. Sadece bir kitap okuyacak bile olsanız, bu kitabı sakın kaçırmayın!"

Romance Junkie

Unutamadığı bir geçmiş.
Rory MacGrath'in hayatı, babasının Fennore Kitabı'nın sırlarını ortaya çıkardıktan sonra gizemli bir şekilde ortadan kaybolmasıyla değişti. Bu travma Rory'yi masum bir çocuktan sorunlu, kuşkucu bir adama dönüştürdü. İrlanda'dan ayrıldıktan sonra ailesinden, mirasından ve yüzyıllardır halkını saran sihrin kendisinden kaçtı.
Görmezden gelemediği bir rüya.
Sonra rüyaları başladı... Dokunuşları yaşadığı her şeyden daha gerçek olan güzel bir kadına dair rüyalar. Ve bu rüyalarda, kadının bir çağrısı vardı... Rory'yi, onu hayal ettiği her şeyin ötesine taşıyacak bir kadere, evine dönmeye çağırıyordu.
Karşı koyamadığı bir kadın.
Babasının kaybolduğu kale harabelerinin çağrısına dayanamayan Rory, geçmişe doğru bir zaman yolculuğuna çıkar ve başka bir adamın bedeninde hayat bulur. Rüyalarındaki kadının nişanlısı olan adamın bedeninde... Kadın, Rory'nin geçmişine, ailesine ve kimliğine dair gizli sırlara sahiptir ve Rory ondan uzak duramaz. Çünkü o Rory'nin lanetidir. Kurtuluşudur. Kaderidir.

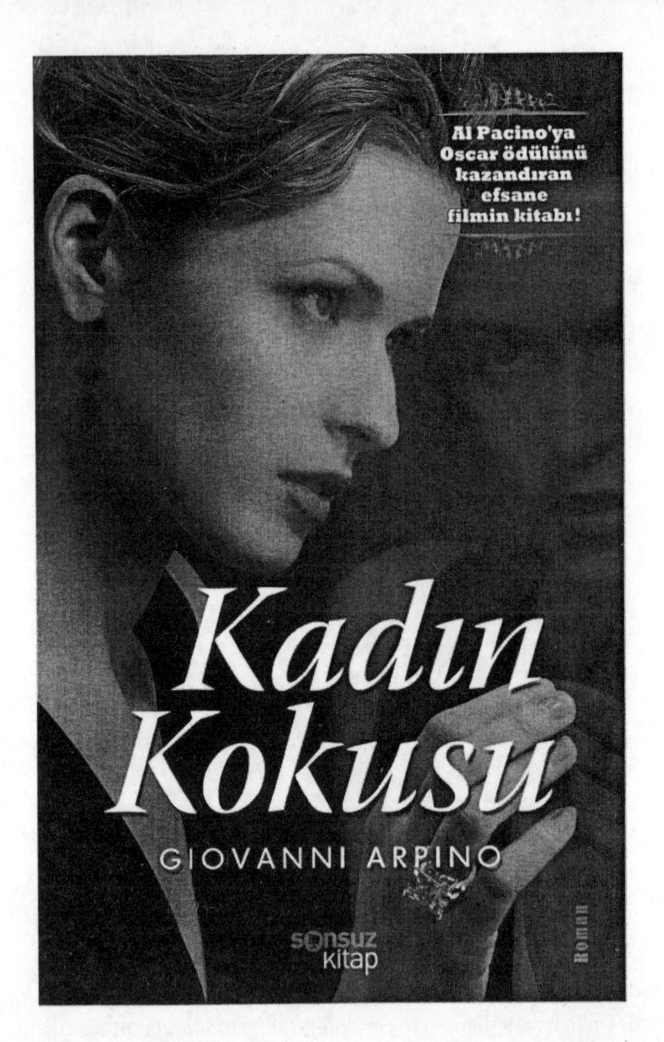

Elindeki bombanın patlaması sonucu kör olan ve ordudan emekliye ayrılan Fausto; dik duruşu, zekâsı ve sivri dili ile etrafındaki herkesi hem kendine hayran bırakıyor hem de onların arkalarına bile bakmadan kaçmalarına sebep oluyordu. Ta ki... Ona rastlayana kadar. Mantığın vücuda gelmiş hâli olan genç ile duyguların bekçisi Fausto uzun soluklu yolculukları boyunca, ikisinden biri pes edinceye kadar, savaşın ve dostluğun en saf hâlini yaşayacaklar.

Kadın Kokusu, iki büyük sinema yapıtına konu olmuş ve iki usta sinema oyuncusuna ilham vermiştir. İlk filmde (1974) büyük aktör Vittorio Gassman, ikincisinde (1992) ise usta oyuncu ***Al Pacino*** başrolde yer almıştır. Sağlığını ***Kadın Kokusu*** için tehlikeye atan Al Pacino, bu filmle ***'En İyi Erkek Oyuncu'*** dalında Oscar ödülüne layık görülmüştür.